Stefan Volk

Was Sie schon immer über Kino wissen wollten …

Über den Autor

Dr. Stefan Volk lebt als freier Journalist, Film- und Literaturkritiker in Freiburg i. Br. Er hat mehrere film- und literaturdidaktische Arbeiten veröffentlicht, darunter zwei Bände zur *Filmanalyse im Unterricht*. Zuletzt bei Schüren erschienen: *Skandalfilme – Cineastische Aufreger gestern und heute*, 2. erweiterte Ausgabe 2021. Nähere Informationen: www.skandalfilm.net.

Stefan Volk

Was Sie schon immer über Kino wissen wollten …

mit Zeichnungen von Bo Soremsky

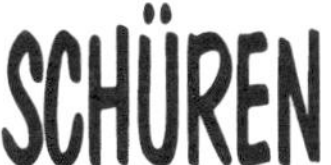

Die Deutsche Bibliothek – CIP-Einheitsaufnahme

Die Deutsche Bibliothek verzeichnet diese Publikation in der deutschen Nationalbibliografie; detaillierte bibliografische Daten sind im Internet unter http://dnd.ddb.de abrufbar.

3. ergänzte Auflage
Schüren Verlag GmbH
Universitätsstr. 55 | D-35037 Marburg
www.schueren-verlag.de

Gestaltung: Erik Schüßler
Umschlaggestaltung: Wolfgang Diemer, Köln
Druck: Drukarnia Tolek, Mikołów
Gedruckt in Polen
ISBN 978-3-7410-0437-7

Inhalt

Vorwort

Ungezählte Filme wurden in der mittlerweile über 120-jährigen Filmgeschichte gedreht. Die *Internet Movie Database* listete zum Zeitpunkt der Erstausgabe dieses Buches, 2013 weit über zwei Millionen Kino-, Fernseh- und Videoproduktionen (mittlerweile ist die Datenbank auf über elf Millionen Titel, inklusive Serien- und Podcastepisoden, angewachsen ...); darunter über 300 Tausend Kinostreifen (mehr als 275.000 Spiel- und über 40.000 Dokumentarfilmproduktionen). Umgerechnet in Filmmeter – und weil das ein Gedankenspiel ist, nehmen wir dabei mal keine Rücksicht darauf, dass eine solche Längenangabe den digitalen Film nur unzureichend erfasst – ergibt das eine Strecke von – sehr, sehr! grob geschätzt – 600.000 Kinokilometern. Das entspricht zwar nur gerade mal zwei Lichtkunstsekunden; im Maßstab des Universums kaum mehr als ein Wimpernschlag, eine flüchtig aufflackernde Einstellung; aber doch genug, um sich damit einmal bis zum Mond zu träumen und beinahe wieder zurück.

Wollte man sich all diese Filme anschauen, man bräuchte über fünfzig Jahre Zeit dazu. Mit anderen Worten, selbst wenn man den ganzen Tag nichts anderes täte, man schafft es im Leben nicht. Schließlich muss man ja auch mal schlafen, und außerdem kommen noch ständig und immer mehr neue Filme hinzu. Selbstverständlich wäre es also vermessen, würde man glauben, man könne alles, was es über das Kino zu wissen gibt, in einem kleinen Büchlein wie diesem, das Sie in Ihren Händen halten, kompakt zusammenfassen, wenn man doch nicht einmal auch nur ansatzweise wissen kann, was es über das Kino überhaupt alles zu wissen gäbe.

Was Sie schon immer über Kino wissen wollten ... versteht sich daher weder als Enzyklopädie noch als Kompendium. Es ist vielmehr eine lockere Sammlung wissenswerter, kurioser und unterhaltsamer Fakten, Zahlen, Anekdoten und sonstiger Trouvaillen aus dem Bereich Kino und Film. Sinniges und Unsinniges taucht darin gleichermaßen auf, und man kann sich darüber streiten, was genau jetzt wozu gehört. Beispielsweise ergibt es auf den ersten Blick vielleicht wenig Sinn, Filme nach ihrer Beliebtheit, ihrem Erfolg oder Misserfolg an den Kinokassen, ihren Produktionskosten oder entlang sonstiger statischer Werte zu sortieren und in Bestenlisten zu pressen; – außer, dass es einen Heidenspaß macht. Natürlich ist das alles relativ und ein Stück weit willkürlich, und doch sagt es etwas aus über die Wirklichkeit hinter den Zahlen.

Wenn ein Disney-Animationsfilm wie RAPUNZEL – NEU VERFÖHNT zu den teuersten Kinoproduktionen aller Zeiten zählt, klingt das zunächst einmal vor allem überraschend. Es zeigt aber auch, dass die Vorstellung, Computertechnik mache das Filmemachen automatisch leichter, flexibler und am Ende billiger, nur bedingt stimmt. Tatsächlich erweisen sich gerade die digitalen Animationsverfahren bei großen Kinoproduktionen häufig als besonders aufwändig und kostspielig. Nicht nur die Seh- und Hörgewohnheiten haben sich im Laufe von über hundert Jahren Filmgeschichte gewandelt, sondern auch die Zuschauererwartungen. Mit den digitalen Möglichkeiten sind die Ansprüche gestiegen; – eine technische Entwicklung, in deren Schatten so manches verloren ging, was einst den Reiz und Charme des Lichtspiels ausmachte. Ob auch die Qualität der Filmkunst darunter litt, mag Ansichtssache sein; Zelluloid oder Pixel? – eine Frage des Geschmacks. Unbestreitbar ist es jedoch ein Fortschritt, wenn halsbrecherische Stunts (von denen ist im Folgenden noch zu lesen) dank digitaler Techniken genauso obsolet werden wie grausame Tierquälereien (auf die später ebenfalls noch ausführlicher eingegangen wird). Über all das und etliches mehr kann man sich beim Blick auf die Liste der «teuersten Filme aller Zeiten» Gedanken machen. Muss man aber nicht.

Was Sie schon immer über Kino wissen wollten … ist als Buch zum Durchblättern gedacht, zum Zwischendurchlesen und Stöbern, eines, das man immer mal wieder auf die Seite legt, dann aber auch gerne wieder in die Hand nimmt. Es ist ein Reisebegleiter für Flaneure in den schier unendlichen Weiten des Filmwissens, der einige wichtige, wesentliche Attraktionen beleuchtet, aber immer wieder auch Schlaglichter auf abseitige scheinbar überflüssige Details wirft, Vertrautes und Überraschendes, Hilfreiches und Unnützes gleichermaßen listet, aufzählt oder in Erinnerung ruft. Schließlich soll dieses Filmbuch zu nichts qualifizieren, zu nichts vorbereiten. Es ist so ziel- und planlos wie ein Sonntagsnachmittagsspaziergang.

Selbstverständlich muss dabei vieles zu kurz kommen und noch mehr fehlen und kann es nicht darum gehen, einzelne Wissensbereiche umfassend oder gar vollständig abzudecken. Und doch, ich gebe es zu, die Liste der Listen, die nicht in diesem Buch stehen, ursprünglich aber einmal dafür gedacht waren, ist lang. Tatsächlich wird auch sie täglich länger. Wie vieles wäre noch zu erwähnen, einen Seitenblick wert gewesen, wie vieles hätte ich gerne zwischen diese beiden Buchdeckel noch hineingepackt!

Ein bisschen etwas davon hat es nun in diese neue, überarbeitete, akualisierte und erweiterte Auflage geschafft. Es ist dennoch nie genug, immer veraltet; und trotzdem: irgendwann muss Schluss sein. Das ist der Unterschied zwischen einem Buch aus Papier und Druckerschwärze und einer Online-Publikation, die fortlaufend aktualisiert und endlos erweitert werden kann. Dieser logistische Nachteil für das alte, scheinbar unzeitgemäße Medium kann sich mit etwas Abstand betrachtet jedoch durchaus als sinnlicher Gewinn erweisen. Versucht man das Informationsplus der Online-Variante nämlich einmal zu Ende zu denken, kommt der Datenstrom nie zum Stillstand. Das

Onlinebuch verästelt sich bei stetig neuem Zustrom immer weiter, bis es sich nahezu vollständig im Internet auflöst und als eigenständige Einheit kaum noch zu erkennen ist. Das gedruckte Buch dagegen schafft zwischen seinen Umschlagsseiten einen klaren Bezugsrahmen, kreiert einen sinnigen, fassbaren, (nicht nur) räumlichen Zusammenhang. Und vor allem: es hält die Zeit an. Dass es Ihnen, der Leserin und dem Leser, nur eine Auswahl, bloß einen Ausschnitt oder besser eine vielfältige, buntscheckige Collage aus dem großen Ganzen präsentiert, ist in unserem oft schnelllebigen, kurzatmigen und unersättlichen digitalen Zeitalter längst kein Mangel mehr, sondern ein Service.

Gerade in einem Buch, das an Superlativen aller Arten nicht spart, kann es daher nicht schaden, ab und an noch mal eine alte, angestaubte Volksweisheit hervorzukramen: «Manchmal ist weniger mehr.» In diesem Sinne… trotzdem viel (!) Vergnügen bei der Lektüre!

Stefan Volk, Freiburg im Breisgau, März 2023

Famose Filmanfänge

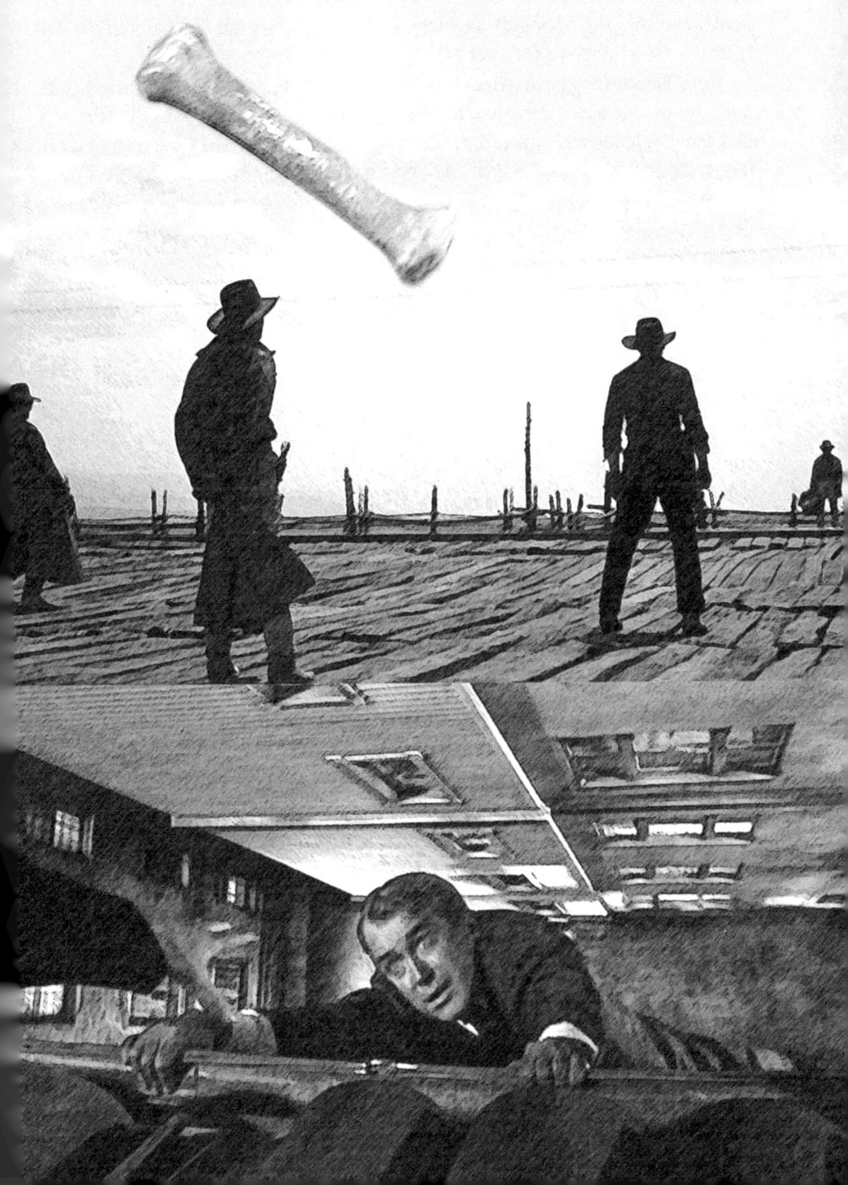

Bei Romanen kann es von den allerersten Sätzen abhängen, ob jemand weiterliest oder nicht. Dass Zuschauer bereits nach wenigen Minuten reihenweise aus einem Kinosaal flüchten, kommt dagegen eher selten vor. Ob und wie ein Film in Erinnerung bleibt, entscheidet sich mit dem Ende. Deshalb feilschen Produktionsfirmen, Regisseure und Regisseurinnen oft so hartnäckig um den letzten Cut. Mit dem Schluss erhält das Werk seinen finalen Schliff. Der Anfang aber gibt die Richtung vor. Er liefert die Folie, durch die das restliche Geschehen betrachtet und gehört wird.

Gute Filmanfänge rütteln das Publikum wach. Sie erzeugen Aufmerksamkeit; sei es mit assoziativen Schlaglichtgewittern à la Danny Boyle oder mit einem Hinkucker wie Scarlett Johanssons Po, der in einem fadenscheinigen, lachsfarbenen Slip steckt und das erste ist, was man in Sofia Coppolas LOST IN TRANSLATION (2003) zu sehen bekommt. Immerhin eine halbe Minute lang. Grandiose Anfänge aber prägen den gesamten Film – und bleiben noch lange danach unvergessen.

VERTIGO

(USA 1958; Regie: Alfred Hitchcock)

Der treibende Sound von Bernard Herrmanns Score; Hände auf einer Feuerleiter; eine Verfolgungsjagd über Dächer. Und Hollywoodstar James Stewart, der an einer Dachrinne baumelt. Der Auftakt von Hitchcocks VERTIGO hat eigentlich alles, was ein Thriller braucht. Der heimliche Star aber ist Stewarts Blick in die Tiefe bzw. die Technik, mit der dieser inszeniert wurde. Beim Dolly-Zoom fährt die Kamera auf Schienen, während gleichzeitig in die gegenläufige Richtung gezoomt wird. Herauskommt ein schwindelerregender Eindruck, dem Hitchcocks Film seinen Namen gab: der Vertigo-Effekt.

SPIEL MIR DAS LIED VOM TOD

(I/USA 1968; Regie: Sergio Leone)

Auf einen Zug zu warten, ist oft öde. Manchmal aber auch ungemein aufregend. Je nachdem, wer im Zug sitzt. Aber anderen beim Warten zuschauen? Zu Beginn von SPIEL MIR DAS LIED VOM TOD beweist Sergio Leone, dass auch das hochgradig spannend sein kann. Dabei passiert fast nichts. Männer mit Cowboyhüten kucken grimmig. Einer fängt mit seinem Revolver eine Fliege. Ein anderer trinkt Wasser aus der Hutkrempe. Aber all das geschieht so quälend langsam, dass die Atmosphäre bis zum Zerreißen gespannt ist, als endlich der Zug eintrifft und Charles Bronson auf der Mundharmonika spielt. Dann geht alles ganz schnell.

2001: Odyssee im Weltraum

(GB/USA 1968; Regie: Stanley Kubrick)

Einer der legendärsten Filmanfänge ist streng genommen gar keiner. Satte 19 Minuten nämlich dauert es in 2001: Odyssee im Weltraum bis zum wahrscheinlich berühmtesten Match Cut der Kinogeschichte. Ein affenartiger Vormensch wirft einen Knochen in die Luft, Tausende Jahre später treibt eine Raumstation durchs Weltall. Dazwischen: nur ein Schnitt. Vor diesem legendären Sprung durch Raum und Zeit lässt es Kubrick allerdings ruhig angehen. Drei Minuten lang präsentiert er nichts als sattes Schwarz zu den sphärischen Klängen von György Ligeti. Danach: ein Sonnenaufgang aus kosmischer Perspektive, ein angriffslustiger Leopard, Urmenschen streiten um ein Wasserloch. Scheinbar aus dem Nichts taucht über Nacht ein schwarzer Monolith auf. Einer unserer Urahnen knüppelt mit einem Knochen auf das Skelett eines Tapirs ein. Und als man sich allmählich fragt, was das ganze Gekreische, Gehüpfe und Armgeschlenker im Affenpelz eigentlich soll,wischt Kubrick mit einem epochalen Schnitt alle Zweifel beiseite. Natürlich, genau so musste man das erzählen! Mit «Also sprach Zarathustra» und «An der schönen blauen Donau», mit Richard und Johann Strauss. In Zeitlupe. Ohne Worte.

The Wild Bunch

(USA 1969; Regie: Sam Peckinpah)

Peckinpahs Spätwestern räumt von Beginn an mit dem romantischen Hollywoodbild vom verwegenen Outlaw auf. Der Film eröffnet mit einer der bis dahin längsten und brutalsten Schießereien des Genres. Gnadenlos ballern sich Pike Bishop (William Holden) und seine Männer nach einem Banküberfall den Weg frei. Sie belästigen Frauen und nehmen auch auf Kinder keinerlei Rücksicht. Als der Streifen 1969 in die US-Kinos kam, war eine derart harsche, ungeschönte Gewaltdarstellung für viele Zuschauer ein Schock.

Uhrwerk Orange

(GB/USA 1971; Regie: Stanley Kubrick)

Hier also kommt Alex (Malcolm McDowell). Nicht etwa Campino, sondern Wendy Carlos ist es, die mit ihrer elektronischen Synthesizerversion von Henry Purcells «Music for the Funeral of Queen Mary» in Kubricks Burgess-Verfilmung den bedrohlich unterkühlten Klangteppich für den ersten Auftritt von Alex auslegt: Sein Gesicht in Großaufnahme. Ohne Schirm und Charme, dafür mit Melone und Hosenträgern, künstlichen Wimpern am rechten Auge und einem schrägen Grinsen. Den eisblauen Blick frontal in die Kamera gerichtet. Wortlos, reglos verharrt er, während mit abnehmender Brennweite allmählich auch seine Kumpels ins Bild geraten. Ganz in weiß uniformiert, abgesehen von den schwarzen Bowler-Hüten und ihren Springerstiefeln. Und fast so starr wie die porzellanweiß-nackten Frauenfiguren, die in obszöner Brückenhaltung als Tische und Fußablage dienen. Willkommen in der Korova-Milchbar! Aus dem Off stellt Alex jetzt seine «Droogs» vor: Pete, Georgie und Dim, die sich mit einem Glas «Moloko-Plus» in Stimmung bringen «für ein wenig Ultra-Brutale».

Der weisse Hai

(USA 1975; Regie: Steven Spielberg)

In dieser legendären Auftaktszene wird Chrissie Watkins (Susan Backlinie) das erste Opfer des (noch unsichtbaren) Killerfisches. Ein junges Pärchen trinkt und flirtet am Strand. Plötzlich springt das Mädchen auf und hüpft ins Wasser. Unterwegs reißt sie sich noch das Shirt vom Leib. Der junge Kerl stolpert hinterher, will wissen, wie sie nochmal heiße. «Chrissie», ruft sie und später «Komm ins Wasser» und noch später «Oh Gott hilf mir! Argh!» Aber da ist Tom Cassidy (Jonathan Filley) schon sturzbetrunken am Strand eingeschlafen.

Krieg der Sterne

(USA 1977; Regie: George Lucas)

Bananengelbe Buchstaben rollen über eine schwarze Leinwand, auf der kleine helle Sprenkel einen Sternenhimmel andeuten. Fluchtpunktartig verliert sich die Schrift in der Tiefe einer fiktiven Galaxie. Aus dem Off schmettern Fanfaren die von John Williams komponierte Titelmelodie. Daada Dadada Daaada. Dadada Daaada. Dadada Daaaa! Die ersten Sekunden von George Lucas' Star Wars haben Filmgeschichte geschrieben, ohne dass dafür auch nur eine einzige Einstellung hätte gedreht werden müssen.

Apocalypse Now

(USA 1979; Regie: Francis Ford Coppola)

Der Sound von Rotoren und den «Doors», dazu der Panoramablick auf den Rand des Dschungels wie auf eine gigantische Fototapete. Gelbe Rauchschwaden wabern vorüber. Und von einer Sekunde auf die nächste geht der Wald in Flammen auf. Das Feuer, den Brand hört man nicht, nur die Rotoren der Helikopter und den Gesang von Jim Morrison: «This is the end ...» – als wär's ein Videoclip. Coppola inszenierte den Napalmeinsatz im Vietnamkrieg zum Auftakt seines Kriegsfilmes so wunderschön, dass er sich damit den Vorwurf der Ästhetisierung einhandelte. Eine wohl durchaus beabsichtigte Provokation.

Blue Velvet

(USA 1986; Regie: David Lynch)

Behaglich wie eine Picknickdecke breitet David Lynch in der ersten Einstellung von Blue Velvet die Farben der US-amerikanischen Flagge vor seinem Publikum aus. Gemächlich, sommerträge senkt die Kamera ihren Blick. Vor einem weiß getünchten Lattenzaun ragen rote Rosen in den azurblauen Himmel. Jazzsänger Bobby Vinton trällert schmachtend von zärtlichen Seufzern und blauem Samt. Diese Ikonografie einer makellosen Wertegemeinschaft gerät jedoch sogleich in Schieflage. Frederick Elmes' Kamerafahrt ent-gleitet in die bedrohliche Froschperspektive eines Tierhorrorstreifens hinein. Böses lauert da zwischen den Grashalmen. Wollte man Lynchs gesamtes Filmœuvre auf dreizehn Sekunden einkochen, es müssten diese sein.

Die Unbestechlichen

(USA 1987; Regie: Brian De Palma)

Aus der Vogelperspektive senkt sich die Kamera auf einen Mann, der im Frisierstuhl zur Audienz geladen hat. Mafiapate Al Capone (Robert de Niro) ist umringt von Reportern, während er sich rasieren lässt. Er scherzt, alles lacht. Der Barbier klappt das Rasiermesser auf, ein Reporter stellt die Frage nach der Gewalt. Al Capone zuckt zusammen, das Messer ritzt seine Haut. Al Capone blutet, und der Barbier starrt ihn mit schreckgeweiteten Augen an. Der Mafiaboss zögert, dann beschwichtigt er. Gewalt sei schlecht fürs Geschäft, behauptet er. Blut klebt ihm dabei an den Fingern. In nicht mal zwei Minuten ist das Spannungsfeld zwischen freundlicher Fassade und lauernder Gewalt damit erst einmal abgesteckt.

Do the Right Thing

(USA 1989; Regie: Spike Lee)

Radiomoderator Senor Love Daddy (Samuel L. Jackson) kündigt einen weiteren heißen Tag in New York an. Die Kamera hängt förmlich an seinen Lippen. Dann aber entfernt sie sich. Das Bild weitet sich. Die Kamera gleitet aus dem offenen Studiofenster nach draußen und schwenkt auf die Straßen Brooklyns: die Bühne für Lees feinsinniges, tragikomisches Drama über alltäglichen Rassismus und Gewalt.

Pulp Fiction

(USA 1994; Regie: Quentin Tarantino)

Nachdem sie sich erst nochmal Kaffee nachschenken ließen, streiten sich Honey Bunny (Amanda Plummer) und Pumpkin (Tim Roth) in einem Schnellrestaurant darüber, ob es sich lohnt, einen solchen Laden zu überfallen. Ein Versuch ist es ihnen schließlich auf alle Fälle wert.

Out of Sight

(USA 1998; Regie: Steven Soderbergh)

Die Auftaktszene aus Soderberghs Gangsterkomödie funktioniert im Grunde wie ein Witz. Es ist eine abgeschlossene kleine Komödie. Ein wunderbarer Kurzfilm. So charmant kann wahrscheinlich nur George Clooney eine Bank überfallen. Die Pointe: Der vermeintliche Komplize mit dem Revolver in der Aktentasche war in Wirklichkeit nur ein völlig unbeteiligter Kunde. Na gut, aber für die junge Kassiererin Loretta (Donna Frenzel) war es ja auch der erste Überfall.

American Psycho

(USA/CAN 2000; Regie: Mary Harron)

Während des Vorspanns der Bret-Easton-Ellis-Verfilmung sieht man Patrick Bateman (Christian Bale) mit seinen koksenden Kollegen in einem schicken «Möchtegern»-Restaurant und zu hämmernden Beats in einem angesagten Club. Anschließend eröffnet der Film mit der folgenden Szene: Bateman erläutert aus dem Off seine aufwändige Morgenroutine. Dabei entblößt er seinen durchtrainierten Körper. Tausend Sit-ups, hier eine Lotion, dort ein Gel, Peeling, Balsam, eine Eismaske. Untermalt von John Cales gleichförmigen Klavierklängen schwebt die Kamera solange durch das in nüchtern modernem Design eingerichtete Appartement, bis sich der Psychopath schließlich die Kräuter-Minz-Maske vom Gesicht zieht.

28 Days Later

(GB 2002; Regie: Danny Boyle)

Alles fängt in Danny Boyles Zombiestreifen damit an, dass Tierschützer mit «Wut» infizierte Schimpansen aus einem Primatenforschungslabor befreien. 28 Tage später wacht der junge Fahrradkurier Jim (Cillian Murphy) in einem verlassenen Krankenhaus auf. Desorientiert und im grünen Klinikschlafanzug schlendert er anschließend durch ein menschenleeres, verwüstetes London.

Children of Men

(USA/GB 2006; Regie: Alfonso Cuarón)

Es beginnt mit einer Schreckensnachricht. «Baby Diego», der jüngste Mensch der Welt, ist tot. Er starb im Alter von 18 Jahren. Gebannt starren die Leute in einem Londoner Café auf den Fernsehmonitor. Und gebannt starren auch die Zuschauer von Alfonso Cuaróns Children of Men auf die Kinoleinwand. Eine Welt ohne Kinder. Was für ein düster-faszinierendes Zukunftsszenario!

Inglourious Basterds

(USA/D 2009; Regie: Quentin Tarantino)
Die allerersten Einstellungen filmt Tarantino wie in einem Western. Ein Mann hackt Holz vor seiner Farm. Ein Mädchen hängt Wäsche auf. Dann erscheinen am Horizont die Banditen. Nazis statt Cowboys. Auf Motorrädern statt auf Pferden. Doch von dem Moment an, in dem der als Judenjäger berüchtigte SS-Oberst Hans Landa den Hof des Milchbauern Perrier LaPadite (Denis Ménochet) betritt, gehört ihm die Szene. Mit heimtückischem Charme weidet sich der Sadist an der Angst seines Gegenübers und lässt es gnadenlos in die Falle tappen. Ein virtuoser Auftritt von Christoph Waltz.

Resident Evil: Afterlife

(D/F/USA 2010; Regie: Paul W.S. Anderson)
Langsam, verführerisch langsam schwenkt die Kamera vom nassen Asphalt und den roten Pumps mit Pfennigabsätzen hinauf; über weibliche Waden, Knie und Schenkel, an denen hell-dunkel-gestreifte Strümpfe wie eine zweite Haut haften. Im 3D-Kino ragen die auf der Leinwand gigantisch vergrößerten, schlanken Beine wie zwei gewaltige Türme in die regnerische Nacht empor. Die junge Frau steht still, reglos in der Fußgängerzone einer japanischen Metropole, während die Passanten an ihr vorbeiströmen. Eine bedrohliche, puppenhafte Statik, in der eine animalische Sinnlichkeit lauert. Die graue, urbane Masse spannt ihre bunten Regenschirme auf, nur die Erstarrte bleibt ungeschützt. Aus Vogelsicht und stark verlangsamt tanzen die Schirme an ihr vorüber. Stillstand und Bewegung, Grau und Bunt, Individuum und Masse verbinden sich zu einer magischen Einstellung, die man sich gut und gerne als Bestandteil einer Videoinstallation in einem Museum für Moderne Kunst vorstellen könnte, die aber mit der brachialen Kraft, mit der sie die Sinne bestürmt, auch einen Nachgeschmack auf das rauschhafte Kino der Attraktionen aus den ersten Tagen des Films liefert. Ein überwältigendes, neues Kino, das den Zuschauer ganz klein werden lässt in seinem sprachlosen Staunen. Ein paar Minuten lang. Bis dann das Gemetzel und die unverschämt dürre Handlung einsetzen. Nennenswertes passiert danach eigentlich nicht mehr.

Breaking Dawn – Bis(s) zum Ende der Nacht –Teil 2

(2012; Regie: Bill Condon)
Der zweite Film zum vierten Teil der Twilight-Saga beginnt damit, dass Bella Swan (Kristen Stewart) als Vampir die Welt erkundet. Naja, oder erst mal nur das Wohnzimmer. Und wie sieht ihr neues «Leben» so aus? Rote Augen. Zischende Reißzooms. Detailaufnahmen in Zeitlupe. Sie liebt und küsst Edward (Robert Pattinson) wie eh und je. Ist jetzt aber stärker als er. Hat Hunger. Und im Hintergrund singen Passion Pit «Where I come from».

A Quiet Place

(2018; Regie: John Krasinski)

Eine kaputte Verkehrsampel liegt nutzlos im Gestrüpp. Verstaubte Autos säumen eine menschenleere Hauptstraße, durch die der Wind das Herbstlaub weht. Nur Blätter rascheln in der Totenstille. Die bordeauxrote Häuserwand neben dem kleinen Gemischtwarenladen mit der Hausnummer 348 ist mit Vermisstenanzeigen zugekleistert. Die gläsernen Ladentüren stehen offen, sodass der Wind das Laub hineinträgt. Auf den dreckverschmierten Böden zwischen den dunklen Regalen kleben die verrottenden Blätter. Ein umgekippter Einkaufswagen versperrt die Gänge. Nichts regt sich, nicht einmal die Kamera. Erstarrte Einstellungen reihen sich aneinander wie postapokalyptische Ansichtskarten. Noch fesselnder aber als die pittoresk arrangierten Tableaus einer verfallenen Zivilisation ist das gespenstische Schweigen, das sie begleitet. Ein kleines Kind huscht wortlos zwischen den Regalen hindurch. Nach und nach sammelt die Kamera seine Geschwister und Eltern ein. Barfuß und auf Zehenspitzen schleichen die Abbotts durch den verlassenen Laden, auf der Suche nach Medikamenten. Sie verständigen sich tonlos in Gebärdensprache. Jeder Handgriff erfolgt präzise, behutsam, als wäre Schall ein Sprengstoff. Nur ja kein Geräusch machen, nichts aufscheuchen! Der kleine, vielleicht vierjährige Beau (Cade Woodward) malt mit Kreide eine Rakete auf den Ladenboden. Als er sich nach einem Spielzeug-Spaceshuttle streckt, fällt es aus dem Regal und seine große, gehörlose Schwester Regan (Millicent Simmonds) kann es gerade noch auffangen, bevor es auf den Boden knallt. Hinterher ringt sie erleichtert nach Luft, als wären sie selbst in dieser Miniaturrakete gesessen. Der Vater (John Krasinski) entfernt die Batterien aus dem Plastikmodell, stellt beides auf den Tresen. «Zu laut» gibt er seinem Sohn gebärdend zu verstehen. Aber kaum ist der Vater weg, steckt Regan ihrem kleinen Bruder die Raumfähre augenzwinkernd zu. Und während Regan einen Moment nicht hinschaut, schnappt sich Beau auch noch die Batterien. Als er sie später heimlich in das Shuttle friemelt, das daraufhin laut zu piepen anfängt, durchquert die Familie auf dem Nachhauseweg gerade einen Wald. Die anderen haben schon eine schmale Brücke erreicht, aber Beau ist kurz davor zurückgeblieben. Regan bemerkt erst, dass etwas Schreckliches geschehen sein muss, als sie den entsetzten Blick ihrer Mutter (Emily Blunt) sieht, die sich stumm schreiend die Hände vor den Mund hält. Der Vater rennt um das Leben seines Sohnes, doch kurz bevor er ihn erreicht, bricht etwas Riesiges, Spinnenartiges zwischen den Bäumen hervor und reißt den Jungen mit sich. Als dann nach neun Filmminuten, ohne dass ein hörbares Wort gesprochen wurde, schließlich der Titel eingeblendet wird, ist der kleine Beau Abbott tot.

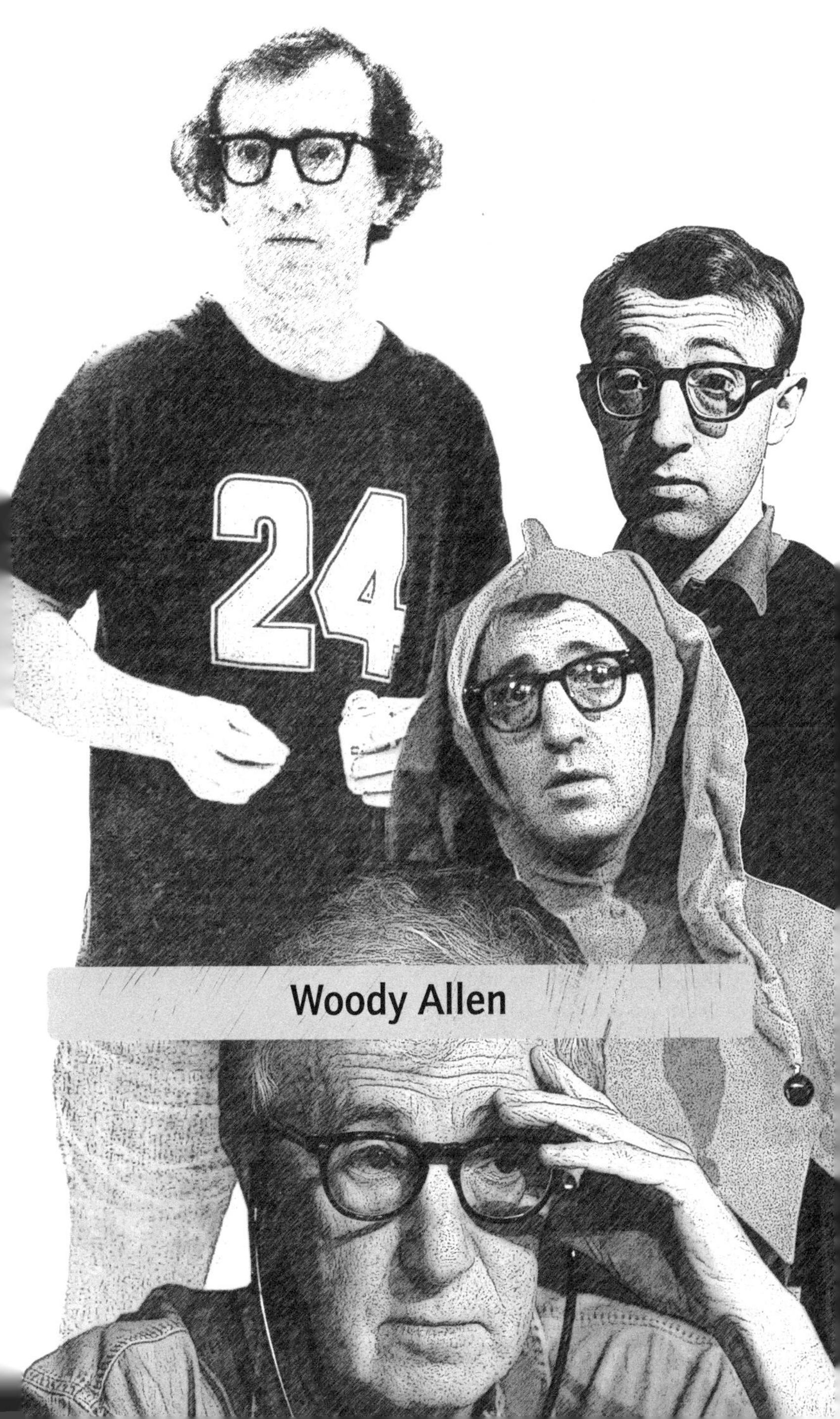
24
Woody Allen

In insgesamt 80 Filmen (darunter eine Miniserie) hat Woody Allen bislang[1] als Schauspieler, Drehbuchautor oder Regisseur mitgewirkt. Zu jedem Film, bei dem er Regie führte, verfasste er auch das Drehbuch.

31 Filme, bei denen Woody Allen mitgespielt und Regie geführt hat

(Zu allen Filmen verfasste Woody Allen auch das Drehbuch.)

- **What's Up Tiger Lily?** (USA/JP 1966)
- **Nimm die Moneten und hau' ab** (USA 1969)
- **Men of Crisis: The Harvey Wallinger Story** (Fernsehkurzfilm; USA 1971)
- **Bananas** (USA 1971)
- **Was Sie schon immer über Sex wissen wollten, aber bisher nicht zu fragen wagten** (USA 1972)
- **Der Schläfer** (USA 1973)
- **Die letzte Nacht des Boris Gruschenko** (F/USA 1975)
- **Der Stadtneurotiker** (USA 1977)
- **Manhattan** (USA 1979)
- **Stardust Memories** (USA 1980)
- **Eine Sommernachts-Sexkomödie** (USA 1982)
- **Zelig** (USA 1983)
- **Broadway Danny Rose** (USA 1984)
- **Hannah und ihre Schwestern** (USA 1986)
- **New Yorker Geschichten** (USA 1989)
- **Verbrechen und andere Kleinigkeiten** (USA 1989)
- **Schatten und Nebel** (USA 1991)
- **Ehemänner und Ehefrauen** (USA 1992)
- **Manhattan Murder Mystery** (USA 1993)
- **Don't Drink the Water** (Fernsehfilm, USA 1994)
- **Geliebte Aphrodite** (USA 1995)
- **Everyone Says I Love You** (USA 1996)
- **Harry ausser sich** (USA 1997)
- **Sweet and Lowdown** (USA 1999)
- **Schmalspurganoven** (USA 2000)
- **Im Bann des Jade Skorpions** (USA/D 2001)
- **Hollywood Ending** (USA 2002)
- **Anything Else** (USA/F/GB 2003)
- **Scoop – Der Knüller** (GB/USA 2006)
- **To Rome with Love** (I/ES/USA 2012)
- **Crisis in Six Scenes** (TV-Miniserie, USA 2016)

1 Stand: Januar 2023.

23 Filme, bei denen Woody Allen Regie geführt, aber nicht mitgespielt hat

(Zu allen Filmen verfasste Woody Allen auch das Drehbuch.)

- **Innenleben** (USA 1978); mit Kristin Griffith und Diane Keaton
- **The Purple Rose of Cairo** (USA 1985); mit Mia Farrow und Jeff Daniels
- **Radio Days** (USA 1987)[2]; mit Dianne Wiest, Mia Farrow, Jeff Daniels, Diane Keaton
- **September** (USA 1987); mit Dianne Wiest und Mia Farrow
- **Eine andere Frau** (USA 1988); mit Gena Rowlands und Mia Farrow
- **Alice** (USA 1990); mit Mia Farrow und Alex Baldwin
- **Bullets Over Broadway** (USA 1994); mit John Cusack und Dianne Wiest
- **Celebrity – Schön, reich, berühmt** (USA 1998); mit Kenneth Branagh, Leonardo DiCaprio, Melanie Griffith und Winona Ryder
- **Sounds from a Town I Love** (Kurzfilm; USA 2001); mit Marshall Brickman, Griffin Dunne und Michael Emerson
- **Melinda und Melinda** (USA 2004); mit Will Ferrell, Vinessa Shaw und Chiwetel Ejiofor
- **Match Point** (GB/LU 2005); mit Scarlett Johansson, Jonathan Rhys Meyers und Emily Mortimer
- **Cassandras Traum** (USA/GB/F 2007); mit Colin Farrell, Ewan McGregor und Hayley Atwell
- **Vicky Cristina Barcelona** (ES/USA 2008); mit Scarlett Johansson, Javier Bardem und Penélope Cruz
- **Whatever works – Liebe sich wer kann** (USA/F 2009); mit Evan Rachel Wood, Larry David und Henry Carvill
- **Ich sehe den Mann deiner Träume** (USA/ES 2010); mit Anthony Hopkins, Naomi Watts und Josh Brolin
- **Midnight in Paris** (ES/USA 2011); mit Owen Wilson, Rachel McAdams und Kathy Bates
- **Blue Jasmine** (USA 2013); mit Cate Blanchett, Alec Baldwin und Sally Hawkins
- **Magic in the Moonlight** (USA/GB 2014); mit Colin Firth und Emma Stone
- **Irrational Man** (USA 2015); mit Joaquin Phoenix und Emma Stone
- **Café Society** (USA 2016)[3]; mit Steve Carell und Sheryl Lee
- **Wonder Wheel** (USA 2017); mit Kate Winslet, Justin Timberlake, Juno Temple und James Belushi
- **A Rainy Day in New York** (USA 2019); mit Timothée Chalamet, Elle Fanning, Selena Gomez und Jude Law
- **Rifkin's Festival** (Spanien, USA, Italien 2020); mit Wallace Shawn, Elena Anaya, Gina Gershon und Christoph Waltz

2 In der englischen Originalfassung lieh Woody Allen dem Off-Erzähler seine Stimme.

3 Woody Allen sprach auch hier den Erzählerkommentar in der Originalfassung, wurde jedoch nicht in den Credits genannt.

15 Filme, bei denen Woody Allen mitgespielt, aber keine Regie geführt hat

(Darunter 4 Filme, zu denen er auch das Drehbuch verfasste.)

- **Was gibt's Neues, Pussy?** (F/USA 1965); Regie: Clive Donner, Richard Talmadge; Drehbuch: Woody Allen
- **Casino Royale** (GB/USA 1967); Regie: Val Guest, Ken Hughes, John Huston
- **The World: Color It Happy** (TV; USA 1967); Regie: Ezra Stone; Drehbuch: Woody Allen
- **Mach's noch einmal, Sam** (USA 1972); Regie: Herbert Ross; Drehbuch: Woody Allen nach seinem gleichnamigen Bühnenstück
- **Der Strohmann** (USA 1976); Regie: Martin Ritt
- **Godard trifft Woody Allen** (Dokumentarkurzfilm; F 1986); Regie: Jean-Luc Godard; Drehbuch: Woody Allen
- **King Lear** (USA 1987); Regie: Jean-Luc Godard
- **Ein ganz normaler Hochzeitstag** (USA 1991); Regie: Paul Mazursky
- **Sonny Boys** (TV; USA 1996); Regie: John Erman
- **The Impostors – Zwei Hochstapler in Not** (USA 1998)[4]; Regie: Stanley Tucci
- **Antz** (USA 1998)[5]; Regie: Eric Darnell
- **Ich hab doch nur meine Frau zerlegt** (USA 2000); Regie: Alfonso Arau
- **Cuba libre – Dümmer als die CIA erlaubt** (F/GB/USA 2000)[6]; Regie: Peter Askin, Douglas McGrath
- **Paris – Manhattan** (F 2012)[7]; Regie: Sophie Lellouche
- **Plötzlich Gigolo** (USA 2013); Regie: John Turturro

11 Filme, bei denen Woody Allen das Drehbuch (oder die Textvorlage) verfasst, aber weder mitgespielt noch Regie geführt hat

- **At the Movies** (Fernsehfilm; USA 1959); Regie: Hugh McPhillips; Co-Autoren: Mel Brooks, Mel Tolkin
- **Hooray for Love** (Fernsehfilm; USA 1960); Regie: Burt Shevelove; Co-Autor: Larry Gelbart
- **The Laughmaker** (Kurzfilm; USA 1962); Regie: Joshua Shelley
- **Don't Drink the Water** (USA 1969; nach dem gleichnamigen Bühnenstück von Woody Allen); Regie: Howard Morris; Co-Autoren: R. S. Allen, Harvey Bullock
- **Pussycat, Pussycat – I Love You** (USA 1970); Regie: Rod Amateau; Co-Autor: Rod Amateau
- **Le concept subtil** (Kurzfilm; F 1981; nach dem Essay «Mr. Big» von Woody Allen); Regie: Gérard Krawczyk
- **Somebody or The Rise and Fall of Philosophy** (Kurzfilm; BRD 1989; nach

4 Lediglich ein kurzer Gastauftritt.

5 Animationsfilm, in dem Woody Allen in der englischsprachigen Originalfassung eine Sprechrolle übernahm.

6 Kurzauftritt.

7 Gastauftritt; Woody Allen wird nicht im Abspann genannt.

dem Essay «Mr. Big» von Woody Allen); Regie: Axel Hildebrand; Drehbuch: Axel Hildebrand

- **Une aspirine pour deux** (Fernsehfilm; F 1995; nach dem Bühnenstück von Woody Allen); Regie: Patrick Bureau; Drehbuch: Francis Perrin
- **Count Mercury Goes to the Suburbs** (Kurzfilm; USA/CAN 1997, nach der Kurzgeschichte *Count Dracula* von Woody Allen); Regie: Joel Bruns
- **Sdelka** (Kurzfilm; RUS 2009; nach einem Bühnenstück von Woody Allen); Regie: Georgy Lebedev; Drehbuch: Lilia Tarasevich
- **Ju chang** (Kurzfilm; China 2020; nach Woody Allens Drehbuch zu Bullets Over Broadway); Regie: Wei Zhao; Drehbuchadaption: Wei Zhao

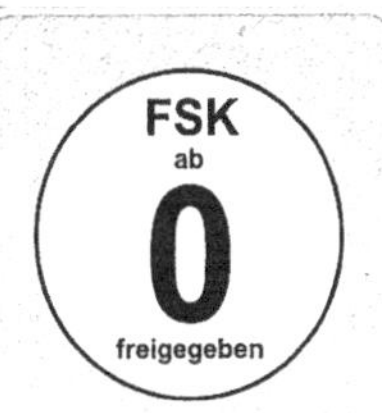

1950

1960

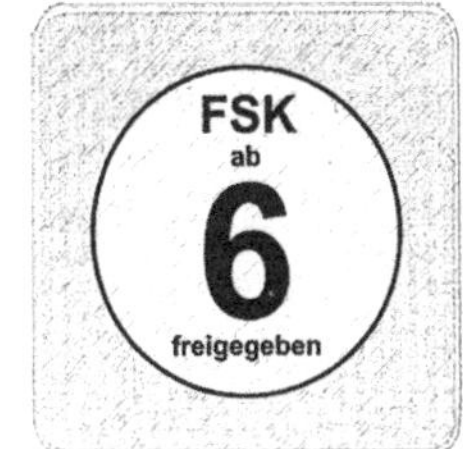

1970

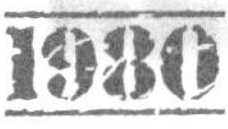

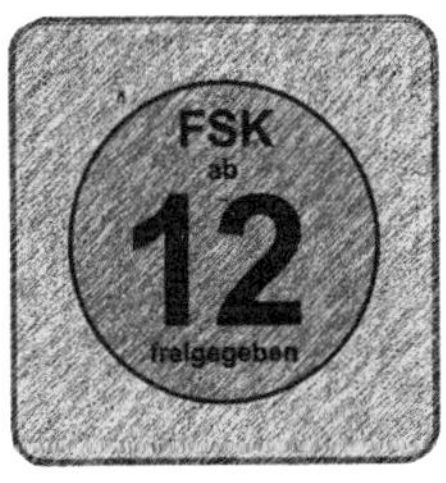

1990

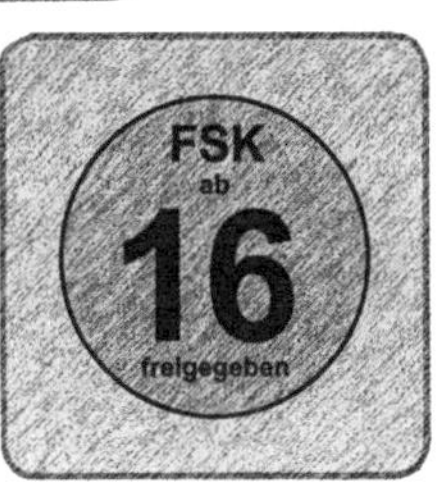

«Frei ab ...» – Altersfreigaben gestern und heute

2000

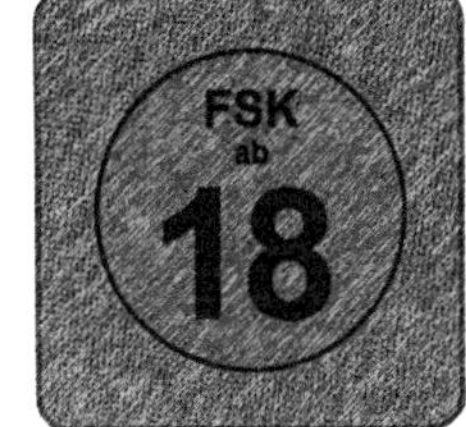

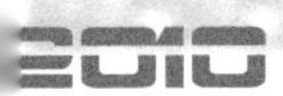

Weltweit unterschiedliche Altersfreigaben (zum Kinostart)

DAS SCHWEIGEN (1963)	**X-Rating** (Großbritannien) **ab 18** (u. a. BRD)	**ab 16** (Argentinien) **ab 15** (Schweden)	**ab 12** (Frankreich)
DIE 120 TAGE VON SODOM (1975)	**Verboten** (u. a. in Australien, Italien, Norwegen) **X-Rating** (Frankreich) **ab 18** (u. a. BRD[1], Japan, Spanien)	**ab 16** (Niederlande)	**ab 15** (Schweden)
RAMBO (1982)	**ab 18** (u. a. Argentinien, Norwegen, Kanada[2])	**ab 16** (u. a. BRD) **ab 13** (Kanada/Quebec) **ab 12** (Frankreich, Niederlande)	**ohne Altersbeschränkung** (Italien)
PULP FICTION (1994)	**ab 18** (u. a. Brasilien, Großbritannien, Spanien, Südafrika, Ungarn)	**ab 16** (u. a. Deutschland) **ab 15** (Dänemark, Polen, Schweden)	**ab 12** (Frankreich)
BREAKING THE WAVES (1996)	**ab 18** (u. a. Chile, Großbritannien, Spanien, Israel)	**ab 16** (u. a. Neuseeland) **ab 15** (Norwegen, Schweden)	**ab 12** (Dänemark, Deutschland, Frankreich)
INDEPENDENCE DAY (1996)	**ab 14** (Peru)	**ab 13** (u. a. USA[3]) **ab 12** (u. a. Deutschland) **ab 7** (Spanien)	**ohne Altersbeschränkung** (u. a. Frankreich, Italien, Niederlande)

1 Auch in Westdeutschland wurde der Film später vorübergehend verboten. Zur bewegten Zensurgeschichte des Filmes vgl.: Stefan Volk, Skandalfilme, Schüren Verlag, Marburg 2021, S. 190–198.
2 Außer in Quebec: 18A, unter 18 nur in Begleitung Erwachsener.
3 PG-13.

LOLITA (1997)	**ab 18** (u. a. Deutschland, Großbritannien, Norwegen, Spanien)	**ab 16** (u. a. Niederlande) **ab 14** (Italien)	**ab 12** (u. a. Frankreich)
DIE FABELHAFTE WELT DER AMELIE (2001)	**ab 18** (u. a. Südkorea)	**ab 17** (u. a. USA[4]) **ab 16** (Ungarn)	**ab 6** (u. a. Deutschland) **ohne Altersbeschränkung** (u. a. Frankreich)
SIN CITY (2005)	**Verboten** (Malaysia) **ab 18** (u. a. in Deutschland, Großbritannien, Schweiz[5], Spanien, Ungarn)	**ab 17** (u. a. USA[6]) **ab 16** (u. a. Frankreich, Niederlande, Schweiz[7]) **ab 15** (u. a. Dänemark) **ab 12** (u. a. Taiwan[8])	**ohne Altersbeschränkung** (Italien)
KICK-ASS (2010)	**ab 18** (u. a. Brasilien, Malaysia, Peru)	**ab 16** (u. a. Deutschland) **ab 14** (u. a. Italien) **ab 13** (Philippinen)	**ohne Altersbeschränkung** (Frankreich)
THE EXPENDABLES (2010)	**ab 18** (u. a. Deutschland, Kanada/ohne Quebec)	**ab 13** (u. a. Kanada/Quebec) **ab 12** (Frankreich)	**ohne Altersbeschränkung** (Italien)

4 R-Rating: unter 17 nur in Begleitung Erwachsener.
5 Kanton Basel-Stadt.
6 R-Rating.
7 Kantone Waadt, Genf.
8 In Begleitung Erwachsener.

AFTER PASSION (2019)	**ab 18** (Indien, Japan, Singapur)	**ab 16** (u. a. Russland, Südafrika, Ungarn) **ab 15** (u. a. Türkei) **ab 14** (u. a. Brasilien) **ab 12** (u. a. Österreich, Schweiz, Spanien)	**ab 11** (Dänemark) **ab 7** (Norwegen, Schweden) **ohne Altersbeschränkung** (Deutschland, Frankreich, Italien)
SONIC THE HEDGEHOG 2 (2019)	**ab 13** (Argentinien, Malaysia) **ab 12** (Deutschland) **ab 10** (Brasilien)	**ab 9** (u. a. Niederlande) **ab 7** (u. a. Dänemark, Indien, Spanien) **ab 6/PG** (u. a. Großbritannien, Schweiz, USA)	**ohne Altersbeschränkung** (u. a. Frankreich, Italien, Japan, Mexiko, Polen, Südkorea)
NOPE (2022)	**ab 18** (Malaysia, Indien)	**ab 17/R** (USA) **ab 16** (u a. Finnland, Portugal, Ukraine) **ab 14** (u. a. Österreich) **ab 12** (u. a. Deutschland, Schweiz)	**ab 6** (Italien) **ohne Altersbeschränkung** (u. a. Frankreich mit Warnhinweis, Japan, Thailand)

Altersfreigaben (in Deutschland) früher und heute

DIE SÜNDERIN (1951)	früher: ab 18	heute: ab 12
DIE BRAUT WAR VIEL ZU SCHÖN (1956)	früher: ab 18	heute: ab 0
DAS MÄDCHEN ROSEMARIE (1958)	früher: ab 18	heute: ab 12
BETTGEFLÜSTER (1959)	früher: ab 18	heute: ab 6
PEEPING TOM (1960)	früher: ab 18	heute: ab 12
PSYCHO (1960)	früher: ab 18	heute: ab 12
KRIEG DER STERNE (1977)	früher: ab 12	heute: ab 6
ICH GLAUB MICH TRITT EIN PFERD (1978)	früher: ab 18	heute: ab 12
DAS GESPENST (1982)	früher: ab 18	heute: ab 12
CITY HUNTER (1993)	früher: ab 18	heute: ab 12

Verteilung der FSK-Altersfreigaben für Kinofilme[9]

	2022	2014	2008
ohne Altersbeschränkung	18,6 %	22,8 %	16,7 %
ab 6	15,7 %	20,3 %	17,8 %
ab 12	45,3 %	41,5 %	45,6 %
ab 16	19,0 %	13,5 %	15,2 %
ab 18 / Keine Jugendfreigabe	1,4 %	1,8 %	4,7 %

Verteilung der FSK-Altersfreigaben für Home-Video-Filme

	2022	2014	2008
ohne Altersbeschränkung	8 %	12,6 %	8,6 %
ab 6	7 %	10,1 %	7,2 %
ab 12	37 %	37,5 %	28,6 %
ab 16	39 %	29,5 %	34,4 %
ab 18 / Keine Jugendfreigabe	9 %	10,3 %	21,3 %

9 Quellen: *SPIO: Filmstatistische Jahrbücher* 2011, 2012 und 2015 ; www.spio.de/themen/statistik-marktforschung/filmstatistik/fsk-statistik/; abgerufen 14.02.2023.

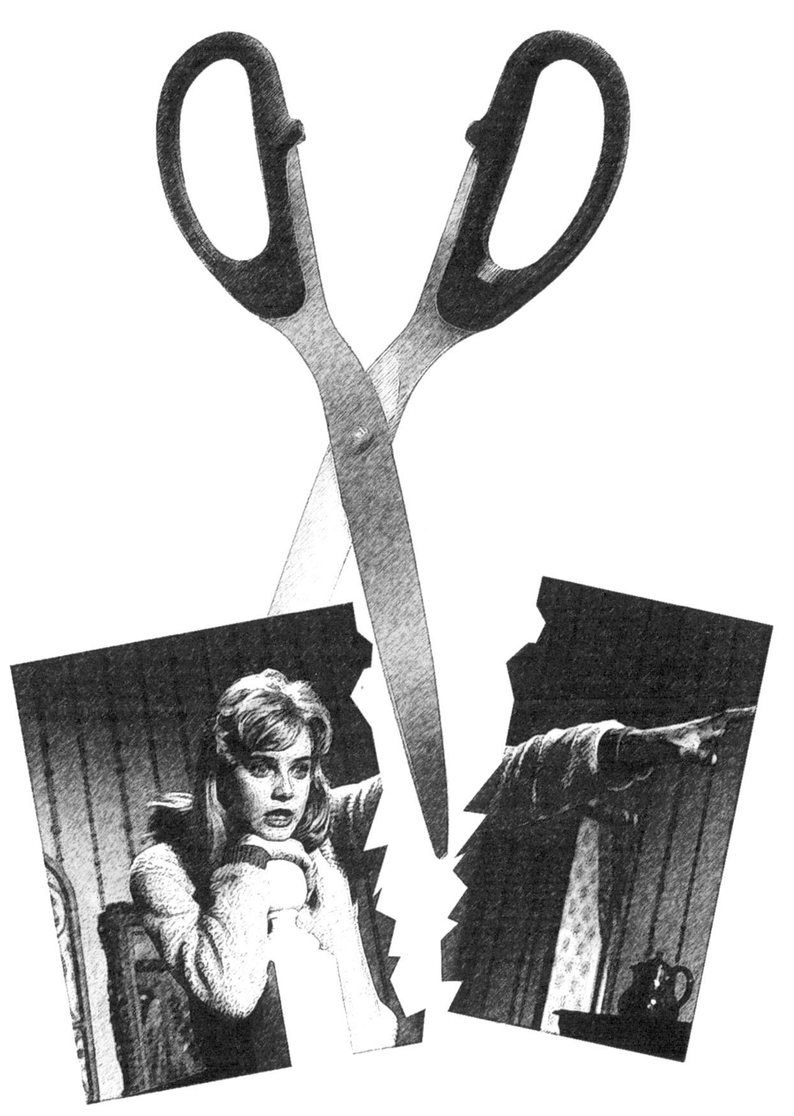

Andere Länder, anders geschnitten

In den deutschen Fassungen ausländischer Filmproduktionen fand im Nachkriegsdeutschland eine ganz besondere Form der «Entnazifizierung» statt. Unliebsame Hinweise auf die NS-Vergangenheit wurden kurzerhand entfernt oder in der Synchronisation «kreativ» umgedichtet. Nazis verwandelten sich so auf wundersame Weise in Rauschgifthändler, und aus einem tschechischen Widerstandskämpfer konnte schon mal ein norwegischer Atomphysiker werden. Politisch motivierte Alternativfassungen gab es aber bereits vor dem 2. Weltkrieg und gibt es bis in die Gegenwart; in Deutschland wie auch in anderen Ländern. Hier nur eine wenige Beispiele – mit dem Fokus auf Deutschland.

PANZERKREUZER POTEMKIN

(SU 1925; Regie: Sergej M. Eisenstein)

Der zum zwanzigsten Jahrestag der russischen Revolution gedrehte Propagandastreifen des sowjetischen Regisseurs Sergej M. Eisenstein gilt heute als Meilenstein der Filmgeschichte. In der Weimarer Republik war er Gegenstand einer hitzigen Zensurdebatte. Er wurde mehrfach verboten und unter immer neuen Schnittauflagen doch wieder freigegeben. Auch die legendäre Szene, in der ein Kinderwagen die Odessaer Treppe hinunterrollt, fiel zwischenzeitlich der antikommunistischen Schere zum Opfer.

IM WESTEN NICHTS NEUES

(USA 1930; Regie: Lewis Milestone)

Noch ehe Universal International Pictures Lewis Milestones Remarque-Verfilmung im August 1930 der deutschen Filmprüfstelle vorlegte, kürzte der Verleih aus Rücksicht auf die deutschen Befindlichkeiten freiwillig etliche Szenen. Gekürzt wurden u. a. eine Szene, in der die Soldaten ihren Vorgesetzten verprügeln, ein Gespräch, in dem sie den Kaiser für den Krieg verantwortlich machen, sowie die Stelle, an der Paul Bäumer vor der Klasse seines ehemaligen Lehrers die Ehrbezeigung verweigert. In den USA wurde diese Selbstzensur scharf kritisiert.

ALEXANDER NEWSKI

(SU 1938; Regie: Sergej M. Eisenstein)

Sergei M. Eisenstein schildert in ALEXANDER NEWSKI den siegreichen Kampf des russischen Fürsten gegen deutsche Kreuzritter im 13. Jahrhundert. Wegen der als grausam dargestellten Ordensritter, mit denen ursprünglich die deutschen Nationalsozialisten assoziiert werden sollten, wurde der Film in der Bundesrepublik vom «Interministeriellen Ausschuss» 1963 als «deutschfeindlich» eingestuft. Der Film erhielt keine reguläre Kinofreigabe. Für halböffentliche Vorführungen wurde nur eine drastisch gekürzte Fassung freigegeben, in denen die deutschen Gräueltaten nicht zu sehen waren. Dadurch entstand der Eindruck, die Truppen Newskis würden den Deutschen Orden grundlos attackieren. Erst 1966 kam die vollständige Fassung in die Kinos.

Der Auslandskorrespondent

(USA 1940; Regie: Alfred Hitchcock)

Als Alfred Hitchcocks Foreign Correspondent 1961 unter dem Verleihtitel Mord in einer um 17 Minuten gekürzten Synchronfassung in die westdeutschen Kinos kam, fehlte die pathetisch-patriotische Schlussrede, in der US-Reporter Johnny Jones (Joel McCrea) sein Land zum Kriegseintritt aufruft. Der Streifen wurde seiner historischen Bezüge beraubt, mit moderner Jazzmusik unterlegt und zum unpolitischen Krimi zurechtgestutzt. Der 2. Weltkrieg wurde soweit wie möglich wegretuschiert. Es dauerte bis 1986, ehe das ZDF den Film unter dem Titel Der Auslandskorrespondent in einer neuen, ungekürzten Synchronfassung zeigte.

Casablanca

(USA 1942; Regie: Michael Curtiz)

Der Abschied am Ende von Michael Curtiz' Casablanca blieb tränenreich. Aber jenseits der melodramatischen Lovestory zwischen Rick Blaine (Humphrey Bogart) und Ilsa Lund (Ingrid Bergman) hatte die deutsche Synchronfassung von 1952 wenig mit dem Original gemein. Aus dem tschechoslowakischen Widerstandskämpfer Victor Lászlo (Paul Henreid) wurde ein norwegischer Atomphysiker. Der deutsche NS-Major Strasser (Conrad Veidt) kam gar nicht mehr vor.

Verantwortlich dafür, dass Curtiz' Kinoklassiker derart verstümmelt wurde, war der Filmverleih des Warner Bros. Studios, dessen deutsche Niederlassung auf Nachfrage erklärte, Casablanca sei in seiner Ursprungsfassung «nicht mehr zeitgemäß» und «nicht zur Vorführung in Deutschland geeignet»[1]. Im voreilenden Gehorsam erledigte Warner Brothers jene Zensur, die ansonsten durch die FSK gedroht hätte. Das legt ein an das Auswärtige Amt gerichtetes Schreiben nahe, in dem sich Generalkonsul Dr. von Borries im Oktober 1953 darüber empört, dass dieser «Hetzfilm» trotz seiner «deutsch-feindlichen Tendenzen»[2] in der Schweiz ungekürzt gezeigt worden sei. «Die Wirkung dieses Filmes», poltert von Borries, «findet man als deutscher Zuschauer ausgesprochen verheerend.»

1975 präsentierte die ARD dann die neue, originalgetreue Synchronfassung.

1 Guido Marc Pruys: *Die Rhetorik der Filmsynchronisation*, Tübingen 1997, S. 65.

2 Philipp von Hugo: «Beobachten, bürgen und zensieren – Filmpolitik mit dem Zweiten Weltkrieg in der Bundesrepublik der fünfziger Jahre». In: *Tel Aviver Jahrbuch für deutsche Geschichte XXXI*, herausgegeben von Moshe Zuckermann, Göttingen 2003, S. 86.

Rom, offene Stadt

(I 1945; Regie: Roberto Rossellini)

Roberto Rossellinis Meisterwerk des italienischen Neorealismus erhielt 1950 keine Freigabe der FSK. Begründet wurde das Verbot mit der «völkerverhetzenden Wirkung» des Filmes. Gemeint waren damit Szenen, in denen Grausamkeiten der Nazis während der deutschen Besatzung in Italien gezeigt wurden. 1960 bekam der Film in einer leicht veränderten deutschen Synchronfassung schließlich doch die Freigabe. Die Kommunisten der Widerstandsgruppe wurden darin als «Sozialisten» bezeichnet. Und der Hinweis auf die Herkunft der deutschen Nazis wurde entfernt. Die Rede war nur allgemein von «Nazis».

Berüchtigt

(USA 1946; Regie: Alfred Hitchcock)

In Weisses Gift (1951), der bundesdeutschen Synchronfassung von Alfred Hitchcocks Notorious, bekommt es Ingrid Bergman (in ihrer Rolle als Alicia Huberman) mit Rauschgifthändlern statt mit Nazis zu tun. So hörte sich Entnazifizierung im Nachkriegs-Synchronstudio an. In der ZDF-Fassung von 1969 wurde aus Weisses Gift dann Berüchtigt und aus den südländischen Drogendealern wurden wieder Uranerz schmuggelnde deutsche Nazis.

Paisà

(I 1946; Regie: Roberto Rossellini)

Eigentlich erzählt Roberto Rossellinis Episodenfilm sechs Geschichten kurz vor Ende des Zweiten Weltkrieges. Die sechste Episode, in der ein flüchtiger US-Kriegsgefangener von den Deutschen erschossen wird, fehlte jedoch, als der Film 1949 in die deutschen Kinos kam. Erst in der ZDF-Fassung von 1986 war dann auch diese Geschichte wieder enthalten.

Der Untertan

(DDR 1951; Regie: Wolfgang Staudte)

Wolfgang Staudtes Heinrich-Mann-Verfilmung wurde in der Bundesrepublik Deutschland im November 1956 in einer gekürzten Fassung für den Kinobetrieb freigegeben. Dem Film musste ein Text vorangestellt werden, der den nachfolgenden Inhalt als Einzelbeispiel beschrieb und betonte, dass er kein Sinnbild für die Geschichte des deutschen Volkes im 20. Jahrhundert sei.

Sehnsucht

(I 1954; Regie: Luchino Visconti)

Schon die italienische Zensur hatte Luchino Viscontis Senso (1954) gekürzt. Die deutsche Synchronfassung ging über diese Kürzungen noch hinaus. Schlachtenszenen und Anspielungen auf die Gegenwart wurden aus dem im Jahr 1866 angesiedelten Spielfilm rausgeschnitten. Das politische Liebesdrama war danach nur noch ein Liebesdrama.

Les misérables

(F/DDR/I 1958; Regie: Jean-Paul Le Chanois)

Jean-Paul Le Chanois' Verfilmung von Hugos Roman entstand als internationale Ost-West-Koproduktion. Dennoch erschien der Film in BRD und DDR in zwei jeweils unterschiedlich gekürzten Fassungen. Während in der westdeutschen Fassung Die Miserablen vor allem Einstellungen mit den revolutionären französischen Massen gekürzt wurden, fielen in der ostdeutschen Fassung Die Elenden besonders jene Szenen der Schere zum Opfer, die auf eine religiöse und eher unpolitisch-moralische Motivation der Handelnden schließen ließen.

Die jungen Löwen

(USA 1958; Regie: Edward Dmytryk)

In der um vier Minuten gekürzten deutschen Synchronfassung von Edward Dmytryks Kriegsdrama fehlten KZ-Innenaufnahmen aus dem Original. Der deutsche Verleih von 20th Century Fox entfernte diese aus Rücksicht auf das deutsche Publikum.

Schrei wenn du kannst

(F 1959; Regie: Claude Chabrol)

Mit Les Cousins gewann Claude Chabrol auf der «Berlinale» 1959 den Goldenen Bären. In dem Film gibt es eine Szene, in der sich ein Pariser Student auf einer Party eine Wehrmachtsmütze überzieht, einem schlafenden jüdischen Freund mit einer Stablampe ins Gesicht leuchtet und ihn anherrscht: «Aufstehen, Gestapo!» In der westdeutschen Synchronfassung wurde aus dem Juden ein Ungar. Der Student brüllt: «Aufstehen, Staatspolizei!» Der Bavaria-Verleih begründete den Eingriff damit, dass in der Judenfrage genug Schreckliches geschehen sei und irgendwann Schluss sein müsse. Der Ostberliner «Filmspiegel» kommentierte: «So wird aus einem treffenden antifaschistischen Akzent ein verlogener antikommunistischer»[3].

Das Tagebuch der Anne Frank

(USA 1959; Regie: George Stevens)

George Stevens' mit drei Oscars ausgezeichnete Hollywoodverfilmung lief in den bundesdeutschen Kinos in einer gekürzten Fassung. Der Film endet in dieser Synchronfassung mit der Verhaftung Anne Franks. Es fehlt der Schluss, in dem

3 Zitiert nach: http://www.zeit.de/1959/50/schrei-wenn-du-kannst.

das weitere Schicksal ihrer Familie geschildert wird, die mit Ausnahme von Annes Vater Otto in den deutschen Konzentrationslagern zu Tode kam.

Der schweigende Stern
(DDR 1960; Regie: Kurt Maetzig)
Kurt Maetzigs DEFA-Verfilmung von Stanislaw Lems Sci-Fi-Klassiker *Planet des Todes* zelebrierte die fortschrittliche Raumfahrttechnologie der Sowjetunion und ihrer befreundeten sozialistischen Staaten. Als sich Maetzigs Protagonist:innen 1960 in der westdeutschen Synchronfassung Raumschiff Venus antwortet nicht auf den Weg zum Abendstern machten, wurde die Mission nicht mehr von einem Russen, sondern von einem US-Amerikaner geleitet. Hinweise auf die Atombombenabwürfe auf Hiroshima und Nagasaki wurden ebenso gestrichen wie alle Anspielungen auf sowjetische Größe und sozialistische Tugenden. In dieser Fassung wurde der Film unter dem Titel First Spaceship on Venus auch in den USA gezeigt.

Eva und der Priester
(F/I 1961; Regie: Jean-Pierre Melville)
Jean-Pierre Melvilles Drama um Glaube und Liebe, Léon Morin, prêtre, startete in den westdeutschen Kinos in einer stark gekürzten Fassung unter dem Titel Eva und der Priester. Neben einer Schlafzimmerszene, in der Pater Léon Morin (Jean-Paul Belmondo) und die junge Barny (Emmanuelle Riva) zweideutige Blicke wechselten, wurden auch all jene Szenen gekürzt, die auf den zeitgeschichtlichen Hintergrund des Films, die deutsche Besatzung in Frankreich, Bezug nahmen.

Lolita
(GB/USA 1962; Regie: Stanley Kubrick)
Für Aufregung sorgte Stanley Kubricks Nabokov Verfilmung weltweit vor allem aus «sittlichen» Gründen. Einen weiteren Anlass zur Pulsbeschleunigung ersparte der deutsche Verleih dem hiesigen Publikum. Als Lolita (Sue Lyon) in der US-Fassung den Arm zum Hitlergruß hebt, macht sie sich mit «Sieg Heil!» über ihre herrschsüchtige Mutter lustig. In der deutschen Synchronfassung dagegen sagt sie schlicht und harmlos: «Salute!»

Drei Milliarden ohne Lift
(I/F 1972; Regie: Roger Pigaut)
Roger Pigauts Gaunerkomödie Trois millards sans ascenseur war sowohl in West- als auch in Ostdeutschland zu sehen. Drei Milliarden ohne Lift hieß in der DDR ohne Anglizismus: Drei Milliarden ohne Fahrstuhl. Kleine, aber feine Unterschiede zwischen West und Ost gab es nicht nur im Titel. Als der Film im

DDR-Fernsehen gezeigt wurde, musste eine Szene geschnitten werden, in der zwei Poster von Marilyn Monroe und Mao Tse-tung nebeneinander an der Wand hingen. So wurde getrennt, was nicht zusammengehörte.

Die Olsenbande

(DK 1968 bis 1998; Regie: Erik Balling, Tom Hedegaard und Morten Arnfred)
Die dänische Filmserie war auch in der DDR äußerst beliebt. Immer wieder jedoch wurden die Streifen in den DEFA-Synchronfassungen an die jeweils geltende Staatsdoktrin angepasst. Beispielsweise wurde in Erik Ballings Die Olsenbande schlägt wieder zu (1977) ein Dialog, in dem Kjeld Jensen (Poul Bundgaard) über den Sohn seiner Schwägerin sagt, dieser habe nur «Alkohol und Marxismus im Kopf», so abgewandelt, dass es hieß, er habe nur «Alkohol und Weiber im Kopf».

Stirb langsam

(USA 1988; Regie: John McTiernan)
In der Originalfassung von John McTiernans Die Hard sind es überwiegend deutsche Terroristen, die dem New Yorker Polizisten John McClane das Weihnachtsfest verderben. Aus Hans (Alan Rickman) und Karl werden in der deutschen Synchronfassung dann die internationalen Bösewichte Jack und Charlie. Auf seinem Arm notiert McClane allerdings erkennbar die deutschen Namen. Ein Widerspruch, den McClane in der deutschen Fassung so erklärt: «Euch beide nenne ich Hans und Karl, wie die bösen Riesen im Märchen.»

Amistad – Das Sklavenschiff

(USA 1997; Steven Spielberg)
Steven Spielbergs Sklaverei-Drama kam in Jamaika nur in einer gekürzten Fassung in die Kinos. Die jamaikanische Filmbehörde veranlasste Schnitte an der Anfangssequenz des Hollywoodstreifens, in der die meuternden Sklaven mit Macheten ihre Aufseher töten. Eine solch brutale Darstellung ihrer Vorfahren, befand die Filmkommission, könne den jamaikanischen Zuschauer:innen, die zu einem Großteil von westafrikanischen Sklav:innen abstammten, nicht zugemutet werden.

Cloud Atlas

(D/USA/HK/SGP 2012)
Das von Tom Tykwer und den Wachowski-Geschwistern inszenierte Mammutwerk wurde in China nur in einer um 35 Minuten gekürzten Fassung gezeigt. Vor allem Nacktszenen und die Filmküsse zwischen den beiden männlichen Darstellern Ben Whishaw und James D'Arcy waren den Zensoren offenbar ein Dorn im Auge.

Leviathan

(RUS 2014)

Andrej Swjaginzews im Westen überschwänglich gelobtes und in Russland wegen seines angeblich negativen Heimatbildes scharf kritisiertes Drama wurde in den russischen Kinos nur in einer leicht zensierten Fassung gezeigt. Bei Schimpfwörtern und Flüchen wurde der Ton heruntergedreht.

Bohemian Rhapsody

(USA, UK 2018)

Das vielfach preisgekrönte Biopic über das Leben der britischen Rocklegende Farrokh Bulsara alias Freddie Mercury kam in China in einer gekürzten Fassung in die Kinos, in der Hinweise auf die sexuellen Beziehungen des Queen-Leadsängers mit anderen Männern weitgehend entfernt wurden. Küsse und Liebkosungen wurden ebenso zensiert wie die Szene, in der Mercury (Rami Malek) beim Videodreh für «I Want to Break Free» mit Schnauzbart, Frauenkleidern und Staubsauger tanzt. Auch fehlte die Szene, in der er seiner Verlobten Mary Austin (Lucy Boynton) gesteht, dass er bisexuell sei, woraufhin diese entgegnet: «Nein, Freddie, du bist schwul.»

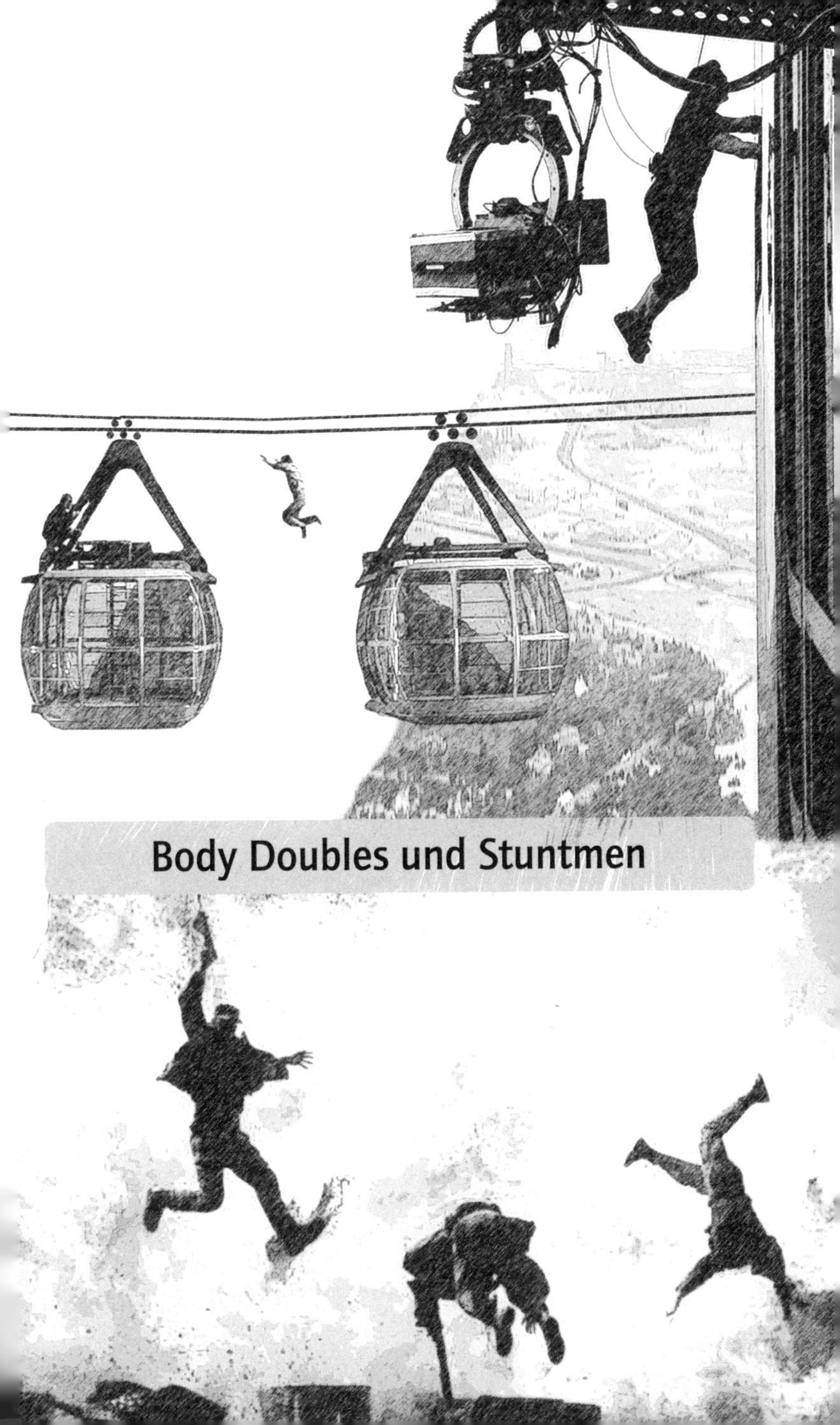

Body Doubles und Stuntmen

Sie gehen für Schauspieler durchs Feuer, halten für sie die Hintern hin und kassieren dafür nicht selten auch noch dumme Sprüche. Den Ruhm heimsen die Stars ein, die hinterher gern dreist von sich behaupten, immer alles selber zu machen. Das Lied vom «Unknown Stuntman» könnte sinngemäß auch manche Stuntwoman singen. Schließlich lassen Stunt Doubles nicht nur Clint Eastwood, sondern beispielsweise auch Uma Thurman oder Nicole Kidman abenteuerlich gut aussehen.

Neben den Stuntleuten gehören aber auch solche Männer und Frauen zu den Body Doubles, die in Nackt- oder Sexszenen für die keuschen oder vielleicht auch nicht ganz so wohlgeformten Promis in die Bresche springen. Man sieht sie von weitem, von hinten oder auch nur ausschnittsweise: Hände, Füße, Po. Ihre Gesichter bleiben im Verborgenen, ihre Namen kennt man kaum. Erst recht nicht, wenn es sich um Männer handelt. Es ist zwar kein Geheimnis, dass sich auch die Herren der Hollywoodschöpfung in Nacktszenen gerne mal doubeln lassen. So hat Christopher Walken anhand von Polaroidbildern ein «Butt Double» für seine Rolle in $5 A DAY (2008) «gecastet». Auch soll der durchtrainierte Körper von Tyler Durden in FIGHT CLUB (1999) nicht immer der von Brad Pitt gewesen sein. Wer genau sich hinter den knackigen Hintern verbirgt, wird jedoch meistens unter Verschluss gehalten. In den folgenden filmchronologisch geordneten Listen werden als männliche Body Doubles deshalb ausschließlich Stuntmen aufgeführt.

Weibliche Body Doubles (und die Stars, die sie ersetzten)

Mary Lois Wiggins (1909–1945, USA): Die wohl berühmteste Stuntfrau ihrer Zeit, deren Spezialität Fallschirmsprünge waren (etwa in CENTRAL AIRPORT, 1933), doubelte u. a. Barbara Stanwyck in UNION PACIFIC (1939).

Marli Renfro (*1938, USA): Die ehemalige Stripperin war eines der ersten Playboy-Bunnies und vertrat für eine Gage von 500 Dollar Janet Leigh in der legendären Duschszene aus Alfred Hitchcocks PSYCHO (1960). Dass kaum jemand davon wusste, rettete ihr später vermutlich das Leben. Der Serienmörder Kenneth Dean Hunt tötete 1988 nämlich Leighs Lichtdouble Myra Davis, von der er fälschlicherweise annahm, dass sie die Schauspielerin in der Duschszene ersetzt habe.[1]

Eileen Dietz (*11. Januar 1945, USA): Die damals 27-jährige Schauspielerin ersetzte die erst 13-jährige Linda Blair bei den Dreharbeiten zu DER EXORZIST (1973) u. a. in der Szene, in der die vom Dämon besessene Regan sich übergab, oder auch als Regan sich das Kruzifix mit den Worten «Let Jesus fuck you» zwischen

1 Vgl.: Robert Graysmith: *The Girl in Alfred Hitchcock's Shower*. Berkley 2011.

die Beine stieß. In solchen Szenen, in denen der Dämon aus Regan sprach, wurde Blair von Oscar-Preisträgerin Mercedes McCambridge (ALL THE KING'S MEN, 1949) synchronisiert, was Blair möglicherweise den Oscar kostete, als das nach ihrer Nominierung bekannt wurde. In der berühmten Szene, in der Regan im Spinnengang (kopfüber auf allen Vieren) die Treppe runterlief, wurde Blair von der Schlangenfrau Linda R. Hager gedoubelt.

Connie Foster (*30. Oktober 1955, USA): Die sieben Jahre ältere Schwester von Jodie Foster stand für die damals erst 13-Jährige in einer Nacktszene aus Nicolas Gessners DAS MÄDCHEN AM ENDE DER STRASSE (1976) und in mehreren Szenen mit anzüglichen Einstellungen und Dialogen aus Martin Scorseses TAXI DRIVER (1976) vor der Kamera.

Renee Sloan (*24 Dezember 1972, USA): Die Ehefrau von Schauspieler Scott Baio arbeitet als Model und Schauspielerin und doubelte einst Pamela Anderson in BAYWATCH (1989-2001).

Shelley Michelle (* 3. April 1962, USA): Die «Königin der Body Doubles» (u. a. für Kim Basinger und Barbra Streisand) gab anstelle von Julia Roberts in den Nacktszenen von PRETTY WOMAN (1990) eine gute Figur ab. Übrigens ist auch auf dem Filmplakat mit den schwarzen High Heels nur der Kopf von Julia Roberts zu sehen. Der Körper gehört dem Model Donna Scoggins.

Julie Strain (1962-2021, USA): Die Schauspielerin und Erotikdarstellerin gab das Vorbild für eine Zeichentrick- und Computerspielfigur (HEAVY METAL: F.A.K.K.²) ab und ersetzte Greena Davis (Thelma) in einer Sexszene von Ridley Scotts THELMA & LOUISE (1991).

Catherine Bell (*14. August 1968, England): Die US-Schauspielerin (TV-Serie J.A.G - IM AUFTRAG DER EHRE, 1996-2005) und bekennende Scientologin doubelte zu Beginn ihrer Karriere Isabella Rossellini in den Nacktszenen von DER TOD STEHT IHR GUT (1992).

Patricia Tallman (*4. September 1957, USA): Noch ehe die Stuntfrau und Schauspielerin in der Rolle der Lyta Alexander mit der Science-Fiction-Serie BABYLON 5 (1995-98) zur Kultfigur avancierte, nahm sie es anstelle von Laura Dern in Steven Spielbergs JURASSIC PARK (1993) mit den Dinos auf.

Zoë Bell (* 17. November 1978, Neuseeland): Bell brach sich als Stunt-Double von Uma Thurman im zweiten Teil von Quentin Tarantinos KILL BILL (2003; 2. Teil: 2004) die Rippen, durfte dafür dann aber 2007 in Tarantinos DEATH PROOF als Schauspielerin debütieren.

Alisa Hensley: Die Stuntfrau sprang schon für Cameron Diaz (3 ENGEL FÜR CHARLIE – VOLLE POWER, 2003), Nicole Kidman (DIE DOLMETSCHERIN, 2005) und Charlize Theron (KALTES LAND, 2005; AEON FLUX, 2005) ein.

Kate Clarke (*21. Dezember 1970, USA): Die Schauspielerin, Künstlerin und Dichterin lieh Angelina Jolie in MR & MRS SMITH (2005) ihren Körper.

Taryn Dakha Malco (*17. Juli 1980, Kanada): Stuntfrau «T» trat als «Invisible Woman» bei den FANTASTIC FOUR (2005; FANTASTIC FOUR: RISE OF THE SILVER SURFER, 2007) in Aktion, wenn es Jessica Alba zu brenzlig wurde.

Barbara Alexandre (Kanada): Die Singer-Songwriterin und Schauspielerin vertrat Halle Berry in X-MEN – DER LETZTE WIDERSTAND (2006), CATWOMAN (2004) und GOTHIKA (2003).

Sarah Lane (* 3. August 1984, USA): Die Balletttänzerin und Solistin des «American Ballet Theatres» tanzte für Oscar-Gewinnerin Natalie Portman in BLACK SWAN (2010) und sorgte für Zündstoff, als sie öffentlich erklärte, das in fast allen Tanzszenen getan zu haben. Regisseur Darren Aronofsky und Vertreter der Produktionsfirma Fox Searchlight behaupteten dagegen, Portman habe in den meisten Szenen selbst getanzt.

Caroline Davis: Die irische Filmstudentin sprang für Natalie Portman in YOUR HIGHNESS (2011) ins kalte Wasser (einen See bei Belfast) und verdiente sich damit um die 300 Euro.

Mónica Cruz (*16. März 1977, Spanien): Die Tänzerin und Schauspielerin half ihrer schwangeren Schwester Penélope bei Nahaufnahmen für PIRATES OF THE CARIBBEAN – FREMDE GEZEITEN (2011) als Körperdouble aus.

Michaela McAllister (*1990/91?, USA): Die Stuntfrau, die ursprünglich Grundschullehrerin werden wollte und während ihres Studiums in Utah ein Stipendium als Turnerin erhielt, schlüpfte in den Actionszenen von BLACK WIDOW (2021) für Florence Pugh (und im Showdown auch für Scarlett Johansson) ins Superheldinnenkostüm. Bereits 2020 war sie für eine irrwitzige Stuntsequenz in Quentin Tarantinos ONCE UPON A TIME IN ... HOLLYWOOD (2019) mit einem Taurus World Stunt Award – einer Art Oscar für Stuntleute – ausgezeichnet worden. In dieser Sequenz schleudert ihr zunächst Brad Pitt eine Dose Hundefutter ins Gesicht, ehe sich ein Pitbull auf sie stürzt und sie zu Boden reißt. Als sie sich nach einem wilden Kampf endlich von dem Hund befreit hat, rennt sie durch eine geschlossene Glastür nach draußen, stolpert in einen Pool und wird dort von Leonardo DiCaprio mit einem Flammenwerfer angezündet. Sie brennt acht bis zehn Sekunden lang, ehe sie schließlich im Wasser versinkt. Für diesen Stunt, der fast vollständig ohne CGI gedreht wurde, trainierte McAllister zwei Monate und brachte sich bei, drei Minuten lang die Luft anzuhalten; für den Fall, dass das Feuer nicht so schnell ausgegangen wäre.

Stuntmen (und ihre spektakulärsten Stunts)

Buster Keaton (1895–1966, USA): Der legendäre Stummfilmstar, Regisseur und Komiker wurde bei Auftritten der «Three Keatons» schon als Kind im Vaudeville von seinen Eltern über die Bühne oder gar ins Publikum geschleudert. Später realisierte er viele seiner Stunts selbst, etwa wenn er in DER GENERAL (1926) minutenlang auf einem fahrenden Zug herumkletterte. In WASSER HAT BALKEN (1928) stürzte die massive Frontfassade eines zweigeschossigen Hauses auf ihn, aber ein offenes Fenster verhinderte, dass er davon erschlagen wurde.

Harold Lloyd (1893–1971, USA): Der Schauspieler und Komödiant war im Zeitalter des Stummfilms berühmt für seine «Thrill Comedys» und berüchtigt dafür, die meisten Stunts selbst auszuführen. Die unvergessene Szene, bei der er in AUSGERECHNET WOLKENKRATZER (1923) am Zeiger einer riesigen Uhr baumelte, hat er beispielsweise selbst gespielt.[2] Ganz ohne Tricks lief das allerdings nicht ab. In Wirklichkeit nämlich hing die Uhr nicht an einem Wolkenkratzer, sondern an einer auf dem Dach des Wolkenkratzers aufgebauten Filmkulisse, die so abgefilmt wurde, dass der Eindruck entstand, Lloyd hinge im Freien hoch über der Straße. Gefährlich war der Stunt trotzdem: wäre Lloyd heruntergefallen, hätte die Gefahr bestanden, dass er vom Dach des Wolkenkratzers nach unten stürzte. In den weiten Einstellungen, in denen aus größerer Entfernung zu sehen war, wie ein Mann an der Fassade des echten Wolkenkratzers entlang kletterte, wurde Lloyd vom Stuntman Harvey Parry gedoubelt.[3]

Dick Grace (1898–1965, USA): Der Spezialist für Flugzeugabstürze und Bruchlandungen brach sich bei einem Stunt zum Oscar-gekrönten Weltkriegs-Fliegerdrama WINGS (1927) die Nackenwirbel und musste sechs Wochen ins Krankenhaus. Weniger Glück hatte ein ehemaliger Armeepilot, der bei einem Unfall am Set tödlich verunglückte.

Harvey Parry (1900–1985, USA): Parry trat in circa 600 Filmen in Aktion und war

2 Inspiriert wurde diese Szene von «Human Spider» Bill Strother, der in den 1920er-Jahren mehrere Wolkenkratzer erkletterte. Strother erhielt in AUSGERECHNET WOLKENKRATZER eine eigene Rolle und soll außerdem Lloyd gedoubelt haben.

3 Das jedenfalls erklärte Parry 1980 in der Fernsehdokumentation HOLLYWOOD.

noch im Alter von 80 Jahren aktiv. Im Laufe seiner Karriere doubelte er u. a. James Cagney, Humphrey Bogart, Peter Lorre und, wie er selbst sagte, auf einer Pferdekutsche sogar die kleine Shirley Temple in HEIDI (1937).

Yakima (eigentlich: Enos Edward) Canutt (1896–1986): Der mehrfache Rodeo-Champion war einer der gefragtesten Stuntmen für Western und in den 1930er-Jahren die unbestrittene Kapazität in der Ausbildung von Stuntmen. John Wayne lernte von ihm, wie er sich am eindrucksvollsten prügeln und wie er am lässigsten gehen konnte. In John Fords Western RINGO (1939) doubelte Canutt seinen einstigen Schüler in einer spektakulären Szene. Zunächst sprang er in der Rolle eines Indianers von einem galoppierenden Pferd auf die Zugpferde einer Postkutsche. Danach ließ er sich, scheinbar tödlich getroffen, zwischen die Pferde fallen und von der Kutsche überrollen. Als Ringo Kid anschließend vom Kutschbock aus über zwei Pferdegespanne hinweg bis zum vordersten Gespann kletterte, verbarg sich dahinter erneut Canutt, der jetzt John Wayne doubelte. Berühmt wurde der 1967 mit dem Ehrenoscar gewürdigte Canutt jedoch nicht nur als Stuntman, sondern auch als Stuntkoordinator und Second Unit Director. Beispielsweise arrangierte er das legendäre Wagenrennen in BEN HUR (1959).

Berüchtigt wurde er zudem als Erfinder des «Running W.», eines an den Vorderläufen eines Pferdes befestigten und am anderen Ende im Boden verankerten Drahtes, der für ebenso spektakuläre wie oftmals (für das Pferd) tödliche Stürze sorgte. Diese Vorrichtung ist mittlerweile verboten.

Bud Ekins (1930–2007, USA): Ekins doubelte u. a. US-Schauspieler Steve McQueen in mehreren Filmen. Unvergessen ist sein Motorrad-Stunt in John Sturges' GESPRENGTE KETTEN (1963), bei dem er mit einer umgebauten Triumph etwa vier Meter hoch und zwanzig Meter weit über einen Stacheldrahtzaun sprang.

Wally Rose (1911–2000, USA): Das Gründungsmitglied der «Screen Actors Guild» sowie der «Stuntmen's Association of Motion Pictures» war, kurz bevor er mit 89 Jahren einem Krebsleiden erlag, als ältester aktiver Stuntman für einen Eintrag ins *Guinness-Buch der Rekorde* vorgesehen.

Jackie Chan (*7. April 1954, Hongkong): Der Schauspieler und Regisseur begann seine Filmkarriere als Stuntman u. a. in Martial-Arts-Filmen seines großen Vorbildes Bruce Lee (FIST OF FURY, 1972; ENTER THE DRAGON, 1973).

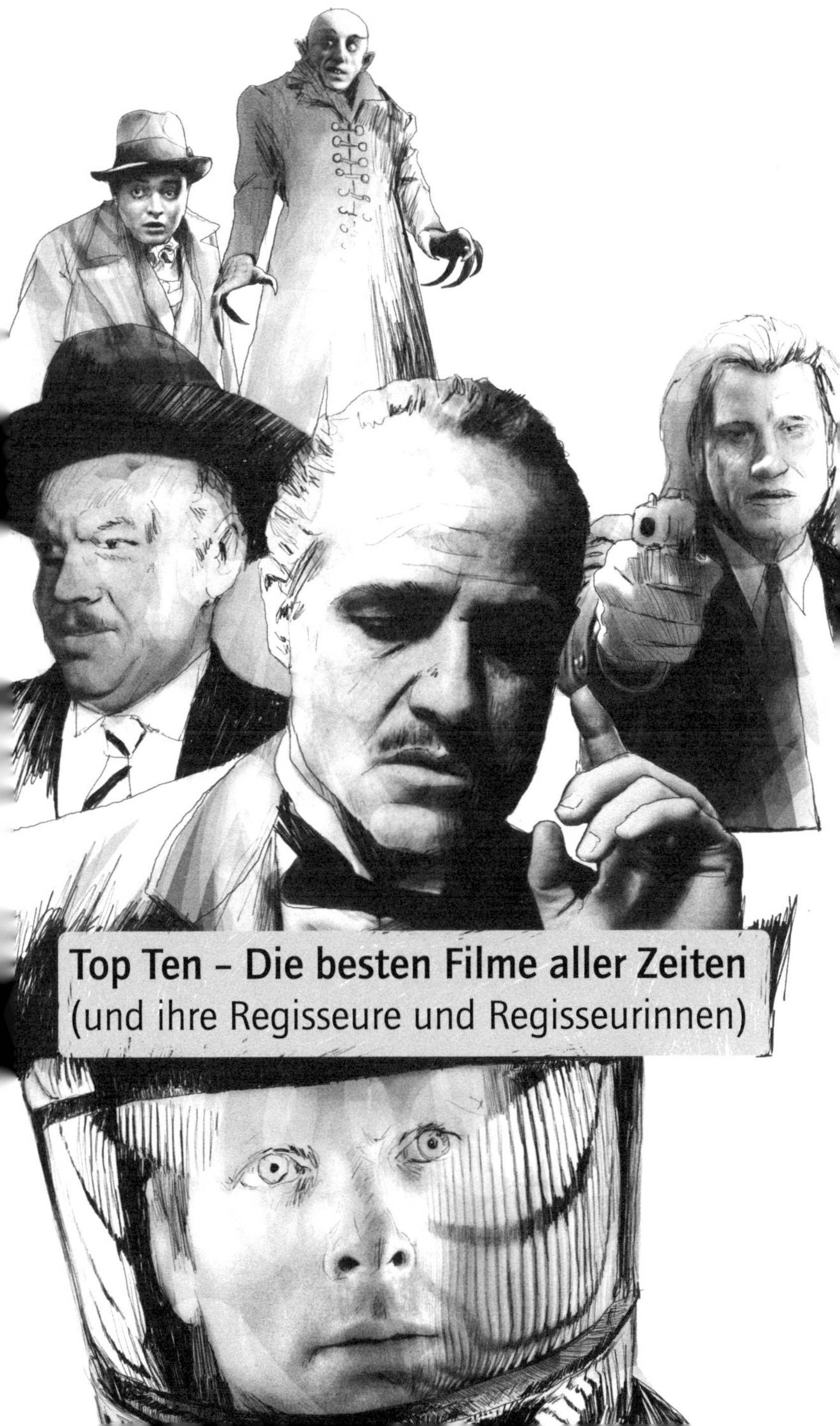

Top Ten – Die besten Filme aller Zeiten
(und ihre Regisseure und Regisseurinnen)

Nein, Filmemachen ist kein Sport, auch wenn es mitunter vielleicht genauso anstrengend sein kann. Die Qualität eines Filmes aber lässt sich nicht so einfach bemessen wie etwa die Leistung einer Leichtathletin. Am ehesten könnte man Filmemachen vielleicht mit Eiskunstlaufen vergleichen. Am Ende sind es immer Mehrheitsentscheidungen von Jurys oder sonstigen Gremien und Akademien, die bestimmen, welcher Film der beste des Wettbewerbs oder des Jahres war. Und natürlich sind diese Entscheidungen fast immer auch umstritten.

Es existieren keine eindeutigen Kriterien, keine überprüfbaren Richtlinien, nach denen sich beurteilen ließe, ob ein Film gut oder schlecht ist. Letztlich bleibt es eine Frage des persönlichen Geschmacks wie fast immer in der Kunst und der Kultur überhaupt. Die gar nicht so selten zu lesende oder zu hörende Behauptung, Film A gefalle dem Publikum zwar besser als Film B, sei in Wirklichkeit aber schlechter, ist elitär, anmaßend und bevormundend, solange sich Kritik und Publikum nicht auf ein gemeinsames Bewertungssystem geeinigt haben oder solange man nicht wenigstens das Kritiker-Ich immer mitdenkt. Trotzdem, oder auch gerade deshalb, sind Kritikerurteile für die Kunst unverzichtbar: sie eröffnen Horizonte, setzen Maßstäbe, formulieren Kriterien, helfen Filme verstehen, vergleichen, einordnen; und man kann sich genüsslich darüber streiten. In diesem Sinne liefern auch die folgenden Bestenlisten keine letztgültigen Wahrheiten, sondern lediglich Einblicke in den Stand der jeweiligen Diskussion oder, wenn man so mag, des jeweiligen kulturellen Diskurses. Und vor allem: Anregungen zum Filmeschauen!

Sight & Sound: «The Greatest Films of All Time» (2022)

ausgewählt von 1.639 Filmkritiker:innen, Kurator:innen, Archivar:innen und Filmwissenschaftler:innen, die wiederum vom britischen Filmmagazin *Sight & Sound* ausgewählt wurden[1]

1. (36.)	JEANNE DIELMAN	B/F	1975	Chantal Akerman
2. (1.)	VERTIGO	USA	1958	Alfred Hitchcock
3. (2.)	CITIZEN KANE	USA	1941	Orson Welles
4. (3.)	DIE REISE NACH TOKIO	JP	1953	Yasujirô Ozu
5. (8.)	IN THE MOOD FOR LOVE	HK/F	2000	Wong Kar Wai
6. (6.)	2001: ODYSSEE IM WELTRAUM	GB	1968	Stanley Kubrick

1 In Klammern jeweils die Platzierungen der Umfrage von 2012. Die *Sight & Sound*-Umfragen finden seit 1952 alle zehn Jahre statt.

7. (78.)	**Der Fremdenlegionär**	F	1999	Claire Denis
8. (28.)	**Mulholland Drive**	USA/F	2001	David Lynch
9. (8.)	**Der Mann mit der Kamera**	UdSSR	1929	Dziga Vertov
10. (9.)	**Du sollst mein Glücksstern sein**	USA	1952	S. Donen / G. Kelly

Die ersten Plätze seit 1952
1952: **Fahrraddiebe** (I 1948, Vittorio De Sica)
1962: **Citizen Kane** (USA 1941, Orson Welles)
1972: **Citizen Kane**
1982: **Citizen Kane**
1992: **Citizen Kane**
2002: **Citizen Kane**
2012: **Vertigo** (USA 1941, Alfred Hitchcock)
2022: **Jeanne Dielman** (BEL/F 1975, Chantal Akerman)

Sight & Sound: «The Greatest Films of All Time» (2022)

ausgewählt von 480 internationalen Regisseurinnen und Regisseuren

1. (2.)	**2001: Odyssee im Weltraum**	GB	1968	Stanley Kubrick
2. (12.)	**Citizen Kane**	USA	1941	Orson Welles
3. (7.)	**Der Pate**	USA	1972	Francis Ford Coppola
4. (1.)	**Die Reise nach Tokio**	JP	1953	Yasujirô Ozu
4. (-)	**Jeanne Dielman**	B/F	1975	Chantal Akerman
6. (7.)	**Vertigo**	USA	1958	Alfred Hitchcock
6. (4.)	**8 ½**	I/F	1963	Federico Fellini
8. (9.)	**Der Spiegel**	UdSSR	1975	Andrei Tarkovsky
9. (13.)	**Persona**	S	1966	Ingmar Bergman
9. (67.)	**In the Mood for Love**	HK/F	2000	Wong Kar Wai
9 (37.)	**Close-Up**	IRAN	1990	Abbas Kiarostami

Die ersten Plätze seit (der ersten Umfrage unter Regisseurinnen und Regisseuren) 1992
1992: **Citizen Kane** (USA 1941, Orson Welles)
2002: **Citizen Kane**
2012: **Die Reise nach Tokio** (JP 1953, Yasujirô Ozu)
2022: **2001: Odyssee im Weltraum** (GB 1968, Stanley Kubrick)

Internet Movie Database (IMDb) Charts: «Top 250 Movies as Voted by Our Users» (Stand: 2022)

ausgewählt von Nutzer:innen, die regelmäßig an Abstimmungen teilnehmen

1.	DIE VERURTEILTEN	USA	1994	Frank Darabont
2.	DER PATE	USA	1972	F. F. Coppola
3.	THE DARK KNIGHT	USA/GB	2008	Christopher Nolan
4.	DER PATE – TEIL II	USA	1974	F. F. Coppola
5.	DIE ZWÖLF GESCHWORENEN	USA	1957	Sidney Lumet
6.	SCHINDLERS LISTE	USA	1993	Steven Spielberg
7.	DER HERR DER RINGE – DIE RÜCKKEHR DES KÖNIGS	USA/ NZ	2003	Peter Jackson
8.	PULP FICTION	USA	1994	Quentin Tarantino
9.	DER HERR DER RINGE – DIE GEFÄHRTEN	USA/ NZ	2001	Peter Jackson
10.	ZWEI GLORREICHE HALUNKEN	USA	1966	Sergio Leone

Die fünf platzierten deutschsprachigen Filme

58.	DAS LEBEN DER ANDEREN	D	2006	Florian Henckel von Donnersmarck
78.	DAS BOOT	BRD	1981	Wolfgang Petersen
97.	M – EINE STADT SUCHT EINEN MÖRDER	D	1931	Fritz Lang
117.	METROPOLIS	D	1927	Fritz Lang
124.	DER UNTERGANG	D	2004	Oliver Hirschbiegel

Metacritic: «Best Movies of All Time» (2022)

basierend auf dem «Metascore», der sich aus einer gewichteten Auswahl englischsprachiger Filmkritiken berechnet, sowie (bei identischem Metascore) dem «User Score», der sich aus den Bewertungen der auf der Webseite Metacritic angemeldeten Nutzerinnen und Nutzern ergibt.

1.	DER PATE	USA	1972	Francis Ford Coppola
2.	CITIZEN KANE	USA	1941	Orson Welles
3.	DAS FENSTER ZUM HOF	USA	1954	Alfred Hitchcock

4.	**Casablanca**	USA	1942	Michael Curtiz
5.	**Boyhood**	USA	2014	Richard Linklater
6.	**Drei Farben – Rot**	F/CH/ POL	1994	Krzysztof Kieslowski
7.	**Vertigo**	USA	1958	Alfred Hitchcock
8.	**Berüchtigt**	USA	1946	Alfred Hitchcock
9.	**Du sollst mein Glücksstern sein**	USA	1952	Stanley Donen / Gene Kelly
10.	**Lichter der Grossstadt**	USA	1931	Charles Chaplin

Die beiden in den Top 200 platzierten deutschsprachigen Filme

123.	**Toni Erdmann**	D/A	2016	Maren Ade
147.	**Herr Bachmann und seine Klasse**	D	2021	Maria Speth

TimeOut: «The 100 Best Movies of All Time» (2022)

ausgewählt von der Redaktion

1.	**2001: Odyssee im Weltraum**	GB	1968	Stanley Kubrick
2.	**Der Pate**	USA	1972	Francis Ford Coppola
3.	**Citizen Kane**	USA	1941	Orson Welles
4.	**Jeanne Dielman**	B/F	1975	Chantal Akerman
5.	**Jäger des verlorenen Schatzes**	USA	1981	Steven Spielberg
6.	**Das süsse Leben**	I/F	1960	Federico Fellini
7.	**Die sieben Samurai**	JP	1954	Akira Kurosawa
8.	**In the Mood for Love**	HK/F/TH	2000	Wong Kar-Wai
9.	**There Will Be Blood**	USA	2007	Paul Thomas Anderson
10.	**Du sollst mein Glücksstern sein**	USA	1952	S. Donen / G. Kelly

Die fünf platzierten deutschsprachigen Filme

52.	**M – Eine Stadt sucht einen Mörder**	D	1931	Fritz Lang
54.	**Die bitteren Tränen der Petra von Kant**	BRD	1972	R.W. Fassbinder

56.	NOSFERATU – EINE SYMPHONIE DES GRAUENS	D	1922	F.W. Murnau
77.	METROPOLIS	D	1927	Fritz Lang
96.	DAS CABINET DES DR. CALIGARI	D	1920	Robert Wiene

Cinema: «Die 100 besten Filme aller Zeiten» (2020)

ausgewählt von der Redaktion der deutschen Filmzeitschrift *Cinema*

1.	DER HERR DER RINGE – DIE GEFÄHRTEN	USA	2001	Peter Jackson
2.	NO COUNTRY FOR OLD MEN	USA	2007	Ethan & Joel Coen
3.	PANS LABYRINTH	ES/MX	2006	Guillermo del Toro
4.	UHRWERK ORANGE	GB/USA	1971	Stanley Kubrick
5.	INCEPTION	USA/GB	2010	Christopher Nolan
6.	FIGHT CLUB	USA	1999	David Fincher
7.	DER PATE	USA	1972	F.F. Coppola
8.	AVATAR: AUFBRUCH NACH PANDORA	USA	2009	James Cameron
9.	FORREST GUMP	USA	1994	Robert Zemeckis
10.	STAR WARS: EPISODE V – DAS IMPERIUM SCHLÄGT ZURÜCK	USA	1980	Irvin Kershner

Die beiden platzierten deutschsprachigen Filme

59.	DAS BOOT	BRD	1981	Wolfgang Petersen
87.	DAS WEISSE BAND – EINE DEUTSCHE KINDERGESCHICHTE	D/A/F/I	2009	Michael Haneke

Cahiers du Cinema: «100 films pour une cinémathèque idéale» (2008)[2]

Ausgewählt wurden die in der traditionsreichen französischen Filmzeitschrift veröffentlichten Filme von 78 Filmkritikern und Filmhistorikern

1.	CITIZEN KANE	USA	1941	Orson Welles
2.	DIE NACHT DES JÄGERS	USA	1955	Charles Laughton
3.	DIE SPIELREGEL	F	1939	Jean Renoir
4.	SONNENAUFGANG – LIED VON ZWEI MENSCHEN	USA	1927	F.W. Murnau

2 Mit 34 Punkten landeten drei Filme auf dem 9. Platz.

5.	**Atalante**	F	1934	Jean Vigo
6.	**M – Eine Stadt sucht einen Mörder**	D	1931	Fritz Lang
7.	**Du sollst mein Glücksstern sein**	USA	1952	Gene Kelly, Stanley Donen
8.	**Vertigo**	USA	1958	Alfred Hitchcock
9.	**Kinder des Olymp**	F	1945	Marcel Carné[2]
9.	**Der schwarze Falke**	USA	1956	John Ford
9.	**Gier**	USA	1924	Erich von Stroheim

Die drei platzierten deutschsprachigen Filme

6.	**M – Eine Stadt sucht einen Mörder**	D	1931	Fritz Lang
16.	**Nosferatu, eine Symphonie des Grauens**	D	1922	F. W. Murnau
24.	**Metropolis**	D	1927	Georg Wilhelm Pabst

Die zehn besten Regisseure basierend auf der Filmauswahl[3]

1. Jean Renoir
2. Alfred Hitchcock
3. Fritz Lang
4. Charles Chaplin
5. John Ford
6. Orson Welles
7. Ingmar Bergman
8. Luis Buñuel
9. Friedrich Wilhelm Murnau
10. Howard Hawks

3 … und der Stimmverteilung auf die einzelnen Filme.

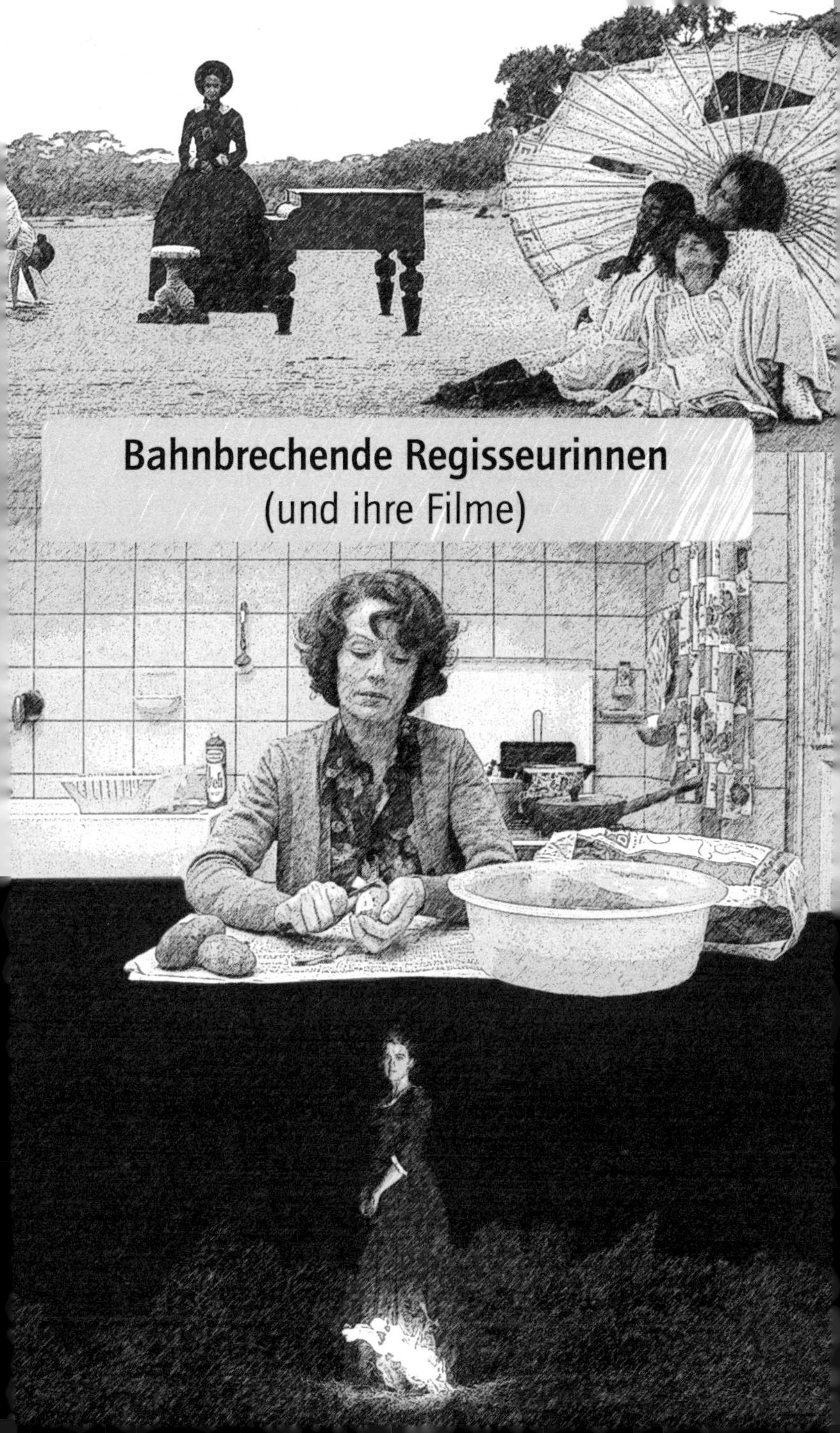

Bahnbrechende Regisseurinnen
(und ihre Filme)

Dass Frauen beim generischen Maskulinum («Regisseur» für «Regisseur + Regisseurin») zwar theoretisch mitgemeint sein mögen, aber in der Praxis von den Sprecher:innen oftmals nicht mitgedacht und von den Hörer:innen oder Leser:innen oftmals nicht mitverstanden werden, lernte ich bereits Mitte der 1990er-Jahre in einem Proseminar zur feministischen Linguistik bei Gisela Schoenthal. In den vorangegangenen Auflagen dieses Buches sollten daher Formulierungen mit Schrägstrich, Doppelnennungen und konkrete Beispiele die Sichtbarkeit von Frauen im Umfeld des Kinos gewährleisten. In der vorliegenden Neuauflage wird dies durch die Verwendung des Genderdoppelpunktes an mehreren Stellen, an denen es mir erforderlich und sinnvoll schien, unterstützt.

Berechtigte sprachästhetische Einwände gegen das Gendern konterte die Linguistin Luise Pusch schon in den 1980er-Jahren mit dem Vorschlag, statt des generischen Maskulinums einfach das generische Femininum («Regisseurin» für «Regisseur + Regisseurin») einzuführen. Am Sternchen stört Pusch, dass es Frauen ihrer Ansicht nach sprachlich als zweite Wahl markiert. Kritisch ergänzen lässt sich, dass es auch das Trennende zwischen den Geschlechtern stärker hervorhebt als das Verbindende und dem biologischen und sozialen Geschlecht damit eine Bedeutung verleiht, die es in einer idealen Welt nicht haben sollte.

In der Welt, in der wir leben, habe ich mich bei dieser Ausgabe für eine inkonsequente, pragmatische Mixtur diverser Schreibweisen entschieden. Das Bemühen, Frauen sprachlich noch stärker erkennbar zu machen, führte mir aber auch vor Augen, wie wenig sie in der realen Filmwelt oftmals präsent sind. Aus «Regisseuren» «Regisseur:innen» zu machen, ändert nichts daran, dass in den Listen der «besten Filme aller Zeiten» vor allem Männer vorkommen. Auch wenn sich der Frauenanteil unter den Regisseur:innen in den vergangenen Jahren erhöht hat, betrug er beispielsweise in den USA 2021 noch immer weniger als ein Viertel. Die folgenden Listen sollen das vielfältige Schaffen von Filmemacherinnen zumindest schlaglichtartig abbilden, bleiben aber natürlich unvollständig. Neben vielen anderen Filmpionierinnen nicht darin enthalten ist die US-Regisseurin und Kamerafrau Rachel Morrison, die 2018 mit Dee Rees' MUDBOUND als erste Frau für einen Oscar in der Kategorie «beste Kamera» nominiert war.

Letterboxd: «Women Directors: The Official Top 250 Narrative Feature Films» (2022)

angeordnet auf Basis der durchschnittlichen Bewertungen der Nutzerinnen und Nutzer des sozialen Netzwerkes

1.	CITY OF GOD	BRA/F/USA	2002	Kátia Lund (Co-Regie; Regie: Fernando Meirelles)
2.	PORTRÄT EINER JUNGEN FRAU IN FLAMMEN	F	2019	Céline Sciamma

3.	Aufstieg	UDSSR	1977	Larisa Shepitko
4.	Der Sommer mit Mamã	BRA	2015	Anna Muylaert
5.	Die Werckmeisterschen Harmonien	HU/D/F/I	2000	Ágnes Hranitzky (Co-Regie; Regie: Béla Tarr)
6.	The Final Exit of the Disciples of Ascensia	USA	2019	Jonni Phillips
7.	Jeanne Dielman	BEL/F	1975	Chantal Akerman
8.	Little Women	USA	2019	Greta Gerwig
9.	Matrix	USA	1999	Lilly und Lana Wachowski
10.	Aftersun	USA/GB	2022	Charlotte Wells
11.	Cleo – Mittwoch zwischen 5 und 7	F/I	1962	Agnès Varda
12.	Das Turiner Pferd	HU/F/D/CH/USA	2011	Ágnes Hranitzky (Co-Regie; Regie: Béla Tarr)
13.	A Silent Voice	JP	2016	Naoko Yamada
14.	Oda sa wala	PHL	2018	Dwein Baltazar
15.	Little Miss Sunshine	USA	2006	Valerie Faris (mit Jonathan Dayton)
16.	Jacquot	F	1991	Agnès Varda
17.	Persepolis	F	2007	Marjane Satrapi (mit Vincent Paronnaud)
18.	Out 1: Noli me tangere	F	1971	Suzanne Schiffman (Co-Regie; Regie: Jacques Rivette)
19.	Capernaum – Stadt der Hoffnung	LBN	2018	Nadine Labaki
20.	Quo vadis, Aida?	BIH/RO/NL/D/PL/F/NO/TUR	2020	Jasmila Žbanić
21.	Doukyuusei	JP	2016	Shôko Nakamura
22.	Los reyes del mundo	COL	2022	Laura Mora
23.	Yuni	IDN	2021	Kamila Andini
24.	Rendezvous d'Anna	F/BEL/BRD	1978	Chantal Akerman
25.	Die eine singt, die andere nicht	F	1977	Agnès Varda

Die neun besten Regisseurinnen basierend auf der Anzahl ihrer Filme in den Top 250 (bei Gleichstand entscheidet die durchschnittliche Platzierung)

1. Agnès Varda (6)
2. Danièle Huillet (5)
3. Chantal Akerman (4)
4. Claire Denis (4)
5. Céline Sciamma (3)
6. Naoko Yamada (3)
7. Elaine May (3)
8. Lynne Ramsay (3)
9. Naomi Kawase (3)

IndieWire: «The All-Time Greatest Films Directed by Women» (2020)

ausgewählt von den Mitarbeiterinnen und Mitarbeitern der Webseite

1.	**Jeanne Dielman**	BEL/F	1975	Chantal Akerman
2.	**Der Fremdenlegionär**	F	1999	Claire Denis
3.	**Das Piano**	AUS/NZ/F	1993	Jane Campion
4.	**Eine Klasse für sich**	USA	1992	Penny Marshall
5.	**Tausendschönchen**	CS	1966	Věra Chytilová
6.	**Lady Bird**	USA	2017	Greta Gerwig
7.	**Cleo – Mittwoch zwischen 5 und 7**	F/I	1962	Agnès Varda
8.	**Meshes of the Afternoon**	USA	1943	Maya Deren (mit Alexander Hammid)
9.	**Sieben Schönheiten**	I	1975	Lina Wertmüller
10.	**Daughters of the Dust**	USA	1991	Julie Dash
11.	**The Rider**	USA	2017	Chloé Zhao
12.	**Winter's Bone**	USA	2010	Debra Granik
13.	**Clueless**	USA	1995	Amy Heckerling
14.	**Yentl**	USA	1983	Barbra Streisand
15.	**Dance, Girl, Dance**	USA	1940	Dorothy Arzner
16.	**Zero Dark Thirty**	USA	2012	Kathryn Bigelow
17.	**Fish Tank**	GB	2009	Andrea Arnold
18.	**Die Abenteuer des Prinzen Achmed**	D	1926	Lotte Reiniger

19.	**Wanda**	USA	1970	Barbara Loden
20.	**Matrix**	USA	1999	Lilly und Lana Wachowski
21.	**Lost in Translation**	USA/JP	2003	Sofia Coppola
22.	**Suspense**	USA	1913	Lois Weber
23.	**Persepolis**	F	2007	Marjane Satrapi (mit Vincent Paronnaud)
24.	**We Need to Talk About Kevin**	GB/USA	2011	Lynne Ramsay
25.	**Harlan County U.S.A.**	USA	1976	Barbara Kopple

Die vierzehn besten Regisseurinnen basierend auf der Anzahl ihrer Filme in den Top 111 (bei Gleichstand entscheidet die durchschnittliche Platzierung)

1. Kathryn Bigelow (4)
2. Lynne Ramsay (3)
3. Agnès Varda (2)
4. Chantal Akerman (2)
5. Sofia Coppola (2)
6. Penny Marshall (2)
7. Claire Denis (2)
8. Greta Gerwig (2)
9. Elaine May (2)
10. Gillian Armstrong (2)
11. Ida Lupino (2)
12. Shirley Clarke (2)
13. Céline Sciamma (2)
14. Marielle Heller (2)

BBC: «The 100 greatest films directed by women» (2019)

ausgewählt von 368 Filmexpert:innen (Kritiker:innen, Journalist:innen, Festivalkurator:innen und Wissenschaftler:innen) aus 84 Ländern

1.	**Das Piano**	AUS/NZ/F	1993	Jane Campion
2.	**Cleo – Mittwoch zwischen 5 und 7**	F/I	1962	Agnès Varda
3.	**Jeanne Dielman**	BEL/F	1975	Chantal Akerman
4.	**Der Fremdenlegionär**	F	1999	Claire Denis

5.	Lost in Translation	USA/JP	2003	Sofia Coppola
6.	Tausendschönchen	CS	1966	Věra Chytilová
7.	Tödliches Kommando – The Hurt Locker	USA	2008	Kathryn Bigelow
8.	Toni Erdmann	D/A	2016	Maren Ade
9.	Fish Tank	GB	2009	Andrea Arnold
10.	Daughters of the Dust	USA	1991	Julie Dash
11.	Aufstieg	UDSSR	1977	Larisa Shepitko
12.	Zero Dark Thirty	USA	2012	Kathryn Bigelow
13.	Vogelfrei	F	1985	Agnès Varda
14.	Gefährliche Brandung	USA	1991	Kathryn Bigelow
15.	Der Morast	ARG/F/ES	2001	Lucrecia Martel
16.	Wanda	USA	1970	Barbara Loden
17.	Sieben Schönheiten	I	1975	Lina Wertmüller
18.	American Psycho	USA/CA	2000	Mary Harron
19.	Orlando	GB/F/I/NL/RU	1992	Sally Potter
20.	Clueless	USA	1995	Amy Heckerling
21.	Winter's Bone	USA	2010	Debra Granik
22.	We Need to Talk About Kevin	GB/USA	2011	Lynne Ramsay
22.	The Hitch-Hiker	USA	1953	Ida Lupino
24.	Lady Bird	USA	2017	Greta Gerwig
25.	Das Haus ist schwarz	IRAN	1963	Forugh Farrokhzad

Die fünf besten Regisseurinnen basierend auf der Anzahl ihrer Filme in den Top 100 (bei Gleichstand entscheidet die durchschnittliche Platzierung)

1. Agnès Varda (6)
2. Kathryn Bigelow (5)
3. Lynne Ramsay (4)
4. Sofia Coppola (4)
5. Claire Denis (4)

Die beiden für den Regie-Oscar nominierten Filmemacherinnen im 20. Jahrhundert

- **Lina Wertmüller** 1977 für SIEBEN SCHÖNHEITEN (1975) – den Oscar erhielt John G. Avildsen mit ROCKY
- **Jane Campion** 1994 für DAS PIANO (1993) – der Oscar ging an Steven Spielberg mit SCHINDLERS LISTE

Die sieben für den Regie-Oscar nominierten Filmemacherinnen bis 2023

- **Lina Wertmüller** 1977 für SIEBEN SCHÖNHEITEN (1975)
- **Jane Campion** 1994 für DAS PIANO (1993) und 2022 für THE POWER OF THE DOG (2021)
- **Sofia Coppola** 2004 für LOST IN TRANSLATION (2003)
- **Kathryn Bigelow** 2009 für TÖDLICHES KOMMANDO – THE HURT LOCKER (2008)
- **Greta Gerwig** 2018 für LADY BIRD (2017)
- **Chloé Zhao** 2021 für NOMADLAND (2020)
- **Emerald Fennell** 2021 für PROMISING YOUNG WOMAN (2020)

Die drei Regie-Oscar-Gewinnerinnen bis 2023

- **Kathryn Bigelow** 2009 für TÖDLICHES KOMMANDO – THE HURT LOCKER (2008)
- **Chloé Zhao** 2021 für NOMADLAND (2020)
- **Jane Campion** 2022 für THE POWER OF THE DOG (2021)

25 wegweisende Regisseurinnen[1] und ihre filmhistorischen Meilensteine

Alice Guy-Blaché (1. Juli 1873 – 24. März 1968)
Meilensteine: Die französische Filmpionierin gilt als erste Regisseurin der Kinogeschichte. Als Sekretärin einer Firma, die Fotokameras und Zubehör herstellte, besuchte sie am 22. März 1895 in Paris eine der weltweit ersten Filmvorführungen, bei der die Gebrüder Lumière den Kurzfilm ARBEITER VERLASSEN DIE LUMIÈRE-WERKE

1 2020 ausgewählt vom Filmmagazin *Variety*: «25 Groundbreaking Female Directors: From Alice Guy to Chloé Zhao».

zeigten. Inspiriert davon drehte Guy mit Unterstützung ihres Chefs Léon Gaumont ihren ersten eigenen Film, der oftmals auch als erster fiktionaler Film bzw. als erster Spielfilm der Kinogeschichte bezeichnet wird. Im Gegensatz zu den gleichnamigen Nachfolgefilmen aus den Jahren 1900 und 1902 gilt die erste Version von **La Fée aux choux (1896)** heute als verloren. Gemeinsam mit dem Kameramann Herbert Blaché, mit dem Guy von 1907 bis 1922 verheiratet war, gründete sie eine eigene Produktionsfirma. Bis 1920 war Guy-Blaché als Drehbuchautorin, Regisseurin und Produzentin an hunderten Filmen beteiligt, ehe sie der von Männern dominierten Filmgeschichtsschreibung zum Opfer fiel und vorübergehend in Vergessenheit geriet.

Lois Weber (13. Juni 1879 – 13. November 1939)
Meilensteine: Die US-amerikanische Schauspielerin, Sängerin und Missionarin arbeitete ab 1911 auch als Regisseurin und drehte gemeinsam mit ihrem damaligen Ehemann Phillips Smalley den zehnminütigen Kurzfilm **Suspense (1913)**, in dem sie eine innovative Split-Screen-Technik verwendete. Bei der verlorengegangenen Shakespeare-Verfilmung **The Merchant of Venice (1914)** führte sie als erste Frau bei einem Langspielfilm Regie. Gemeinsam mit Smalley gehörte sie zu den ersten Filmemacher:innen, die mit Tonfilm experimentierten. Nachdem sie zunächst für die Gaumont Film Company tätig war, stieg sie mit sozialen Themen zur bestbezahlten Regisseur:in der Universal Studios auf und machte sich ab 1917 mit den Lois Weber Productions selbstständig.

Lotte Reiniger (2. Juni 1899 – 19. Juni 1981)
Meilensteine: Die deutsche Pionierin des Trickfilms gelangte über die Schauspielschule Max Reinhardts am Deutschen Theater in Berlin zum Film und gestaltete ab 1919 zahlreiche Silhouetten- bzw. Scherenschnittfilme. Mit dem auf Motiven aus *1001 Nacht* basierenden 65-minütigen Silhouettenfilm **Die Abenteuer des Prinzen Achmed (1926)** erschuf sie zwischen 1923 und 1926 einen der weltweit ersten abendfüllenden Trickfilme. Die Abenteuer des Prinzen Achmed ist heute der älteste noch erhaltene animierte Langfilm. Nach der nationalsozialistischen Machtergreifung siedelte Reiniger 1935 nach London über, kehrte jedoch noch vor Ende des Krieges nach Berlin zurück, um sich um ihre kranke Mutter zu kümmern. 1949 zog sie abermals nach London, ehe sie sich 1980 in der kleinen württembergischen Gemeinde Dettenhausen niederließ.

Dorothy Arzner (3. Januar 1897 – 1. Oktober 1979)
Meilensteine: Die Kalifornierin arbeitete als Kellnerin in Los Angeles im Lokal ihres Vaters, war im Ersten Weltkrieg als Krankenschwester und Krankenwagenfahrerin tätig, ehe sie zunächst als Stenografin und dann als Cutterin beim späteren Paramount Studio einen Zugang zur Filmbranche fand. 1927 führte sie bei

Fashions For Women erstmals auch Regie. Mit **The Wild Party (1929)** inszenierte sie als erste Frau einen abendfüllenden Tonfilm. Arzner war zeitweise die einzige Regisseurin Hollywoods und die erste Frau in der 1936 gegründeten Regiegewerkschaft Directors Guild of America. **Dance, Girl, Dance (1940)**, Arzners heute bekanntester Film, wurde in den 1970er-Jahren insbesondere von der feministischen Filmwissenschaft wiederentdeckt. Für ihr Filmschaffen wurde Arzner 1986 postum mit einem Stern auf dem Hollywood Walk of Fame ausgezeichnet.

Leni Riefenstahl (22. August 1902 - 8. September 2003)
Meilensteine: Die gebürtige Berlinerin, die wegen einer Knieverletzung die angestrebte Karriere als Tänzerin aufgeben musste und sich anschließend der Schauspielerei zuwandte, spielte die weibliche Hauptrolle im Bergfilm Das blaue Licht (1932), bei dem sie an der Seite des ungarisch-jüdischen Filmemachers Béla Balázs zudem ihr Debüt als Regisseurin gab. Balázs wurde nach der nationalsozialistischen Machtergreifung im Vorspann nicht als Regisseur genannt. Mit ihrer Reichsparteitagstrilogie Der Sieg des Glaubens (1933), Triumph des Willens (1933) und Tag der Freiheit! - Unsere Wehrmacht (1935) stellte sich Riefenstahl in den Dienst der nationalsozialistischen Propaganda. Mit Olympia (1938) widmete sie den Olympischen Sommerspiele 1936 in Berlin eine zweiteilige Dokumentation. Trotz ihrer propagandistischen Funktion gelten Riefenstahls Werke zahlreichen Filmwissenschaftler:innen als stilistisch, film- und insbesondere schnitttechnisch bahnbrechend.

Maya Deren (29. April 1917 - 13. Oktober 1961)
Meilensteine: Die in Kiew unter dem Namen Eleanora Solomonovna Derenkovskaya geborene und in Syracuse im Bundesstaat New York aufgewachsene US-Regisseurin engagierte sich abseits von Hollywood als Avantgardefilmerin. In der surrealistischen Tradition Salvador Dalis und Luis Buñuels drehte sie gemeinsam mit ihrem damaligen Ehemann Alexander Hammid den 14-minütigen Experimentalfilm **Meshes of the Afternoon (1943)**, der 1990 in das National Film Registry der USA aufgenommen wurde und zahlreiche spätere Filme beeinflusst haben soll; u. a auch David Lynchs Lost Highway (1997).

Ida Lupino (4. Februar 1918 - 3. August 1955)
Meilensteine: Die gebürtige Britin hatte bereits mit 15 Jahren zum ersten Mal vor der Kamera gestanden und war in Hollywood zu einer bekannten Schauspielerin aufgestiegen, als sie bei den Dreharbeiten zum Drama Verführt (1949), an dem sie als Drehbuchautorin und Produzentin beteiligt war, erstmals Regie führte. Regisseur Elmer Clifton hatte einen Herzinfarkt erlitten, sodass Lupino kurzfristig einspringen und den Film zu Ende drehen musste. In der Folge drehte Lupino mehrere weitere Filme und war damit eine der wenigen Regisseurinnen

im damaligen Hollywood. Als erste Frau inszenierte sie mit **The Hitch-Hiker (1953)** einen Film noir. Der Film wurde 1998 in das National Film Registry aufgenommen.

Agnès Varda (30. Mai 1928 – 29. März 2019)
Meilensteine: Die französische Filmemacherin, die als gelernte Fotografin Mitte der 1950er-Jahre zum Kino kam, schuf mit **Cleo – Mittwoch zwischen 5 und 7 (1962)** einen Klassiker der französischen Filmströmung Nouvelle Vague. Varda erhielt für ihre Filme zahlreiche renommierte Filmpreise, mit ihrem Spielfilm Vogelfrei (1985) etwa gewann sie auf den Filmfestspielen in Venedig den Goldenen Löwen, und wurde mehrfach für ihr Lebenswerk geehrt. So wurde sie beim Filmfestival in Cannes 2015 als erste Frau mit der goldenen Ehrenpalme ausgezeichnet und bekam im November 2017 anlässlich der 90. Oscarverleihung 2018 als erste Regisseurin einen Ehrenoscar für ihr Lebenswerk als Filmemacherin überreicht. Bei derselben Verleihung war sie gemeinsam mit ihrer Tochter Rosalie sowie dem Fotografen JR mit Augenblicke: Gesichter einer Reise (2017) für den Oscar in der Kategorie ‹Bester Dokumentarfilm› nominiert. Mit 89 Jahren war sie zu diesem Zeitpunkt die älteste Person, die jemals für einen Oscar in einer Nominierungskategorie ins Rennen gegangen war.

Lina Wertmüller (14. August 1928 – 9. Dezember 2021)
Meilensteine: Die italienische Regisseurin arbeitete als Theaterschauspielerin, Dramaturgin, Puppenspielerin und war bei Federico Fellinis Achteinhalb (1963) als Regieassistentin tätig, ehe sie mit Die Basilisken (1963) ihr Regiedebüt gab, für das sie auf dem Filmfestival in Locarno mit dem silbernen Segel für die beste Regie ausgezeichnet wurde. Mit ihrem grotesken Spielfilm **Sieben Schönheiten (1975)** wurde sie als erste Frau für einen Regieoscar nominiert, den dann aber John. G. Avildsen für Rocky erhielt. Anlässlich der 92. Oscarverleihung 2020 wurde sie bereits im Oktober 2019 mit einem Ehrenoscar für ihr Lebenswerk als Regisseurin geehrt.

Chantal Akerman (6. Juni 1950 – 5. Oktober 2015)
Meilensteine: Die belgische Filmemacherin gilt als Pionierin des feministischen Kinos. In ihrem Spielfilmdebüt **Ich, Du, Er, Sie (1974)** inszenierte sie mit sich selbst in einer der Hauptrollen eine der ersten ausführlichen lesbischen Sexszenen im Mainstreamkino. Filmgeschichte schrieb sie mit ihrem Meisterwerk **Jeanne Dielman (1975)**, in dem sie über drei Tage hinweg vom Alltag einer alleinerziehenden belgischen Mutter erzählt, die ihren Lebensunterhalt mit Prostitution verdient. Akerman experimentiert in dem über dreistündigen Spielfilm mit langen Echtzeitaufnahmen, in denen sie die von Delphine Seyrig verkörperte Protagonistin beim Kartoffelschälen, anderen Verrichtungen im Haushalt oder beim

Abendessen mit ihrem Sohn Sylvain (Jan Decorte) beobachtet. Hausarbeit, Sex und Familienleben scheinen einer gleichförmigen Routine zu unterliegen, die am dritten Tag jedoch allmählich aus den Fugen gerät.

Barbara Kopple (* 30. Juli 1946)
Meilensteine: Die im US-Bundesstaat New York auf einer Gemüsefarm aufgewachsene zweifache Oscar-Preisträgerin erhielt den ersten Academy Award gleich mit ihrem Kinodebüt **Harlan County U.S.A. (1976)**, in dem sie einen Bergarbeiterstreik in Harlan County, Kentucky dokumentierte. Kopple zog während der vierjährigen Dreharbeiten nach Harlan, lebte dort unter den Bergarbeiterfamilien und sah sich aufgrund ihrer Nähe zu den Streikenden, wie sie selbst später berichtete, persönlichen Todesdrohungen ausgesetzt. Ebenfalls mit dem Oscar für den besten Dokumentarfilm ausgezeichnet wurde Kopples **American Dream (1990)**, der abermals einen Arbeitskampf behandelt; diesmal den Hormel-Streik von August 1985 bis September 1986, der sich gegen Lohnkürzungen im fleischverarbeitenden Konzern Hormel in Austin, Minnesota richtete.

Penelope Spheeris (* 2. Dezember 1945)
Meilensteine: Die US-Regisseurin, die als kleines Kind mit dem Zirkus ihrer griechischen Eltern durch die USA reiste, gab mit **The Decline of Western Civilization (1981)**, einer Dokumentation über die Punkszene in Los Angeles mit Konzertausschnitten von Bands wie Black Flag, Fear und Germs, ihr Langfilmdebüt. Der Film wurde 2016 in das National Film Registry aufgenommen. Ihr größter kommerzieller Erfolg gelang ihr mit der Komödie Wayne's World (1992) mit Mike Myers in der Hauptrolle.

Amy Heckerling (* 7. Mai 1954)
Meilensteine: Die US-Regisseurin gab ihr Spielfilmdebüt mit einem Streifen, der auch in der Liste der lustig gemeinten deutschen Verleihtitel gut aufgehoben wäre. Die Coming-of-Age-Komödie **Ich glaub ich steh im Wald (1982)** heißt im Original deutlich weniger ulkig Fast Times at Ridgemont High oder kurz: Fast Times. Der 2005 in das National Film Registry aufgenommene Film, der auf autobiografischen Erlebnissen des Drehbuchautors Cameron Crowe basiert, gab den Startschuss für die Schauspielkarrieren Sean Penns und Jennifer Jason Leighs sowie etlicher weiterer Darsteller:innen. Heckerling selbst drehte danach mehrere erfolgreiche Hollywoodkomödien wie Hilfe, die Amis kommen (1989) oder Kuck mal, wer da spricht! (1989) und Kuck mal, wer das spricht 2 (1990), ehe sie mit Alicia Silverstone in der Hauptrolle die von Jane Austens Roman *Emma* inspirierte Kult-Teenager-Komödie **Clueless – was sonst! (1995)** inszenierte, zu der sie selbst auch das Drehbuch verfasst hatte.

Barbra Streisand (* 24. April 1942)
Meilensteine: Die US-amerikanische Sängerin und Schauspielerin war längst ein Weltstar, als sie mit der Verfilmung von Isaac Bashevis Singers Kurzgeschichte *Yentl, the Yeshiva Boy* ihr Regiedebüt gab. Streisand hatte bereits über ein halbes Dutzend Grammys erhalten, einen Oscar als beste Hauptdarstellerin (FUNNY GIRL, 1968) gewonnen und war auch als Komponistin gemeinsam mit Liedtexter Paul Williams mit einem Oscar für den besten Song (Evergreen aus A STAR IS BORN, 1976) ausgezeichnet worden, bevor sie mit **YENTL (1983)** als Regisseurin, Produzentin, Hauptdarstellerin und Co-Autorin ein Herzensprojekt realisierte. Der Film erzählt die Geschichte eines jüdischen Mädchens, das sich in Polen zu Beginn des 20. Jahrhunderts als Mann ausgibt, um an einer Jeschiwa (einer jüdischen Hochschule) den Talmud studieren zu können, und sich dort in einen Mitstudenten verliebt. Als erste Frau gewann Streisand 1984 mit YENTL einen Golden Globe Award in der Kategorie «Beste Regie».

Julie Dash (* 22. Oktober 1952)
Meilensteine: Die US-Filmemacherin, die in der New Yorker Sozialsiedlung Queensbridge Houses aufwuchs und später zu den ersten Generationen schwarzer Filmstudent:innen an der UCLA-Filmschule in Los Angeles, der sogenannten «L. A. Rebellion», gehörte, schrieb gleich mit ihrem Spielfilmdebüt Kinogeschichte. **DAUGHTERS OF THE DUST (1991)** war der erste Film einer afroamerikanischen Regisseurin mit einem regulären Kinostart in den USA. Der Film war von der Familiengeschichte ihres Vaters inspiriert, rückte jedoch vor allem drei Generationen von Frauen in den Blickpunkt. Mit der für das damalige US-Kino ungewohnten achronologischen Montage wollte Dash die Erzählweise eines Griots, eines traditionellen westafrikanischen Sängers und Geschichtenerzählers, nachempfinden. Obwohl der unkonventionelle Film von der Kritik weitgehend positiv aufgenommen wurde, gelang es Dash damit nicht, als Kinoregisseurin Fuß zu fassen. Sie inszenierte danach vor allem für das Fernsehen und unterrichtete an mehreren Filmhochschulen. DAUGHTERS OF THE DUST wurde 2004 in das National Film Registry eingetragen.

Kathryn Bigelow (* 27. November 1951)
Meilensteine: Auch wenn die US-Regisseurin sich selbst nicht als feministische Filmemacherin sieht und in ihren erfolgreichsten Filmen keine typischen Frauengeschichten behandelt, zählt sie als eine der wenigen Actionregisseurinnen Hollywoods und als erste Frau, die einen Regie-Oscar erhielt, zu den Pionierinnen der Kinogeschichte. Mit dem Actionstreifen **GEFÄHRLICHE BRANDUNG (1991)** über Bankräuber aus der Surferszene schuf sie mit Keanu Reeves und Patrick Swayze in den Hauptrollen einen Kultfilm des Genres. Für das Kriegsdrama **TÖDLICHES KOMMANDO – THE HURT LOCKER (2008)** über eine US-Kampfmittelbeseitigungseinheit,

die 2004 nach dem Krieg im Irak im Einsatz ist, wurde sie als erste Regisseurin mit einem Oscar ausgezeichnet. Zudem gewann sie als Produzentin den Oscar für den besten Film. Eine weitere Oscarnominierung als Produzentin erhielt sie für ihren umstrittenen Thriller ZERO DARK THRITY (2012), der mit Jessica Chastain in der Hauptrolle die jahrelange Suche des CIA nach Osama bin Laden sowie dessen Tötung durch eine Spezialeinheit der US Navy nachzeichnet und dem u. a. vorgeworfen wurde, Folter zu legitimieren.

Jane Campion (* 30. April 1954)

Meilensteine: Die neuseeländische Filmemacherin gewann bereits mit einem ihrer ersten Kurzfilme, dem neunminütigen Streifen ORANGENSCHALEN – EINE ÜBUNG IN DISZIPLIN (1982), auf den Filmfestspielen von Cannes 1986 eine Goldene Palme. Mit ihrem Spielfilmdebüt SWEETIE (1989) war sie abermals in Cannes vertreten und erhielt zahlreiche weitere Nominierungen und mehrere Auszeichnungen. 1993 gewann sie schließlich mit **DAS PIANO (1993)** als erste – und bis 2021 (Julia Ducournau mit TITANE) einzige – Regisseurin die Goldene Palme für den besten Film. Zudem bekam sie für das Drama über die von Holly Hunter gespielte stumme schottische Witwe Ada, die Mitte des 19. Jahrhundert zusammen mit ihrer neunjährigen Tochter Flora (Anna Paquin) und ihrem Klavier nach Neuseeland zieht, um dort einen ihr unbekannten Mann zu heiraten, einen Oscar für das beste Originaldrehbuch. Weitere Oscars gingen an Hunter und Paquin als beste Haupt- bzw. Nebendarstellerin. 2022 erhielt Campion dann für **THE POWER OF THE DOG (2021)**, ihre Post-Western-Adaption von Thomas Savages Roman, neben weiteren renommierten Preisen, wie dem Silbernen Löwen in Venedig oder dem Golden Globe, auch den Oscar für die beste Regie.

Sofia Coppola (* 14. Mai 1971)

Meilensteine: Die US-Regisseurin, die – falls Sie das schon immer mal wissen wollten – in diesem Buch auch als Mitglied eines Film-Familienclans gelistet ist, wurde in die Branche praktisch hineingeboren. Schon als Baby hatte sie ihren ersten Auftritt in dem von ihrem Vater, Francis Ford Coppola, inszenierten Mafiafilmklassiker DER PATE (1972). In DER PATE III (1990) spielte sie dann die Tochter von Don Michael Corleone. Eine Darbietung, für die sie gleich zwei goldene Himbeeren verdauen musste: als schlechteste Nebendarstellerin und als schlechteste Newcomer:in. Deutlich erfolgreicher gestaltete sich ihr Regiedebüt mit dem Drama THE VIRGIN SUCICIDES (1999) nach dem Roman von Jeffrey Eugenides, das von der Kritik überwiegend positiv aufgenommen wurde. Mit der in Tokio angesiedelten melancholischen Tragikomödie **LOST IN TRANSLATION (2003)** über die romantische Begegnung zwischen einem abgehalfterten US-Schauspieler (Bill Murray) und einer frisch graduierten Philosophiestudentin (Scarlett Johansson) wurde Coppola für einen Oscar in der Kategorie «beste Regie» nominiert und mit der Trophäe für das beste Originaldrehbuch ausgezeichnet. Mit DIE VERFÜHRTEN (2017) drehte sie eine Neuverfilmung von Don Siegels Klassiker BETROGEN (1971) nach dem Roman *A Painted Devil* von Thomas P. Cullinan. Coppolas Version erzählt die Geschichte eines verwundeten Nordstaatensoldaten, der im US-Bürgerkrieg in einem weitgehend verlassenen Mädchenpensionat im verfeindeten Konföderiertenstaat Virginia Unterschlupf findet, aus der Perspektive der Mädchen und Frauen. Für ihre Inszenierung wurde Coppola auf den Filmfestspielen von Cannes 2017 als zweite Frau mit dem Preis für die beste Regie ausgezeichnet. Zuvor hatte lediglich die Sowjetrussin **Yuliya Solntseva** (7. August 1901 – 28. Oktober 1989) mit ihrem Zweiter-Weltkriegs-Drama **FLAMMENDE JAHRE (1961)** diese Auszeichnung erhalten. Solntseva war damit zugleich die erste Filmemacherin, die auf einem der führenden europäischen Filmfestivals für ihre Regiearbeit prämiert wurde.

Patty Jenkins (* 24. Juli 1971)

Meilensteine: Die US-Regisseurin gab mit dem mehrfach prämierten Drama MONSTER (2003), zu dem sie auch das Drehbuch verfasst hatte, ihr Spielfilmdebüt. Hauptdarstellerin Charlize Theron erhielt einen Oscar für ihre Interpretation der 2002 in Florida hingerichteten Serienmörderin und ehemaligen Straßenprostituierten Aileen Wuornos. Nachdem Jenkins anschließend an zahlreichen TV-Produktionen mitgearbeitet hatte, führte sie bei der Comicverfilmung **WONDER WOMAN (2017)** als erste Frau bei einem Superheldenfilm Hollywoods Regie. Darüber hinaus gilt sie als erste Regisseurin, die einen Film mit einem Budget von mehr als 100 Millionen US-Dollar inszenierte. Mit der Fortsetzung WONDER WOMAN 1984 (2020) stieg Jenkins zu einer der bestbezahlten Filmemacherinnen Hollywoods auf. Mit der geplanten Inszenierung von ROGUE SQUADRON, dessen ursprünglich für Dezember 2023 geplanter Kinostart auf zunächst unbestimmte Zeit verschoben wurde, wäre Jenkins zudem die erste Regisseurin eines Star-Wars-Kinofilms.

Ava DuVernay (* 24. August 1972)

Meilensteine: Die US-Regisseurin, die nach einem Bachelorabschluss in Englisch und African-American-Studies zunächst als Journalistin und im PR-Bereich tätig war, gab ihr Spielfilmdebüt mit dem Drama I WILL FOLLOW (2010). DuVernay verarbeitete in dem Drehbuch eine persönliche Erfahrung. Nachdem ihre Tante an Brustkrebs erkrankt war, hatte sie sich in den letzten anderthalb Jahren vor deren Tod um sie gekümmert hatte. Mit ihrem zweiten Spielfilm **MIDDLE OF NOWHERE (2012)** gewann DuVernay auf dem Sundance Film Festival als erste Afroamerikanerin den Regiepreis für einen US-Spielfilm. Der internationale Durchbruch gelang DuVernay mit dem Historiendrama **SELMA (2014)** über die Selma-Montgomery-Protestmärsche von 1965 und die von Martin Luther King angeführte afroamerikanische Bürgerrechtsbewegung. Die historisch umstrittene Darstellung der politischen Hintergründe, insbesondere der Rolle des im Film tendenziell negativ gezeichneten US-Präsidenten Lyndon B. Johnson, sorgte hinterher ebenso für Diskussionen wie der Umstand, dass DuVernay nicht als erste afroamerikanische Filmemacherin für einen Regieoscar nominiert wurde, obwohl der Film in der Kategorie «bester Film» – letztlich erfolglos – vertreten war. Nach SELMA erhielt auch DuVernays Dokumentarfilm DER 13. (2016) eine Oscarnominierung. Die Dokumentation wurde nach dem 13. Zusatzartikel der Verfassung der Vereinigten Staaten benannt, mit dem die Sklaverei offiziell abgeschafft wurde, und beleuchtet die Geschichte des Rassismus insbesondere im US-Justizwesen. Mit der Disney-Verfilmung **DAS ZEITRÄTSEL (2018)** avancierte DuVernay zur zweiten Regisseurin nach Patty Jenkins und zur ersten afroamerikanischen Filmemacherin, die einen Spielfilm mit einem Budget von mehr als 100 Millionen US-Dollar inszenierte.

Greta Gerwig (* 4. August 1983)
Meilensteine: Der US-Schauspielerin, die zuvor bereits bei mehreren Independent-Filmproduktionen am Drehbuch beteiligt gewesen war und beim Low-Budget-Fernbeziehungsdrama NIGHTS AND WEEKENDS (2008) gemeinsam mit Joe Swanberg Regie geführt hatte, gelang mit dem Coming-of-Age-Drama **LADY BIRD (2017)** der Durchbruch als Filmemacherin. Gerwig war mit dem vielfach prämierten Werk in den Kategorien «beste Regie» und «bestes Originaldrehbuch» jeweils für einen Oscar nominiert. Letztlich ging sie bei den Academy Awards jedoch ebenso leer aus wie der Film insqesamt sowie Saoirse Ronan und Laurie Metcalf als beste Haupt- bzw. Nebendarstellerin. Bei den Golden Globe Awards 2018 wurde LADY BIRD hingegen als beste Filmkomödie ausgezeichnet, und Ronan erhielt den Preis als beste Hauptdarstellerin in einer Komödie. Auch Gerwigs nächste Regiearbeit, **LITTLE WOMEN (2019)**, eine Neuverfilmung von Louisa May Alcotts gleichnamigem Roman, wurde für zahlreiche renommierte Filmpreise nominiert, darunter für sechs Oscars, u. a. als «bester Film». Neben Gerwig («bestes adaptiertes Drehbuch») hatten abermals Saoirse Ronan («beste Hauptdarstellerin») und Florence Pugh («beste Nebendarstellerin») sowie Alexandre Desplat («beste Filmmusik») vergeblich auf einen Oscar gehofft. Ausgezeichnet wurde lediglich Jacqueline Durran für das beste Kostümdesign. Mit der romantischen Komödie BARBIE (2023), für die Gerwig gemeinsam mit ihrem Lebenspartner Noah Baumbach das von der legendären Puppe inspirierte Drehbuch schrieb, reiht sich die einstige Ikone des Mumblecore-Independentgenres in die kleine Riege derjenigen Regisseurinnen ein, die einen Spielfilm mit einem Budget von über 100 Millionen US-Dollar inszenieren durften.

Wanuri Kahiu (* 21. Juni 1980)
Meilensteine: Die kenianische Filmemacherin wurde mit ihrem Spielfilmdebüt FROM A WHISPER (2008) über die Terroranschläge auf die US-Botschaft in Nairobi

1998 bei den Africa Movie Academy Awards sowohl für die beste Regie als auch das beste Drehbuch ausgezeichnet. Zudem gewann das Drama den Preis als bester Film. Ihr zweiter Spielfilm **Rafiki (2018)** erhielt von der kenianischen Filmzulassungsstelle (Kenya Film Classification Board, KFCB) keine Freigabe, da Kahiu sich geweigert hatte, das hoffnungsvolle Ende des Films über eine lesbische Liebe zu verändern. Nachdem Rafiki (Suaheli für «Freund») im Mai 2018 auf den Filmfestspielen von Cannes als erster kenianischer Spielfilm in der Geschichte des Festivals in der Sektion «Un Certain Regard» seine internationale Premiere gefeiert hatte, hob das Oberste Gericht Kenias das Verbot im September 2018 vorübergehend auf, damit der Film die Voraussetzungen für eine Einreichung als Oscarbeitrag für den besten fremdsprachigen Film erfüllen konnte. Sieben Tagen lang war der Film daraufhin in einem Kino in Nairobi zu sehen. Rafiki, der bei den Africa Movie Academy Awards 2019 als bester Film in einer afrikanischen Sprache ausgezeichnet wurde, ist damit der erste Film über eine lesbische Liebesbeziehung, der in Kenia öffentlich aufgeführt wurde. Der Film wurde anschließend jedoch nicht als Kenias Oscarbeitrag ausgewählt, und das Oberste Gericht wies im April 2020 eine Petition Kahius zurück und bestätigte die Rechtmäßigkeit des Verbots. Im September 2022 betonte das KFCB in einem Statement noch einmal, dass LGBTQ+-Inhalte und entsprechende Beziehungen in Kenia gesetzlich untersagt seien. Daher dürften Filme, die gleichgeschlechtliche Beziehungen als normal darstellten auch weiterhin nicht in Kenia vorgeführt werden.

Céline Sciamma (* 12. November 1978)

Meilensteine: Die französische Drehbuchautorin und Regisseurin, die nach ihrem Literaturstudium die renommierten Filmschule La Fémis in Paris besucht hatte, war bereits mit ihren ersten Spielfilmen, zu denen sie jeweils auch das Drehbuch verfasst hatte, an den führenden Filmfestivals in Cannes, Berlin, Toronto sowie auf dem Sundance Film Festival in Utah vertreten. **Water Lilies (2007)**, **Tomboy (2011)** und **Mädchenbande (2014)**, die in unterschiedlichen Facetten die Suche nach der Genderidentität und sexuellen Orientierung aus einer weiblichen Perspektive thematisieren, bilden laut Sciamma eine Coming-of-Age-Trilogie. Auch in ihrem vierten Spielfilm, **Porträt einer jungen Frau in Flammen (2019)**, knüpfte Sciamma daran an, indem sie, abermals auf Grundlage ihres eigenen Scripts, erzählte, wie zwei junge Frauen im 18. Jahrhundert ihre Zuneigung füreinander entdecken, während die eine, die Malerin Marianne, ein Gemälde von der anderen, der widerspenstigen Adligen Héloïse, anfertigt. Dieses Porträt soll die standesgemäße Hochzeit mit einem Mann besiegeln, für den Héloïse nichts empfindet. Gespielt werden die beiden Liebenden von Noémie Merlant und Sciammas Ex-Partnerin Adèle Haenel, die Sciamma bei den Dreharbeiten zu Water Lilies kennengelernt hatte. Porträt einer jungen Frau in Flammen erhielt neben zahlreichen weiteren Preisen auf den Filmfestspielen von Cannes die Queer Palm für den besten Spielfilm. Sciamma wurde unter anderem in Cannes und bei der Verleihung des Europäischen Filmpreises 2019 mit dem Preis für das beste Drehbuch ausgezeichnet.

Gina Prince-Bythewood (* 10. Juni 1969)
Meilensteine: Die US-Filmemacherin, die nach ihrem Abschluss an der UCLA-Filmschule zunächst mehrere Jahre als Autorin für das Fernsehen gearbeitet hatte, debütierte mit dem von Spike Lee produzierten romantischen Sportfilm LOVE & BASKETBALL (2000), der von ihren eigenen Erfahrungen inspiriert wurde. Bei den 2001 zum zweiten Mal verliehenen Black Reel Awards, mit denen die herausragenden Leistungen schwarzer Filmschaffender gewürdigt werden, wurde LOVE & BASKETBALL mit insgesamt sechs Preisen, darunter denjenigen für den besten Film, die beste Schauspielerin (Sanaa Lathan) und die beste Regie, ausgezeichnet. Dank der Netflix-Produktion **THE OLD GUARD (2020)** mit Charlize Theron in der Rolle einer unsterblichen Kriegerin avancierte Prince-Bythewood zur ersten Woman of color, die eine Superhelden-Comicverfilmung inszenierte. Kriegerinnen, diesmal jedoch historische, standen auch im Mittelpunkt der fiktiven Handlung ihres nächsten Spielfilms, THE WOMAN KING (2022). Das im afrikanischen Königreich Dahomey zu Beginn des 19. Jahrhunderts angesiedelte Drama, das auf dem Internationalen Filmfestival von Toronto seine Premiere feierte, erzählt von einer Generalin der Agojie (Viola Davis), einer rein weiblichen Militäreinheit, die für die Freiheit und gegen die Sklaverei kämpft.

Chloé Zhao (* 31. März 1982)
Meilensteine: Die in den USA lebende chinesische Filmemacherin begann ihre Laufbahn als Spielfilmregisseurin mit zwei Independent-Produktionen über Angehörige der Lakota-Sioux-Stämme aus der Pine Ridge Reservation in South Dakota, in denen sich die Laiendarsteller:innen teilweise selbst spielten. Sowohl das Coming-of-Age-Drama SONGS MY BROTHERS TAUGHT ME (2015) als auch der Post-Western THE RIDER (2017) wurden für mehrere Independent-Filmpreise nominiert. Auch in ihrem dritten Spielfilm **NOMADLAND (2020)**, der von Jessica Bruders 2017 veröffentlichtem Sachbuch *Nomaden der Arbeit: Überleben in den USA im 21. Jahrhundert* angeregt wurde, arbeitete Zhao mit Laiendarstellern. Mehrere Personen aus dem Buch spielen in Zhaos Film fiktionalisierte Versionen ihrer selbst. Die Hauptfigur jedoch, eine 60-jährige Witwe, die in einem Van durch die USA reist, nachdem sie sowohl ihren Mann als auch ihren Job verloren hat, wird von Frances McDormand verkörpert. NOMADLAND erhielt mehr als hundert Auszeichnungen, darunter den Goldenen Löwen für den besten Film auf den Filmfestspielen in Venedig sowie drei Oscars für den besten Film, die beste Regie und die beste Hauptdarstellerin. Zhao, die auch in der Kategorie

«bestes adaptiertes Drehbuch» für einen Oscar nominiert worden war, war zu diesem Zeitpunkt nach Bigelow erst die zweite Frau, die einen Regie-Oscar gewann. Auf der Grundlage dieses Erfolges vollzog sie mit ihrem nächsten Film einen eklatanten Stilwechsel, indem sie mit der Marvel-Comic-Verfilmung ETERNALS (2021) einen Big-Budget-Superheld:innen-Science-Fiction-Streifen inszenierte. Es war zugleich ihr erster Spielfilm, für den sie das Drehbuch nicht allein verfasst hatte.

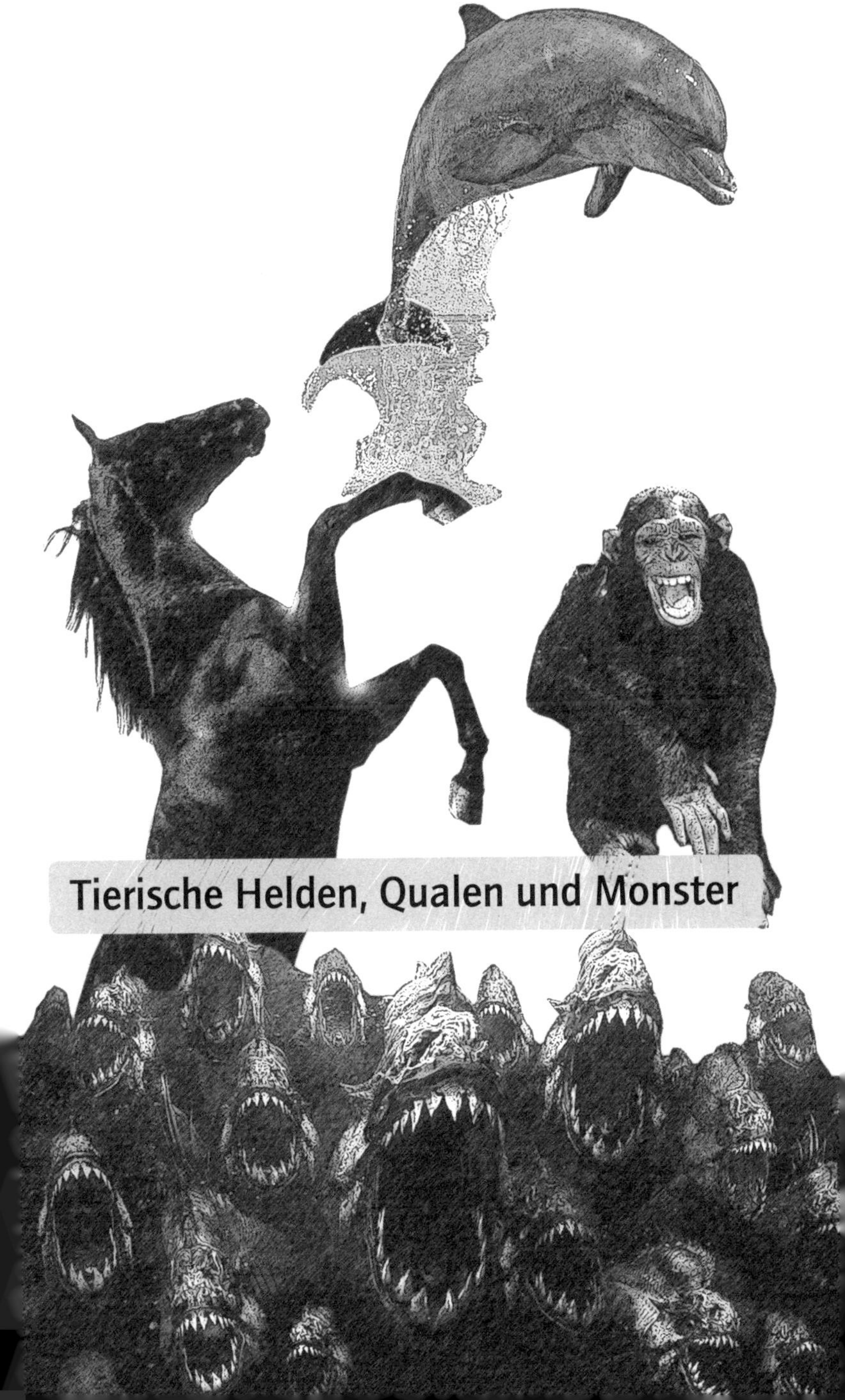

Tierische Helden, Qualen und Monster

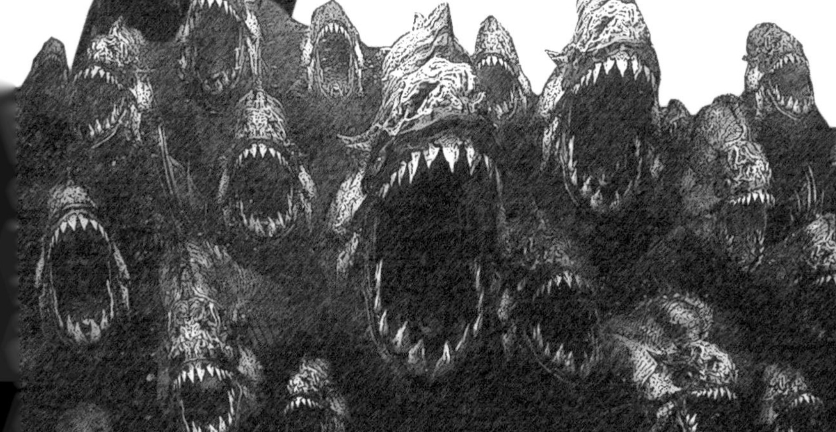

Tierische Helden

Des Menschen bester Freund: ein Känguru? Wer zwischen 1969 und 1975 die Abenteuer des australischen Buschkängurus SKIPPY in den von der ARD ausgestrahlten 48 Folgen miterlebte, konnte durchaus diesen Eindruck bekommen. Freilich nur, wenn er in Biologie wirklich überhaupt nicht bewandert war. Sicher, so einen treuen, süßen, starken und lustigen Kameraden wie den hüpfenden Serienhelden von Down Under hätten sich wohl viele der kleinen Zuschauerinnen und Zuschauer hierzulande auch gewünscht. Das Problem war nur, derart versierte, couragierte und stets hilfreiche Lebensretter gab es auf der ganzen Känguruwelt nicht. Skippy war eine reine Fernseherfindung. Mindestens neun verschiedene Kängurus verkörperten den haarigen Gesellen. Und weil sich die alle nicht besonders geschickt und überhaupt nicht schlau anstellten, sondern im Grunde als komplett untrainierbar erwiesen, mussten sie ständig von mehreren Mitgliedern der Crew zurechtgezerrt werden. Klapperte ein Mitarbeiter im Hintergrund mit einem Kuchenblech, schaffte es der jeweilige Skippy-Darsteller immerhin, ungefähr in die gewünschte Richtung zu blicken. Sollte das Tier einmal länger stillsitzen, kam ein ausgestopfter Artgenosse zum Einsatz. Mit den zoologischen Fakten hatte das Verhalten Skippys, der im Laufe der TV-Serie nicht nur lernte, sich mit seinem kleinen menschlichen Freund Sonny wortlos zu verständigen, sondern auch Flaschen zu öffnen, Radios zu bedienen und auf einer Trommel zu spielen, so wenig zu tun, dass die Serie in Schweden aus Angst, die zuschauenden Kinder könnten eine völlig verzerrte Vorstellung von der Tierwelt erhalten, nicht ausgestrahlt wurde. 128 andere Länder hatten da weniger Bedenken. Vielleicht auch, weil Skippy bei weitem nicht das erste Tier war, das im Kino oder Fernsehen auf romantische, aber wissenschaftlich unhaltbare Weise vermenschlicht wurde. Gedacht war SKIPPY, DAS BUSCHKÄNGURUH schließlich als australische Antwort auf BLACK BEAUTY, LASSIE und FLIPPER.

Zwar ließ sich mit Pferden, Hunden und Delfinen am Set deutlich besser arbeiten als mit Östlichen Grauen Riesenkängurus. Dennoch sah die Wirklichkeit hinter den Kulissen oft ganz anders aus als später im Film. Beispielsweise verbrachten die Bilderbuchfreunde Jeff und LASSIE aus der gleichnamigen Fernsehserie abseits der Kamera so wenig Zeit wie möglich miteinander. Weil Jeff-Darsteller Tommy Rettig gegen Hunde allergisch war, musste er sich jedes Mal aufs Neue überwinden, wenn es galt, den von ganzen Kindergenerationen vergötterten Langhaarcollie zu streicheln. Lassie, die im Laufe ihrer langen Kino- und Fernsehkarriere von wechselnden Hunden dargestellt wurde, war übrigens nur im Film ein Weibchen. Gespielt wurde sie jeweils von Rüden, die mit ihrem dichteren Fell im Sommer als filmogener galten. «Pal», der 1943 im Kino als erste Lassie über die Leinwand hechelte und bei den Dreharbeiten mit der damals erst zehnjährigen Elisabeth Taylor kuscheln durfte, war zugleich so etwas wie der Ur-Lassie. Alle späteren Darsteller des Collies stammten von ihm ab. Die Geschlechtsteile von «Pal» und seinen männlichen Nachfahren verbargen die Filmemacher unter einem extra dafür angefertigten Lendenschurz aus Kunstfell.

Getrickst wurde auch bei PIPPI LANGSTRUMPFs Pferd «Kleiner Onkel». Die charakteristischen Flecken wurden dem weißgeborenen Knabstrupper für die Verfilmungen der Astrid Lindgren Romane nur aufgemalt. Und Mr. Nilsson, Pippis frecher kleiner Affe, terrorisierte die Filmcrew derart, dass ihm Beruhigungsmittel verabreicht werden mussten. Pippi pinkelte er an, und einem Elektriker biss er in die Hand. «Bart», der Kodiakbär aus Jean-Jacques Annauds DER BÄR, verletzte den Regisseur bei einem Fototermin mit der Pranke am Rücken. Der Trainer der beiden «Socke»-Darsteller Teddy und Buck wurde bei Aufnahmen zu DER MIT DEM WOLF TANZT von einem seiner Wölfe ins Bein gebissen. Und dass Kevin Kostner davon verschont blieb, lag nicht etwa an den besonderen freundschaftlichen Banden, die er mit den Tieren knüpfte, sondern daran, dass er ausreichend rohes Fleisch bei sich hatte, um sie abzulenken.

Wie weit Filmtraum und Realität oft auseinanderklaffen, verdeutlichen auch die gescheiterten Auswilderungsversuche des Orcas «Keiko», dem das FREE WILLY Happy End im wahren Leben verwehrt blieb. Obwohl er über Jahre hinweg auf ein Leben in Freiheit vorbereitet wurde, kam er damit letztlich nicht zurecht. Im Dezember 2003 starb er vor der Küste Norwegens an den Folgen einer Lungenentzündung.

Dass ein Leben in Gefangenschaft allerdings nicht unbedingt die bessere Alternative ist, zeigt das Schicksal der beiden großen Tümmler «Suzy» und «Cathy». Nachdem FLIPPER in der Kinoverfilmung von 1963 noch vom Delfinweibchen «Mitzi» verkörpert worden war, teilten sich für die Fernsehserie fünf Delfine diese Aufgabe, darunter Suzy und Cathy. Beide starben kurz nach Ende der Dreharbeiten. Bei ihrem Trainer Richard O'Barry löste der Tod Cathys einen grundlegenden Sinneswandel aus. Er war davon überzeugt, dass Cathy, die in seinen Armen starb, unter der eintönigen Gefangenschaft gelitten und Selbstmord begangen hatte. O'Barry entwickelte sich fortan zum engagierten Delfinschützer und vehementen Gegner von Delfinarien. Dabei wusste er, dass deren Beliebtheit auch eine Folge des FLIPPER-Booms war, den er mitausgelöst hatte: «Alles, was auf Flipper folgte, habe ich mitbegründet. Nun kämpfe ich dagegen an.» In dem Oscar-gekrönten Dokumentarfilm DIE BUCHT (2009) führt er Regisseur Louie Psihoyos zu einer abgeschirmten Bucht in Japan, in der jährlich Tausende Delfine gefangen werden. Die schönsten Tiere werden anschließend an Delfinarien verkauft, die anderen brutal abgeschlachtet.

Proteste von Tierschützerinnen und Tierschützern handelte sich auch die ZDF-Serie UNSER CHARLY ein, in deren Mittelpunkt ein Schimpanse stand, der sich wie ein kleiner Mensch kleidete und oft auch so verhielt. Scheinbar. Denn das, was zum Beispiel wie ein Lächeln aussah, war tatsächlich eine Drohgebärde und ein Zeichen dafür, dass sich das Tier alles andere als wohlfühlte. Das schiefe

Affenbild, das die Fernsehserie vermittelte, störte die Tierschützerinnen und Tierschützer jedoch weniger als die Art und Weise, wie es zustande kam. Weil ältere Schimpansen ab einem Alter von fünf, sechs Jahren für die Filmarbeiten zu unberechenbar wurden, musste der jeweilige Charly-Darsteller möglichst jung sein. Die Jungtiere wurden daher bereits im Alter von ein bis zwei Jahren von ihren Müttern getrennt, viel früher als von der Natur vorgesehen.

Verglichen mit derart fragwürdigen Methoden erscheint es eine lässliche Sünde des Showgeschäfts, dass die tierischen Helden in vielen Filmproduktionen von mehr als nur einem Tierdarsteller verkörpert werden. Selbst bei Hunderollen, die eigentlich von einem einzigen Vierbeiner gespielt werden, kommen in gefährlicheren Szenen oftmals Stunthunde zum Einsatz. Auch CLARENCE, DER SCHIELENDE LÖWE, dem sein Trainer ein äußerst sanftes Gemüt attestierte, wurde an einigen Stellen von einem deutlich weniger umgänglichen Artgenossen namens «Leo» gedoubelt. Oftmals werden Tierrollen auch gleich von Anfang an mehrfach besetzt. Zudem müssen die tierischen Darsteller einer über Jahre hinweg populären Figur häufig durch jüngere ersetzt werden. Für die Fernsehserie UNSER CHARLY beispielsweise standen insgesamt elf verschiedene Charlies vor der Kamera.

Auch TARZANS Cheeta war nicht immer dieselbe und wurde im Laufe der Jahre außer von «Jiggs» und «David Holt» noch von etwa einem Dutzend weiterer Schimpansen verkörpert. Dass einer der Cheetas der ersten Stunde, der noch mit Johnny Weismuller in den Bäumen geklettert haben soll, erst am 24. Dezember 2011 im Alter von 80 Jahren starb, gehört dagegen wohl eher in den Bereich moderner Hollywoodlegenden. Nichtsdestotrotz listete das *Guinness-Buch der Rekorde* Cheeta 2003 als vermeintlich ältesten Affen der Welt. Wahrscheinlicher aber ist, dass dieser Affe erst in den 1960er-Jahren auf die Welt kam und genauso wenig in einem TARZAN-Film mitgespielt hat wie jener angebliche Cheeta, der Weismuller 1971 im AKTUELLEN SPORTSTUDIO die Perücke vom Kopf riss und tatsächlich aus einem Zoo stammte.

SCHWEINCHEN NAMENS BABE gab es 1995 gleich 48, einige animatronische Modelle kamen noch hinzu. Das Rennpferd SEABISCUIT wurde in der Filmversion von 2003 von zehn unterschiedlichen Pferden dargestellt. Das Halbblut Joey aus Steven Spielbergs GEFÄHRTEN (2011) gar von vierzehn. Bei Sangha und Kumal, den beiden Tigerbrüdern aus Jean-Jacques Annauds Spielfilm ZWEI BRÜDER von 2004, handelt es sich tatsächlich um achtzehn Tigerbabys, zwölf erwachsene Tiere und fünf animatronische Modelle. Der Gepard DUMA (2005) hörte in Wirklichkeit auf sechs verschiedene Namen: Anthony, Azaro, Nikita, Sasha, Savannah und den des Gepardenjungen Sheba. Und wer den Darsteller des süßen Marleys aus dem Kinofilm von 2008 gerne bei sich zu Hause hätte, braucht reichlich Platz. Er hat nämlich gleich 22 Labrador Retriever zu beherbergen.

Dieser Trend zur Rudelbildung ist allerdings relativ neu. Früher wechselten sich zwar gelegentlich auch schon mehrere Tiere in einer Rolle ab. Ihre Anzahl blieb jedoch meist überschaubar. Nicht selten wurden die Tier-Darsteller selbst zu gefeierten Stars. Den legendären Schäferhund «Rin-Tin-Tin» spielten im Laufe der Zeit vier verschiedene Hunde, drei davon aus derselben Zucht. Der erste Rin Tin Tin, von dem auch die Filmfigur ihren Namen erhielt, war schon vor seiner Kinokarriere eine Zirkusattraktion. Beim Film betrug seine Wochengage bis zu 6.000 Dollar. Mit DER WUNDERHUND wurde ihm eine eigene Radioshow gewidmet, und er erhielt einen Stern auf dem Hollywood Walk of Fame. Ebenfalls sehr populär war der Schäferhund «Strongheart», der die Titelrolle in WOLFSBLUT (1925) spielte und, ehe er in den USA zum Filmstar avancierte, im Deutschen Kaiserreich unter dem Namen «Etzel von Oringer» als Polizeihund ausgebildet worden war. Auch «Terry», der den Cairn Terrier «Toto» in DAS ZAUBERHAFTE LAND (1939) darstellte und noch in etlichen weiteren Produktionen auftrat, brachte es zu Hunderuhm.

Einem gefeierten Rennpferd wiederum war der Hollywoodfilm THE STORY OF SEABISCUIT (1949) gewidmet. Das Titelpferd wurde von einem seiner eigenen Nachkommen, «Sea Sovereign», verkörpert. Der eigentliche Star des Films allerdings blieb ein menschliches Wesen namens Shirley Temple. Das American Saddle Horse «Highland Dale» dagegen schrieb unter seinem Künstlernamen «Beauty» in der Titelrolle von FURY (1955–60) Fernsehgeschichte. Und auch «Cass Ole» und «El Mokhtar», die beiden Darsteller des «Schwarzen» in der Verfilmung des Jugendbuchs *Blitz, der schwarze Hengst* (1979), waren zumindest unter Pferdekennerinnen und -kennern Berühmtheiten und von edlem Araber-Geblüt.

Heute aber kennt ihre Namen kaum noch einer, wohingegen «Der Schwarze» unvergessen ist. Dieses Schicksal teilen die beiden Rassepferde mit den meisten Tierdarstellern, von denen häufig nicht einmal bekannt wird, wie sie im wahren Leben heißen. Nicht dass Glamour und Ruhm diesen realen Tieren auch nur irgendetwas bedeuten würden. Trotzdem soll hier an einige Darsteller berühmter Tierhelden im Kino und Fernsehen noch einmal namentlich erinnert werden:

- Asta hieß eigentlich Skippy, war aber trotzdem kein Känguru, sondern ein Drahthaar-Foxterrier, der außer an der Seite von William Powell und Myrna Loy in DER DÜNNE MANN (1934) noch in vielen anderen Filmen viele andere Hunde verkörperte, nach dem Kinostart der US-Krimikomödie aber in Asta umbenannt wurde.
- Das sprechende Pferd Mr. Ed aus der gleichnamigen TV-Serie (1960–1965) wurde in Wirklichkeit Bamboo Harvester genannt.
- Der Schäferhund Scharik hörte auf den Namen Trymer.
- Clint Eastwoods Orang-Utan Clyde aus den Filmen DER MANN AUS SAN FERNANDO (1978) und MIT VOLLGAS NACH SAN FERNANDO (1980) hieß tatsächlich Manis.
- Zeus und Apollo, die «Jungs» aus MAGNUM (1980–1988), wurden von Brutus und Dominique gespielt;

- **Jerry Lee**, James Belushis Partner mit der kalten Schnauze (1989), von Koton und Rando, in den Fortsetzungsfilmen von Mac (1999) und King sowie den Doubles Ponya, Sontal und Ace (2002)
- und die Bordeauxdogge **Huutsch**, Tom Hanks' tierischer Sidekick aus Scott & Huutsch (1989), von einem gewissen Beasley.
- **Beethoven** aus Ein Hund namens Beethoven (1992) war Beethoven.
- Die drei Darsteller von Kommissar Rex hingegen hatten Namen wie Reginald von Ravenhorst, Rhett Butler oder Henry im Stammbaum stehen.
- **Frank**, der Außerirdische in Mopsgestalt aus Men in Black (1997), hörte auf Mushu;
- Dr. Dolittles (1998) **Lucky** auf Sam.
- Die beiden kalifornischen Seelöwen Chico und Tino ergeben zusammen **Robbie** in der TV-Serie Hallo Robbie! (2001–2009), auch wenn sie natürlich nie gemeinsam im Bild zu sehen sind.
- Und die Parson Russell Terrier Brad Pitt «Boomer» vom Mahdenwald, Onkel Tom vom Mahdenwald, Toby, Little Roadrunners Archie of the Bravehearts sowie dessen Söhne Archie junior vom Niggeland und Harvey «Iggy» von der Nordseedüne sind alle besser bekannt unter dem Namen **Kalle** in der Fernsehserie Hier kommt Kalle (2005–2011).
- Die Haflinger-Stute Hera war im Kinofilm Hände weg von Mississippi (2007) als **Mississippi** zu bestaunen.
- Der wilde Fuchs in Der Fuchs und das Mädchen (2007) wurde von sechs Artgenossen verkörpert, die im Gegensatz zu ihm, nicht namenlos blieben: dem von Marie-Noëlle Baroni gezähmten und trainierten Titus sowie Sally, Ziza, Scott, Tango und Pitchou.
- Der Golden Retriever Enzo, dem in Simon Curtis' Verfilmung Enzo und die wundersame Welt der Menschen (2019) Kevin Costner (in der dt. Fassung Frank Glaubrecht) eine menschliche Stimme verleiht, wurde als zweijähriger Hund von Parker (der von seinen ursprünglichen Halter:innen ausgesetzt worden war) und als neun- bis zehnjähriger von Butler (der aus dem Tierheim stammte) verkörpert. Weitere Darsteller waren Solar und Orbit sowie der erst neunwöchige Sawyer und mehrere weitere Welpen.
- Sarii, die vierbeinige Gefährtin aus Dan Trachtenbergs Predator-Prequel Prey (2022), springt der jungen Komantschin Naru (Amber Midthunder) im Kampf gegen den außerirdischen Jäger mutig zur Seite. Gespielt wird sie vom Carolina-Dog-Weibchen Coco, die aus einem Tierheim ans Set geholt wurde und ihre Sache dort so gut machte, dass ihre ursprünglich kleine Rolle immer mehr ausgeweitet wurde, bis sie schließlich zum heimlichen Star des Streifens avancierte.

The Palm Dog Awards

Gelegentlich kommen Tierdarsteller auch heute noch zu Ruhm und Ehren. Vor allem, wenn es sich bei ihnen um prächtige Hunde handelt oder so süße und verspielte wie den rauhaarigen Jack Russell Terrier Uggie aus THE ARTIST. Einen «Oscar» erhielt der niedliche kleine Rüde trotz einer entsprechenden «Facebook»-Kampagne zwar nicht. Leer gingen er und sein Besitzer Omar von Muller, der dem angeblich schwererziehbaren Hund einst das Tierheim ersparte, trotzdem nicht aus. Uggie gewann das Goldene Halsband für die beste Hundedarstellung in einem Kinofilm bei den 2012 neu ins Leben gerufenen «Golden Collar Awards» und stach damit die von Regisseur Martin Scorsese protegierte Dobermanndame Blackie aus HUGO CABRET aus. Und bereits im Jahr davor wurde Uggie auf den Filmfestspielen in Cannes mit dem seit 2001 verliehenen Goldenen-Palme-Lederhalsband für Hunde («Palm Dog Award») ausgezeichnet. Mit dem Palm Dog Award werden sowohl reale als auch animierte Hundedarstellungen prämiert. Hier eine Übersicht der bisherigen Gewinner:

2001

Gewinner: Otis in BEZIEHUNGEN UND ANDERE KATASTROPHEN (GB)
Lobende Erwähnung: Leo für die Rolle des Delgado in LARGE (GB)

2002

Gewinner: Tâhti als Hannibal in DER MANN OHNE VERGANGENHEIT (FIN)
Lobende Erwähnung: Jack Russell Terrier Sonny in MYSTICS – GANGSTER, GEISTER UND IHR MEISTER (IRL/GB)

2003

Gewinner: Moses in DOGVILLE (DK/F/S/N/D/NL)
Lobende Erwähnung: Bruno in DAS GROSSE RENNEN VON BELLEVILLE (B/F/CAN)

2004

Gewinner: Alle Hunde in MONDOVINO – DIE WELT DES WEINS (USA/F/ARG)
Lobende Erwähnung: Akrobatischer Hund in DAS LEBEN IST EIN WUNDER (YU/F)

2005

Gewinner: Bruno als Zochor in DIE HÖHLE DES GELBEN HUNDES (D)
Lobende Erwähnung: Der treue kleine West Highland Terrier in GREYFRIARS BOBBY (GB)

2006
Gewinner: Mops in Marie Antoinette (USA)
Lobende Erwähnung: Der Riesenschnauzer Schumann in Pingpong (D)

2007
Gewinner: Alle streunenden Hunde in Ma mha 4 khaa khrap (TH)
Gewinner (ex aequo): Yuki in Persepolis (F)

2008
Gewinner (einstimmig): Lucy in Wendy and Lucy (USA)
Spezialpreis der Jury: für Molly in O'Horten (N)

2009
Gewinner: Dug in Oben (USA)
Nominiert: Der sprechende Fuchs in Antichrist (DK/D/F/S/I/PL)
Nominiert: Der schwarze Pudel in Inglourious Basterds (D/USA)

2010
Gewinner: Albert für Boss in Immer Drama um Tamara (GB)
Spezialpreis der Jury: für Vuk in Vier Leben (I/CH/D)

2011
Gewinner: Uggie in The Artist (USA)
Spezialpreis der Jury: Laika in Le Havre (FIN/F/D)
Nominiert: Blackie in Hugo Cabret (USA)

2012
Gewinner: Banjo und Poppy in Sightseers (GB)
Spezialpreis der Jury: Billy Bob in Le grand soir (F/B)

2013
Gewinner: Baby Boy in Liberace – Zu viel des Guten ist wundervoll (USA)

2014
Gewinner: Das Hundeensemble in Underdog (HU/D/S)

2015
Gewinner: Der Maltipor Lucky in Arabian Nights (P/F/D/CH)
Großer Preis der Jury: Bob in The Lobster: Eine unkoventionelle Liebesgeschichte (GR/IRL/NL/GB/F)

2016
Gewinner: Nellie (postum) in Paterson (USA)
Großer Preis der Jury: Jacques in Victoria (F)

2017
Gewinner: Einstein in The Meyerowitz Stories (USA)
Großer Preis der Jury: Lupo in Ava (F)

2018
Gewinner: Das Hundeensemble aus Dogman (I)
Großer Preis der Jury: Diamantino in Diamantino (PT/F/BR)

2019
Gewinner: Sayuri als Brandy in Once Upon a Time in … Hollywood (USA/GB)
Großer Preis der Jury: Die Hundedarsteller in Little Joe (A/D/GB) und Aasha and the Street Dog (GB/IN)

2020 – keine Verleihung aufgrund der Corona-Pandemie

2021
Gewinner: Rose, Dora und Snowbear in The Souvenir: Part II (USA/GB/IRL)
Großer Preis der Jury: Sophie in Red Rocket (USA) und Panda in Lamb (IS/S/PL)

2022
Gewinner: Britney als Beast in War Pony (USA/GB)
Großer Preis der Jury: Das Hundeensemble aus Marcel! (I/F) und das Hundeensemble aus Godland (IS/DK/F/S)
Der «hundmanitäre» Spezialpreis **Palm DogManitarian Award** wurde in diesem Jahr an den Jack Russell Terrier Patron, einen ukrainischen Minenspürhund verliehen, der zuvor bereits vom ukrainischen Präsidenten Wolodymyr Selenskyi den «Orden für Courage» Dritter Klasse erhalten hatte.

Tiere als Film- und Fernsehstars

Es folgt eine Liste legendärer Kinofilme und Fernsehserien, in denen Tiere die großen und manchmal auch kleinen Stars sind. Meist spielen sie eine der tragenden Rollen, oft sogar die Titelrolle, gelegentlich treten sie auch nur in kleinen Nebenrollen in Erscheinung, hinterlassen dabei aber dennoch einen bleibenden Eindruck. Gemeinsam ist all den hier aufgeführten Filmen, dass die Tiere darin nicht als namenlose Monster oder überhaupt Bestien in Erscheinung treten, sondern als liebenswerte Kreaturen und oft genug: echte Kinohelden. Genannt werden nur solche Filme, in denen die tierischen Stars von realen Tieren dargestellt wurden. Zeichentrick- und sonstige Animationsfilme fallen damit ebenso weg wie Produktionen, bei denen Menschen in Tierkostüme schlüpfen oder die Tiere mithilfe von Modellen oder CGI-Technik zum Leben erweckt werden wie etwa der Schimpanse Caesar in PLANET DER AFFEN: PREVOLUTION (2011).

Rollenname	(Dargestelltes) Tier	Debüt	Film(e)
Black Beauty	Schwarzer Hengst	1921	BLACK BEAUTY (1921), britische TV-Serie BLACK BEAUTY (1972–74), fünf weitere Real-Verfilmungen von Anna Sewells Roman (zuletzt 1994: BLACK BEAUTY), US-TV-Miniserie (1978), britische TV-Serie THE NEW ADVENTURES OF BLACK BEAUTY (1990–91), Animationsfilm (1995)
Rin-Tin-Tin, auch: **Rinty**	Deutscher Schäferhund	1922	THE MAN FROM HELL'S RIVER (USA 1922), US-TV-Serie RIN-TIN-TIN (1954–59), 25 weitere Kinofilme (zuletzt 1947: THE RETURN OF RIN TIN TIN)
Wolfsblut (White Fang)	Wolf-Hund-Hybride	1925	WHITE FANG (1925), mindestens vier weitere Verfilmungen des Romans von Jack London (zuletzt 1991: WOLFSBLUT; Fortsetzung 1994: WOLFSBLUT 2 – DAS GEHEIMNIS DES WEISSEN WOLFS)
Laughing Gravy	Kleiner Mischlingsrüde	1931	ALLE HUNDE LIEBEN STAN (Kurzfilm mit Stan Laurel und Oliver Hardy, USA 1931)
Cheeta	Schimpanse	1932	TARZAN, DER AFFENMENSCH (USA 1932), über ein Dutzend weitere Tarzanfilme (zuletzt 1981 im Remake: TARZAN, HERR DES URWALDS), US-TV-Serie TARZAN (1966–69)
Asta	Drahthaar-Foxterrier	1934	DER DÜNNE MANN (1934), fünf Fortsetzungsfilme (zuletzt 1947: DAS LIED VOM DÜNNEN MANN), US-TV-Serie THE THIN MAN (1957–59)
Toto	Cairn Terrier	1939	DAS ZAUBERHAFTE LAND (USA 1939), etliche weitere Filme auf der Grundlage des Kinderbuchs «Der Zauberer von Oz» (zuletzt 2013: DIE FANTASTISCHE WELT VON OZ).

Rollenname	(Dargestelltes) Tier	Debüt	Film(e)
Flicka	Mustangstute	1943	FLICKA (USA 1943), US-TV-Serie FLICKA (1955–58), Neuverfilmung des Kinderbuches von Mary O'Hara FLICKA – FREIHEIT. FREUNDSCHAFT. ABENTEUER (USA 2006) und zwei Fortsetzungen (zuletzt 2012: FLICKA 3 – BESTE FREUNDE)
Lassie	Langhaarcollie-Weibchen	1943	(LASSIES) HEIMWEH (USA 1943), US-TV-Serie LASSIE (1954–74), elf weitere Kinofilme (zuletzt 2020: LASSIE – EINE ABENTEUERLICHE REISE), mehrere Fernsehfilme und TV-Serien
Seabiscuit	Englisches Vollblut-Rennpferd	1949	THE STORY OF SEABISCUIT (1949), SEABISCUIT – MIT DEM WILLEN ZUM ERFOLG (2003)
Fury	Mustanghengst	1955	US-TV-Serie FURY (1955–60)
Mister Ed	Palomino-Pferd	1958	US-TV-Serie MISTER ED (1958–66)
Flipper	Delfin (Großer Tümmler)	1963	FLIPPER (USA 1963), US-TV-Serie FLIPPER (1964–67), zwei weitere Kinofilme (zuletzt 1996: FLIPPER), US-TV-Serie FLIPPERS NEUE ABENTEUER (1995–2000)
Luath, Bodger, Tao	Labrador Retriever, Bullterrier, Siamkater	1963	DIE UNGLAUBLICHE REISE (USA 1963)
Clarence	Löwe	1965	CLARENCE, DER SCHIELENDE LÖWE (USA 1965), US-TV-Serie DAKTARI (1966–69)
Judy	Schimpansin	1966	US-TV-Serie DAKTARI (1966–69)
Scharik	Deutscher Schäferhund	1966	Polnische TV-Serie VIER PANZERSOLDATEN UND EIN HUND (1966–70)
Skippy	Östliches Graues Riesenkänguru-Weibchen	1967	Australische TV-Serie SKIPPY, DAS BUSCHKÄNGURUH (1967–1970), TV-Serie SKIPPY (1992–93)
Kleiner Onkel (Lilla Gubben), Herr Nilsson	Knabstrupper, Totenkopfäffchen	1969	Schwedisch-deutsche TV-Serie PIPPI LANGSTRUMPF (1969), daraus zwei Kinofilme: PIPPI LANGSTRUMPF und PIPPI GEHT VON BORD (beide 1969), Fortsetzung: PIPPI IN TAKA-TUKA-LAND (1970), Neuverfilmung: PIPPI LANGSTRUMPF'S NEUESTE STREICHE (S/USA 1988)
Benji	Mischlingshund	1974	BENJI – AUF HEISSER FÄHRTE (USA 1974), fünf weitere Kinofilme (zuletzt 2018: BENJI), mehrere TV-Filme

Rollenname	(Dargestelltes) Tier	Debüt	Film(e)
Clyde	Orang-Utan	1978	Der Mann aus San Fernando (USA 1978), Mit Vollgas nach San Fernando (USA 1980)
Schwarzer (The Black), auch: **Black**, früher: **Shetan**	Araberhengst	1979	Der schwarze Hengst (USA 1979), Der schwarze Hengst kehrt zurück (1983), Prequel Der schwarze Hengst – Wie alles begann (2003), TV-Serie Black, der schwarze Blitz (CAN/F/NZ 1990–93)
Apollo, Zeus (die Jungs)	Dobermänner	1980	US-TV-Serie Magnum (1980–88) , US-TV-Serie Magnum P.I. (seit 2018)
Jerry Lee	Deutscher Schäferhund	1989	Mein Partner mit der kalten Schnauze (USA 1989), zwei Fortsetzungen (zuletzt 2002: Mein Partner mit der kalten Schnauze 3)
Huutsch (Hooch)	Bordeauxdogge	1989	Scott & Huutsch (USA 1989), US-TV-Film Turner & Hooch (1990), zuletzt: US-TV-Serie Scott & Huutsch (2021)
Socke (Two Socks)	Wolf	1990	Der mit dem Wolf tanzt (USA 1990)
Beethoven	Bernhardiner	1992	Ein Hund namens Beethoven (USA 1992), sieben Fortsetzungsfilme (zuletzt 2014: Beethoven und der Piratenschatz)
Chance, Shadow, Sassy	American Bulldog, Golden Retriever, Perserkatze (Colourpoint)	1993	Zurück nach Hause – Die unglaubliche Reise (USA 1993), Ein tierisches Trio (1996)
Willy	Orca (Schwertwal)	1993	Free Willy – Ruf der Freiheit (USA 1993), zwei Fortsetzungsfilme sowie zuletzt 2010: Free Willy – Rettung aus der Piratenbucht
Rex	Deutscher Schäferhund	1994	TV-Serie Kommissar Rex (A/D 1994–2004), Fernsehfilm Baby Rex – Der kleine Kommissar (A/D 1997), TV-Serien-Remakes in Portugal, Italien, Polen und zuletzt in Kanada: Hudson & Rex (seit 2019)
Rudi Rüssel	Hausschwein	1995	Rennschwein Rudi Rüssel (D 1995), Rennschwein Rudi Rüssel 2 – Rudi rennt wieder! (2007), deutsche TV-Serie Rennschwein Rudi Rüssel (2008–10)

Rollenname	(Dargestelltes) Tier	Debüt	Film(e)
Babe	Hausschwein	1995	Ein Schweinchen namens Babe (AUS/USA 1995), Schweinchen Babe in der grossen Stadt (1998)
Charly	Gemeiner Schimpanse	1995	Deutsche TV-Serie Unser Charly (1995-2011)
Igor	Kanadagans	1996	Amy und die Wildgänse (USA 1996)
Frank	Mops	1997	Men in Black (USA 1997), Men in Black II (2002)
Rodney	Meerschweinchen	1998	Dr. Dolittle (USA 1998)
Lucky	Mischlingshund	1998	Dr. Dolittle (USA 1998), vier Fortsetzungsfilme (zuletzt 2009: Dr. Dolittle 5)
Fang	Mastino Napoletano (in Joanne K. Rowlings Romanvorlage: Saurüde)	2001	Harry Potter und der Stein der Weisen (USA 2001), als Hagrids Hund auch in den meisten weiteren Teilen der Harry-Potter-Filmreihe (2001-11)
Robbie	Seelöwe	2001	Deutsche TV-Serie Hallo Robbie! (2001-09)
Sangha, Kumal	Tiger	2004	Zwei Brüder (F/GB 2004)
Duma	Gepard	2005	Duma - Mein Freund aus der Wildnis (USA/ZA 2005)
Kalle	Parson Russell Terrier	2006	Deutsche TV-Serie Da kommt Kalle (2006-2011)
Mississippi	Haflingerstute	2007	Hände weg von Mississippi (D 2007)
Der Fuchs	Fuchs	2007	Der Fuchs und das Mädchen (F 2007)
Marley	Labrador Retriever	2008	Marley & Ich (USA 2008), Marley & Ich 2 - Der frechste Welpe der Welt (2011)
Jack (als **«Uggy»** im Film im Film)	Jack Russell Terrier	2011	The Artist (F 2011)
Joey	Halbblutfohlen, -hengst	2011	Gefährten (USA 2011)
Ostwind	Rapphengst	2013	Ostwind (D 2013), vier Fortsetzungen (zuletzt 2021: Ostwind - Der grosse Orkan)

Rollenname	(Dargestelltes) Tier	Debüt	Film(e)
Bailey	Golden Retriever und diverse weitere Hunderassen	2017	BAILEY – EIN FREUND FÜRS LEBEN (USA 2017) BAILEY – EIN HUND KEHRT ZURÜCK (USA 2019)

Die zehn tierischen Filmhelden, die in Deutschland am beliebtesten waren

Der ehemalige Fernsehsender «Tier TV» führte im Sommer 2009 auf seiner Internetplattform eine Umfrage durch, in der nach dem beliebtesten tierischen Filmhelden gesucht wurde. Insgesamt 1.184 User bzw. Zuschauer beteiligten sich an der Umfrage mit folgendem Ergebnis:

1. Lassie 23% (278 Stimmen)
2. Black Beauty 18% (211)
3. Kommissar Rex 18% (208)
4. Marley 11% (129)
5. Flipper 8% (90)
6. Fury 6% (75)
7. Babe 5% (63)
8. Willy (Keiko) 5% (61)
9. Seabiscuit 4% (49)
10. Cheeta 2% (20)

No Animals Were Harmed

1940, nachdem bei den Dreharbeiten zum Western JESSE JAMES ein Pferd über eine Klippe getrieben wurde und dabei zu Tode stürzte, gründete die «American Humane Association» (AHA), die sich seit 1877 für das Wohlergehen von Kindern und Tieren einsetzt, ihre Film- und Fernsehabteilung. Seitdem beobachtet die AHA Filmproduktionen in den USA und mittlerweile auf der ganzen Welt, um zu verhindern, dass bei der Herstellung eines Filmes Tiere zu Schaden kommen. In den USA müssen seit Anfang der 1980er-Jahre alle Filmproduzenten, die mit der US-Schauspielergewerkschaft («Screen Actors Guild») oder der Dachorganisation der Filmproduzenten und -produzentinnen («Alliance of Motion Picture & Television Producers») zusammenarbeiten, auch mit der AHA kooperieren. Praktisch bedeutet das, dass fast alle US-Produktionen von der AHA überwacht werden. Erfüllt eine Filmproduktion die Tierschutzrichtlinien der AHA vollständig, erhält sie seit 2004 das Zertifikat «Monitored Outstanding». Nur dann darf im Abspann des Films der berühmte Satz «No animals were harmed in the making of this movie» verwendet werden. Auch internationale, nicht amerikanische Filmproduktionen können dieses Zertifikat erhalten, wenn sie von der AHA kontrolliert werden.

Bei der Formulierung «No animals were harmed» handelt es sich um ein geschütztes Markenzeichen der «American Humane Association». Dennoch wurde das Zertifikat immer wieder auch ohne Autorisierung durch die AHA verwendet. Als Beispiele für einen solch unrechtmäßigen Abspann nannte die AHA im Juni 2016 auf ihrer Webseite folgende Filme:

Filme mit einem unautorisierten Tierschutz-Zertifikat im Abspann

- **2:22** (Regie: Phillip Guzman; CAN 2008)
- **Adam – Eine Geschichte über zwei Fremde. Einer etwas merkwürdiger als der Andere** (Max Mayer; USA 2009)
- **District 9** (Neill Blomkamp; ZA/NZ 2009)
- **Easy Virtue – Eine unmoralische Ehefrau** (Stephan Elliott; GB/CAN 2008)
- **New York für Anfänger** (Robert B. Weide; GB 2008)
- **Shrink – Nur nicht die Nerven verlieren** (Jonas Pate; USA 2009)
- **Immer Drama um Tamara** (Stephen Frears; GB 2010)
- **The King's Speech** (Tom Hooper; GB 2010)

Dass die Aussage «No animals were harmed» widerrechtlich verwendet wurde, bedeutet allerdings nicht automatisch, dass sich bei der Herstellung dieser Filme Tiere verletzten. Leider aber gab es im Laufe der Filmgeschichte viele Produktionen, bei denen nachweislich Tiere geschädigt wurden. Hier nur eine kleine unrühmliche Auswahl in chronologischer Ordnung:

Filmproduktionen, bei denen Tiere verletzt oder gar getötet wurden

Jesse James – Mann ohne Gesetz (USA 1939; Regie: Henry King)
Bei den Dreharbeiten zum Western mit Tyrone Power und Henry Fonda in den Hauptrollen wurde ein Pferd mit verbundenen Augen über eine Klippe getrieben. Bei dem Sturz brach es sich den Rücken, sodass es anschließend getötet werden musste. Der Vorfall rief in den USA große Empörung hervor und führte dazu, dass sich innerhalb der AHA eine Film- und Fernsehabteilung gründete, die fortan alle US-Produktionen, bei denen Tiere eingesetzt wurden, überwachen sollte.

Apocalypse Now (USA 1979; Regie: Francis Ford Coppola)
Mindestens ein Wasserbüffel wurde bei den Dreharbeiten auf den Philippinnen vor laufenden Kameras mit einer Machete geschlachtet. Die Szene ist im Endschnitt des Vietnamkriegsdramas enthalten und nicht gestellt. Regisseur Francis Ford Coppola behauptete später, das Ritual der Ifugao-Ureinwohnerinnen und -Ureinwohner nur zufällig gefilmt zu haben. Dem widersprachen jedoch mehrere Mitglieder des Filmteams, die übereinstimmend berichteten, Coppola habe die

Schlachtung sorgfältig inszeniert. Die AHA klassifizierte den Film mit Marlon Brando in der Hauptrolle logischerweise als «Unacceptable» (Inakzeptabel).

Heaven's Gate (USA 1980; Regie: Michael Cimino)
Mehrere Tiere wurden während der Dreharbeiten des Films getötet. Ein Pferd wurde in die Luft gesprengt, mehrere Hühner wurden geköpft. Zudem wurden Hahnenkämpfe veranstaltet und Pferde mit Stolpervorrichtungen zum Stürzen gebracht. Crewmitglieder berichteten außerdem davon, dass Rinder gezielt verletzt worden seien, damit ihr Blut für die Filmaufnahmen verwendet werden konnte. Das Ausmaß der Tierquälereien sorgte für Bestürzung in der amerikanischen Öffentlichkeit. Ein Pferdebesitzer verklagte die Filmemacher, die Filmproduzenten und -produzentinnen, den Pferdetrainer und die Produktionsfirma «Partisan Productions». Es kam jedoch zu keinem Urteil, da sich die Parteien außergerichtlich einigten. Selbstverständlich bewertete die AHA den Film als «Unacceptable». Darüber hinaus rief sie zu dessen Boykott auf. Trotz Starbesetzung (Kris Kristofferson, Christopher Walken, Isabelle Huppert, Jeff Bridges, John Hurt) geriet das Westernepos zu einem finanziellen Desaster. Als Reaktion auf die horrenden Tierschutzverletzungen autorisierten die US-Schauspielergewerkschaft und der Dachverband der US-Filmproduzenten die AHA vertraglich dazu, ihre zukünftigen Filmproduktionen zu kontrollieren.

Conan, der Barbar (USA 1982; Regie: John Milius)
Die AHA, der während der Dreharbeiten in Spanien der Zugang zum Set verweigert wurde, erhob schwere Vorwürfe gegen die Filmemacher des Barbaren-Actionstreifens: Hunde würden getreten, Kamele geschlagen und Pferde mithilfe von Stolpervorrichtungen zum Stürzen gebracht. Die AHA verpasste dem Arnold-Schwarzenegger-Vehikel ein «Unacceptable»-Rating und organisierte zum US-Kinostart einen öffentlichen Protest.

Rambo (USA 1982; Regie: Ted Kotcheff)
Es klingt unglaublich, was da im Archiv der «American Humane Association» über die Dreharbeiten zum Auftakt der Filmreihe zu lesen ist, in der Sylvester Stallone einen traumatisierten Vietnam-Veteranen spielt. Eine Tierschutzbeauftragte schilderte widerwärtige Szenen. Am Set in Vancouver seien Ratten von einem Schauspieler zerquetscht, gegen eine Wand geschleudert und verbrannt worden, während der Regisseur und Teile der Filmcrew daneben standen und lachten. Angesichts solcher Horrorberichte wundert es nicht, dass der Film von der AHA ein «Unacceptable»-Rating erhielt.

Vampire's Kiss – Ein beissendes Vergnügen (USA 1988; Regie: Robert Bierman)
Die berühmteste Szene der Horrorkomödie ist zugleich diejenige, mit der sie gegen die Tierschutzbedingungen der AHA verstieß: Hauptdarsteller Nicolas Cage isst eine lebende Kakerlake. Wie er selbst später berichtete, brauchte er drei Takes dafür.

Abyss – Abgrund des Todes (USA 1989; Regie: James Cameron)
In einer Szene des Unterwasser-Science-Fiction-Streifens wird eine Ratte in eine mit Sauerstoff angereicherte Flüssigkeit getaucht. Im Film ist zu sehen, wie die Ratte diese Flüssigkeit einatmet und sie später, nachdem sie am Schwanz wieder aus der Flüssigkeit herausgezogen wurde, ausspuckt. Vermutlich fünf oder sechs Ratten mussten sich dieser Prozedur unterziehen. Die AHA, der im Vorfeld von den Filmproduzenten und -produzentinnen (20th Century Fox) versichert worden war, an den Dreharbeiten seien keine Tiere beteiligt, und die deshalb nicht vor Ort war, bewertete den Film aufgrund der darin gezeigten Szene als «Unacceptable». In Großbritannien musste die Szene gekürzt werden. Regisseur James Cameron, der offenbar mit Ratten telepathisch zu kommunizieren vermag, versicherte hinterher mehrfach, die Aufnahmen hätten dem Tier in keiner Weise geschadet.

Herr der Fliegen (USA 1990; Regie: Harry Hook)
Die American Humane Association bewertete die Adaption des William-Golding-Romans mit einem «Unacceptable», weil darin ein lebender Kugelfisch mit einem Holzspeer aufgespießt und getötet worden sei.

Rileys letzte Schlacht (USA 1999; Regie: Lance Hool)
Die Produzenten und Produzentinnen des historischen Dramas um irische Deserteure im Mexikanisch-Amerikanischen Krieg weigerten sich mit der AHA zu kooperieren. Vorwürfe, die Filmpferde würden am Set misshandelt, konnten daher nicht entkräftet werden. Die AHA bewertete den Streifen mit Tom Berenger in der Hauptrolle als «Unacceptable». Ohne Genehmigung der AHA behaupteten die Filmherstellerinnen und -hersteller im Abspann trotzdem: «No animals were harmed.»

Flicka – Freiheit. Freundschaft. Abenteuer (USA 2006; Regie: Michael Mayer)
Zwei Pferde starben bei der Neuverfilmung des Pferdeliebhaberromans von Mary O'Hara. Eines stolperte versehentlich über den Führstrick und brach sich das Genick. Das andere zog sich nach einem Fehltritt bei einer Aufnahme im Galopp eine komplizierte Schiebeinfraktur zu und wurde eingeschläfert. Die AHA, deren Mitarbeiterinnen und Mitarbeiter die Dreharbeiten begleiteten, wertete beide Geschehnisse als unvermeidbare Unfälle, wofür sie von der Tierrechtsorganisation PETA kritisiert wurde. Zumindest bei dem Pferd, das sich das Genick brach, kam auch das «Department of Animal Services» der Stadt Los Angeles zu einem anderen Schluss. Zwar bewertete die Behörde den Tod des Pferdes «Nr. 23» ebenfalls als Unfall. Nachdem sie «Hunderte Stunden» ermittelt hatte, stellte sie jedoch fest, der Unfall sei vermeidbar gewesen. Ein Gesetzesverstoß liege dennoch nicht vor. Die AHA verlieh dem Film das Zertifikat «Monitored: Special Circumstances». Im Abspann des Filmes ist zu lesen: «American Humane Association monitored the animal action». Dies war zum damaligen Zeitpunkt nach «No animals were harmed» die bestmögliche Beurteilung.

Snow Buddies – Abenteuer in Alaska (USA 2008; Regie: Robert Vince)
Bei der Disney-Produktion starben fünf Hundewelpen. Von den 28 Welpen, die ursprünglich für die Dreharbeiten in Vancouver vorgesehen waren und aus den USA nach Kanada importiert wurden, waren etliche zu jung, nicht ausreichend geimpft und kränklich. Zudem waren viele von ihnen mit einem hochansteckenden Virus infiziert. Vier der Welpen wurden eingeschläfert, eines starb später an den Folgen der Viruserkrankung.

Speed Racer (USA 2008; Regie: Lilly und Lana Wachowski als die Wachowski-Brüder Andy und Larry)
Bei den Dreharbeiten zum Actionstreifen der Wachowski-Schwestern wurde einer der beiden Schimpansen geschlagen, nachdem dieser das Double für Paulie Litt («Spritle Racer») grundlos in die Hand gebissen hatte. Später wurde der zuständige AHA-Beobachter Zeuge, wie der Tiertrainer den Schimpansen aus einem «unkontrollierten Impuls» heraus erneut schlug. Zudem verendeten bei den Dreharbeiten fünf Piranhas. Die AHA klassifizierte den Film in Hinblick auf die Produktionsbedingungen für die Tiere insgesamt als «Unacceptable».

Fast & Furious – Neues Modell. Originalteile (USA 2009; Regie: Justin Lin)
Im vierten Teil der Autorenn-Action mit Vin Diesel in der Hauptrolle gibt es eine Szene, in der ein Hahnenkampf zu sehen ist. Solche Kämpfe sind in den USA illegal. Die Szene wurde jedoch in Mexiko gefilmt, wo Hahnenkämpfe zum Zeitpunkt der Dreharbeiten nicht verboten waren. Ein AHA-Mitarbeiter war in Mexiko nicht am Set, da die Produktionsfirma «Universal Studios» die Kosten dafür nicht übernahm. Von der AHA erhielt der Film daher ein «Unacceptable!».

Men in Black 3 (USA 2012; Regie: Barry Sonnenfeld)
Als der Vertreter der AHA am Set eintraf, musste er feststellen, dass die Fische, die für die Dreharbeiten zum dritten Teil der Alien-Komödie mit Will Smith und Tommy Lee Jones vorgesehen waren, in viel zu kleinen, schlecht gepflegten Aquarien gehalten wurden. Etliche Fische waren bereits tot, andere am Sterben. Auf Drängen des AHA-Vertreters wurden die Aquarien gereinigt, die Fische verpflegt und auf zusätzliche Aquarien verteilt. Während die AHA die weiteren Dreharbeiten kontrollierte, kamen keine Tiere mehr zu Schaden. Aufgrund des geschilderten Vorfalls zu Beginn der Dreharbeiten wurde der Film mit einem «Unacceptable»-Rating bewertet.

Der Hobbit – Eine unerwartete Reise (NZ 2012; Regie: Peter Jackson)
Den Umgang mit den Tieren am Set beschrieb die AHA als vorbildlich. Dennoch erhielt die Tolkien-Verfilmung nicht die Auszeichnung «No Animals Were Harmed». Auf der Farm, auf der die Tiere untergebracht waren, wenn sie nicht am Set zum Einsatz kamen, herrschten nämlich derart schlechte Bedingungen, dass während

der Dreharbeiten in Neuseeland zahlreiche (Medienberichten zufolge 27) Tiere starben. Mehrere Pferde, Ziegen, Schafe und Hühner sollen ums Leben gekommen sein. Die AHA nannte das «inakzeptabel». Nach Rücksprache mit der Produktionsfirma («New Line Cinema») seien die Zustände jedoch verbessert worden. Die AHA verlieh dem Film das Rating «Monitored: Special Circumstances».

Alpha (USA 2018; Regie: Albert Hughes)
American Humane (AH; früher: AHA) verweigerte dem Film sein Zertifikat «No Animals Were Harmed», nachdem eine von AH veranlasste unabhängige Untersuchung Vorwürfe bestätigt hatte, wonach bei den Dreharbeiten zu dem Eiszeit-Epos fünf Bisons für die Filmaufnahmen in Kanada getötet worden waren. Die Filmproduktionsfirma Studio 8 hatte zuvor argumentiert, lediglich die Kadaver bereits geschlachteter Tiere erworben zu haben. Tatsächlich aber stellte sich heraus, dass der für die Dreharbeiten zuständige Tiertrainer John Scott die Schlachtung eigens für den Film veranlasst hatte.

Die zehn beliebtesten Tierhorrorfilme

Gefahr lauert im Kino überall. Da mutieren sogar Autoreifen zu mörderischen Monstern. Man muss sich vor Tomaten und schwarzen Schafen gleichermaßen in Acht nehmen. Selbst Frösche oder Kröten können hinterhältige Mordkomplotte schmieden.

Meistens sind es im Tierhorrorgenre dann aber doch die üblichen Verdächtigen, die ihr Unwesen treiben. Zu Lande vor allem Schlangen, Spinnen, Ratten, seltener Raubkatzen, Wölfe, Hunde, Bären, Menschenaffen, Bienen, Wespen oder Insekten, gelegentlich auch Vögel, Reptilien, Ameisen oder Riesenwürmer und ganz ausnahmsweise auch mal gigantische Killerkaninchen. Im Wasser sollte man sich vor allem von Haien, Krokodilen, Piranhas und Wasserschlangen fernhalten; sicherheitshalber besser auch noch von Orcas. Aber dann kann einem eigentlich so gut wie nichts passieren.

Bei den hier aufgeführten «beliebtesten» Tierhorrorfilmen handelt es sich nicht unbedingt um die bekanntesten oder erfolgreichsten. Die Rangliste orientiert sich vielmehr daran, welche Filme jeweils denjenigen, die sie kennen, am besten gefallen haben.[1]

1 Ermittelt auf Basis der User-Bewertungen der Internetseite Ranker; Stand: Oktober 2022. Auf Platz 2 der Rangliste lag eigentlich Steven Spielbergs Jurassic Park (USA 1993). Da es sich bei den Tieren darin jedoch um gentechnisch wiedererschaffene Dinosaurier handelt, wurde der Sci-Fi-Horrorstreifen ebenso wenig berücksichtigt wie Mary Lamberts Stephen-King-Verfilmung Friedhof der Kuscheltiere (USA 1989), die bei Ranker auf Platz 3 landete, jedoch eher dem Zombiefilmgenre zuzurechnen ist. Ebenfalls nicht aufgeführt wird David Cronenbergs Sci-Fi-Horrorthriller Die Fliege (CAN/USA 1986), der im Ranker-Rating auf Platz 12 geführt wird und in dem der Protagonist selbst zu einer Fliege mutiert.

1.	**Der weisse Hai** (USA 1975)	Steven Spielberg	Weißer Hai
2.	**Cujo** (USA 1983)	Lewis Teague	tollwütiger Bernhardiner
3.	**Lake Placid** (USA 1999)	Steve Miner	Krokodile
4.	**Deep Blue Sea** (USA 1999)	Renny Harlin	Makohaie
5.	**Die Vögel** (USA 1963)	Alfred Hitchcock	Sperlinge, Krähen, Möwen
6.	**Crawl** (USA 2019)	Alexandre Aja	Alligatoren
7.	**Arachnophobia** (USA 1990)	Frank Marshall	Spinnen
8.	**Der weisse Hai 2** (USA 1978)	Jeannot Szwarc	Weißer Hai
9.	**Der Geist und die Dunkelheit** (USA 1996)	Stephen Hopkins	Löwen
10.	**The Grey** (USA 2011)	Joe Carnahan	Wölfe

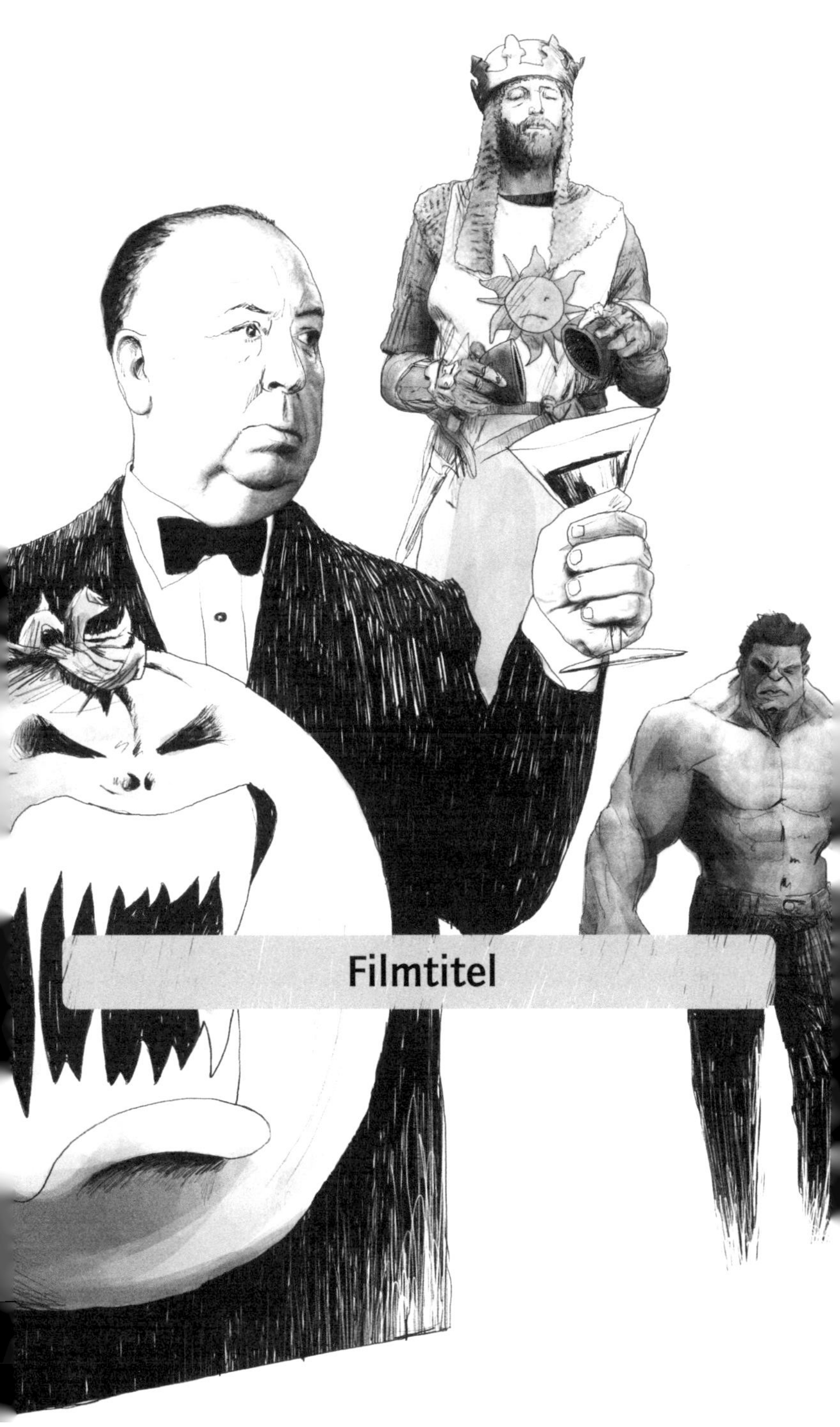

Filmtitel

Die «lustigsten» deutschen Filmtitel

Okay, genau genommen ist diese Überschrift falsch. Gelistet werden hier nämlich nur ins Deutsche übersetzte Filmtitel, die irgendwie witzig bzw. originell klingen oder es zumindest sollen.

Amüsant gemeinte oder extravagante Originaltitel wie

- **Zwei Nasen tanken Super** (1984; Regie: Dieter Pröttel)
- **Geld oder Leber!** (1986; Regie: Pröttel)
- **Rossini, oder die mörderische Frage, wer mit wem schlief** (1997; Regie: Helmut Dietl)
- **Das merkwürdige Verhalten geschlechtsreifer Grossstädter zur Paarungszeit** (1998; Regie: Marc Rothemund)
- **Der Schuh des Manitu** (2001; Regie: Michael «Bully» Herbig)
- **Der Wixxer** (2004; Regie: Tobi Baumann)
- **(T)Raumschiff Surprise – Periode 1** (2004; Regie: Michael «Bully» Herbig)
- **7 Zwerge – Männer allein im Wald** (2004; Regie: Sven Unterwaldt Jr)
- **Keinohrhasen** (2007; Regie: Til Schweiger)
- **1 ½ Ritter – Auf der Suche nach der hinreissenden Herzelinde** (2008; Regie: Til Schweiger, Torsten Künstler, Christof Wahl)
- **Zweiohrküken** (2009; Regie: Til Schweiger)
- **Kokowääh** (2011; Regie: Til Schweiger)
- **Fack ju Göhte** (2013; Regie: Bora Dagtekin)
- **Gut zu Vögeln** (2016; Regie: Mira Thiel)
- **Es ist nur eine Phase, Hase** (2021; Regie: Florian Gallenberger)

wurden ebenso wenig berücksichtigt wie solche

Filme, deren Titelwitz nahezu wörtlich aus dem Original übernommen wurde

- **Dr. Seltsam oder Wie ich lernte, die Bombe zu lieben** (GB 1964)
- **Wie man Erfolg hat, ohne sich besonders anzustrengen** (USA 1967)
- **Oh, Vater, armer Vater, Mutter hängt dich in den Schrank und ich bin ganz krank** (USA 1967)
- **Was Sie schon immer über Sex wissen wollten, aber bisher nicht zu fragen wagten** (USA 1972)
- **Schmeiss' die Mama aus dem Zug!** (USA 1987)
- **Der Engländer, der auf einen Hügel stieg und von einem Berg herunterkam** (GB 1995)
- **Schrei, wenn du weisst, was ich letzten Freitag, den 13. getan habe** (USA 2000)
- **Borat – Kulturelle Lernung von Amerika um Benefiz für glorreiche Nation von Kasachstan zu machen** (USA 2006)
- **Männer, die auf Ziegen starren** (USA/GB 2009)
- **Eine Taube sitzt auf einem Zweig und denkt über das Leben nach** (S 2014)

Auch nicht aufgeführt sind Titel von Literaturverfilmungen, bei denen der Filmtitel dem deutschen Romantitel entspricht, wie etwa bei der Edgar Wallace Verfilmung DER FROSCH MIT DER MASKE (Dänemark, BRD 1959) oder in der jüngeren Vergangenheit bei den Adaptionen von Anna Gavaldas ZUSAMMEN IST MAN WENIGER ALLEIN (Originaltitel: ENSEMBLE, C'EST TOUT, F 2007) und Richard Yates' ZEITEN DES AUFRUHRS (REVOLUTIONARY ROAD, USA/GB 2008) oder auch Sally Thornes KÜSS MICH, MISTKERL! (THE HATING GAME, USA 2021).

Stattdessen soll hier die eigenständige humoristische Leistung der Filmtitelkreativen ausführlich gewürdigt werden. Kunst- und Fehlgriffe reihen sich in chronologischer Folge traulich aneinander. Objektiv lässt sich das ohnehin kaum auseinanderhalten. Was für die eine nur noch peinlich oder höchstens schon-wieder-witzig ist, ist für den anderen ein echter Lacher.

Als Schenkelklopfer geht COCKTAIL FÜR EINE LEICHE zwar eher nicht durch, aber irgendwie klingt der deutsche Titel doch spannender und raffinierter als hätte man ROPE einfach mit «Strick» übersetzt.

Unfreiwillig, dafür aber auch unschlagbar komisch ist dagegen der deutsche Verleihtitel für die Science-Fiction-Komödie NOW YOU SEE HIM, NOW YOU DON'T, in der Kurt Russell einen Studenten spielt, der ein Mittel erfindet, das unsichtbar macht. Sie müssen sich ihn nur einmal im Chemielabor vorstellen, mit einem dampfenden Reagenzglas in der Hand, und schon atmet auch der deutsche Titel einen Hauch von Poesie: ES KRACHT – ES ZISCHT – ZU SEH'N IST NISCHT. Meh' geht eigentlich nicht.

56 lustige deutsche Verleihtitel

COCKTAIL FÜR EINE LEICHE	USA 1948	Alfred Hitchcock	ROPE
FRANKIE UND SEINE SPIESSGESELLEN	USA 1960	Lewis Milestone	OCEAN'S ELEVEN
HI-HI-HILFE!	GB 1965	Richard Lester	HELP!
DIE RECHTE UND DIE LINKE HAND DES TEUFELS	I 1970	Enzo Barboni	LO CHIAMAVANO TRINITÀ
VIER FÄUSTE FÜR EIN HALLELUJA	I 1971	Enzo Barboni	CONTINUAVANO A CHIAMARLO TRINITÀ
ES KRACHT – ES ZISCHT – ZU SEH'N IST NISCHT	USA 1972	Robert Butler	NOW YOU SEE HIM, NOW YOU DON'T
IS' WAS, SHERIFF?	USA 1974	Michael Hertzberg	BLAZING SADDLES
DIE RITTER DER KOKOSNUSS	GB 1975	Terry Gilliam, Terry Jones	MONTY PYTHON AND THE HOLY GRAIL

Ich glaub', mich tritt ein Pferd	USA 1978	John Landis	(National Lampoon's) Animal House
Babyspeck und Fleischklösschen	CAN 1979	Ivan Reitman	Meatballs
Warum eigentlich ... bringen wir den Chef nicht um?	USA 1980	Colin Higgins	Nine to Five
Ich glaub mich knutscht ein Elch!	USA 1981	Ivan Reitman	Stripes
Kesse Bienen auf der Matte	USA 1980	Robert Aldrich	... All the Marbles
Die schrillen Vier auf Achse	USA 1983	Harold Ramis	(National Lampoon's) Vacation
Hilfe, die Amis kommen	USA 1985	Amy Heckerling	(National Lampoon's) European Vacation
Alle Mörder sind schon da	USA 1985	Jonathan Lynn	Clue
Zwei Superpflaumen in der Unterwelt	USA 1986	Brian De Palma	Wise Guys
Eine Familie zum Knutschen	NL 1986	Dick Maas	Flodder
Schlappe Bullen beissen nicht	USA 1987	Tom Mankiewicz	Dragnet
Zebo, der Dritte aus der Sternenmitte	USA 1988	Julien Temple	Earth Girls Are Easy
Cannonball-Fieber – Auf dem Highway geht's erst richtig los	CAN 1989	Jim Drake	Speed Zone
Internal Affairs – Trau ihm, er ist ein Cop	USA 1990	Mike Figgis	Internal Affairs
Filofax – Ich bin Du und Du bist nichts	USA 1990	Arthur Hiller	Taking Care of Business
Mama, ich und wir zwei	USA 1991	Chris Columbus	Only the Lonely
Meh' Geld	USA 1992	Peter MacDonald	Mo' Money
... und täglich grüsst das Murmeltier	USA 1993	Harold Ramis	Groundhog Day
Cops & Robbersons – Das haut den stärksten Bullen um	USA 1994	Michael Ritchie	Cops and Robbersons
Chaos! Schwiegersohn Junior im Gerichtssaal	USA 1995	John Fortenberry	Jury Duty

Bud & Doyle: Total bio. Garantiert schädlich.	USA 1996	Jason Bloom	Bio-Dome
Agent 00 – Die Lizenz zum Totlachen	USA 1996	Rick Friedberg	Spy Hard
Der Dummschwätzer	USA 1997	Tom Shadyac	Liar Liar
Agent Null Null Nix	USA 1997	Jon Amiel	The Man Who Knew Too Little
Bube Dame König grAS	GB 1998	Guy Ritchie	Lock, Stock and Two Smoking Barrels
Waterboy – Der Typ mit dem Wasserschaden	USA 1998	Frank Coraci	The Waterboy
Austin Powers – Spion in geheimer Missionarsstellung	USA 1999	Jay Roach	Austin Powers: The Spy Who Shagged Me
Grasgeflüster	GB 2000	Nigel Cole	Saving Grace
Ich hab doch nur meine Frau zerlegt	USA 2000	Alfonso Arau	Picking Up the Pieces
Ich, beide & sie	USA 2000	Bobby Farrelly, Peter Farrelly	Me, Myself & Irene
Meine Braut, ihr Vater und ich	USA 2000	Jay Roach	Meet the Parents
About a Boy oder: Der Tag der toten Ente	GB/USA/F 2002	Chris Weitz, Paul Weitz	About a Boy
Austin Powers in Goldständer	USA 2002	Jay Roach	Austin Powers in Goldmember
Voll auf die Nüsse	USA 2004	Rawson Marshall Thurber	Dodgeball: A True Underdog Story
Trouble ohne Paddel	USA 2004	Steven Brill	Without a Paddle
Meine Frau, ihre Schwiegereltern und ich	USA 2004	Jay Roach	Meet the Fockers
Der Babynator	USA 2005	Adam Shankman	The Pacifier
Hot Fuzz – Zwei abgewichste Profis	GB 2007	Edgar Wright	Hot Fuzz
Nach 7 Tagen – Ausgeflittert	USA 2007	Bobby Farrelly, Peter Farrelly	The Heartbreak Kid
Nie wieder Sex mit der Ex	USA 2008	Nicholas Stoller	Forgetting Sarah Marshall

Mary & Max, oder – Schrumpfen Schafe, wenn es regnet?	AUS 2009	Adam Elliot	Mary and Max
Hot Tub – Der Whirlpool … ist 'ne verdammte Zeitmaschine	USA 2010	Steve Pink	Hot Tub Time Machine
Rapunzel – Neu verföhnt	USA 2010	Nathan Greno, Byron Howard	Tangled
Die Eiskönigin – Völlig unverfroren	USA 2013	Chris Buck, Jennifer Lee	Frozen
Die Schadenfreundinnen	USA 2014	Nick Cassavetes	The Other Woman
Ferdinand – Geht stierisch Ab!	USA 2017	Carlos Saldanha	Ferdinand
Chaos auf der Feuerwache	USA 2019	Andy Fickman	Playing With Fire
Online für Anfänger	F/BEL 2020	Benoît Delépine, Gustave Kervern	Effacer l'historique

Frei übersetzt und frei erfunden

«Anders» bedeutet nicht automatisch «schlechter». Oder umgekehrt: Eine freie Übersetzung kann durchaus besser sein als das Original. Gute Übersetzer übersetzen eigentlich nie wortwörtlich. Mehrdeutige Titel mit kulturellen oder sprachlichen Anspielungen (wie beispielsweise «to set a thief TO CATCH A THIEF»; deutsch: «den Bock zum Gärtner machen») lassen sich sowieso nicht eins zu eins in eine andere Sprache übertragen. Und im Prinzip spricht auch nichts dagegen, einen ganz neuen Titel zu erfinden, statt sich mit einer hölzernen, zwanghaft zurechtgebogenen oder aufgepeppten Übersetzung abzuquälen. Solange der neue Titel auch zum Film passt. Das allerdings ist längst nicht immer der Fall.

DER SOLDAT JAMES RYAN beispielsweise klingt, als habe Steven Spielberg ein Porträt über eben diesen Soldaten gedreht. Tatsächlich aber ist nicht Ryan die Hauptfigur des Films, sondern der von Tom Hanks verkörperte Captain John H. Miller, der ein Einsatzteam leitet, das Ryan hinter den feindlichen Linien aufspüren und sicher nach Hause bringen soll. Der Originaltitel SAVING PRIVATE RYAN fasst also ziemlich prägnant zusammen, worum es im Film wirklich geht.

So wie beispielsweise auch LOGAN'S RUN. Darin gelingt Logan die FLUCHT INS 23. JAHRHUNDERT ganz ohne Zeitmaschine, weil er sich von Anfang an in eben diesem Jahrhundert befindet und nur der deutsche Verleihtitel fälschlicherweise etwas anderes suggeriert.

Und das Problem mit dem malerisch schönen Titel ÜBER DEN DÄCHERN VON NIZZA ist, dass der dazugehörige Film da leider nicht spielt. Hitchcock drehte TO CATCH A THIEF überwiegend in Cannes. Von Cannes nach Nizza ist es nun zwar nicht weit, aber es käme ja auch keiner auf die Idee CASABLANCA in «Marrakesch» umzutaufen. Obwohl, vielleicht doch …

FIRST BLOOD kurz und knackig in RAMBO umzunennen, war dagegen eigentlich gar kein so schlechter Gedanke. Bei «Erstes Blut» hätte mancher vielleicht eher an Tampons und Dr. Sommer gedacht als an einen wildgewordenen Vietnamveteranen. Blöd nur, dass auch die amerikanischen Titeltexterinnen und -texter ab dem zweiten Teil «Rambo» zum Markenzeichen erhoben und den nach zwanzigjähriger Pause erschienenen vierten Teil der Serie schlicht und einfach RAMBO nannten (deutscher Verleihtitel: JOHN RAMBO). Jetzt gibt es also zwei RAMBOs: einen von 1982 in der deutschen Synchronfassung und einen von 2008 im Original.

AUSGERECHNET WOLKENKRATZER	USA 1923	Fred C. Newmeyer, Sam Taylor	SAFETY LAST!
PIONIERE DES WILDEN WESTENS	USA 1931	Wesley Ruggles	CIMARRON
LEBENSKÜNSTLER	USA 1938	Frank Capra	YOU CAN'T TAKE IT WITH YOU
RINGO	USA 1939	John Ford	STAGECOACH
FRAU OHNE GEWISSEN	USA 1944	Billy Wilder	DOUBLE INDEMNITY
ICH KÄMPFE UM DICH	USA 1945	Alfred Hitchcock	SPELLBOUND
TABU DER GERECHTEN	USA 1947	Elia Kazan	GENTLEMAN'S AGREEMENT
SEIN ENGEL MIT DEN ZWEI PISTOLEN	USA 1948	Norman Z. McLeod	THE PALEFACE
MASCHINENPISTOLEN / SPRUNG IN DEN TOD	USA 1949	Raoul Walsh	WHITE HEAT
DER MANN, DER HERRSCHEN WOLLTE	USA 1949	Robert Rossen	ALL THE KING'S MEN
DU SOLLST MEIN GLÜCKSTERN SEIN	USA 1952	Stanley Donen, Gene Kelly	SINGIN' IN THE RAIN
DIE LEGION DER VERDAMMTEN	USA 1952	Lewis Milestone	LES MISERABLES
VERDAMMT IN ALLE EWIGKEIT	USA 1953	Fred Zinnemann	FROM HERE TO ETERNITY
DIE FAUST IM NACKEN	USA 1954	Elia Kazan	ON THE WATERFRONT
DAS FENSTER ZUM HOF	USA 1954	Alfred Hitchcock	REAR WINDOW

Über den Dächern von Nizza	USA 1955	Alfred Hitchcock	To Catch a Thief
... denn sie wissen nicht, was sie tun	USA 1955	Nicholas Ray	Rebel Without a Cause
Der schwarze Falke	USA 1956	John Ford	The Searchers
Alarm im Weltall	USA 1956	Fred M. Wilcox	Forbidden Planet
Die zwölf Geschworenen	USA 1957	Sidney Lumet	12 Angry Men
Der unsichtbare Dritte	USA 1959	Alfred Hitchcock	North by Northwest
Gesprengte Ketten	USA 1963	John Sturges	The Great Escape
Yeah! Yeah! Yeah!	GB 1964	Richard Lester	A Hard Day's Night
Ein Haufen toller Hunde	GB 1965	Sidney Lumet	The Hill
Zwei glorreiche Halunken	I 1966	Sergio Leone	Il buono, il brutto, il cattivo
Spiel mir das Lied vom Tod	I/USA 1968	Sergio Leone	C'era una volta il West
Monty Python's wunderbare Welt der Schwerkraft	GB 1971	Ian MacNaughton, Terry Gilliam	And Now for Something Completely Different
Wenn die Gondeln Trauer tragen	GB 1973	Nicolas Roeg	Don't Look Now
Dirty Harry II – Callahan / Calahan	USA 1973	Ted Post	Magnum Force
Der Clou	USA 1973	George Roy Hill	The Sting
Die letzte Nacht des Boris Gruschenko	USA 1975	Woody Allen	Love and Death
Der weisse Hai	USA 1975	Steven Spielberg	Jaws
Flucht ins 23. Jahrhundert	USA 1976	Michael Anderson	Logan's Run
Der Texaner	USA 1976	Clint Eastwood	The Outlaw Josey Wales
Der Stadtneurotiker	USA 1977	Woody Allen	Annie Hall
Unheimliche Begegnung der dritten Art	USA 1977	Steven Spielberg	Close Encounters of the Third Kind
Die durch die Hölle gehen	USA 1978	Michael Cimino	The Deer Hunter
Die Klapperschlange	USA 1981	John Carpenter	Escape from New York
Rambo	USA 1982	Ted Kotcheff	First Blood

ZEIT DER ZÄRTLICHKEIT	USA 1983	James L. Brooks	TERMS OF ENDEARMENT
DIRTY HARRY KOMMT ZURÜCK	USA 1983	Clint Eastwood	SUDDEN IMPACT
(BO DEREK'S) EKSTASE	USA 1984	John Derek	BOLERO
RED EAGLE	USA 1988	Eric Karson	BLACK EAGLE
IM LAND DER RAKETENWÜRMER	USA 1990	Ron Underwood	TREMORS
KAFFEE, MILCH UND ZUCKER	USA 1995	Herbert Ross	BOYS ON THE SIDE
AMY UND DIE WILDGÄNSE	USA 1996	Carroll Ballard	FLY AWAY HOME
LEBE LIEBER UNGEWÖHNLICH	GB 1997	Danny Boyle	A LIFE LESS ORDINARY
DER SOLDAT JAMES RYAN	USA 1998	Steven Spielberg	SAVING PRIVATE RYAN
EISKALTE ENGEL	USA 1999	Roger Kumble	CRUEL INTENTIONS
EVE UND DER LETZTE GENTLEMAN	USA 1999	Hugh Wilson	BLAST FROM THE PAST
KEINE HALBEN SACHEN	USA 2000	Jonathan Lynn	THE WHOLE NINE YARDS
GOOD VIBRATIONS – SEX VOM ANDEREN STERN	USA 2000	Mike Nichols	WHAT PLANET ARE YOU FROM?
WIR WAREN HELDEN	USA 2002	Randall Wallace	WE WERE SOLDIERS
EIN CHEF ZUM VERLIEBEN	USA 2002	Marc Lawrence	TWO WEEKS NOTICE
LIEBE MICH, WENN DU DICH TRAUST	F/B 2003	Yann Samuell	JEUX D'ENFANTS
VERGISS MEIN NICHT	USA 2004	Michel Gondry	ETERNAL SUNSHINE OF THE SPOTLESS MIND
WIE EIN EINZIGER TAG	USA 2004	Nick Cassavetes	THE NOTEBOOK
WENN TRÄUME FLIEGEN LERNEN	USA 2004	Marc Forster	FINDING NEVERLAND
L.A. CRASH	USA 2004	Paul Haggis	CRASH
RACHE IST SEXY	USA 2006	Betty Thomas	JOHN TUCKER MUST DIE
MITTEN INS HERZ – EIN SONG FÜR DICH	USA 2007	Marc Lawrence	MUSICS AND LYRICS
DAS BESTE KOMMT ZUM SCHLUSS	USA 2007	Rob Reiner	THE BUCKET LIST
BRÜGGE SEHEN ... UND STERBEN?	GB 2008	Martin McDonagh	IN BRUGES

John Rambo	USA/D 2008	Sylvester Stallone	Rambo
8 Blickwinkel	USA 2008	Pete Travis	Vantage Point
96 Hours	F 2008	Pierre Morel	Taken
Tödliches Kommando – The Hurt Locker	USA 2008	Kathryn Bigelow	The Hurt Locker
New York für Anfänger	GB 2008	Robert B. Weide	How to Lose Friends & Alienate People
Ich – Einfach unverbesserlich	USA 2010	Pierre Coffin, Chris Renaud	Despicable Me
We Want Sex	GB 2010	Nigel Cole	Made in Dagenham
Freundschaft Plus	USA 2011	Ivan Reitman	No Strings Attached
Gefährten	USA 2011	Steven Spielberg	War Horse
Einmal ist keinmal	USA 2012	Julie Anne Robinson	One for the Money
Alles steht Kopf	USA 2015	Pete Docter, Ronnie Del Carmen	Inside Out
Mein Bester & ich	USA 2017	Neil Burger	The Upside
Drei Schritte zu Dir	USA 2019	Justin Baldoni	Five Feet Apart
In den besten Händen	F 2021	Catherine Corsini	La Fracture
Seitenwechsel	USA 2021	Rebecca Hall	Passing

Die klamaukigsten Softsextitel

Die bumsfidelen Zeiten, in denen die Softsexwelle auf der Leinwand durch die Unterhöschen rauschte, sind vorbei. Video, DVD, Internet haben den Erotikfilm fast vollständig aus dem Kino verdrängt. All die illustren Heimatsexkomödien, die krachledernen Alois-Brummer-Produktionen, in denen gejodelt wurde, bis das Dirndl qualmte – und wohl auch der Kopf so manchen Titelschreibers – stellten lediglich ein kleines, peinliches Intermezzo der westdeutschen Filmgeschichte dar. Doch nicht nur die bayerischen Streifen bekamen zwischen den 1960er- und 1980er-Jahren gerne zotige Titel verpasst. Sogar amerikanische und italienische Produktionen waren vor dem schlüpfrigen Humor von Geilermann & Söhne nicht gefeit. Es folgt eine kleine Titelauswahl von Kinofilmen, die allesamt eine Freigabe der FSK erhalten haben.

Deutscher Titel	Jahr	Regie	Darsteller bzw. Original- oder Alternativtitel
Die Satansweiber von Tittifield	USA 1965	Russ Meyer	Faster, Pussycat! Kill! Kill!
Reitet das rosarote Pferdchen	USA 1967	Joseph W. Sarno	Come Ride the Wild Pink Horse
Null Null Sex	USA 1968	Russ Meyer	Finders Keepers, Lovers Weepers
Django Nudo und die lüsternen Mädchen von Porno Hill	USA, BRD 1968	B. Ron Elliot	Brand of Shame
Das bumsfidele Töchter-internat	CH 1968	Norbert Terry	Charleys Tante nackt / Jeunes filles bien ... pour tous rapports
Engelchen macht wei-ter – Hoppe, hoppe Reiter	BRD 1969	Michael Verhoe-ven	Mario Adorf, Gila von Weitershausen
Köpfchen in das Wasser, Schwänzchen in die Höh'	BRD 1969	Helmut Förnba-cher	Helmut Förnbacher, Gila von Weitershausen
Dr. Fummel und seine Gespielinnen	BRD 1970	Albert Trenalg	Michael Cramer
Als die Frauen noch Schwänze hatten	I 1970	Pasquale Festa Campanile	Senta Berger (Quando le donne avevano la coda)
Graf Porno bläst zum Zapfenstreich	BRD 1970	Alois Brummer	Rinaldo Talamonti, Doris Arden
Ritter Orgas muss mal wieder	BRD 1970	Charles M. Wake-field	Herbert Fux
Der scharfe Heinrich – Die bumsfidelen Aben-teuer einer jungen Ehe	BRD 1971	Rolf Thiele	Grit Boettcher, Horst Frank
Gestatten ... Vögelein im Dienst	BRD 1971	Atze Glanert	Annemarie Wendl
Die goldene Banane von Bad Porno	BRD 1971	Ralf Gregan	Ingrid Steeger
Sonne, Sylt und kesse Krabben	BRD 1971	Jerzy Macc	Ingrid Steeger, Christine Schuberth
Toll trieben es die alten Germanen	BRD/I 1972	Pasquale Festa Campanile	Senta Berger, Mario Adorf (Quando le donne persero la coda)

Deutscher Titel	Jahr	Regie	Darsteller bzw. Original- oder Alternativtitel
Hattu Keuschheitsgürtel muttu knabbern	I 1972	Carlo Infascelli	Il decamerone proibito – le altre novelle del Boccaccio
Gelobt sei, was hart macht	BRD 1972	Rolf Thiele	Thomas Danneberg, Sybil Danning
Zorro und seine lüsternen Mädchen	USA/BRD 1972	Robert Freeman	The Erotic Adventures of Zorro
Liebesgrüsse aus der Lederhose	BRD 1973	Franz Marischka	Peter Steiner, Julia Thomas
Geilermanns Töchter – Wenn Mädchen mündig werden	BRD 1973	Alois Brummer	Ulrike Butz, Josef Moosholzer
Muschi Maus mag's grad heraus	BRD 1973	Hubert Frank	Jagdzeit für Naschkatzen
Unterm Drindl wird gejodelt	BRD 1973	Alois Brummer	Gisela Schwarz
Urlaubsgrüsse aus dem Unterhöschen	BRD 1973	Walter Boos	Franz Muxeneder, Josef Moosholzer
Der Ostfriesen-Report: O mei, haben die Ostfriesen Riesen	BRD 1973	Walter Boos	Konstantin Wecker, Josef Moosholzer
Die Stossburg	BRD/F 1973	Franz Marischka	Wenn nachts die Keuschheitsgürtel klappern
Gejodelt wird im Unterhöschen	BRD 1974	Ernst Hofbauer	Wenn die prallen Möpse hüpfen
Bohr weiter, Kumpel	BRD 1974	Sigi Rothemund	Elisabeth Volkmann, Rinaldo Talamonti
Oktoberfest – da kann man fest ...	BRD 1974	Hans Billian	Alena Penz, Ulrike Butz, Josef Moosholzer
Jodeln is ka Sünd	BRD 1974	Ulli Lommel	Katherina Harberg, Rosl Mayr
Die bumsfidelen Mädchen vom Birkenhof	CH 1974	Erwin C. Dietrich (als Michael Thomas)	Nadine de Rangot, Monika Rhode
Wo der Wildbach durch das Höschen rauscht	BRD 1974	Jürgen Enz	Witwenreport / Sexgrüsse aus dem Lederhöschen

Deutscher Titel	Jahr	Regie	Darsteller bzw. Original- oder Alternativtitel
AUF DER ALM, DA GIBT'S KOA SÜND'	BRD 1974	Franz Josef Gottlieb	Alena Penz
FLOTTE TEENS UND HEISSE JEANS	I 1975	Michele Massimo Tarantini	LA LICEALE
DRÜBER, DRUNTER UND DRAUF	USA 1976	Russ Meyer	UP!
KOMMT HER, IHR WILDEN SCHWEDINNEN	S 1977	Mac Ahlberg (als Bert Torn)	MOLLY
NACKT UNTER KANNIBALEN	I 1977	Joe d'Amato	EMANUELLE E GLI ULTIMI CANNIBALI
FLOTTE TEENS JETZT OHNE JEANS	I 1978	Mariano Laurenti	LA LICEALE NELLA CLASSE DEI RIPETENTI
NACKT UND HEISS AUF MYKONOS	BRD/GR 1979	Claus Tinney	Sascha Hehn
FLOTTE TEENS RUNTER MIT DEN JEANS	I 1980	Marino Girolami	LA LICEALE AL MARE CON L'AMICA DI PAPÀ
HELM AUF – HOSE RUNTER	I 1980	Michele Massimo Tarantini	LA DOTTORESSA CI STA COL COLONNELLO
EIN KAKTUS IST KEIN LUTSCHBONBON	BRD 1981	Rolf Olsen	Jürgen Drews
DIE SCHWESTERN VON DER SAMENBANK	USA 1989	Chuck Vincent	YOUNG NURSES IN LOVE

Unglaubliche Filmtitel

DIE UNGLAUBLICHE GESCHICHTE DER GLADYS GLOVER	USA 1954	George Cukor	IT SHOULD HAPPEN TO YOU
DIE UNGLAUBLICHE GESCHICHTE DES MR. C.	USA 1957	Jack Arnold	THE INCREDIBLE SHRINKING MAN
DIE UNGLAUBLICHEN ABENTEUER DES HERKULES	I 1958	Pietro Francisci	LE FATICHE DI ERCOLE
DIE UNGLAUBLICHE REISE	USA 1963	Fletcher Markle	THE INCREDIBLE JOURNEY
DIE UNGLAUBLICHEN ABENTEUER DES HOCHWOHLLÖBLICHEN RITTERS BRANCA LEONE	I/E/F 1966	Mario Monicelli	L'ARMATA BRANCALEONE
HAUSFRAUEN-REPORT 1: UNGLAUBLICH, ABER WAHR	BRD 1971	Eberhard Schröder	

Die unglaublichen Abenteuer eines Taxifahrers	GB 1976	Stanley A. Long	Adventures of a Taxi Driver
Die unglaubliche Sarah	GB 1976	Richard Fleischer	The Incredible Sarah
Die unglaubliche Geschichte von Olja und Schischok	UdSSR 1978	Boris Benejew	Derevnya Utka
Die unglaubliche Reise in einem verrückten Flugzeug	USA 1980	Jim Abrahams, David Zucker, Jerry Zucker	Airplane!
Die unglaubliche Geschichte der Mrs. K.	USA 1981	Joel Schumacher	The Incredible Shrinking Woman
Die unglaubliche Karriere	F 1981	Pierre Granier-Deferre	Une étrange affaire
Die unglaubliche Reise in einem verrückten Raumschiff	USA 1982	Ken Finkleman	Airplane II: The Sequel
Die unglaublichen Abenteuer des Guru Jakob	BRD 1983	Franz Marischka	
Die unglaubliche und traurige Geschichte von der unschuldigen Erendira und ihrer herzlosen Grossmutter	F/MEX/ BRD 1983	Ruy Guerra	Eréndira
Die unglaubliche Entführung der verrückten Mrs. Stone	USA 1986	Jim Abrahams, David Zucker, Jerry Zucker	Ruthless People
Zurück nach Hause – Die unglaubliche Reise	USA 1993	Duwayne Dunham	Homeward Bound: The Incredible Journey
Hucks unglaubliche Reise	USA 1994	Michael Keusch	Huck & the King of Hearts
Unglaublich!	F 2001	Pascale Bailly	Dieu est grand, je suis toute petite
Die Unglaublichen – The Incredibles	USA 2004	Brad Bird	The Incredibles
Dragon's World – Unglaubliche Entdeckung im Reich der Drachen	GB/USA 2004	Justin Hardy	Dragon's World: A Fantasy Made Real / The Last Dragon
Family Guy – Die unglaubliche Geschichte des Stewie Griffin	USA 2005	Pete Michels, Peter Shin	Family Guy Presents Stewie Griffin: The Untold Story

Camille – Die Geschichte einer unglaublichen Liebe	GB 2008	Gregory Mackenzie	Camille
Der unglaubliche Hulk	USA 2008	Louis Leterrier	The Incredible Hulk
Die unglaubliche Reise des Sir Francis Drake	USA/BUL 2009	David Flores	The Immortal Voyage of Captain Drake
Tortuga – Die unglaubliche Reise der Meeresschildkröte	GB/A/D 2008	Nick Stringer	Turtle: The Incredible Journey
Extrem laut & unglaublich nah	USA 2011	Stephen Daldry	Extremely Loud & Incredible Close
Der unglaubliche Burt Wonderstone	USA 2013	Don Scardino	The Incredible Burt Wonderstone
Die unglaubliche Reise der Familie Zid	A 2014	Gunnar Walther	
Die unglaubliche Geschichte der Ariana Berlin	CAN/USA 2015	Sean Cisterna	Full Out
Michael Niavarani – Die unglaubliche Tragödie von Richard III.	A 2015	Michael Niavarani	
Die Unglaubliche Geschichte von der Riesenbirne	DK 2017	Amalie Naesby Fick, Jørgen Lerdam, Philip Einstein Lipski	Den utrolige Historie om den kaempestore Paere
Cannes, die unglaubliche Geschichte	F 2018	Frédéric Chaudier	Cannes, le Festival libre
Die unglaubliche Reise des Fakirs, der in einem Kleiderschrank feststeckte	F 2018	Ken Scott	The Extraordinary Journey of the Fakir
Die unglaubliche Geschichte der Roseninsel	I 2020	Sydney Sibilia	L'incredibile Storia dell'Isola delle Rose

Nachtschattenkino

Filme mit «Tomate» im Titel

Die Tomate ist, wie das Kino eigentlich ja auch, ein Nachtschattengewächs. Ihre reifen Früchte strahlen lippenstiftrot und so verführerisch, dass man sie mancherorts auch unter dem Namen «Paradiesapfel» kennt. «Liebesapfel» nannte man sie lange Zeit zärtlich. Wen wundert es da noch, dass sie es schließlich bis zur Titelheldin so mancher Spielfilme brachte. Hier eine Auswahl:

- **Tillie's Tomato Surprise** (USA 1915); Regie: Howell Hansel; Drehbuch: Acton Davies; Darsteller: Marie Dressler, Colin Campbell, Eleanor Fairbanks
- **Tomato Omelette** (Kurzfilm; USA 1929); Regie: George Marshall; nach dem Comic «Smitty» von Walter Berndt; Darsteller: Donald Haines, Jackie Combs, Artye Folz
- **My Tomato** (Kurzfilm; USA 1943); Regie: Will Jason; Drehbuch: Sam Baerwitz, Paul Girard Smith; Darsteller: Robert Benchley
- **Angriff der Killertomaten** (USA 1978); Regie: John De Bello; Drehbuch: John De Bello, Costa Dillon, J. Stephen Peace, Rick Rockwell; Darsteller: David Miller, George Wilson, Sharon Taylor
- **Die Rückkehr der Killertomaten** (USA 1988); Regie: John De Bello; Drehbuch: Stephen F. Andrich, John De Bello, Costa Dillon, J. Stephen Peace; Darsteller: Michael Villani, Harvey Weber, John Astin
- **Tomato** (I 1990); Regie: Michele Placido; Drehbuch: Sandro Petraglia, Michele Placido, Stefano Rulli; Darsteller: Thywill Amenia, Salvatore Billa, Ottaviano Dell'Acqua
- **Die Killertomaten schlagen zurück** (USA 1991); Regie: John De Bello; Drehbuch: John De Bello, Costa Dillon, Rick Rockwell; Darsteller: Debi Fares, Rick Rockwell, J. Stephen Peace
- **Grüne Tomaten** (USA 1991); Regie: Jon Avnet; Drehbuch: Fannie Flagg, Carol Sobieski nach dem Roman von Fannie Flagg; Darsteller: Kathy Bates, Jessica Tandy, Mary Stuart Masterson
- **D.A.F.T.: A Story About Dogs, Androids, Firemen and Tomatoes** (USA 2000); Regie: Daft Punk, Roman Coppola, Michel Gondry, Seb Janiak, Spike Jonze; Darsteller: Tony Maxwell, Catherine Kellner, James C. Heavy
- **Tomato and Eggs** (USA 2002); Regie: Shawn Chou; Drehbuch: Shawn Chou; Darsteller: Lisa Lu, Sab Shimono, Keiko Agena
- **The Tomato** (Kurzfilm; USA 2010); Regie: Brandon Dexter; Drehbuch: K.M. Breay; Darsteller: Andy Comeau, Oscar Nuñez, Heidi Sulzman
- **Tomato Soup** (Kurzfilm; GB 2010); Regie: Gabriel Bisset-Smith; Drehbuch: Gabriel Bisset-Smith; Darsteller: Zawe Ashton, Hayley Atwell, Alan Bruce
- **Alles Tomate** (Kurzfilm, Chile/F 2011); Regie und Drehbuch: Luis Briceño; Darsteller: Jérémy Rochigneux, Fernando González, Diego Olivares, Sergio Briceño, Manuel Labra
- **Tomato Red** (IRL/CAN 2017); Regie: Juanita Wilson; Drehbuch: Juanita Wilson nach dem Roman von Daniel Woodrell; Darsteller: Julia Garner, Jake Weary, Anna Friel, Nick Roux

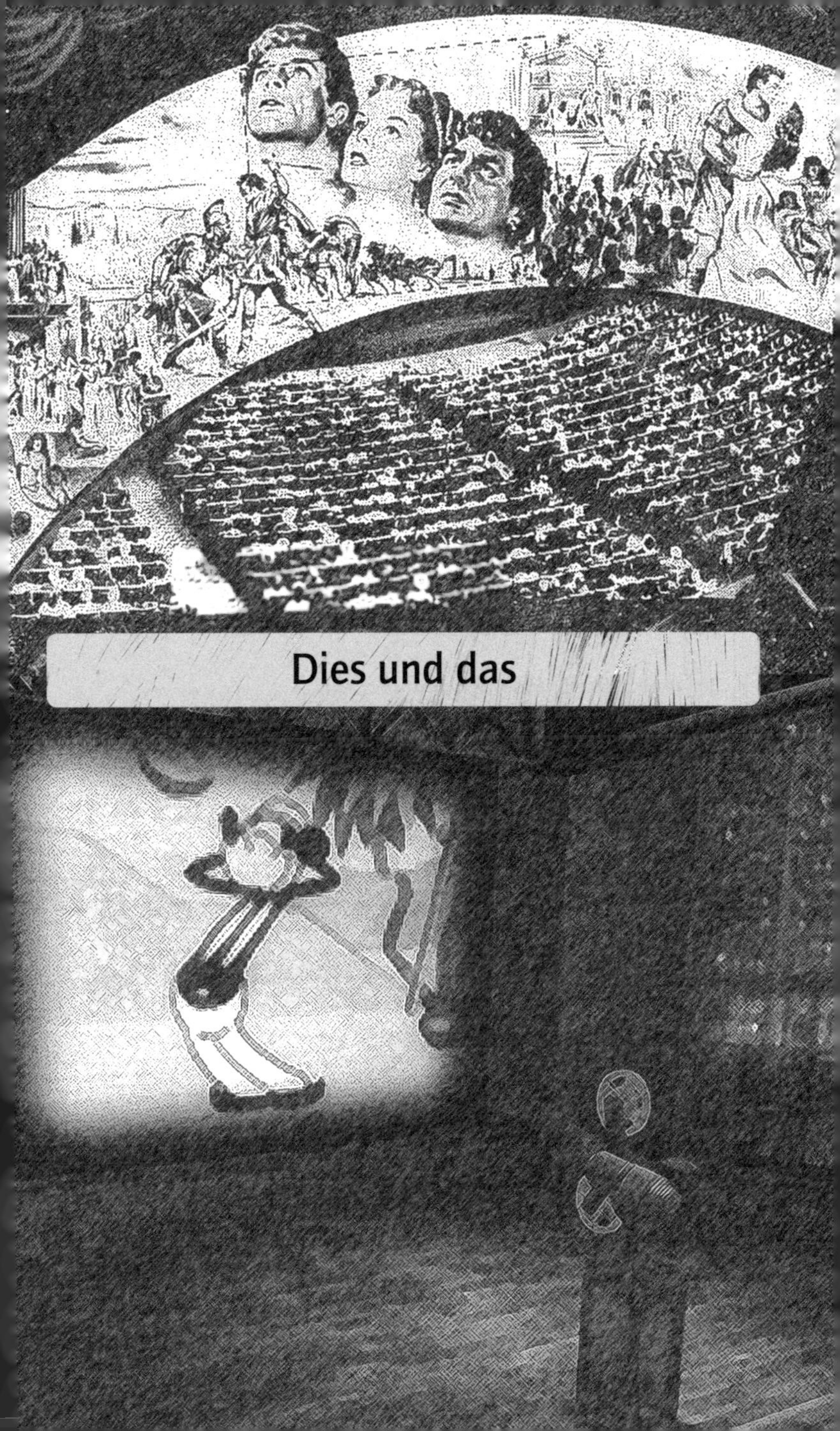

Dies und das

First-Ten

Zehn (technische) Meilensteine der Kinogeschichte

▸ Die erste öffentliche Filmvorführung

Bereits 1893 konnten Besucherinnen und Besucher der Weltausstellung in Chicago in dem von Thomas Edison entwickelten Kinetoskop kurze Filme betrachten. Allerdings nur nacheinander; Zuschauer für Zuschauer. Die erste verbürgte öffentliche Filmvorführung veranstalteten die Brüder Skladanowsky am 1. November 1895 im Berliner Varieté «Wintergarten». Möglicherweise aber fand bereits am 5. Februar 1894 eine vom US-Erfinder Jean-Aimé LeRoy organisierte Vorführung in Manhattan statt. Am 22. März 1895 zeigten die Brüder Lumière in Paris mit ihrem Cinématographe den Kurzfilm ARBEITER VERLASSEN DIE LUMIÈRE-WERKE.

▸ Der erste Langfilm

THE STORY OF THE KELLY GANG (DIE GESCHICHTE DER KELLY-BANDE, AUS 1906, Regie: Charles Tait; Länge: 1.219 Meter, ca. 60–70 Minuten)

▸ Der erste abendfüllende Zeichentrickfilm

EL APÓSTOL (ARG 1917, Regie: Quirino Cristiani)

▸ Der erste abendfüllende Technicolor-Farbfilm

THE GULF BETWEEN (USA 1917, Regie: Wray Bartlett Physioc)

▸ Der erste Spielfilm in 3D

THE POWER OF LOVE (USA 1922, Regie: Nat G. Deverich, Harry K. Fairall)

▸ Der erste abendfüllende Tonfilm:

THE JAZZ SINGER (DER JAZZSÄNGER, USA 1927, Regie: Alan Crosland)

▸ Der erste Cinemascope-Film

THE ROBE (DAS GEWAND, USA 1953, Regie: Henry Koster)

▸ Der erste vollständig computeranimierte Langfilm

TOY STORY (USA 1995, Regie: John Lasseter)

▸ Der erste vollständig computeranimierte Kinofilm mit weitgehend fotorealistischer Darstellung

FINAL FANTASY: THE SPIRITS WITHIN (FINAL FANTASY: DIE MÄCHTE IN DIR, USA/JP 2001, Regie: Hironobu Sakaguchi)

▸ Der erste IMAX-3D-Film mit regulärem Kinostart (außerhalb von IMAX-Kinos)

THE POLAR EXPRESS (DER POLAREXPRESS, USA 2004, Regie: Robert Zemeckis)

Die Alan Smithee Filme (und ihre wahren Regisseure und Regisseurinnen)

Es ist schon ein beachtliches Oeuvre, auf das Alan Smithee mittlerweile zurückblicken kann. Seit seinem Kinodebüt mit dem Western FRANK PATCH – DEINE STUNDEN SIND GEZÄHLT (1969) hat der US-Regisseur über siebzig Kino-, Fernsehfilme und TV-Serien inszeniert und dazu noch einige Drehbücher verfasst. Trotzdem gab er nie ein Interview, trat er nie vor eine Kamera, nicht einmal ein Foto von ihm existiert. Und das aus einem einfachen Grund: Es gibt ihn gar nicht.

Über mehrere Jahrzehnte hinweg war Alan (auch Allen, Allan oder Alain) Smithee das offizielle Pseudonym, das die Gewerkschaft amerikanischer Regisseur:innen («Director's Guild of America», kurz: DGA) auf Antrag an solche Regisseur:innen vergab, die nach Ansicht der DGA berechtigten Anlass hatten, sich von ihrem fertigen Film zu distanzieren. Dafür reichte es nicht aus, dass ein Regisseur sein eigenes Werk hinterher einfach nur schlecht fand. Vielmehr musste er glaubhaft machen können, dass die Endfassung des Films seine Arbeit nicht widerspiegelte, etwa weil der Film nachträglich umgeschnitten worden war.

Bis 1968 hatte die Regie-Gewerkschaft grundsätzlich untersagt, Pseudonyme zu verwenden. Auf diese Weise sollte verhindert werden, dass Produzent:innen Regisseur:innen dazu drängten, ihre Autorenschaft hinter nichtssagenden Tarnnamen zu verbergen. Es ging der DGA also darum, den Stellenwert des Regisseurs für alle sichtbar zu machen. Das Problem bei FRANK PATCH – DEINE STUNDEN SIND GEZÄHLT war jedoch, dass der Western zwei Regisseure hatte, von denen keiner den Film als sein eigenes Werk betrachtete. Bei den Dreharbeiten zu DEATH OF A GUNFIGHTER, wie der Film im Original heißt, verkrachte sich Hauptdarsteller Richard Widmark mit Regisseur Robert Totten. Widmark drängte erfolgreich darauf, den kinounerfahrenen Totten gegen Regiehaudegen Don Siegel auszutauschen. Da die Dreharbeiten zu diesem Zeitpunkt aber bereits weit fortgeschritten waren, wollte Siegel hinterher nicht im Abspann genannt werden. Weil auch Totten mit dem Film nicht mehr in Verbindung gebracht werden wollte, beschloss die DGA, ein Pseudonym zu verwenden. Aus dem ursprünglich vorgeschlagenen Allerweltsnamen Al Smith wurde, um Verwechslungen zu vermeiden, Alan Smithee, was zugleich ein Anagramm für «The Alias Men» ist.

Die US-Presse nahm Smithees Kinodebüt wohlwollend zur Kenntnis. Filmkritiker Roger Ebert lobte in den *Chicago Sun-Times*: «Regisseur Allen Smithee, den ich bislang noch gar nicht kannte, lässt die Geschichte ihren natürlichen Lauf nehmen. Er predigt nicht und hält sich nicht am Offensichtlichen auf.» In der Folgezeit entwickelte sich Alan Smithee zum offiziellen DGA-Decknamen für Regisseure, die an Filmen mitgearbeitet hatten, mit denen sie hinterher lieber nichts mehr zu tun haben wollten. Im Stile echter Undercover-Agenten mussten sich die Smithees zu Stillschweigen verpflichten, woran sich im Laufe der Jahrzehnte allerdings nicht alle hielten.

Der Tarnname flog endgültig auf, als LOVE STORY-Regisseur Arthur Hiller ihn 1998 zum Gegenstand einer Komödie machte: FAHR ZUR HÖLLE HOLLYWOOD heißt im Original AN ALAN SMITHEE FILM: BURN HOLLYWOOD BURN und handelt von einem Regisseur namens Alan Smithee, der einen Actionfilm dreht, den das Studio derart verschneidet, dass Smithee nicht die Verantwortung dafür übernehmen möchte. Das einzige Pseudonym, das er verwenden könnte, ist aber sein eigener Name. Vielmehr als diese lustige Idee hatte der Film leider nicht zu bieten. FAHR ZUR HÖLLE HOLLYWOOD wurde von der Kritik zerrissen und floppte an den Kinokassen. Auch Regisseur Hiller war mit dem Endergebnis unzufrieden. Gegenüber der DGA argumentierte er, Produzent und Drehbuchautor Joe Eszterhas habe ihm beim Endschnitt die kreative Kontrolle über den Film entzogen, woraufhin ihm die Gewerkschaft gestattete, ein Pseudonym zu verwenden; passender Weise: Alan Smithee.

Obwohl den Film selbst kaum einer gesehen hatte, war der Codename Smithee damit endgültig dechiffriert. Als Regisseur Walter Hill für den Science-Fiction-Streifen SUPERNOVA (2000) ein Pseudonym beantragte, fiel die Wahl nicht mehr auf Smithee. Hill durfte sich Thomas Lee nennen. Gegenüber den *Los Angeles Times* erklärte ein DGA-Mitglied, Alan Smithee sei erkrankt und mit seiner Genesung sei eher nicht mehr zu rechnen. Ganz so schlimm stand es um den Patienten dann aber wohl doch nicht. Auch in den Folgejahren zeichnete Alan Smithee noch für so manchen Film verantwortlich. In und auch außerhalb von Hollywood sprang er immer wieder in die Bresche, wenn es anderen zu heikel oder peinlich wurde.

Die folgende Übersicht beschränkt sich weitgehend auf die Kinofilme, bei denen Smithee Regie führte. Die Fernsehfassung von David Lynchs WÜSTENPLANET ist deshalb darin ebenso wenig enthalten wie Adam Rifkins Actionkomödie DIE TOTAL BEKNACKTE NUSS, für die sich TANZ DER TEUFEL-Regisseur Sam Raimi und dessen älterer Bruder Ivan Raimi als Drehbuchautorentandem offensichtlich derart schämten, dass sie im Abspann lieber als Alan Smithee Jr. und Alan Smithee Sr. auf- bzw. untertauchen wollten. Ungenannt bleiben wollte auch Regieassistent Andy House, der beim Dreh zum TWILIGHT ZONE-Kinofilm UNBEKANNTE SCHATTENLICHTER (1983) möglicherweise auch an jener Szene beteiligt war, in der bei einem Hubschrauberabsturz drei Menschen, darunter zwei Kinder, ums Leben kamen.

Titel	Jahr	Genre	Regie (Klarname)
FRANK PATCH – DEINE STUNDEN SIND GEZÄHLT	1969	Western	Don Siegel, Robert Totten
THE BARKING DOG	1978	Komödie	unbekannt

Titel	Jahr	Genre	Regie (Klarname)
Gypsy Angels	1980	Drama, Action	unbekannt
Angriff aus dem Jenseits	1985	Horror	Ramsey Thomas
High-Life-Klinik	1985	Komödie	Rod Holcomb
Holt Harry raus!	1986	Action, Abenteuer	Stuart Rosenberg
Morgan Stewart's Coming Home	1987	Komödie	Paul Aaron, Terry Windsor
Ghostfever	1987	Horrorkomödie	Lee Madden
I Love N.Y	1987	Drama, Komödie	Gianni Bozzacchi
Robot War	1989	Sci-Fi-Action	Masato Harada
Catchfire	1990	Actionromanze	Dennis Hopper
Starfire	1990	Sci-Fi-Thriller	Richard C. Sarafian
Känguruh Carlos	1990	Komödie	Michael Gottlieb
Bloodsucking Pharaohs in Pittsburgh	1991	Horrorkomödie	Dean Tschetter
Smoke n Lightnin	1995	Action	Mike Kirton
Raging Angels	1995	Horrorthriller	unbekannt
Hellraiser 4 - Bloodline	1996	Sci-Fi-Horror	Kevin Yagher
Dilemma	1997	Action	Eric Larsen, Eric Louzil
Dark Moments - Im Angesicht des Todes	1997	Drama	James Merendino
Fahr zur Hölle Hollywood	1997	Komödie	Arthur Hiller
Le zombi de Cap-Rouge	1997	Horror, Action	Simon Robideaux
The Coroner	1999	Horrorthriller	Juan A. Mas
Wadd: The Life & Times of John C. Holmes	1999	Dokumentation	Weley Emerson
Woman Wanted	2000	Drama, Romanze	Kiefer Sutherland
In the Wrong Hands	2002	Komödie	Chris Johnston, James A. Seale
Fugitives Run	2005	Komödie	Philip Spink
Winesburg, Ohio	2008	Drama	unbekannt
Tom Toal: On the Scrapheap	2010	Dokumentation	unbekannt

Titel	Jahr	Genre	Regie (Klarname)
Another Night of the Living Dead	2011	Horrorkomödie	unbekannt
Old 37	2015	Horrorthriller	Christian Winters
Barfuss durch Australien	2022	TV-Tragikomödie	Yasemin Samdereli

Die Blaue Lagune

Mit Brooke Shields auf einer einsamen Insel zu stranden, davon träumten in den 1980er-Jahren Heerscharen pubertierender Jungs, während sich so manches Mädchen gerne zu Christopher Atkins unter die Bananenstauden gelegt hätte. Es hätte aber auch anders kommen können, und die Teenagerfantasien hätten stattdessen um Rosanna Arquette, Kim Basinger, Jamie Lee Curtis, Bridget Fonda, Anjelica Huston, Sarah Jessica Parker oder Matt Dillon, Sean Penn, John Travolta, Christopher Reeve, John Belushi, Richard Gere oder Sylvester Stallone kreisen dürfen. Sie alle waren für die Rollen von Emmeline und Richard in Randal Kleisers erotischem Südseedrama Die Blaue Lagune (1980) im Gespräch. Am Ende aber machten Atkins und Shields das Rennen.

Ein Jahr später setzte sich Shields abermals gegen namhafte Konkurrenz (u.a. Faye Dunaway, Farrah Fawcett und Olivia Newton-John) durch; diesmal allerdings unfreiwillig. Für ihre Darbietung in Die Blaue Lagune wurde sie mit der «Goldenen Himbeere» für die schlechteste Schauspielerin «ausgezeichnet», die 1981 zum ersten Mal vergeben wurde. Bei den Dreharbeiten zum Film war Brooke Shields erst 14 Jahre alt, sodass sie in den Nacktszenen, von denen ursprünglich deutlich mehr geplant waren, durch ein Body Double ersetzt werden musste.

Die Rolle der Emmeline abgelehnt haben (in alphabetischer Reihenfolge)

- Isabelle Adjani
- Carrie Fisher (wegen der Dreharbeiten zur Star Wars-Fortsetzung Das Imperium schlägt zurück)
- Melanie Griffith
- Daryl Hannah
- Diane Lane (wegen der Nacktszenen)
- Jennifer Jason Leigh (wegen der vielen Nacktszenen lehnte der Vater der 17-Jährigen die Rolle ab)
- Lori Loughlin
- Tatum O'Neal
- Michelle Pfeiffer
- Dana Plato (wegen ihres Engagements in der Fernsehserie Diff'rent Strokes)

- Charlene Tilton (wegen ihres Engagements in der Fernsehserie DALLAS)
- Debra Winger (spielte stattdessen an der Seite von John Travolta in URBAN COWBOY)

Nach dem Casting abgelehnt wurden

- Linda Blair
- Geena Davis
- Jodie Foster
- Kelly Preston
- Kathleen Turner

Die Kinder von «Brangelina»[1]

Sechs Kinder hat Hollywoods einstiges Traumpaar: drei leibliche und drei Adoptivkinder, drei Töchter, drei Söhne. Und so heißen sie:

- Maddox Chivan (*5. August 2001 in Kambodscha als Rath Vibol; adoptiert 2001; Sohn)
- Zahara Marley (* 8. Januar 2005 in Äthiopien als Yemsrach; adoptiert 2005; Tochter)
- Shiloh Nouvel (* 27. Mai 2006 in Swakopmund, Namibia; leibliche Tochter)
- Pax Thien (* 29. November 2003 in Vietnam als Pham Quang Sang, adoptiert 2007; Sohn)
- Knox Léon (* 12. Juli 2008 in Nizza; leiblicher Sohn)
- Vivienne Marcheline (* 12. Juli 2008 in Nizza; leibliche Tochter)
- Ihr gemeinsamer Nachname ist Jolie-Pitt.

1 Brad Pitt und Angelina Jolie.

Eine/r für alle – Mehrfachrollen im Spielfilm

Ambitionierten Schauspielerinnen und Schauspielern bieten sie die ideale Gelegenheit, ihre Wandlungsfähigkeit zu demonstrieren. Weniger ambitionierte vertrauen lieber der Maske; manchmal leider umsonst. Hier ein kleiner Ausflug in das schillernde Universum der multiplen Darstellungen, in dem einer, den man vielleicht darin vermuten könnte, nicht auftaucht: John Malkovich. In Spike Jonzes Fantasykomödie BEING JOHN MALKOVICH (1999) füllt er zwar ein komplettes Haus mit skurrilen Gestalten, die sind aber alle nur unbewusste Fantasien und Facetten der eigentlichen Hauptfigur. Ganz ähnlich liegt der Fall bei Agent Smith aus MATRIX.

Nicht in die Liste gehören auch collagenartige Kompilations- oder Episodenfilme, in denen die einzelnen Episoden, Szenen oder Sketche keinen gemeinsamen Handlungszusammenhang ergeben; wie etwa in den Monty Python Filmen MONTY PYTHONS WUNDERBARE WELT DER SCHWERKRAFT oder DER SINN DES LEBENS. Auch Kurzfilme wie Buster Keatons Two-Reeler THE PLAY HOUSE (1921), in dem Keaton fast jede Rolle selbst übernahm und dank ausgetüftelter Tricktechnik bei einer Varietévorstellung nicht nur den Sänger, sondern auch die Orchesterbesetzung und das Publikum verkörperte, werden nicht berücksichtigt.

Aufgeführt werden hier ausschließlich Spielfilme, in denen ein Darsteller oder eine Darstellerin mehrere unterschiedliche Personen verkörpert. Und zwar möglichst viele! Die Grenzen zwischen Kleinst- und Statistenrollen, die eigentlich nicht mitzählen sollten, sind dabei nicht immer eindeutig zu ziehen. Vor allem nicht bei der britischen Komikertruppe Monty Python, die der Liste mit ihren beiden Spielfilmen DAS LEBEN DES BRIAN und DIE RITTER DER KOKOSNUSS ihren Stempel aufdrückt.

Dass es sich bei den Spielfilmen mit Mehrfachrollen meistens um Komödien handelt, überrascht eigentlich nicht. Verkleidungs-, Verwechslungslust und Travestie gehören schließlich ins komische Fach. Dass aber fast nur Männer mehr als drei Rollen in einem Spielfilm verkörperten, gibt dann doch zu denken; und sollte vielleicht auch den Drehbuchautoren, Regisseuren und Produzenten zu denken geben, bei denen es sich ja auch nicht selten um Männer handelt …

45 Rollen (Eintrag ins Guinness-Buch-der-Rekorde 2018)

- Johnson George in: AARANU NJAN (IND 2018)
  als: u. a. Mahatma Ghandi, Jesus und Leonardo Da Vinci

27 Rollen

- Rolf Leslie in: SIXTY YEARS A QUEEN (GB 1913)

Dreizehn Rollen

- Kamal Hassan in: DASAVATHARAM (IND 2008)
  als: Rangaraja Nambi / Govind Ramasaamy / US-Präsident / AvtarSingh / Christian Fletcher / Shinghen Narahasi / Krishnaveni / Vincent Poovaraagan / Kalifullah Khan / Pranab Kundu / Govind K. Somaiya / Krishnavali Badki / Babruan

Zwölf Rollen

- Michael Palin in: DAS LEBEN DES BRIAN (GB 1979)
  als: Weiser aus dem Morgenland / Rübennase / Francis / Mrs. A / Ex-Leprakranker / Ansager / Ben / Pontius Pilatus / langweiliger Prophet / Eddie / Schuh-Verehrer / Nisus Wettus
- Priyanka Chopra in: WHAT'S YOUR RAASHEE? (IND 2009)
  als: Anjali / Sanjana Rasikbhai Shah / Kajal Thakkar / Hansa Parekh / Rajni Parmar / Chandrika / Mallika Desai / Dr. Pooja Garodia / Vishaka Indravadan Zaveri / Bhavna Hasmukhbhai Shukla / Jhankhana / Nandini Mansukhlal Desai

Neun Rollen

- Eric Idle in: DAS LEBEN DES BRIAN (GB 1979)
  als: Mr. Cheeky / Stan, genannt Loretta / Harry the Haggler / Angeklagte / Warris / besonders stumpfsinniger Jugendlicher / Gefängniswärterassistent / Otto / singender Gekreuzigter

Acht Rollen

- Alec Guinness in: ADEL VERPFLICHTET (GB 1949)
  als: Admiral / General / Lady Agatha / Herzog / Jung-Henry / Bankier / Jung-D'Ascoyne / Bischof
- Adolf Dymsza in: DAS SOLLTE MAN REGELN (PL 1953)
  als: Zugpassagier / Taxifahrer / Angestellter / Kellner Wladyslaw / Reporter Banasinski / Händler / Playboy / Boxer Fronczak
- Tony Randall in: DER MYSTERIÖSE DR. LAO (USA 1964)
  als: Dr. Lao / Merlin / Pan / Schneemensch / Medusa / Riesenschlange / Apollonius von Tyana / Zuschauer
- Michael Palin: in: DIE RITTER DER KOKOSNUSS (GB 1975)
  als: Sir Galahad / Dennis / Wächter / Dorfbewohner / rechter Kopf des dreiköpfigen Riesen / Anführer der Ritter, die «Ni» sagen / König des Sumpfschlosses / Mönch / außerdem: Erzähler (in der englischen Originalfassung) und mehrere Statistenrollen

Sieben Rollen

- Paul Muni in: SEVEN FACES (USA 1929)
  als: Papa Chibou / Diablero / Willie Smith / Franz Schubert / Don Juan / Joe Gans / Napoleon
- Jerry Lewis in: DAS FAMILIENJUWEL (USA 1965)
  als: Willard Woodward / James Peyton / Everett Peyton / Julius Peyton / Capt. Eddie Peyton / Skylock Peyton / «Bugs» Peyton
- John Cleese in: DIE RITTER DER KOKOSNUSS (GB 1975)
  als: Sir Lancelot / Tim der Zauberer / der schwarze Ritter / der Mann, der einen lebenden alten Mann an den Totensammler verkauft / Wächter / spottender französischer Soldat / Dorfbewohner
- Eric Idle in: DIE RITTER DER KOKOSNUSS (GB 1975)
  als: Sir Robin / Totensammler / hexenjagender Dorfbewohner / Concorde / Erster Sumpfschlosswächter / Roger der Buschmann / Bruder Maynard
- Terry Gilliam in: DAS LEBEN DES BRIAN (GB 1979)
  als: Revolutionär / Blut-und-Donner-Prophet / Gefängniswärter / «Man Even Further Forward» / Frank / Zuschauer / Gekreuzigter
- Dieter Hallervorden in: DIDI UND DIE RACHE DER ENTERBTEN (BRD 1985)
  als: Dieter Dödel / Gustav Böllemann / Titus Böllemann / Otto Böllemann / Albert Böllemann / Florentine / Emilio
- Eddie Murphy in: DER VERRÜCKTE PROFESSOR (USA 1996)
  als: Sherman Klump / Buddy Love / Lance Perkins / Papa Klump / Mama Klump / Grandma Klump / Ernie Klump
- Eddie Murphy in: FAMILIE KLUMPS UND DER VERRÜCKTE PROFESSOR (USA 2000)
  als Sherman Klump / Buddy Love / Granny Klump / Mama Klump / Papa Klump und junger Papa Klump / Ernie Klump / Lance Perkins

Sechs Rollen

- Fernandel in: DER HAMMEL MIT DEN 5 BEINEN (F 1954)
  als: Édouard Saint-Forget / Die Fünfinge: Alain / Bernard / Charles / Désiré / Étienne
- Totò in: TOTÒ DIABOLICUS (I 1962)
  als: Marquis Galeazzo di Torrealta / General Scipione di Torrealta / Prof. Carlo di Torrealta / Baroness Laudomia di Torrealta / Monsignore Antonino di Torrealta / Pasquale Bonocore

- Peter Sellers — in: WEICHE BETTEN, HARTE SCHLACHTEN (GB 1974)
  als: General Latour / Major Robinson / Herr Schroeder / Adolf Hitler / Präsident / Prinz Kyoto
- John Cleese — in: DAS LEBEN DES BRIAN (GB 1979)
  als: Weiser aus dem Morgenland / Reg / Zenturio / Hohepriester / Deadly Dirk / Arthur
- Terry Jones — in: DAS LEBEN DES BRIAN (GB 1979)
  als: Mandy Cohen / Colen / Simon von Cyrene / Eremit / Bob Hoskins / Kreuzigungsgehilfe
- Doona Bae — in: CLOUD ATLAS (D 2012)
  als: Tilda Ewing / Megans Mutter / mexikanische Frau / Sonmi-451 / Sonmi-351 / Prostituierte
- Halle Berry — in: CLOUD ATLAS (D 2012)
  als: Eingeborenenfrau / Jocasta Ayrs / Luisa Ray / Partygast / Ovid / Meronym
- Hugh Grant — in: CLOUD ATLAS (D 2012)
  als: Reverend Giles Horrox / Hotelangestellter / Lloyd Hooks / Denholme Cavendish / Seher Rhee / Anführer der Kona
- Tom Hanks — in: CLOUD ATLAS (D 2012)
  als: Dr. Henry Goose / Hotelmanager / Isaac Sachs / Dermot Hoggins / Cavendishs Schauspieler / Zachary
- Jim Sturgess — in: CLOUD ATLAS (D 2012)
  als: Adam Ewing / Armer Hotelgast / Megans Vater / Highlander / Hae-Joo Chang / Zacharys Schwager Adam
- Hugo Weaving — in: CLOUD ATLAS (D 2012)
  als: Haskell Moore / Tadeusz Kesselring / Bill Smoke / Krankenschwester Noakes / Mephi / Old Georgie

Fünf Rollen

- Frank Morgan — in: DAS ZAUBERHAFTE LAND / DER ZAUBERER VON OZ (USA 1939)
  als: Professor Marvel / Der Zauberer von Oz / Pförtner / Kutscher / Wächter
- Jerry Lewis — in: DREI AUF EINER COUCH (USA 1966)
  als: Christopher Pride / Warren / Ringo / Rutherford / Heather
- Terry Gilliam — in: DIE RITTER DER KOKOSNUSS (GB 1975)
  als: Patsy / der grüne Ritter / der alte Mann in Szene 24 / Sir Bors / Trickfilmzeichner
- David Klein — in: CLERKS – DIE LADENHÜTER (USA 1994)
  als: rauchender Junge mit Jagdmütze / dümmlicher Videokunde / Kunde, der Radkappen sucht / wütender Trauernder / aufgebrachte Menge an der Tür
- Kate Hudson — in: ALEX & EMMA (USA 2003)
  als: Emma Dinsmore / Ylva / Elsa / Eldora / Anna

- Olli Dittrich in: DIE RELATIVITÄTSTHEORIE DER LIEBE (D 2011)
  als: Frieder / Paul / Stevie / Youssef / Yogi Swami Helmut
- Katja Riemann in: DIE RELATIVITÄTSTHEORIE DER LIEBE (D 2011)
  als: Peggy / Eva / Maria / Gabriela / Alexa
- Jim Broadbent in: CLOUD ATLAS (D 2012)
  als: Captain Molyneux / Vyvyan Ayrs / Timothy Cavendish / Straßenmusiker / Prescient 2
- Ben Whishaw in: CLOUD ATLAS (D 2012)
  als: Schiffsjunge / Robert Frobisher / Plattenverkäufer / Georgette / Stammesmann

Vier Rollen

- Moira Shearer in: DER MANN, DER ROTHAARIGE LIEBTE (GB 1955)
  als: Sylvia / Daphne / Olga / Colette
- Terry Jones in: DIE RITTER DER KOKOSNUSS (GB 1975)
  als: Sir Belvedere / Mutter von Dennis / linker Kopf des dreiköpfigen Riesen / Prinz Herbert
  außerdem: Stimme des Zeichentrick-Schreibers
- David Carradine in: DAS GEHEIMNIS DES BLINDEN MEISTERS (USA 1978)
  als: Der blinde Mann / Affenmann / Tod / Changsha
- Arsenio Hall in: DER PRINZ AUS ZAMUNDA (USA 1988)
  als: Semmi / extrem hässliches Mädchen / Morris / Reverend Brown
- Eddie Murphy in: DER PRINZ AUS ZAMUNDA (USA 1988) und DER PRINZ AUS ZAMUNDA 2 (USA 2021)
  als: Prinz Akeem / Clarence / Randy Watson / Saul
- Michel Côté in: SWEET MACHOS (CAN 1989)
  als: Jean-Jacques/Gerard/Patrice/Serge
- Vicco von Bülow in: PAPPA ANTE PORTAS (D 1991)
  als: Heinrich Lohse / Opa Hoppenstedt / Dichter Frohwein / Geigenspieler
- Walter Flanagan in: CLERKS – DIE LADENHÜTER (USA 1994)
  als: Raucher mit Wollmütze / Eiermann / beleidigter Kunde / rauer Kunde und Katzenliebhaber
- Helge Schneider in: 00 SCHNEIDER – JAGD AUF NIHIL BAXTER (D 1994)
  als: 00 Schneider / Nihil Baxter / Prof. Dr. Hasenbein / Johnny Flash
- Mike Myers in: AUSTIN POWERS IN GOLDSTÄNDER (USA 2002)
  als: Austin Powers / Dr. Evil / Goldständer / Fieser Fettsack
- Helge Schneider in: JAZZCLUB – DER FRÜHE VOGEL FÄNGT DEN WURM (D 2004)
  als: Rodriguez Fazanatas von der Agentur ‹Senora Fuck› / Teddy / Prof. Henry / Käpt'n Silver

- Keith David in: CLOUD ATLAS (D 2012)
  als: Kupaka / Napier / An-Kor Apis / Prescient
- Susan Sarandon in: CLOUD ATLAS (D 2012)
  als: Madame Horrox / ältere Ursula / Yosouf Suleiman / Äbtissin
- Dhanush in: ANEGAN (IND 2015)
  als: Ashwin / Murugappa / Ilamaran / Kaali

17 Skandalfilme – Eine Chronologie

Unter «Skandalfilmen» werden hier Filme verstanden, die für heftige öffentliche Kontroversen sorgten. Die folgende chronologische Auswahl basiert auf dem Buch «Skandalfilme».[2]

1919[3] ANDERS ALS DIE ANDERN (D; Regie: Richard Oswald; Skandal: dem Film wurde vorgeworfen, Werbung für Homosexualität zu betreiben)

1925 PANZERKREUZER POTEMKIN (UdSSR; Sergej M. Eisenstein; konservative und nationalistische Kräfte versuchten, ein Verbot des sowjetischen Revolutionsfilms zu erwirken)

1930 IM WESTEN NICHTS NEUES (USA; Lewis Milestone; der Berliner NSDAP-Gauleiter Joseph Goebbels mobilisierte die braunen Massen gegen den pazifistischen und angeblich deutschenfeindlichen Kriegsfilm nach der Romanvorlage von Erich Maria Remarque)

1933 EKSTASE (CSR/A; Gustav Machatý; für Aufregung sorgten eine nackte Hedy Kiesler (später: Lamarr) und ein lustvoller Ehebetrug inklusive Orgasmusszene)

1951 DIE SÜNDERIN (D; Willi Forst; nein, es war nicht Hildegard Knefs bloße Brust, es waren die Vorwürfe, der Film verharmlose Prostitution, Sterbehilfe und Selbstmord, die für heftige Proteste und den vorübergehenden Rückzug der Kirchen aus der FSK sorgten)

1956 BABY DOLL (USA; Elia Kazan; mit einigen schlüpfrigen Szenen verursachte das Drama mit Caroll Baker als Baby Doll – und im Baby Doll – in den prüden 50ern einen der größten Skandale der US-Kinogeschichte)

1963 DAS SCHWEIGEN (S; Ingmar Bergman; mit drei freizügigen – oder wie die Filmgegner formulierten «offensichtlich pornografischen» – Szenen rief das Drama in Deutschland die «Aktion Saubere Leinwand» auf den Plan)

1971 NICHT DER HOMOSEXUELLE IST PERVERS, SONDERN DIE SITUATION, IN DER ER LEBT (BRD; Rosa von Praunheim; als der Filmessay über schwules Leben in der Bundesrepublik das erste Mal im Fernsehen ausgestrahlt werden sollte, wurde er aus dem Gesamtprogramm der ARD abgesetzt, beim zweiten Anlauf blendete sich der Bayerische Rundfunk aus)

1975 SALÒ ODER DIE 120 TAGE VON SODOM (I/F; Pier Paolo Pasolini; die Darstellungen von sadistischen sexuellen Demütigungen, Analvergewaltigungen

2 Stefan Volk *Skandalfilme*. Marburg: Schüren Verlag 2021; vgl. auch www.skandalfilm.net.

3 Erscheinungsjahr des jeweiligen Films.

und Koprophagie führten weltweit zu Kontroversen, Protesten, Verboten oder Verbotsversuchen)

1976 **Im Reich der Sinne** (JP/F; Nagisa Oshima; im Anschluss an die Premierenvorstellung auf den Berliner Filmfestspielen wurde der Film, in dem neben expliziten Sexszenen auch zu sehen ist, wie eine Frau ihrem Geliebten den Penis abtrennt, von der Staatsanwaltschaft beschlagnahmt; es folgten hitzige Debatten und lange juristische Auseinandersetzungen)

1982 **Das Gespenst** (BRD; Herbert Achternbusch; weil er den Streifen über einen zum Leben erwachten Kruzifixus als «widerwärtig, blasphemisch und säuisch» empfand, entzog Bundesinnenminister Friedrich Zimmermann Regisseur Achternbusch nachträglich die Filmförderung, wofür er von der politischen Opposition und liberalen Medien heftig kritisiert wurde)

1992 **Basic Instinct** (USA; Paul Verhoeven; noch bevor der Film abgedreht war, sorgte er vor allem bei US-amerikanischen Homosexuellenverbänden und Feministinnen für Empörung. Weil lesbische Frauen darin angeblich als männermordende Bestien diskriminiert würden, störten sie die Dreharbeiten; später schlossen sich auch konservative Katholikinnen und Katholiken dem Protest an, allerdings aus anderen Gründen: sie empfanden den Thriller als obszön und gewaltverherrlichend)

1997 **Lolita** (USA; Adrian Lyne; der Vorwurf, sie verharmlose oder verherrliche Pädophilie hatte zufolge, dass die Verfilmung von Vladimir Nabokovs Klassiker in den USA lange keinen Verleih fand)

2000 **Baise-moi (Fick' mich!)** (F; Virginie Despentes, Coralie Trinh Thi; da es in Frankreich zum damaligen Zeitpunkt keine Altersfreigabe «ab 18» gab, wurde der Film trotz expliziter Sex- und Gewaltszenen zunächst «ab 16» freigegeben; nach Protesten und einer Klage wurde der Film in Pornokinos verbannt, ehe Kulturministerin Catherine Tasca dafür sorgte, dass die Freigabe «ab 18» wieder eingeführt wurde, die dann auch Baise-moi erhielt)

2004 **Die Passion Christi** (USA; Mel Gibson; wohl auch wegen seines umstrittenen Regisseurs handelte sich der Film den Vorwurf ein, gewaltverherrlichend und antisemitisch zu sein)

2014 **The Interview** (USA; Evan Goldberg, Seth Rogen; die US-Satire, in der Nordkoreas Staatsoberhaupt Kim Jong-un als sentimentaler Katy-Perry-Fan und heuchlerischer Despot mit Vaterkomplex karikiert und am Ende von zwei US-Fernsehleuten in die Luft gejagt wird, sorgte bereits im Vorfeld für Zündstoff; ein Sprecher von Nordkoreas Außenministerium kündigte «gnadenlose Vergeltung» an, sollte die US-Regierung den Filmstart nicht verhindern; in der Folge kam es zu einem großangelegten Hackerangriff gegen die Produktionsfirma Sony Pictures; der US-Kinostart wurde verschoben, abgesetzt und erfolgte nach Intervention des US-Präsidenten Barack Obama schließlich doch)

2020 **The Hunt** (USA; Craig Zobel; allein der Trailer über selbsternannte liberale Tugendwächter:innen, die zu ihrem Vergnügen eine Menschenjagd auf konservative US-Amerikanerinnen und Amerikaner eröffnen, ließ den damaligen US-Präsidenten Donald Trump vor Wut schäumen/twittern; auf Fox News verdammte ein befragter Experte den Horrorstreifen als «degeniert und böse»; gesehen hatte den Film da noch niemand)

Hitler-Darsteller

Im Laufe der Filmgeschichte wurde Adolf Hitler von weit über 400 Darstellern verkörpert. Damit zählt er zu den am häufigsten gespielten historischen Persönlichkeiten. Bereits 1935 trat Konparu Minamizato in dem japanischen Kurzfilm UMA KAERU als Hitler auf. Bis heute unvergessen ist Charlie Chaplins Führer-Parodie in DER GROSSE DIKTATOR (1940).

In der nachfolgenden Liste werden nur einige der bedeutendsten und bekanntesten Hitlerdarsteller aufgeführt. Auch Filme, in denen Hitler – wie bei Chaplin – zwar nicht «Hitler» heißt, aber trotzdem eindeutig gemeint ist, wurden in die Liste aufgenommen.

Charlie Chaplin (1889–1977)
In Chaplins Filmsatire DER GROSSE DIKTATOR hieß Adolf Hitler zwar Anton (im US-Original: Adenoid) Hynkel und war Führer von «Tomanien» (Tomainia). Daran aber, wer mit dem schnauzbärtigen Judenhasser und Kriegshetzer Hynkel gemeint war, bestand keinerlei Zweifel.

Carl Ekberg (1903–1976)
Der auf deutsche Soldaten und Nazis abonnierte norwegische Schauspieler trat insgesamt fünfmal in der Hitlerrolle auf, ohne dafür im Abspann genannt zu werden. Und zwar in Orson Welles' CITIZEN KANE (1941), Fritz Langs MENSCHENJAGD (1941), Richard Wallaces THE WIFE TAKES A FLYER (1942), Leo McCareys ES WAREN EINMAL FLITTERWOCHEN (1942) und Blake Edwards' WAS HAST DU DENN IM KRIEG GEMACHT, PAPPI? (1966)

Tom Dugan (1889–1955), Mel Brooks (* 1926)
In Ernst Lubitschs SEIN ODER NICHTSEIN (1942) schlüpfte der irischstämmige Hollywoodschauspieler Tom Dugan in die Rolle des polnischen Schauspielers Bronski, der in die Rolle Hitlers schlüpfte. Das tat er (Bronski) so überzeugend, dass selbst die Nazis darauf reinfielen. Dugan hatte im selben Jahr auch im Musical STAR SPANGLE RHYTHM noch einen Hitler-Kurzauftritt.

Der US-Komiker und Regisseur Mel Brooks übernahm in seinem Remake von SEIN ODER NICHTSEIN (1983) selbst die Rolle des Hitler spielenden Bronskis.

Bobby Watson (1888–1965)
Der US-Darsteller gilt bis heute als der Schauspieler, der in den meisten Filmen als Hitler zu sehen war; und zwar in insgesamt neun. Darunter Nick Grindes HITLER – DEAD OR ALIVE (1942), Glenn Tryons NAZTY NUISANCE (1943) und John Farrows THE HITLER GANG (1944). 1962 stand Watson in Vincente Minnellis DIE VIER APOKALYPTISCHEN REITER das letzte Mal vor der Kamera. Abermals als Hitler.

Mel Blanc (1908–1989)
Der «Mann der Tausend Stimmen» war zwar nie als Hitler zu sehen, dafür aber zu hören. Zwischen 1941 und 1945 in gleich acht Zeichentrickkurzfilmen.

Luther Adler (1903–1984)
1951 war das Hitlerjahr des New Yorker Schauspielers und Broadwayregisseurs. Sowohl im Kriegsdrama THE MAGIC FACE als auch in Henry Hathaways ROMMEL, DER WÜSTENFUCHS gab er den Diktator.

Albin Skoda (1909–1961)
Der Wiener Schauspieler übernahm die Hitlerrolle in Georg Wilhelm Pabsts DER LETZTE AKT (1955).

Fritz Diez (1901–1979)
In insgesamt neun Filmen und Fernsehserien war der Thüringer Schauspieler als Hitler zu sehen oder zu hören. Das erste Mal 1955 in der von Kurt Maetzig inszenierten DEFA-Produkiton ERNST THÄLMANN – FÜHRER SEINER KLASSE.

Dolphy (1928–2012)
Der philippinische Starkomiker verkörperte ADOLPHONG HITLER 1969 in der gleichnamigen Komödie.

Alec Guiness (1914–2000)
In HITLER – DIE LETZTEN ZEHN TAGE (1973), Ennio De Concinis tragikomischer Verfilmung der Erinnerungen des deutschen Wehrmachtsoffiziers Gerhard Boldt, spielte der britische Sir den deutschen Diktator im Führerbunker.

Peter Sellers (1925–1980)
Gleich ein halbes Dutzend Rollen übernahm der englische Komödiant in der britischen Nazikomödie WEICHE BETTEN, HARTE SCHLACHTEN (1974); darunter auch die von Hitler.

Kurt Raab (1941–1988), **Uli Lommel** (1944–2017)
In Ulli Lommels Komödie ADOLF UND MARLENE (1977) verkörperte Raab den «Führer». Danach trat er noch einmal als Film-Hitler auf und übernahm 1985 in der HBO-Serie ICH UND DER DUCE den Part Adolf Hitlers.

Regisseur Ulli Lommel besetzte sich 1984 in seiner Sci-Fi-Farce STRANGERS IN PARADISE selbst als Hitler.

Heinz Schubert (1925–1999)
Der als «Ekel» Alfred bekannte Schauspieler trat in Hans-Jürgen Syberbergs fast siebenstündigem Mammutwerk HITLER, EIN FILM AUS DEUTSCHLAND (1977) u.a. als Hitler in Erscheinung.

Anthony Hopkins (* 1937)
1981 übernahm der britische Weltstar die Hitlerrolle in der internationalen Fernsehproduktion Der Führerbunker.

Ian McKellen (* 1939)
Der spätere Gandalfdarsteller spielte 1989 in der britischen Fernsehproduktion Countdown to War Adolf Hitler.

Michael Sheard (1938–2005)
Der britische Schauspieler trat in Steven Spielbergs Indiana Jones und der letzte Kreuzzug (1989) als Hitler auf.

Udo Kier (* 1944)
In Christoph Schlingensiefs Experimentalwerk 100 Jahre Adolf Hitler – Die letzte Stunde im Führerbunker (1989) schlüpfte der auch in Hollywood erfolgreiche deutsche Schauspieler in die Rolle Hitlers. 2002 tat er dies in der britischen Produktion Mrs. Meitlemeihr erneut. 2022 war er in mehreren Folgen der US-Serie Hunters als Hitler zu sehen.

Armin Mueller-Stahl (* 1930)
In dem von ihm selbst inszenierten Drama Gespräch mit dem Biest (1996) spielte Mueller-Stahl Hitler als alten Mann, der den Krieg überlebte. Harald Juhnke und Otto Sander traten als Hitler Doubles auf.

Jürgen Schornagel (* 1939)
Der in Essen geborene Schauspieler spielte Hitler in Kai Wessels Komödie Goebbels und Geduldig (2001).

Robert Carlyle (* 1961)
Der schottische Schauspieler war 2003 in der US-kanadischen Koproduktion Hitler – Aufstieg des Bösen in der Titelrolle zu sehen.

Udo Schenk (* 1953)
In Jo Baiers deutschem Fernsehdrama Stauffenberg (2004) wurde Hitler von Udo Schenk dargestellt. Ein Jahr später übernahm er die Hitlerrolle auch noch in einem indischen Historiendrama und einem italienischen Fernsehfilm. 2010 trat er in Rose Boschs Drama Die Kinder von Paris ein weiteres Mal als Hitler auf. Und auch in Oliver Hirschbiegels Elser (2015) war es Schenk, der Hitler verkörperte.

Bruno Ganz (1941–2019)
Der Schweizer Schauspieler verkörperte Hitler in dem von Bernd Eichinger produ-

zierten und von Oliver Hirschbiegel inszenierten Drama DER UNTERGANG (2004), das 2005 für den Oscar als bester fremdsprachiger Film nominiert war.

Tobias Moretti (*1959)
In der deutschen Fernsehproduktion SPEER UND ER war der österreichische Schauspieler 2005 «er».

Helge Schneider (*1955)
Eine der außergewöhnlichsten Hitler-Besetzungen wagte der Schweizer Regisseur Dani Levy für seine Hitlersatire MEIN FÜHRER – DIE WIRKLICH WAHRSTE WAHRHEIT ÜBER ADOLF HITLER (2007) mit dem Mülheimer Komiker, Musiker, Regisseur und Schauspieler Helge Schneider.

David Bamber (*1954)
Der Brite verkörperte Hitler in Bryan Singers OPERATION WALKÜRE – DAS STAUFFENBERG-ATTENTAT (2008).

Martin Wuttke (*1962)
Der langjährige Leipziger TATORT-Kommissar stand für Quentin Tarantinos INGLOURIOUS BASTERDS (2009) als Hitler vor der Kamera.

Tom Schilling (*1982)
In Urs Odermatts Verfilmung von George Taboris Farce MEIN KAMPF (2008) spielte Schilling den jungen Hitler.

Oliver Masucci (*1968)
Das Ensemblemitglied des Wiener Burgtheaters war Adolf Hitler in David Wnendts Verfilmung von Timur Vermes' Bestseller ER IST WIEDER DA (2015).

Taika Waititi (*1975)
Für seine gegen Ende des 2. Weltkrieges angesiedelte Tragikomödie JOJO RABBIT (2019) erhielt der neuseeländische Filmemacher und Schauspieler den Oscar für das beste adaptierte Drehbuch. In der Verfilmung von Christine Leunens' Roman *Caging Skies* spielt er in Gestalt Adolf Hitlers den imaginären Freund eines zehnjährigen Hitlerjungen.

Ulrich Matthes (*1959)
Der Goebbels-Darsteller aus Hirschbiegels DER UNTERGANG hatte sich eigentlich vorgenommen, keine Nazis mehr zu spielen, sprang dann aber in der Verfilmung MÜNCHEN – IM ANGESICHT DES KRIEGES (2021), die auf Robert Harris' Roman *München* basiert und die Geschehnisse rund um das «Münchner Abkommen» von 1938 thematisiert, als Hitler ein, nachdem Martin Wuttke zuvor abgesagt hatte.

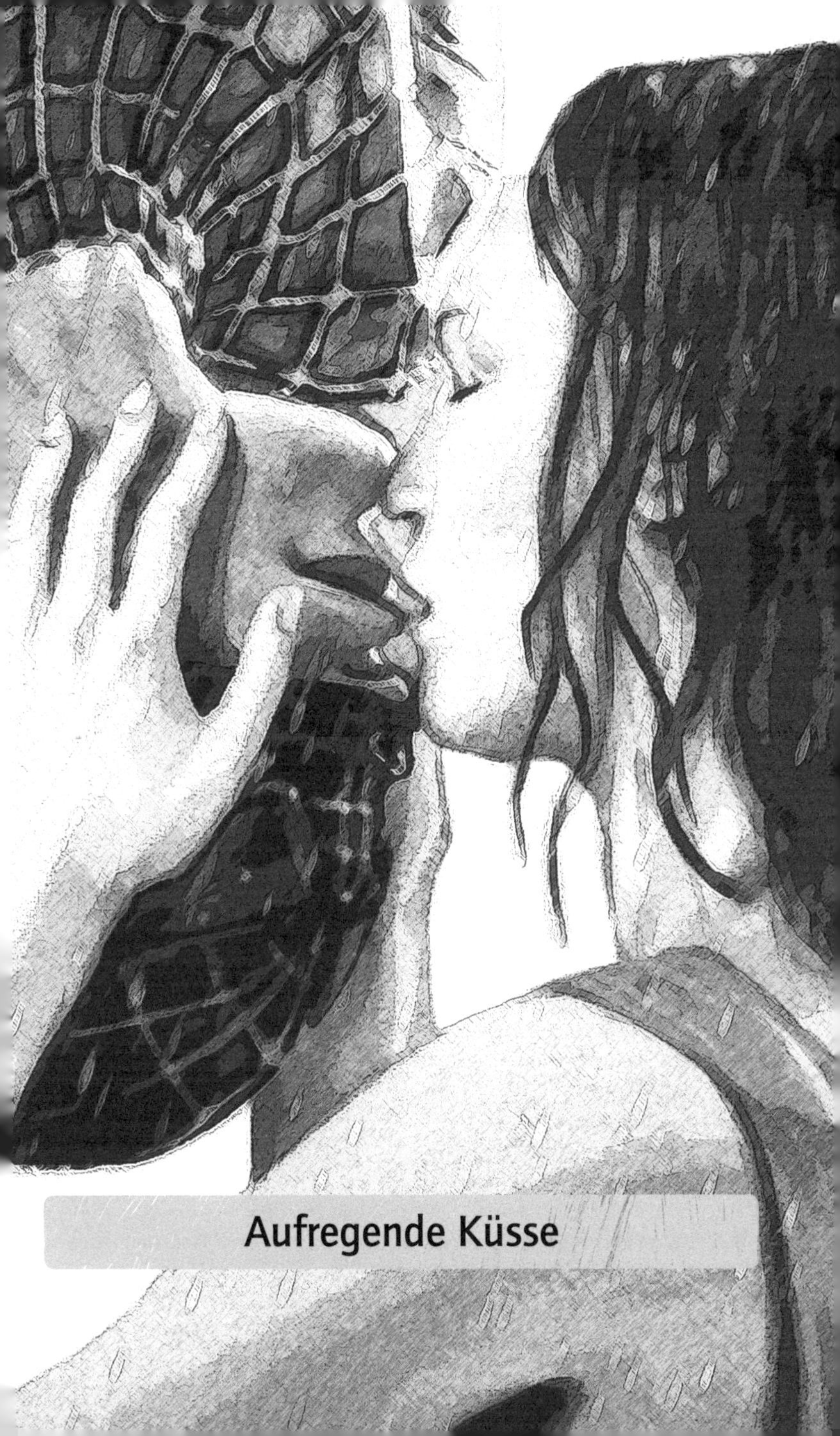

Aufregende Küsse

So etwas hatte die Menschheit noch nicht gesehen. Publikum und Sittenwächter waren außer sich. Begeistert die einen. Die anderen: entrüstet, angeekelt. Dabei war das, was im Frühjahr 1896 für entzückte und entsetzte Aufschreie sorgte, doch die alltäglichste Sache der Welt: ein Kuss. Und ein ausgesprochen keuscher dazu. Aber ein Kuss ist eben nicht mehr nur ein Kuss, wenn er auf einer riesigen Leinwand öffentlich zur Schau gestellt wird.

Seit der Film das Knutschen lernte, lösten Kinoküsse neben schmachtender Sehnsucht, Tränen und wohligen Schauern oftmals auch Proteste und Streit aus. Als Pars pro toto hat der labiale Körperkontakt in der westlichen Kinowelt heutzutage weitgehend ausgedient. Stattdessen wird direkt toto gezeigt. Noch immer aber finden sich in der Masse routiniert inszenierter Lippenberührungen magische, tragische, gewagte Küsse, die länger als andere in Erinnerung bleiben. Eine Auswahl von Filmküssen, die Grenzen überschritten, soziale Barrieren durchbrachen, Kinogeschichte schrieben oder einfach nur zum Dahinschmelzen schön waren:

Kiss

(USA 1896; Regie: Thomas Alva Edison)

Die Geschichte der Filmküsse begann mit einem Paukenschlag. Achtzehn Sekunden[1] genügten, um den wohl ersten Filmskandal der Kinohistorie auszulösen. Die Tageszeitung *New York World* hatte US-Filmpionier Thomas Alva Edison beauftragt, die Kussszene aus dem beliebten New Yorker Lustspiel *The Widow Jones* nachzustellen. Vor der Kamera von William Heise küssten sich deshalb im April 1896 die Schauspieler May Irwin und John Rice in Edisons Black Maria Studio in West Orange, New Jersey, wie sie es zuvor bereits unzählige Male auf der Bühne getan hatten. Der in der Naheinstellung gezeigte Kuss dauert nur etwa eine Sekunde. Die Lippen von Rice und Irwin berühren sich dabei kaum; wenn überhaupt. Dennoch war der auch unter den Namen The May Irwin Kiss, The Rice-Irwin Kiss oder The Widow Jones bekannte One-Reeler (Einakter auf einer Filmrolle) einer der ersten Filme, die den Ruf nach Zensur laut werden ließen. «Bei so etwas sollte die Polizei einschreiten», ereiferte sich beispielsweise Herbert S. Stone, der Herausgeber der renommierten Chicagoer Literaturzeitschrift *The Chap Book*. Den Leinwandkuss von Irwin und Rice geißelte er als «schlechthin widerwärtig».

Die Docks von New-York

(USA 1928; Regie: Josef von Sternberg)

Josef von Sternbergs US-Stummfilmdrama gilt als der erste Film, in dem sich zwei Frauen küssen: Betty Compson (als Mae) und Olga Baclanova (Lou). Wie auch Sternbergs Marokko (1930), in dem Marlene Dietrich einer Frau einen Kuss auf

1 Bei einer Aufnahme von 30 Einzelbildern (Frames) pro Sekunde.

die Lippen drückt, wurde der Streifen noch vor Einführung des «Motion Picture Production Codes» gedreht. Von 1930 bis in die späten 1950er-Jahre[2] hinein hatten sich Hollywoods Major Studios diesem «Production Code» verpflichtet, der die moralischen Vorgaben an eine Filmproduktion detailliert auflistete. So war beispielsweise «exzessives und lustvolles Küssen» nicht erlaubt. Als inoffizielle Faustregel galt, dass ein Kuss nicht länger als drei Sekunden dauern durfte.

Mädchen in Uniform

(D 1931; Regie: Leontine Sagan)

Es gab zuvor schon Filme, in denen sich zwei Frauen küssten. Leontine Sagans Mädchen in Uniform aber war wohl der erste Film in der Kinogeschichte, in dem es sich dabei um einen eindeutig romantischen Kuss handelte. Die Pensionatsschülerin Manuela von Meinhardis (Hertha Thiele) verliebt sich in ihre Lehrerin Fräulein von Bernburg (Dorothea Wieck). Als die Lehrerin ihre Schützlinge ins Bett bringt, küsst sie die anderen flüchtig und züchtig auf die Stirn. Manuela aber küsst sie zärtlich auf den Mund. Männer spielen in dem im Mädcheninternat angesiedelten Streifen keine Rolle.

Vom Winde verweht

(USA 1939; Regie: Victor Fleming)

Victor Flemings epische Verfilmung des gleichnamigen Romans von Margaret Mitchell dauert fast vier Stunden, aber besonders ein Moment bleibt unvergessen: Scarlett (Vivien Leigh), die ihre Arme um Rhett Butler (Clark Gable) schlingt, ihren Kopf in den Nacken legt, während er sie an sich zieht, sich über sie beugt. Was folgt, ist so etwas wie Hollywoods Urkuss, der Studiokussklassiker schlechthin.

Casablanca

(USA 1942; Regie: Michael Curtiz)

«You must remember this...»: Wie könnte man es auch vergessen? Michael Curtiz' Melodrama erzählt von Nazis, Krieg, Verrat und Flucht, aber wenn Humphrey Bogart (Rick Blaine) und Ingrid Bergman (Ilsa Lund) einander in in die Augen sehen, ist ein Kuss noch immer ein Kuss.

Susi und Strolch

(USA 1955; Regie: Clyde Geronimi, Hamilton Luske, Wilfred Jackson)

Der Spaghettikuss aus Disneys Zeichentrickfilm Lady and the Tramp ist eines der bekanntesten Filmmotive überhaupt. Vielleicht, weil die feine Cocker-Spaniel-Dame und der räudige Streuner wie fast alle großen Leinwandliebenden ein so

2 Erst 1968 wurde der Code offiziell durch das MPAA-Rating ersetzt, nachdem er faktisch bereits in den Jahren zuvor seine Gültigkeit verloren hatte.

ungleiches, unwahrscheinliches Paar bildeten? Oder doch vor allem, weil Clyde Geronimi das so herzzerreißend niedlich inszenierte?

Heisse Erde

(USA 1957; Regie: Robert Rossen)
Robert Rossens Drama gilt vielen als erster Film mit einem romantischen Kuss zwischen weißen und schwarzen Darstellern. Dabei küssen sich John Justin und Dorothy Dandridge, die 1954 als erste afroamerikanische Schauspielerin für einen Oscar als beste Darstellerin nominiert war (für Carmen Jones), gar nicht. Margot (Dorothy Dandridge) dreht sich weg, als Denis (John Justin) sie küssen möchte. Trotzdem sorgte der Streifen vor allem in den Südstaaten der USA für Proteste und Zensurforderungen.

Auch gut zehn Jahre später, als sich in der am 22. November 1968 ausgestrahlten Star Trek-Episode «Plato's Stepchildren» zum ersten Mal ein weißer Mann und eine schwarze Frau in einer US-TV-Serie küssten, löste das eine Welle der Empörung aus. Einige Fernsehstationen in den Südstaaten weigerten sich, die Folge auszustrahlen. Und das, obwohl sich Captain Kirk (William Shatner) und Lieutenant Uhura (Nichelle Nichols) nicht einmal freiwillig küssten, sondern von Aliens, die sich ihrer Körper bemächtigt hatten, dazu gezwungen wurden.

Mädchen in Uniform

(BRD 1958; Regie: Géza von Radványi)
Auch in Géza von Radványis Neuverfilmung kommt es zu einem Kuss zwischen der Lehrerin Fräulein Elisabeth von Bernburg (Lilli Palmer) und ihrer Lieblingsschülerin Manuela von Meinhardis (Romy Schneider). Während einer Theaterprobe zu *Romeo und Julia*, bei der Manuela den Romeo spielt, schlüpft die Lehrerin in die Rolle der Julia. Der leidenschaftliche Kuss zwischen den beiden ist mehr als nur gespielt. Anders aber als beim Gutenachtkuss des Originals von 1931 bleibt die Lehrerin in dieser Szene eher passiv.

The Crimson Kimono

(USA 1959; Regie: Samuel Fuller)
Man kann nicht behaupten, dass Samuel Fuller den Kuss zwischen einem «schönen amerikanischen Mädchen» (Victoria Shaw) und einem «japanischen Jungen» (James Shigeta) heimlich in seinen Film-Noir-Streifen hineingeschmuggelt hätte. Stattdessen präsentierte bereits das reißerische Filmplakat den Tabubruch in Großaufnahme: «Yes, this is a beautiful American girl in the arms of a Japanese boy!» Erlauben konnte sich das der von Columbia Pictures als B-Movie verliehene Streifen auch deshalb, weil Hollywoods «Production Code» zwar «Rassenmischung» untersagte, aber dabei ausdrücklich von der «weißen» und «schwarzen Rasse» sprach.

Fieber im Blut

(USA 1961; Regie: Elia Kazan)

Der leidenschaftliche Kuss, den Warren Beatty (als Bud Stamper) und Natalie Wood (als Wilma Dean Loomis) in Elia Kazans Drama austauschen, gilt als erster Zungenkuss in einem Hollywoodfilm.

Rat mal, wer zum Essen kommt

(USA 1967; Regie: Stanley Kramer)

Stanley Kramers Dramödie thematisiert den Alltagsrassismus im liberalen US-Bildungsbürgertum. Als Joanne Drayton (Katharine Houghton) ihren weißen Eltern den afroamerikanischen Arzt John Prentice (Sidney Poitier) als Schwiegersohn in spe präsentiert, reagieren diese entsetzt. Joanne und John sind im Film ein glückliches Paar. Ihr einziger Kuss aber wird als Reflexion in einem Autorückspiegel versteckt. Offiziell galt 1967 noch der «Production Code», der die Darstellung sexueller Beziehungen zwischen Schwarzen und Weißen untersagte. «Mischehen» waren zum Zeitpunkt der Dreharbeiten in etlichen US-Bundesstaaten verboten. Diese «Anti-Miscegenation»-Gesetze setzte der Oberste Gerichtshof erst am 12. Juni 1967 außer Kraft.

Planet der Affen

(USA 1968; Regie: Franklin J. Schaffner)

So wie Franklin J. Schaffners Verfilmung von Pierre Boulles Sci-Fi-Roman *Planet der Affen* lässt sich auch der Kuss zwischen dem Astronauten George Taylor (Charlton Heston) und der Psychologin Dr. Zira (Kim Hunter) allegorisch verstehen. Die vertauschten Rollen von Menschen (Taylor wird von den intelligenten Affen im Käfig gehalten) und Schimpansen (Dr. Zira) hinterfragen die menschliche Hybris. Der artenübergreifende Kuss überwindet gesellschaftliche Tabus.

Harold & Maude

(USA 1971; Regie: Hal Ashby)

Ähnlich wie Romeo und Julia sind Harold (Bud Cort) und Maude (Ruth Gordon) zum Inbegriff eines romantischen Paares geworden. Weil Maude aber Harolds Großmutter hätte sein können, stellte ihr Kuss in Hal Ashbys Tragikomödie einen gezielten Tabubruch dar. Im Film nimmt ein stammelnder Pfarrer im Gespräch mit Harold die empörten Reaktionen vorweg: «Ich würde meine Pflicht verletzen, wenn ich dir nicht sagte, dass der Gedanke an geschlechtlichen Verkehr, das Faktum, dass dein straffer jugendlicher Körper sich verbindet mit dem welken Fleisch, schlaffen Brüsten und schlappen Gesäßbacken in mir den Wunsch erweckt, mich zu übergeben.»

Sunday, Bloody Sunday
(GB 1971; Regie: John Schlesinger)
John Schlesingers Drama ist einer der Kandidaten, die auf der Suche nach dem Film, in dem sich zum ersten Mal zwei Männer (lustvoll) küssen, regelmäßig genannt wird. Zweifellos haben Peter Finch (als Dr. Daniel Hirsh) und Murray Head (Bob Elkin) mit diesem revolutionären Leinwandkuss Kinogeschichte geschrieben. Küsse zwischen Männern aber gab es schon viel früher. Bereits in William A. Wellmans US-Kriegsfilm Wings (1927) kommen sich die Lippen der Darsteller Buddy Rogers und Richard Arlen auffällig nahe. Offen bleibt freilich, ob dahinter mehr steckt als nur eine freundschaftliche Zärtlichkeit.

Nicht der Homosexuelle ist pervers, sondern die Situation, in der er lebt
(BRD 1971; Regie: Rosa von Praunheim)
Die Geschichte Daniels (Bernd Feuerhelm), der sich in West-Berlin in Clemens (Berryt Bohlen) verliebt, ihn innig küsst und danach die unterschiedlichsten schwulen Lebenswelten erkundet, war eine einzige Provokation. Und eine der erfolgreichsten der Kinogeschichte. In der Folge des Filmskandals entstand eine aktive politische Schwulen- und Lesbenbewegung in der Bundesrepublik Deutschland.

Die Konsequenz
(BRD 1977; Regie: Wolfgang Petersen)
Als sich in Wolfgang Petersens Drama Ernst Hannawald (als Thomas Manzoni) und Jürgen Prochnow (Martin Kurath) küssten, blieb das nicht ohne Folgen. Bei der Fernsehausstrahlung des Films am 8. November 1977 schaltete sich der Bayerische Rundfunk aus dem gemeinsamen Programm der ARD aus und sendete stattdessen Hans W. Geissendörfers Sternsteinhof.

My Girl – Meine erste Liebe
(USA 1991; Regie: Howard Zieff)
Immer wieder ist es der Zauber des Neuen, Unbekannten, der einen Filmkuss unvergesslich macht. In Howard Zieffs Film ist es der erste (romantische) Kuss des Lebens. Für Thomas (Macaulay Culkin) und Vada (Anna Chlumsky) furchtbar aufregend und überhaupt nicht niedlich. Für die (erwachsenen) Zuschauer schon. Bei den MTV-Awards 1992 als beste Kussszene ausgezeichnet.

Titanic
(USA 1997; Regie: James Cameron)
Near, far, ein Song, ein Kuss. Die legendäre Kussszene zwischen Jack Dawson (Leonardo DiCaprio) und Rose DeWitt Bukater (Kate Winslet) aus James Camerons Melodrama ist ohne Celine Dions Titelsong mittlerweile fast undenkbar.

Die fabelhafte Welt der Amelie

(F 2001; Regie: Jean-Pierre Jeunet)

Dass ein Kuss umso kostbarer erscheint, wenn man lange vergeblich von ihm träumte, stellen Nino Quincampoix (Mathieu Kassovitz) und Amélie Poulain (Audrey Tautou) in Jean-Pierre Jeunets Die fabelhafte Welt der Amelie hinreißend unter Beweis.

Spider-Man

(USA 2002; Regie: Sam Raimi)

Sinnliches Geknutsche in durchnässten Klamotten ist ein echter Klassiker. Man könnte es auch ein Klischee nennen, das Sam Raimi lustvoll auf den Kopf stellt: Lässig kopfüber baumelnd küsst der Spinnenmann (Tobey Maguire) seine Mary Jane (Kirsten Dunst). Ausgezeichnet mit dem MTV-Award für den besten Filmkuss.

Yossi & Jagger

(ISR 2002; Regie: Eytan Fox)

Um nicht in zwei verschiedene Einheiten versetzt zu werden, verschweigen die beiden israelischen Offiziere Yossi (Ohad Knoller) und Jagger (Yehuda Levi) dass sie ein Paar sind. Eytan Fox' tragische Liebesgeschichte war in Israel trotz des Tabuthemas ein großer Erfolg und wurde auch auf Militärbasen gezeigt.

Brokeback Mountain

(USA/CAN 2005; Regie: Ang Lee)

Die Affäre zwischen Jack Twist (Jake Gyllenhaal) und Ennis Del Mar (Heath Ledger) in Ang Lees Liebesdrama rührt an US-amerikanische Gründungsmythen. Die beiden knutschenden Westernhelden versetzten das konservative Amerika in Aufruhr. Andere wiederum kritisierten, dass der Film zwar den Oscar für die beste Regie erhielt, nicht jedoch als «Bester Film» ausgezeichnet wurde. Immerhin gewann der Streifen den MTV-Award für den «besten Kuss».

Twilight – Biss zum Morgengrauen

(USA 2008; Regie: Catherine Hardwicke)

Nach ihrem ersten, zögerlichen Kuss in Catherine Hardwickes Bestsellerverfilmung kommen Vampir Edward Cullen (Robert Pattinson) und Tollpatsch Bella Swan (Kirsten Stewart) aus dem Knutschen gar nicht mehr raus. Von 2009 bis 2012 ging der MTV-Award für den besten Filmkuss stets an eine Verfilmung von Stephenie Meyers Vampirromanze.

Solang ich lebe – Jab Tak Hai Jaan

(IND 2012; Regie: Yash Chopra)

Zwei Dinge, hatte sich Bollywoods Superstar Shah Rukh Khan geschworen, werde er im Film nie machen: reiten und küssen. Für Yash Chopras Jab Tak Hai Jaan brach er die Regel und küsste Co-Star Katrina Kaif. Warum? «Weil die Story es verlangte.» Küsse sind in Bollywood seit jeher ein heikles Thema. Zwar sind sie längst allgegenwärtig, allzu frivol aber dürfen sie nicht ausfallen. Im Herbst 2015 kürzte die indische Zertifizierungsbehörde Kussszenen aus dem James-Bond-Film SPECTRE.

RAJA NATWARLAL

(IND 2014; Regie: Kunal Deshmukh)

2005 hatte die pakistanische Schauspielerin Meera wegen einer Kussszene im Bollywoodfilm NAZAR Morddrohungen erhalten. 2014 legten in Kunal Deshmukhs RAJA NATWARLAL mit Emraan Hashimi und Humaima Malik erneut ein indischer Schauspieler und seine pakistanische Kollegin die Lippen aufeinander. Der Film sorgte in Pakistan für Unmut; auch weil der Trailer während des Fastenmonats Ramadan gezeigt wurde. Morddrohungen erhielt Humaima Malik jedoch keine. Das pakistanische Publikum, erklärte die Schauspielerin, sei toleranter als noch 2005. Während Malik das erste Mal vor der Kamera küsste, ist «Serial Kisser» Emraan Hashimi wegen seiner Vorliebe für Kussszenen in Bollywood berüchtigt.

LIGHTYEAR

(USA 2022; Regie: Angus MacLane)

Eigentlich spielt die Astronautin Alisha Hawthorne im Spin-Off über den Space-Ranger Buzz Lightyear aus den TOY STORY-Filmen lediglich eine Nebenrolle. Dann aber geschieht etwas Historisches: Sie küsst ihre Partnerin Kiko. Es ist das erste Mal, dass in einem Pixar- und einem Disney-Animationskinofilm ein Kuss zwischen einem gleichgeschlechtlichen Liebespaar gezeigt wird. Zwei Jahre zuvor war in einem animierten Kurzfilm von Pixar und Disney zum ersten Mal zu sehen, wie sich zwei Männer küssen. Steven Hunters OUT (2020) war zugleich der erste Pixar-/Disneyfilm mit einem offen schwulen Protagonisten. Die Kussszene aus LIGHTYEAR hätte es allerdings beinahe nicht in die finale Kinofassung geschafft. Mehreren Medienberichten zufolge war sie bereits herausgeschnitten worden, ehe der Kuss im Zuge der Proteste gegen Floridas Parental-Rights-in-Education-Act und der Diskussionen um Disneys anfangs zögerliche, später dann entschieden ablehnende Haltung gegenüber dem von seinen Kritiker:innen als Don't-Say-Gay-Law bezeichneten Gesetz wieder in den Film aufgenommen wurde. Dies wiederum hatte zufolge, dass LIGHTYEAR in China und vierzehn weiteren, überwiegend muslimischen Staaten (u. a. Iran, Irak, Libanon, Kuwait, Malaysia) verboten wurde.

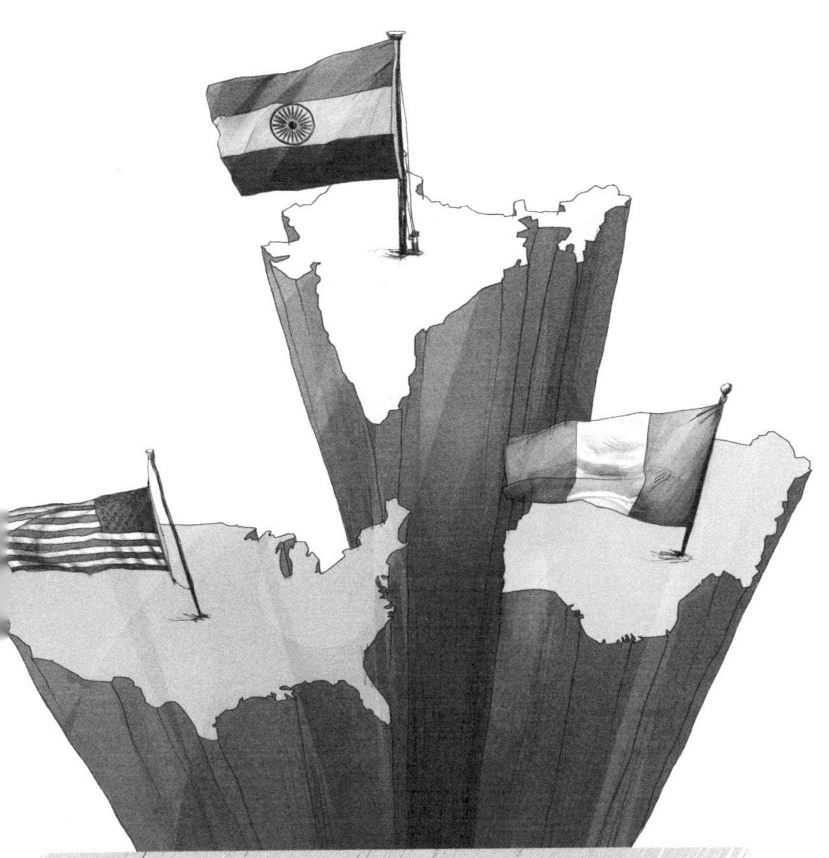

Film und die Welt – Box Office, Boom und Kinotod

Indien bleibt Produktionsweltmeister

Die neun Länder mit mehr als 200 Filmproduktionen pro Jahr

Bolly- vor Nolly- und Hollywood: So ließen sich die Ergebnisse der 2011 veröffentlichten Studie des UIS (UNESCO Institute for Statistics) über die weltweite Filmproduktion zusammenfassen. Für den Erhebungszeitraum von 2005–2009 wurde darin ermittelt, wie viele Langfilme ein Land pro Jahr jeweils herstellte. Auch internationale Koproduktionen wurden berücksichtigt. Da sowohl Kino- als auch Videofilme gezählt wurden, landete Nigerias «Nollywood», in dem überwiegend Low-Budget-Filme für den Heimvideomarkt produziert werden, in der Rangliste noch vor den USA. In der 2016 veröffentlichten UIS-Studie aus dem Jahr 2014 wurden im Videoformat produzierte Filme ebenso wenig berücksichtigt wie bei der im Oktober 2022 abgerufenen UIS-Statistik zu den Erhebungen für das Jahr 2016. Nollywood taucht daher in der folgenden Statistik zu Langfilmproduktionen nicht mehr auf. Indien aber bleibt Spitzenreiter.

Die folgende Reihenfolge orientiert sich an den Werten für 2016.

		Filmproduktionen 2016	2013
1.	Indien	1.986	1.724
2.	China	853	638
3.	USA	656	738
4.	Japan	610	591
5.	Südkorea	339	207
6.	Großbritannien	317	241
7.	Frankreich	283	270
8.	Spanien	254	231
9.	Deutschland	244	223

Die Milliardenmärkte

Länder, deren Einspielergebnisse an den Kinokassen (Box Office) 2019 mehr als 1 Milliarde US-Dollar betrugen[1]

Die weltweiten Einspielergebnisse an den Kinokassen summierten sich im Jahr 2019 auf 42,2 Milliarden US-Dollar. USA und Kanada, deren Zahlen gemeinsam erfasst werden, erlösten über ein Viertel des weltweiten Ticket-Umsatzes. Im Vergleich zu den Vorjahren nahm ihr Anteil jedoch ab. Die Einspielergebnisse außerhalb von USA/Kanada überstiegen das erste Mal die 30-Milliarden-Dollar-Marke. Der chinesisches Markt, dessen Kinoumsatz sich zu Beginn der 2010er-Jahre mehr als verdreifacht hatte, etablierte sich hinter USA/Kanada an zweiter Stelle. 2020 brachen die Einspielergebnisse im Zuge der Corona-Pandemie dann weltweit ein, ehe sie sich 2021 wieder etwas steigerten. In China fiel der Rückgang weniger stark aus als in den USA/Kanada, sodass China 2020/21 beim Ticket-Umsatz jeweils an erster Stelle lag.

		Box Office in Milliarden US-$
1.	USA + Kanada	11,4 (2020: 2,2; 2021: 4,5)
2.	China	9,3 (2020: 3,0; 2021: 7,3)
3.	Japan	2,4 (2020:1,3; 2021: 1,5)
4.	Südkorea	1,6 (2020: 0,4; 2021:0,5)
5.	Großbritannien	1,6 (2020: 0,4; 2021: 0,8)
6.	Frankreich	1,6 (2020: 0,5; 2021: 0,8)
7.	Indien	1,6 (2020: 0,4; 2021:0,5)
8.	Deutschland	1,2 (2020: 0,4; 2021:0,4)
9.	Mexiko	1,0 (2020: 0,2; 2021: 0,4)

Kino und Nation

Die 11 Mitgliedstaaten des Europarates (noch inkl. Russland), bei denen der Marktanteil nationaler Kinofilme über 20 Prozent liegt[2]

Als nationale Kinofilme gelten hier auch Koproduktionen mit nationaler Beteiligung. Die in der Tabelle abgedruckten Marktanteile nationaler Filme beziehen sich auf das Kinojahr 2021.

1 Quellen: Motion Picture Association: Theme Reports 2019, 2020 und 2021.

2 Quelle: Bundesamt für Statistik (Schweiz).

		Marktanteil nationaler Kinofilme
1.	Großbritannien	42,0 %
2.	Tschechien	41,9 %
3.	Dänemark	41,0 %
4.	Frankreich	40,6 %
5.	Norwegen	30,1 %
6.	Russland	27,2 %
7.	Finnland	25,2 %
8.	Niederlande	23,1 %
9.	Türkei	23,1 %
10.	Italien	22,5 %
11.	Deutschland	21,7 %

Die größten Filmliebhaber in Europa

Pro-Kopf-Kinobesuche im europäischen Vergleich[3]

2011 gingen die Einwohnerinnen und Einwohner in der Europäischen Union im Schnitt 1,9-mal ins Kino. Ein Wert der deutlich hinter demjenigen im Raum USA/Kanada zurückblieb, wo die Anzahl der durchschnittlichen Kinobesuche pro Kopf bei 3,9 lag. Dem kamen innerhalb der EU die Kinobegeisterten Irlands und Frankreichs am nächsten.

Unter dem Durchschnittswert, aber trotzdem genau in der Mitte der Tabelle, rangierte Deutschland mit 1,6 Kinobesuchen. Ein paar historische Zahlen zum Vergleich: Im Jahr 1915 zog es die Deutschen durchschnittlich 2,5-mal in die Lichtspielhäuser, 1927 mehr als doppelt so oft (5,4-mal), 1946, unmittelbar nach dem Krieg, circa 2,3-mal. Mit dem Kinoboom der 1950er-Jahre stieg die Anzahl der durchschnittlichen Kinobesuche pro Jahr rapide an: 1956 (im Jahr des Besucherrekords mit 817,5 Millionen Kinobesuchen) in Westdeutschland auf schier unglaubliche 16 und in der DDR 1957 gar auf circa 18.

Der Siegeszug des Fernsehens und die damit verbundene Kinokrise drückte die Besuchszahlen in den Folgejahren jedoch erheblich nach unten. 1969 war der jährliche Pro-Kopf-Kinobesuch in der Bundesrepublik auf einen Schnitt von

3 Quellen: Bundesamt für Statistik (Schweiz), Statistisches Bundesamt (Deutschland), Europäischer Datenservice, Motion Picture Association of America: *2011 Theatrical Statistics Summary*.

etwa 2,8 gesunken. 1992 lag er sogar noch deutlich unter dem Wert von 2011, nämlich bei 1,3. Die DDR-Bürgerinnen und -Bürger gingen 1965 durchschnittlich noch circa 7-mal ins Kino, in den 1970er- und 1980er-Jahren nur noch etwa 4-mal, damit aber noch immer deutlich öfter als die Westdeutschen.

Aber zurück in die jüngere Vergangenheit: In der Schweiz und in Österreich ging man 2011 durchschnittlich 2,0-mal ins Kino. Nachfolgend sind die Pro-Kopf-Besuchszahlen für 2021 (und im Vergleich für 2019 vor der Corona-Pandemie) für die Europarats-Mitgliedsstaaten (noch inkl. Russland) mit einem Wert von mindestens 0,5 aufgelistet.

		Anzahl der Kinobesuche pro Kopf 2021 (2019)
1.	Island	2,1 (3,5)
2.	Frankreich	1,4 (3,2)
3.	Dänemark	1,2 (2,3)
4.	Irland	1,2 (3,1)
5.	Norwegen	1,1 (2,1)
6.	Großbritannien	1,1 (2,6)
7.	Estland	1,0 (2,8)
8.	Russland	1,0 (1,5)
9.	Spanien	0,9 (2,2)
10.	Niederlande	0,8 (2,2)
11.	Tschechien	0,7 (1,7)
12.	Polen	0,7 (1,6)
13.	Österreich	0,6 (1,5)
14.	Belgien	0,6 (1,7)
15.	Schweiz	0,6 (1,5)
16.	Finnland	0,6 (1,5)
17.	Kroatien	0,6 (1,2)
18.	Ungarn	0,6 (?)
19.	Schweden	0,6 (1,6)
20.	Deutschland	0,5 (1,4)
21.	Litauen	0,5 (1,5)
22.	Portugal	0,5 (1,5)

Altersstruktur der Kinobesucherinnen und -besucher in Deutschland[4]

Das Durchschnittsalter eines Kinobesuchers lag 2021 bei 38,9 Jahren. Die unter 50-jährigen Kinobesucherinnen und -besucher waren in jeder Altersgruppe im Verhältnis zu ihrem Anteil an der Gesamtbevölkerung überrepräsentiert. Für die Kinogäste über 50 gilt entsprechend das Gegenteil. Alle folgenden Zahlen beziehen sich auf das Jahr 2021.

	Anteil der Kinobesucher:innen	Anteil in der Gesamtbevölkerung
10- bis 19-Jährige	20 %	6 %
20- bis 29-Jährige	14 %	6 %
30- bis 39-Jährige	19 %	18 %
40- bis 49-Jährige	16 %	13 %
50- bis 59-Jährige	18 %	19 %
über 60-Jährige	14 %	34 %

Die beliebtesten Kinogenres in Deutschland[5]

Komödie und Kino, das schien in Deutschland lange zusammenzugehören. Im Genrevergleich waren sie es, die regelmäßig den höchsten Besuchsanteil verzeichneten. Abhängig von den jeweiligen Filmhits schwankten die Zahlen von Jahr zu Jahr. An der Spitzenposition der Komödien änderte sich im Untersuchungszeitraum von 2008–2017 jedoch kaum etwas. Lediglich 2008 und 2016 landete der Kinder- und Jugendfilm noch vor der Komödie. 2018 endete die langjährige Komödienvorherrschaft dann jedoch. Mit Action und Drama zogen gleich zwei Genres mehr Besucherinnen und Besucher an. 2019 landete die Komödie im Genreranking nur noch auf Platz 4, ehe sie ein Jahr später noch einmal auf die Spitzenposition zurückkehrte, die sie jedoch 2021 abermals einbüßte.

		Anteil der Kinobesuche 2021 (2014)[5]
1.	Action	40 % (2014: 24,6 % inkl. Fantasy)
2.	Komödie	18 % (2014: 30,2 %)
3.	Kinderfilm	14 % (2014: 15,8 %)

4 Quellen: «Kinobesucher 2015», «Kinobesucher*innen 2021», 2016 und 2022 veröffentlichte Studien der Filmförderungsanstalt FFA.

5 Quellen: SPIO, Filmstatistische Jahrbücher 2011, 2012 und 2015, Rechenfehler im Jahrbuch 2012 korrigiert; Studien «Kinobesucher*innen» der FFA aus den Jahren 2014–2021.

4.	Drama	13 % (2014: 10,8 %)
5.	Science-Fiction	5 % (2014: 5,3 %)
6.	Thriller	4 % (2014: 7,8 %)
7.	Horror	3 % (2014: 1,5 %)
	Sonstige	4 % (2014: 4,1)

Große und kleine Kinofilme in Deutschland

Verteilung der 2014 aufgeführten Kinofilme nach Besuchergrößen[6]

Es sind einige wenige Filme, die viele Besucher in die Kinos locken. Das war nicht nur 2014 in Deutschland so, sondern ist im Grunde eine Binsenweisheit des Kinogeschäfts. Trotzdem bleibt es beeindruckend, dass 5 % (119) der insgesamt 2.339 Filme (Erst- und Wiederaufführungen), die 2014 in deutschen Kinos gezeigt wurden, genügten, um einen Besucheranteil von 86 % zu erzielen. Ernüchternd ist dagegen, dass auf der Schattenseite des Glamours die bei weitem überwiegende Mehrheit aller Filme (82,8 %) im Schnitt weniger als Tausend Besucher im Jahr erreichte; also über das gesamte Jahr hinweg gesammelt gerade mal einen großen Kinosaal gefüllt hätte.

Besuche pro Film	Filme	Anteil	Besuch	Anteil
bis 10.000	1.936	82,8 %	1.899.997	1,6 %
bis 50.000	183	7,8 %	4.326.888	3,6 %
bis 100.000	53	2,3 %	3.900.098	3,2 %
bis 200.000	48	2,1 %	6.659.942	5,5 %
bis 500.000	45	1,9 %	14.241.167	11,8 %
bis 1.000.000	38	1,6 %	27.023.999	22,5 %
bis 2.000.000	28	1,2 %	37.459.974	31,1 %
bis 3.000.000	5	0,2 %	12.610.488	10,5 %
über 3.000.000	3	0,1 %	12.176.255	10,1 %

Das in der oberen Tabelle dargestellte Ungleichgewicht bestätigte sich bei einer Erhebung für die 185 deutschen Langfilme, die 2021 uraufgeführt wurden. Hier waren es zwei Filme (Gregor Schnitzlers DIE SCHULE DER MAGISCHEN TIERE und Ed Herzogs KAISERSCHMARRNDRAMA), die fast ein Drittel

6 QuellenSPIO, *Filmstatistische Jahrbücher 2015 und 2022.*

(29,3 % bzw. 2,5 Mio.) der Besuchszahlen (8,4 Mio.) auf sich vereinten. Die fünf erfolgreichsten Produktionen erzielten 2021 über die Hälfte (51 %) aller Ticketverkäufe für deutsche Filme. 81,6 % der Filme (151) verzeichneten im Durchschnitt weniger als 4.000 Kinobesuche (insgesamt 600.000).

Kinoboom und Kinosterben in Deutschland[7]

Zwanzig Jahre nach der ersten öffentlichen Filmvorführung am 1. November 1895 im Berliner Varieté «Wintergarten» gab es in Deutschland um die 2.500 Lichtspielhäuser. Bis 1927 stieg die Zahl auf etwa 5.000 Kinos an. Nach Ende des Zweiten Weltkrieges blieben davon nur noch circa 1.000 übrig. Fünf Jahre später aber waren in Westdeutschland schon wieder knapp 4.000 Kinos in Betrieb. Für die DDR wurden 1951 exakt 1.494 Spielstätten gezählt. Auf dem Höhepunkt des Kinobooms 1959 existierten in der Bundesrepublik 7.085 Filmtheater mit etwa ebensoviel Leinwänden und 2,9 Millionen Sitzplätzen.

In den folgenden zehn Jahren setzte sich das Fernsehen jedoch immer mehr durch, und die Zahl der Kinos sank in der BRD auf etwas mehr als die Hälfte: 3.739. Durch die Umgestaltung großer Lichtspielhäuser in «Schachtelkinos» mit mehreren Vorführräumen, die vor allem Heinz Riech mit den Ufa-Kinos vorantrieb, stieg die Zahl der Leinwände in den 1970er-Jahren wieder an. Auch die Anzahl der Spielstätten erhöhte sich bis Anfang der 1980er-Jahre leicht, ehe das Kino zunehmend in Konkurrenz zum rasant wachsenden Videomarkt geriet und sich das Kinosterben weiter fortsetzte. Anfang der 1990er-Jahre hatte sich die Abspielbasis in Deutschland auf 3.200 Leinwände mit etwa 610.000 Sitzplätzen reduziert.

1990 eröffnete der US-amerikanische Kinobetreiber UCI (United Cinemas International) in Hürth bei Köln das erste Multiplex-Kino in Deutschland. 1995 hatten bundesweit bereits 17 Großkinos ihre Tore bzw. Säle geöffnet. Wie die folgende Tabelle zeigt, stieg die Zahl der Multiplexe danach ebenso rasant an wie ihr Anteil am Gesamtbesuch. Regelmäßig erwirtschafteten sie über 50 Prozent des Gesamtumsatzes, und das obwohl nicht einmal jede zehnte Kinospielstätte ein Multiplex war. Mit den Multiplexen nahm in den 1990er-Jahren auch die Anzahl der Leinwände und Sitzplätze zu. Das Kino wurde als Freizeitvergnügen wieder beliebter, die Besucherzahlen stiegen, und der Umsatz erreichte Rekordhöhen. Parallel zu diesem neuen Kinoboom hielt das Kinosterben jedoch an. Die Anzahl der Spielstätten sowie der Kinostandorte nahm weiterhin ab. Offensichtlich geriet die Kinokultur-

7 Quellen: Filmförderungsanstalt (FFA), *Filmstatistische Jahrbücher 2015 und 2022*, SPIO, «Kinobesucher von 3D-Filmen 2014», www.filmportal.de/thema/kino-in-der-brd, www.filmportal.de/thema/kino-in-der-ddr, Emmanuelle Toulet: *Pioniere des Kinos*. Ravensburg 1995.

landschaft grundsätzlich in Bewegung. Während auf dem Lande kleine, traditionelle Lichtspielhäuser dichtmachten, wurde der Kinobesuch in der Stadt vermehrt zum «Event».

Der Höhepunkt des Multiplex-Booms war 2001 erreicht. Im Folgejahr gingen Umsatz und Besucherzahlen erstmals seit längerem wieder zurück. 2003 und 2005 brach der Umsatz jeweils regelrecht ein. Internet, DVD-Markt sowie Raubkopien machten den Kinobetreibern zu schaffen. Statt vom Boom war jetzt allenthalben wieder von einer Krise die Rede.

Der Weg daraus führte für die Großkinos – zumindest vorübergehend – über neue Technologien: digitales und vor allem 3D-Kino. Im AVATAR-Jahr 2009 explodierte der Kinoumsatz geradezu und kletterte aufgrund der höheren 3D-Eintrittspreise fast wieder auf das Rekordhoch von 2001, bei vergleichsweise deutlich niedrigeren Besucherzahlen. 2014 hatten 3D-Filme einen Marktanteil, der je nach Erfassungssystem zwischen 20 % und 22,3 % lag. Gleichzeitig aber erreichte das Kinosterben eine neue Dimension: 2009 sank die Anzahl der Kinostandorte bundesweit erstmals auf unter 1.000; Tendenz: fallend.

Nachdem 2014 das vorläufige Tief erreicht war, zeichnete sich ab 2015 eine vorsichtige Trendumkehr ab. Sowohl die Anzahl der Kinostandorte als auch diejenige der Kinos und Leinwände nahm wieder leicht zu, während die jährlichen Kinobesuche erheblichen Schwankungen ausgesetzt blieben. In den Jahren 2020 und 2021 brach die Anzahl der Kinobesuche in Folge der Corona-Pandemie dann dramatisch ein.

	Kinos	Stand-orte	Lein-wände	Sitzplätze in Tsd.	Pro-Kopf-Besuche	Umsatz in Mio. Euro	Multiplexe/ Anteil am Gesamt-besuch
1995	1.999	1.109	3.901	732	1,52	605	17
1996	2.003	1.101	4.070	768	1,62	672	30 / 14,6 %
1997	1.978	1.093	4.284	797	1,74	751	52 / 22,5 %
1998	1.934	1.073	4.435	803	1,82	818	77 / 30,3 %
1999	1.880	1.064	4.651	845	1,82	808	104 / 34,4 %
2000	1.865	1.054	4.783	874	1,86	825	128 / 40,4 %
2001	1.815	1.043	4.792	884	2,16	987	138 / 43,0 %
2002	1.844	1.049	4.868	885	1,99	960	139 / 42,9 %
2003	1.831	1.032	4.868	878	1,81	850	143 / 44,1 %
2004	1.845	1.033	4.870	864	1,90	893	145 / 45, 3%
2005	1.854	1.035	4.889	859	1,54	745	144 / 46,9 %
2006	1.823	1.021	4.848	847	1,66	814	144 / 46,0 %
2007	1.812	1.016	4.832	837	1,52	768	144 / 47,2 %
2008	1.793	1.001	4.810	832	1,58	795	144 / 47,6 %
2009	1.744	976	4.734	820	1,79	976	142 / 47,5 %
2010	1.714	954	4.699	810	1,55	920	143 / 49,7 %
2011	1.671	926	4.640	792	1,58	958	143 / 47,8 %
2012	1.652	909	4.617	787	1,65	1.033	143 / 47,6 %
2013	1.637	890	4.610	781	1,61	1.023	143 / 46,9 %
2014	1.630	883	4.637	783	1,51	980	146 / 46,5 %
2015	1.648	893	4.692	786	1,71	1.167	149 / 46,6%
2016	1.654	892	4.739	788	1,47	1.023	149 / 44,4%
2017	1.672	899	4.803	789	1,48	1.056	151 / 44,5%
2018	1.672	905	4.849	796	1,27	899	158 / 43,8%
2019	1.734	946	4.961	798	1,43	1.024	160 / 44,3%
2020	1.728	943	4.926	794	0,46	318	159 / 40,1%
2021	1.723	939	4.931	790	0,51	373	159 / 43,8%

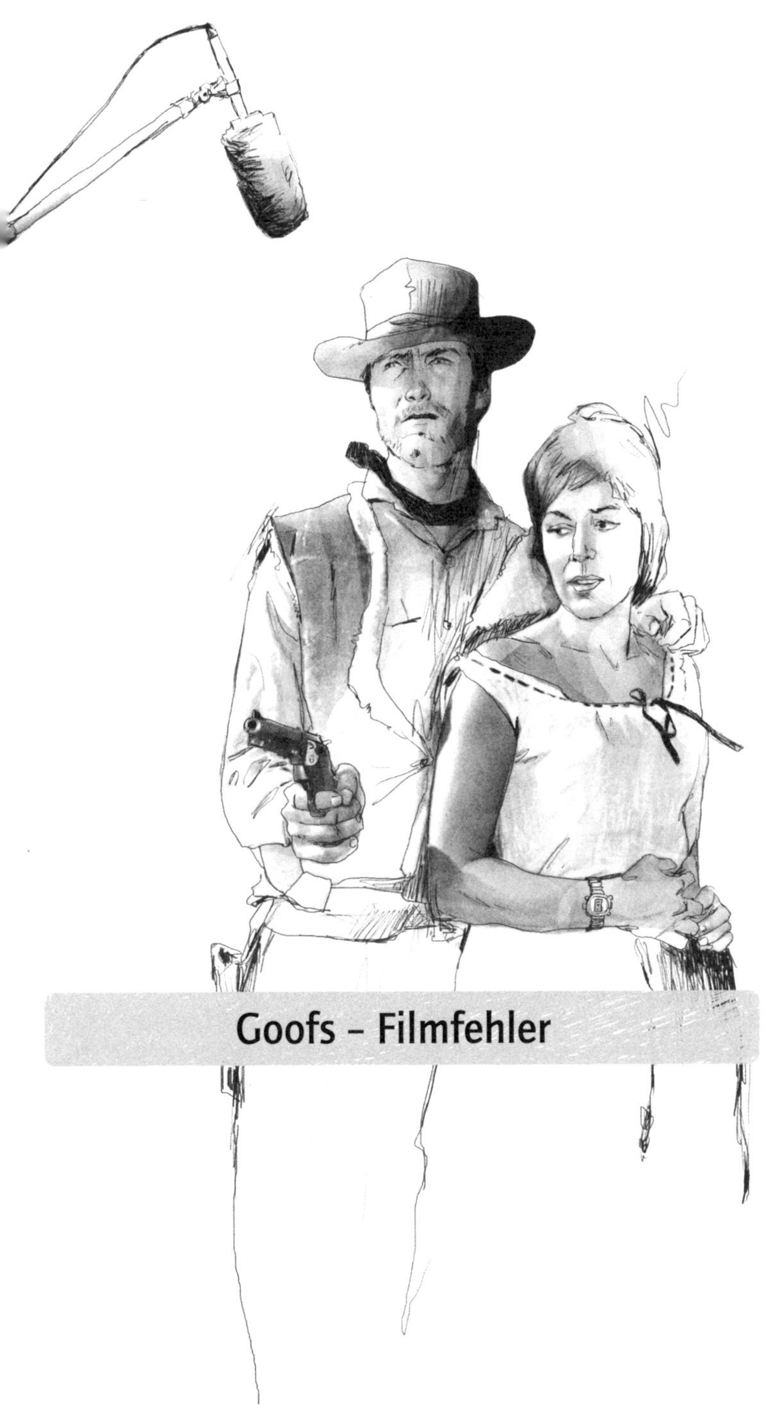

Goofs – Filmfehler

Gemeinhin sind versteckte Mängel ja nichts, worüber man sich als Kundin oder Kunde dusselig freut. Wenn beim neuen Auto die Beifahrertür klemmt und zudem die Klimaanlage rasselt, hält sich der Entdeckerstolz darüber, dass auch noch der Scheibenwischer das Glas zerkratzt, meist doch eher in Grenzen. Anders beim Kino. Hier gelten Filmfehler als Kult, und nicht wenige haben es sich zum Hobby gemacht, immer neue dieser «Goofs» aufzuspüren. Anschlussfehler bei der Montage, Anachronismen und Missgeschicke während der Dreharbeiten werden am häufigsten enttarnt.

Oftmals werden zum Beispiel nach einem Schnitt lechts und rinks velwechsert. Eines der spektakulärsten Beispiele für solch einen Jandlschen-Kontinuitätsbruch liefert James Bond in DIAMANTENFIEBER (1971), wenn er auf den beiden rechten Rädern seines Ford Mustangs in eine enge Gasse hinein und auf den linken wieder heraus fährt. Ein nachträglich eingefügter Zwischenschnitt auf Bond und Tiffany im Wagen soll den Fehler zwar reparieren, indem er suggeriert, dass das Auto unterwegs von der einen auf die andere Seite kippt. Wie das in der engen Gasse funktionieren mag, bleibt dann aber der Fantasie der Zuschauerinnen und Zuschauer überlassen. Regelmäßig kommt es in der Montage auch zu wundersamen Spontanreparaturen; etwa wenn in SPIDER MAN (2002) zwei Gangster durch eine Fensterscheibe krachen, die, kaum hat sich der Superheld einmal umgedreht und die nächsten beiden Übeltäter vorgeknüpft, schon wieder ganz ist.

Als Anachronismen längst legendär sind die Armbanduhren in Sandalenfilmen. Allerdings entpuppt sich der Wahrheitsgehalt dieser Legenden beim genaueren Hinsehen oftmals als ziemlich dürftig und die vermeintliche Uhr wie etwa in BEN HUR (1959) oder SPARTACUS (1960) als simples Band. Ein falscher Fehler ist übrigens auch die Zahnspange, die ein kleiner Junge in FLUCH DER KARIBIK 3 (2007) vermeintlich trägt, was aber nur so aussieht, weil er ähnlich wie Jack Sparrow Metallkronen auf seinen Zähnen stecken hat. Historisch wirklich deplatziert sind dagegen die poppigen Föhnfrisuren, mit denen vor allem US-Schauspieler gerne durchs Altertum und Mittelalter stolzieren. Selbst bei Willem Dafoe ist in Martin Scorseses DIE LETZTE VERSUCHUNG CHRISTI (1988) darauf Verlass: Golgota, Sonne, die Frisur sitzt.

Zu den klassischen Unachtsamkeiten beim Dreh gehört das Mikrofon, das von der Angel ins Bild baumelt. Tückisch sind auch Sonnenbrillen (MATRIX !) oder Fensterscheiben, in denen sich gerne mal Teile der Filmausrüstung oder Mitglieder der Crew spiegeln. Dass ähnliche Patzer auch ganz ohne reflektierende Flächen zustande kommen können, beweist eine Einstellung aus dem ersten Teil von FLUCH DER KARIBIK (2003), in der an Deck des Piratenschiffes ein Mann im weißen T-Shirt mit Cowboyhut und Sonnenbrille in den Bildhintergrund gerät.

Die zehn lustigsten Filmfehler

1. Alfred Hitchcock: **Der unsichtbare Dritte** (1959)
Noch bevor Eve Kendall (Eva Marie Saint) in einem Restaurant Roger Thornhill (Cary Grant) (scheinbar) erschießt, hält sich an einem Tisch im Bildhintergrund ein kleiner Junge bereits die Ohren zu. Er wusste wohl schon, dass es gleich laut knallen würde.

2. Ridley Scott: **Gladiator** (2000)
In einer Szene werden vor dem Kolosseum Flugblätter verteilt. Die Handzettel bestehen offensichtlich aus Papier. Das aber verbreitete sich in Europa erst circa Tausend Jahre später.

3. Ethan und Joel Coen: **Burn after Reading** (2008)
Im Konferenzraum der Russischen Botschaft hängt hinter Chad Feldheimer (Brad Pitt) und Linda Litzke (Frances McDormand) ein Porträt des ehemaligen russischen Präsidenten Boris Jelzin an der Wand. Ein paar Schnitte später ist auf dem Bild dann plötzlich Wladimir Putin zu sehen.

4. Michael Curtiz: **Casablanca** (1942)
Rick Blaine (Humprey Bogart) steht im strömenden Regen auf dem Pariser Bahnhof, als er die Nachricht von Ilsa Lund (Ingrid Bergman) liest, in der sie ihm mitteilt, dass sie ihn nicht begleiten wird. Es regnet so stark, dass die Tinte auf dem Brief verwischt. Auch Ricks Trenchcoat wird klatschnass. Als Rick dann aber in den Zug steigt, ist sein Mantel mit einem Mal wie von Zauberhand getrocknet.

5. James Cameron: **Titanic** (1997)
Als die verzweifelte Rose ins Wasser springen möchte, gelingt es Jack sie davon abzuhalten, indem er ihr davon erzählt, wie er einmal als Junge beim Eisangeln am Lake Wissota ins Eis eingebrochen sei. Ein ganz besonderes Kunststück! Schließlich wurde der See bei den Chippewa Falls in Wisconsin erst mehrere Jahre nachdem die Titanic 1912 gesunken war künstlich angelegt.

6. Michael Bay: **Pearl Harbor** (2001)
Ihrer Zeit voraus war auch Militärkrankenschwester Evelyn Johnson (Kate Beckinsale). Sie trug schon während des Zweiten Weltkrieges einen Bikini wie er erst danach (1946) erfunden wurde.

7. Ridley Scott: **Gladiator** (2000)
In einer Einstellung, in der Maximus (Russell Crowe) einen Apfel an sein Pferd verfüttert, kann man, wenn man unter dem Hals des Tieres hindurchblickt, deutlich eine Gestalt in Jeans erkennen.

8. David Yates: **Harry Potter und der Orden des Phönix** (2007)
Mit einem blauen T-Shirt legt sich Harry (Daniel Radcliffe) ins Bett, um dann nach einer längeren Vision, in der ihm Lord Voldemort (Ralph Fiennes) erscheint, in einem Poloshirt aus dem Schlaf aufzuschrecken. Echt magisch!

9. Steven Spielberg: **Jurassic Park** (1993)
Als die Hubschrauber auf der Insel landen, stehen die Jeeps bereits neben dem Landeplatz. Doch als die Wissenschaftler dann aus dem Helikopter aussteigen, kommen die Autos erst angefahren. Auch eine Art Reise in die Vergangenheit.

10. Anna Boden, Ryan Fleck: **Captain Marvel** (2019)
Kann ja schon sein, dass es 1995 ein paar verfeindete Außerirdische nach Los Angeles verschlagen hat. Und dass Vers alias Captain Marvel (Brie Larson) zur Not auch mal ohne Atemmaske im Weltall überlebt – geschenkt. Aber dass in der Blockbuster-Videothek, in der sie im Juni (laut Kalender in einer späteren Szene) auf der Erde bruchlandet, schon eine VHS-Kassette von Jerry Zuckers Der Erste Ritter steht, obwohl der Film erst im Juli 1995 in die Kinos kam, das ist dann einfach doch zu absurd.

Mängelliste

Die zwanzig Filme mit den meisten entdeckten Fehlern[1]

1. Francis Ford Coppola: **Apocalypse Now** (1979): 563
2. Alfred Hitchcock: **Die Vögel** (1963): 552
3. Sidney J. Furie: **Superman IV – Die Welt am Abgrund** (1987): 440
4. Victor Fleming: **Das zauberhafte Land** (Der Zauberer von Oz, 1939): 434
5. Gore Verbinski: **Fluch der Karibik** (2003): 392
6. Alfonso Cuarón: **Harry Potter und der Gefangene von Askaban** (2004): 323
7. Chris Columbus: **Harry Potter und die Kammer des Schreckens** (2002): 301
8. Gary Trousdale: **Die Schöne und das Biest** (1991): 298
9. Steven Spielberg: **Der weisse Hai** (1975): 293
10. James Cameron: **Titanic** (1997): 290
11. Peter Jackson: **Der Herr der Ringe: Die Rückkehr des Königs** (2003): 284
12. George Lucas: **Krieg der Sterne** (1977): 282
13. Steven Spielberg: **Indiana Jones und der letzte Kreuzzug** (1989): 268
14. David Silverman: **Die Simpsons: Der Film** (2007): 266
15. Peter Jackson: **Der Herr der Ringe: Die Gefährten** (2001): 265
16. Peter Jackson: **Der Herr der Ringe: Die zwei Türme** (2002): 261
    David Zucker: **Scary Movie 3** (2003): 261
18. Chris Columbus: **Harry Potter und der Stein der Weisen** (2001): 243
19. Bruce Timm: **Superman/Doomsday** (2007): 240
20. Jan de Bont: **Speed** (1994): 238

1 Quelle: www.moviemistakes.com. Stand: Oktober 2022.

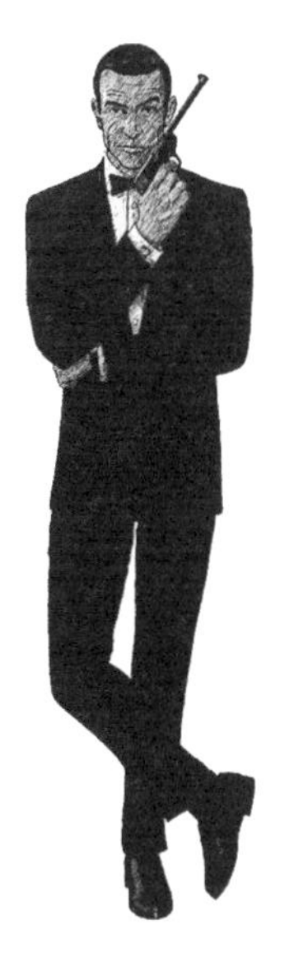

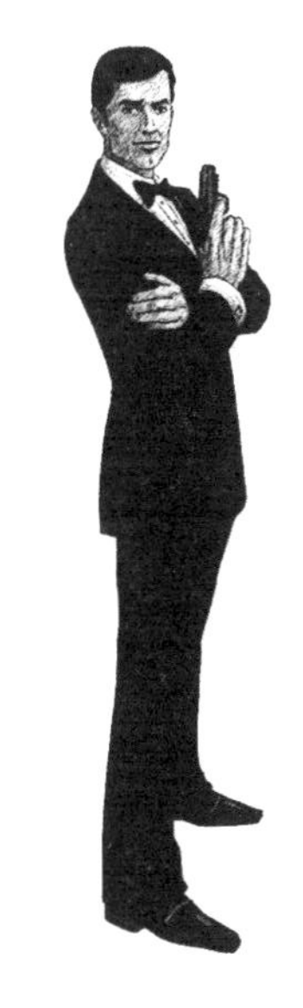

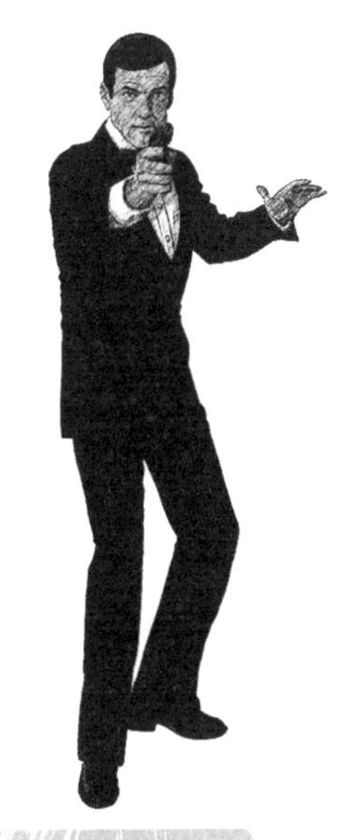

James Bond

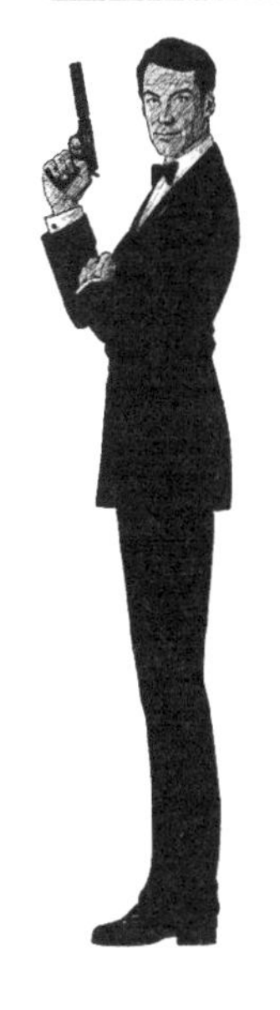

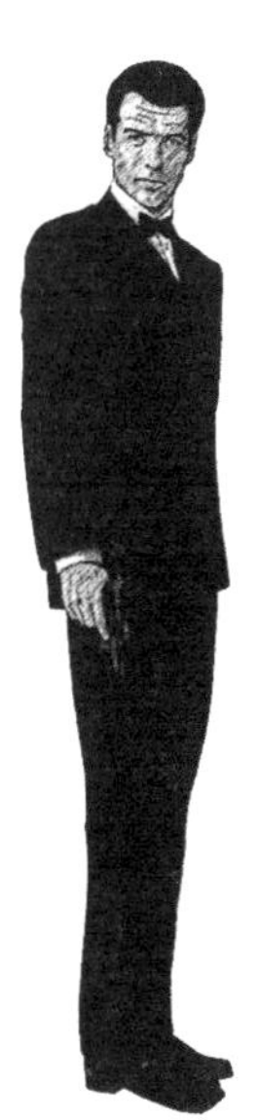

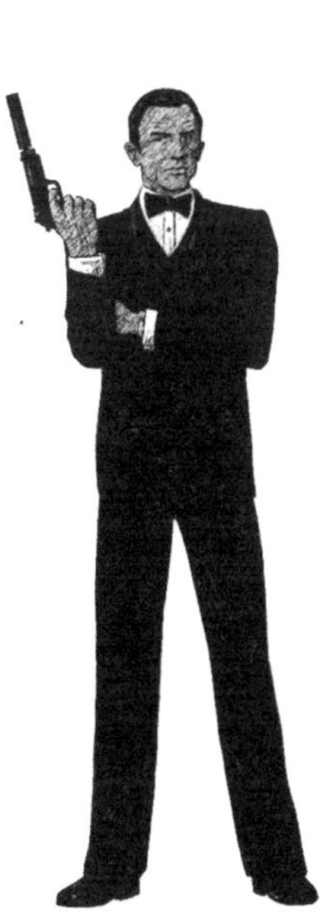

Nicht Sean Connery war der erste James-Bond-Darsteller in einem Film. Acht Jahre bevor der schöne Schotte auf der Leinwand Dr. No jagte, war Barry Nelson bereits in die Rolle des Superagenten geschlüpft; in einer am 21. Oktober 1954 ausgestrahlten 60-minütigen Episode der US-Fernsehserie CLIMAX!. In dieser Verfilmung von Ian Flemings Roman *Casino Royale* war Bond allerdings kein britischer, sondern ein US-amerikanischer Spion: James Bond, genannt «Jimmy». Sein Gegenspieler, «Le Chiffre», wurde übrigens von keinem Geringeren als Peter Lorre verkörpert.

Strenggenommen hat TV-Darsteller Barry Nelson in einem Kinobuch zwar eigentlich ja nichts zu suchen. Aber wir nehmen es hier mal nicht so genau, mixen Kino, Fernsehen, «offizielle» (von der britischen Produktionsfirma Eon Productions hergestellte) und «inoffizielle» Bondfilme bunt durcheinander und listen abgesehen von den Stuntmen so ziemlich jeden auf, der sich vor laufender Kamera einmal «James Bond» oder «007» nannte.[1]

Chronologie der Bond-Darsteller – aller Bond-Darsteller

Barry Nelson	1954 in der Episode CASINO ROYALE der US-Fernsehserie CLIMAX!
Sean Connery	1962–1971 in sechs Filmen der offiziellen James-Bond-Kinoreihe von Eon
	1983 außerhalb der Reihe in SAG NIEMALS NIE
Roger Moore	1964 in der britischen TV-Comedyshow MAINLY MILLICENT
	1973–1985 in sieben Eon-Bondfilmen.
George Hilton	1965 in der spanisch-italienischen Komödie 2 TROTTEL GEGEN GOLDFINGER
David Niven	1966 (und als Zusatz-Bonds: Peter Sellers, Ursula Andress, Joanna Pettet, Daliah Lavi, Woody Allen, Terence Cooper) in der Parodie CASINO ROYALE
George Lazenby	1969 im offiziellen Bondfilm IM GEHEIMDIENST IHRER MAJESTÄT
Dave Cash	1972 in zwei Episoden der britischen TV-Show THE DAVE CASH RADIO SHOW
Eri Kanuma	1975–1977 in vier Episoden der japanischen Fernsehserie HIMITSU SENTAI GORENJÂ
Alexander Grand	1977 in der in Hong Kong produzierten Martial-Arts-Komödie DEADLY HANDS OF KUNG FU

1 Stand: November 2022.

John Fiedler	1978 in der Episode The Competetive Edge der US-Fernsehserie Detektiv Rockford – Anruf genügt
Timothy Dalton	1987, 1989 in den offiziellen Eon-Filmen Der Hauch des Todes und Lizenz zum Töten
Paul Vnuk	1988 in der US-Kurzfilmkomödie Clue??
Reg Gadney	1989 im TV-Biopic Goldeneye über das Leben von Bond-Autor Ian Fleming
Pierce Brosnan	1995–2002 in vier Filmen der offiziellen Kinoreihe
Branden Waugh	1998 in der Episode Race Rabbit der US-Fernsehserie Kablam!
Kristoffer Hatlestad	1999 in der norwegischen Parodie Goldenrock
Geoffrey Uloth	2001 im kanadischen Kurzfilm Bondage
Jaroslav Sypal	2001 in der tschechischen Komödie Jak ukrást Dagmaru
Sacha Baron Cohen	2003 im britischen Kurzfilm Spyz, der als parodistischer «Pilotfilm» zur TV-Show Da Ali G Show vermarktet wurde
Jeff Rector	2003 im parodistischen US-Kurzfilm Pray Another Day
Danny Murphy	2006 im parodistischen US-Kurzfilm Never a Day Younger
Daniel Craig	seit 2006 in fünf Filmen der offiziellen Kinoreihe und zwei Kurzfilmen
Robbie Morris, John Pearson	2006 in der drei Minuten kurzen britischen Parodie Shaken Not Stirred
Darko Belgrade	2007 in Jason Friedbergs US-Genrefilm-Parodie Fantastic Movie
Darin Southam	2009 im 3-Minuten-Musical Gold Is Not Enough
Colin Salmon	2009 in zwei Episoden der britischen TV-Comedy-Sendung The Omid Djalili Show
Mark Hengst	2009 in der US-Kurzfilm-Komödie 99 Cent Bond
Chung Him Law	2009 in der Hongkoner TV-Serie Ku ling ching taam B
Kike Colunge	2009 und 2011 in den Peruanischen Kurzfilmkomödien 007 – Hue Bond: Otto Día Para Gemir und 007 – Hue Bond: Vive y Deja Chifar
John Allen	2010 im Videokurzfilm Just About Famous

W. Scott Parker III 2010 im US-Kurzfilm EVERYTHING WE FORGOT WE REMEMBER AND FORGET

John J. Joseph und Sunny Vachher 2011 in der US-Videokomödie THE WEED SHOW: LOVE LETTERS TO MARY JANE

Marcus Dean Fuller 2011 im US-Drama ONE FALL

Anthony Padilla 2012 in einer Episode (IF VIDEO GAMES WERE REAL 2) der US-Comedy-TV-Serie SMOSH

Adam Croasdell 2012 in sechs Episoden der US-Fernsehserie BONDJAMESBOND

Daniel Sobieray 2012 im US-Kurzfilm VOTRE VU: THE MAKING OF A BOND GIRL

Nathan Byler 2012 in einer Episode der US-TV-Serie ANTHONY MA PRESENTS…

Curtis Schlaufman 2012 in einer Episode der US-TV-Serie WOLFPUNCH COMEDY

Clark Coffrey 2013 im US-Kurzfilm SKYMALL 007

Richard Halverson 2013 im US-Kurzvideo THE SPY WHO LOVED HIS CAR

Ryan Casey 2013 in einer Episode der GB-TV-Serie DONE IN 60 SECONDS

Kike Colunge 2013 im peruanischen Kurzfilm 007-HUE BOND: UN POLVO NO BASTA

Shalom Michaelshwilli 2013 in einer Episode der israelischen TV-Serie BUBA SHEL MEDINA

Manos Krystalis 2013 in sechs Episoden der US-TV-Serie CLIQUE

Anthony Padilla, Ian Hecox 2013 in je einer Episode der US-TV-Serie SMOOTH

Charlie Higson 2013 in einer Episode der GB-TV-Serie AGATHA CHRISTIE'S MARPLE

Fred L. Smith Jr., Lawson R. Bader 2013 im US-Videokurzfilm CAPITALISM NEVER DIES

Ugo Leclerq 2013 im französischen Kurzfilm JAMES BOND ECLIPSE

Tom Smith 2013 im US-Spielfilm REFLECTION OF THE SOUL

Bullet Prakash 2013 im indischen Abenteurfilm BHAJARANGI

Nick Moran 2014 im GB-Kurzfilm GEOFFREY'S BELT

Pierre Dulat 2014 im US-Kurzmusical Marneen Lynne Fields: SHADOWS THE MUSICAL

Benoît Gourley 2014 im französischen Kurzfilm LA MENACE D'UNE ROSE

Philip Rosenthal 2014 im US-Kurzfilm JEWISH JAMES BOND

Kevin Michael Shiley 2014 in einer Episode der US-TV-Serie SKETCH JUICE

Zach Litchman 2014 im US-Kurzfilm QUICKSILVER

Paul Cusack 2014 im irischen Fan-Film RISQUE

Nick Bennie 2015 im US-Kurzfilm TOMORROW NEVER COMES

Enam Nya Bawen 2015 im US-Drama DELKA: STAND-UP TALL OR FALL

Riz Hussain 2016 im GB-Kurzfilm 007 VESPER

Matthew Wood 2016 im GB-Actionfilm SILENCE IS GOLDEN

Andrew J. Neis 2016 im US-Kurzfilm 007: I ONLY NEED ONE

Christian Howard 2020 im US-Kurzfilm ODDJOB: A KILL FROM THE OTHER SIDE

Josh Han und Nigel Sudarkasa 2021 in der US-Kurzfilmparodie TIME TO DIE

Bond-Bösewichter

Ohne sie hätte Bond nichts zu tun. Die Katzen kraulenden, Monokel bewehrten Oberschurken aus der Eon-Filmreihe (plus Sean Connerys inoffiziellem Comeback in SAG NIEMALS NIE):

Dr. Julius No (Joseph Wiseman), Mitglied der Terrororganisation SPECTRE (dt.: Phantom) in JAMES BOND 007 JAGT DR. NO (1962)

Rosa Klebb (Lotte Lenya) in JAMES BOND 007 – LIEBESGRÜSSE AUS MOSKAU (1963), Mitglied von «Phantom» und, zählt man Elektra King in DIE WELT IST NICHT GENUG zu den «Bondgirls» (siehe unten), bislang einzige Oberschurkin

Auric Goldfinger (Gert Fröbe) in JAMES BOND 007 – GOLDFINGER (1964)

Emilio Largo (Adolfo Celi) in JAMES BOND 007 – FEUERBALL (1965), Mitglied von «Phantom»

Ernst Stavro Blofeld (Donald Pleasence) in JAMES BOND 007 – MAN LEBT NUR ZWEIMAL (1967), die «Nr. 1» von «Phantom» und einziger Bösewicht, der in mehreren Bondstreifen auftaucht

Ernst Stavro Blofeld (Telly Savalas) in JAMES BOND 007 – IM GEHEIMDIENST IHRER MAJESTÄT (1969)

Ernst Stavro Blofeld (Charles Gray) in JAMES BOND 007 – DIAMANTENFIEBER (1971)

Kananga alias Mr. Big (Yaphet Kotto) in Leben und Sterben lassen (1973)

Francisco Scaramanga (Christopher Lee) in James Bond 007 – Der Mann mit dem goldenen Colt (1974)

Karl Stromberg (Curd Jürgens) in James Bond 007 – Der Spion, der mich liebte (1977)

Hugo Drax (Michael Lonsdale) in James Bond 007 – Moonraker – Streng geheim (1979)

Aristotle Kristatos (Julian Glover) in James Bond 007 – In tödlicher Mission (1981)

Kamal Khan (Louis Jourdan) und **General Orlov** (Steven Berkoff) in James Bond 007 – Octopussy (1983)

Maximilian Largo (Klaus Maria Brandauer) in James Bond 007 – Sag niemals nie (1983)

Max Zorin (Christopher Walken) in James Bond 007 – Im Angesicht des Todes (1985)

General Georgi Koskov (Jeroen Krabbé) in James Bond 007 – Der Hauch des Todes (1987)

Franz Sanchez (Robert Davi) in James Bond 007 – Lizenz zum Töten (1989)

Alec Trevelyan, 006 (Sean Bean) in James Bond 007 – GoldenEye (1995)

Elliot Carver (Jonathan Pryce) in James Bond 007 – Der Morgen stirbt nie (1997)

Elektra King (Sophie Marceau) und **Viktor Zokas alias Renard** (Robert Carlyle) in James Bond 007 – Die Welt ist nicht genug (1999)

Gustav Graves alias Colonel Tan-Sun Moon (Toby Stephens und Will Yun Lee) in James Bond 007 – Stirb an einem anderen Tag (2002)

Le Chiffre (Mads Mikkelsen) in James Bond 007 – Casino Royale (2006)

Dominic Greene (Mathieu Amalric) in James Bond 007 – Ein Quantum Trost (2008)

Raoul Silva (Javier Bardem) in James Bond 007 – Skyfall (2012)

Blofeld (Christoph Waltz) in James Bond 007 – Spectre (2015)

Lyutsifer Safin (Rami Malek) in James Bond 007 – Keine Zeit zu Sterben (2021)

Bondgirls

Schön und sinnlich müssen sie sein. Früher oder später sollten sie Bonds Charme erliegen und sich ansonsten dekorativ im Hintergrund räkeln. Auf diese sexistische Kurzformel ließen sich die Auswahlkriterien für Frauen an der Seite des 007-Agenten bringen. Das aber wäre nur die halbe Wahrheit. Klar, die Geliebten und Gespielinnen von James Bond sind mythisch-erotische Wesen, die sich mit Vorliebe im Wasser tummeln. Ursula Andress eröffnet den Reigen, indem sie als moderne Aphrodite dem Meer entsteigt. Und am Ende schaukelt sie, wie noch so viele nach ihr, mit Bond über die Wellen.

Trotzdem sind diese «Girls» keine naiven, willfährigen Dummchen. Es sind starke und selbstbewusste Frauen, die mitten im Leben stehen und sich zu wehren wissen; nicht selten kampferprobte Agentinnen. Im Schnitt sind sie 29 Jahre alt. Jedenfalls, wenn man nur diejenigen zählt, mit denen 007 eine einigermaßen ernstzunehmende amouröse Affäre verbindet, und die vielen kurzen Flirts ebenso außen vor lässt wie die «Bad Girls». Allerdings standen etliche Bondgirls anfangs auf der Seite der Schurken und konnten dem britischen Geheimagenten letztlich dann doch nicht widerstehen. Bei Elektra King (Sophie Marceau) in Die Welt ist nicht genug (1999) lief das erstmals umgekehrt.

Doch, so oder so, am Ende – Freud lässt grüßen – kriegt Bond sie alle. Entweder erschießt oder verführt er sie. Für Zwischentöne ist da selten Platz. Sylvia Trench (Eunice Gayson), die sich im ersten Bondfilm als «Trench, Sylvia Trench» vorstellte und 007 damit auf eine folgenreiche Idee brachte, sollte ursprünglich als eine Art Running Gag noch in weiteren Filmen erscheinen. Immer, wenn Bond und sie kurz davor waren, Sex zu haben, sollte etwas dazwischenkommen. Bereits nach dem zweiten Film verschwand dieses verhinderte Bondgirl dann aber von der Bildfläche.

Honey Rider (Ursula Andress) in James Bond 007 jagt Dr. No (1962)
Haarfarbe: blond, Alter: 26 Jahre[2]. Muschelverkäuferin, steigt im weißen Bikini aus dem Meer. Ende: mit Bond im Boot.

Tatiana Romanova (Daniela Bianchi) in Liebesgrüsse aus Moskau (1963)
Haarfarbe: blond, Alter: 21 Jahre. Russische Botschaftsangestellte, die verführte Verführerin verwandelt sich von der Gegenspielerin zur Geliebten. Ende: mit Bond in einer venezianischen Gondel.

Pussy Galore (Honor Blackman) in Goldfinger (1964)
Haarfarbe: blond, Alter: 36 Jahre, Goldfingers Pilotin, wechselt nach einer Nacht mit 007 die Seiten. Ende: mit Bond unter einem Fallschirm.

2 Die Altersangaben bezeichnen das Alter der Bondgirl-Darstellerinnen zum Zeitpunkt der Filmpremiere.

Dominique «Domino» Derval (Claudine Auger) in FEUERBALL (1965)
Haarfarbe: braun, Alter: 24 Jahre. Die Geliebte des Bösewichts Largo schlägt sich auf Bonds Seite und erschießt Largo am Ende mit einer Harpune. Ende: wird zusammen mit Bond aus dem Meer gerettet.

Aki (Akiko Wakabayashi) in MAN LEBT NUR ZWEIMAL (1967)
Haarfarbe: schwarz, Alter: 25 Jahre. Japanische Agentin. Loyal bis in den Gifttod, als sie einem Bond geltenden Mordanschlag zum Opfer fällt.

Mie Hama (Kissy Suzuki) in MAN LEBT NUR ZWEIMAL (1967)
Haarfarbe: schwarz, Alter: 24 Jahre. Japanische Agentin. Akis mutige und widerspenstige Nachfolgerin geht mit Bond eine Scheinehe ein. Ende: mit Bond im Rettungsboot.

Teresa di Vincenzo (Diana Rigg) in IM GEHEIMDIENST IHRER MAJESTÄT (1969)
Haarfarbe: braun, Alter: 31 Jahre. Bonds erste (und bislang einzige) Ehefrau! Erst hindert Bond sie am Selbstmord, später verlieben sie sich und heiraten. Am Ende aber wird sie ermordet und macht Bond zum Witwer.

Tiffany Case (Jill St. John) in DIAMANTENFIEBER (1971)
Haarfarbe: rot, Alter: 31 Jahre. Diamantenschmugglerin, die auf einem Wasserbett Bonds Charme verfällt. Ende: schaut mit Bond in den Nachthimmel.

Solitaire (Jane Seymour) in LEBEN UND STERBEN LASSEN (1973)
Haarfarbe: braun, Alter: 22 Jahre. Wahrsagerin in den Diensten des Diktators Kananga. Sie wird von Bond mithilfe von gezinkten Karten verführt und verliert mit ihrer Unschuld auch ihre Fähigkeit, die Zukunft vorherzusagen. Ende: mit Bond im Zug.

Mary Goodnight (Britt Ekland) in DER MANN MIT DEM GOLDENEN COLT (1974)
Haarfarbe: blond, Alter: 32 Jahre. Agentin und Assistentin Bonds. Sie ist das erste Bondgirl, das Bond bereits kennt, als sie sich zum ersten Mal im Film begegnen. Sie wird nicht von Bond verführt, sondern legt es selbst auf eine gemeinsame Nacht mit Bond an, muss jedoch lange darauf warten. Ende: mit Bond auf einem Schiff.

Anja Amassowa (Barbara Bach) in DER SPION, DER MICH LIEBTE (1977)
Haarfarbe: braun, Alter: 29 Jahre. KGB-Agentin und Gegenspielerin Bonds, bis sie sich in ihn verliebt. Als sie herausfindet, dass Bond ihren Geliebten tötete, schwört sie Rache. Am Ende aber knallt kein Schuss, sondern ein Sektkorken. Ende: mit Bond in einer Rettungskapsel.

Dr. Holly Goodhead (Lois Chiles) in MOONRAKER – STRENG GEHEIM (1979)
Haarfarbe: braun, Alter: 32 Jahre. Astronautin und CIA-Agentin, kommt in den Bond-Romanen nicht vor, liebt Bond im schwerelosen Raum. Ende: mit Bond in der Raumfähre.

Melina Havelock (Carole Bouquet) in IN TÖDLICHER MISSION (1981)
Haarfarbe: braun, Alter: 23 Jahre. Mit Bonds Hilfe rächt sie sich am Tod ihrer Eltern, die für den britischen Geheimdienst arbeiteten. Ende: mit Bond auf einer Yacht.

Octopussy (Maud Adams) in OCTOPUSSY (1983)
Haarfarbe: braun, Alter: 38 Jahre. Schmugglerin und Zirkusinhaberin mit einer Vorliebe für Fabergé-Eier. Ende: mit Bond im Boot.

Domino Petachi (Kim Basinger) in SAG NIEMALS NIE (1983)
Haarfarbe: blond, Alter: 29 Jahre. In der Neuverfilmung von FEUERBALL, für die Sean Connery noch einmal in die Rolle des Doppelnullagenten schlüpfte, erhielt Largos Geliebte einen neuen Nachnamen. Ende: mit Bond im Pool.

Stacey Sutton (Tanya Roberts) in IM ANGESICHT DES TODES (1985)
Haarfarbe: blond, Alter: 29 Jahre. Erbin und Geologin, rettet gemeinsam mit James Bond das Silicon Valley. Ende: mit Bond unter der Dusche.

Kara Milovy (Marym D'Abo) in DER HAUCH DES TODES (1987)
Haarfarbe: blond, Alter: 26 Jahre. Cellistin und KGB-Agentin, die von Bond erst beinahe erschossen und dann doch verführt wird.

Lupe Lamora (Talisa Soto) in LIZENZ ZUM TÖTEN (1989)
Haarfarbe: braun, Alter: 22 Jahre. Geliebte des Bösewichts Franz Sanchez, aus dessen Fängen sie Bond befreit.

Pam Bouvier (Carey Lowell) in LIZENZ ZUM TÖTEN (1989)
Haarfarbe: braun, Alter: 28 Jahre. Ex-Pilotin, CIA-Agentin, eifersüchtig auf ihre Rivalin Lupe Lamora. Am Ende aber ist sie es, die mit Bond im Pool landet.

Natalya Simonowa (Izabella Scorupco) in GOLDENEYE (1995)
Haarfarbe: rotbraun, Alter: 25 Jahre. Programmiererin, rettet gemeinsam mit Bond London und die Welt.

Paris Carver (Teri Hatcher) in DER MORGEN STIRBT NIE (1997)
Haarfarbe: braun, Alter: 33 Jahre. Ehemalige Geliebte Bonds, die mittlerweile mit dem kaltblütigen Medienmogul Elliot Carver verheiratet ist, der sie ermorden lässt, nachdem Bond und sie ihre Liebe zueinander wiederentdeckten.

Wai Lin (Michelle Yeoh) in DER MORGEN STIRBT NIE (1997)
Haarfarbe: schwarz, Alter: 35 Jahre. Chinesische Agentin und Meisterin der Martial Arts, erst nachdem die Mission erfüllt ist, lässt sie sich auf ein Abenteuer mit Bond ein.

Dr. Christmas Jones (Denise Richards) in DIE WELT IST NICHT GENUG (1999)
Haarfarbe: braun, Alter: 28 Jahre. Nuklearphysikerin, die Bond im Kampf gegen Rénard und Elektra unterstützt und 007 am Ende spötteln lässt: «Und ich dachte Weihnachten kommt nur einmal im Jahr.»

Elektra King (Sophie Marceau) in DIE WELT IST NICHT GENUG (1999)
Haarfarbe: braun, Alter: 32 Jahre. Firmenchefin, die Bond anfangs als Leibwächter vor einem Anschlag des Terroristen Rénard beschützen soll, ehe sie sich als Verbündete Rénards entpuppt und Bond sie erschießt.

Giacinta «Jinx» Johnson (Halle Berry) in STIRB AN EINEM ANDEREN TAG (2002)
Haarfarbe: braun, Alter: 36 Jahre. Die NSA-Agentin steigt wie einst Honey Rider im Bikini aus dem Meer, allerdings in einem orangefarbenen. Berry war das erste dunkelhäutige Bondgirl an 007s Seite (1985 war Grace Jones in die Rolle der Bondopponentin May Day geschlüpft). Ende: im Bett mit Bond und Moons Diamanten.

Vesper Lynd (Eva Green) in CASINO ROYALE (2006)
Haarfarbe: braun, Alter: 26 Jahre. Die MI6-Mitarbeiterin entpuppt sich als Doppelagentin und Verräterin. Sie ertrinkt in einem Fahrstuhl, aus dem Bond sie vergeblich zu retten versucht.

Camille Montes (Olga Kurylenko) in EIN QUANTUM TROST (2008)
Haarfarbe: braun, Alter: 28 Jahre. Macht sich an Bösewicht Dominic Greene heran, um sich an General Medrano für den Tod ihrer Familie zu rächen.

Strawberry Fields (Gemma Arterton) in EIN QUANTUM TROST (2008)
Haarfarbe: rot, Alter: 22 Jahre. Die MI6-Mitarbeiterin wird von Bond verführt. Kurz darauf liegt sie tot im Bett, mit Erdöl übergossen. Bond rächt am Ende ihren Mord, indem er Bösewicht Dominic Greene mit einer Dose Motoröl in der Wüste aussetzt.

Eve (Naomie Harris) in SKYFALL (2012)
Haarfarbe: braun, Alter: 36 Jahre. Die MI6-Agentin kämpft anfangs an der Seite von Bond. Nachdem sie zwischenzeitlich glaubte, ihren Kollegen versehentlich erschossen zu haben, treffen sich Bond und Eve am Ende vor «M»s Büro wieder. Eve ist die neue Sekretärin des neuen «M». Ihr Name: Eve Moneypenny.

Sévérine (Bérénice Marlohe) in SKYFALL (2012)
Haarfarbe: braun, Alter: 33 Jahre. Die Mitarbeiterin des Schurken Silva wechselt die Seiten, nachdem Bond ihr versprochen hat, sie zu beschützen, und wird dann vor seinen Augen erschossen.

Dr. Madeleine Swann (Léa Seydoux) in SPECTRE (2015) und KEINE ZEIT ZU STERBEN (2021)
Haarfarbe: blond, Alter: 30/35 Jahre. Die Psychologin ist die Tochter von Mr. White, einem führenden Mitglied der Geheimorganisation «Quantum». In SPECTRE droht sie, Bond zu töten, sollte er sie im Schlaf anfassen, braust am Ende aber gemeinsam mit ihm in seinem Aston Martin davon.
Über fünf Jahre später, am Ende von KEINE ZEIT ZU STERBEN und, nachdem 007 sich (allem Anschein nach) geopfert hat, um ein letztes Mal die Welt zu retten,

fährt Swann mit ihrer kleinen Tochter Mathilde nach Süditalien und erzählt ihr unterwegs die Geschichte ihres Vaters, eines Mannes namens Bond, James Bond.

Bondsongs

Was haben «Garbage», Paul McCartney und Shirley Bassey gemeinsam? Sie alle haben für «James Bond» gesungen. Shirley Bassey gleich dreimal. Die Titel und ihre Interpreten (Komponisten):

- **John Barry & Orchestra** (Monty Norman) «James Bond Titelthema» in JAMES BOND 007 JAGT DR. NO (1962)
- **Matt Monro** (Lionel Bart) «From Russia With Love» in LIEBESGRÜSSE AUS MOSKAU (1963)
- **Shirley Bassey** (John Barry) «Goldfinger» in GOLDFINGER (1964)
- **Tom Jones** (John Barry) «Thunderball» in FEUERBALL (1965)
- **Nancy Sinatra** (John Barry) «You Only Live Twice» in MAN LEBT NUR ZWEIMAL (1967)
- **Louis Armstrong** (John Barry, Hal David) «On Her Majesty's Secret Service» in IM GEHEIMDIENST IHRER MAJESTÄT (1969)
- **Shirley Bassey** (John Barry) «Diamonds Are Forever» in DIAMANTENFIEBER (1971)
- **Paul McCartney & Denny Laine** (Paul McCartney & Linda McCartney) «Live And Let Die» in LEBEN UND STERBEN LASSEN (1973)
- **Lulu** (John Barry) «The Man With The Golden Gun» in DER MANN MIT DEM GOLDENEN COLT (1974)
- **Carly Simon** (Marvin Hamlisch) «Nobody Does It Better» in DER SPION, DER MICH LIEBTE (1977)
- **Shirley Bassey** (John Barry) «Moonraker» in MOONRAKER – STRENG GEHEIM (1979)
- **Sheena Eston** (Bill Conti) «For Your Eyes Only» in IN TÖDLICHER MISSION (1981)
- **Rita Coolidge** (John Barry) «All Time High» in OCTOPUSSY (1983)
- **Lani Hall** (Michel Legrand) «Never Say Never Again» in SAG NIEMALS NIE (1983)
- **Duran Duran** (Duran Duran, John Barry) «A View To A Kill» in IM ANGESICHT DES TODES (1985)
- **A-ha** (Pal Waaktaar, John Barry) «The Living Daylights» in DER HAUCH DES TODES (1987)

- **Gladys Knight** (Narada Michael Walden, Jeffrey Cohen, Walter Afanasieff) «License To Kill» in LIZENZ ZUM TÖTEN (1989)
- **Tina Turner** (Bono & The Edge) «Goldeneye» in GOLDENEYE (1995)
- **Sheryl Crow** (Sheryl Crow & Mitchell Froom) «Tomorrow Never Dies» in DER MORGEN STIRBT NIE (1997)
- **Garbage** (David Arnold, Don Black) «The World Is Not Enough» in DIE WELT IST NICHT GENUG (1999)
- **Madonna** (Madonna, Mirwais Ahmadzai) «Die Another Day» in STIRB AN EINEM ANDEREN TAG (2002)
- **Chris Cornell** (Chris Cornell, David Arnold) «You Know My Name» in CASINO ROYALE (2006)
- **Jack White & Alicia Keys** (Jack White) «Another Way to Die» in EIN QUANTUM TROST (2008)
- **Adele** (Adele, Paul Epworth) «Skyfall» in SKYFALL (2012)
- **Sam Smith** (Sam Smith, James Napier) «Writings on the Wall» in SPECTRE (2015)
- **Billie Eilish** (Billie Eilish, Finneas O'Connell) «No Time to Die» in KEINE ZEIT ZU STERBEN (2021)

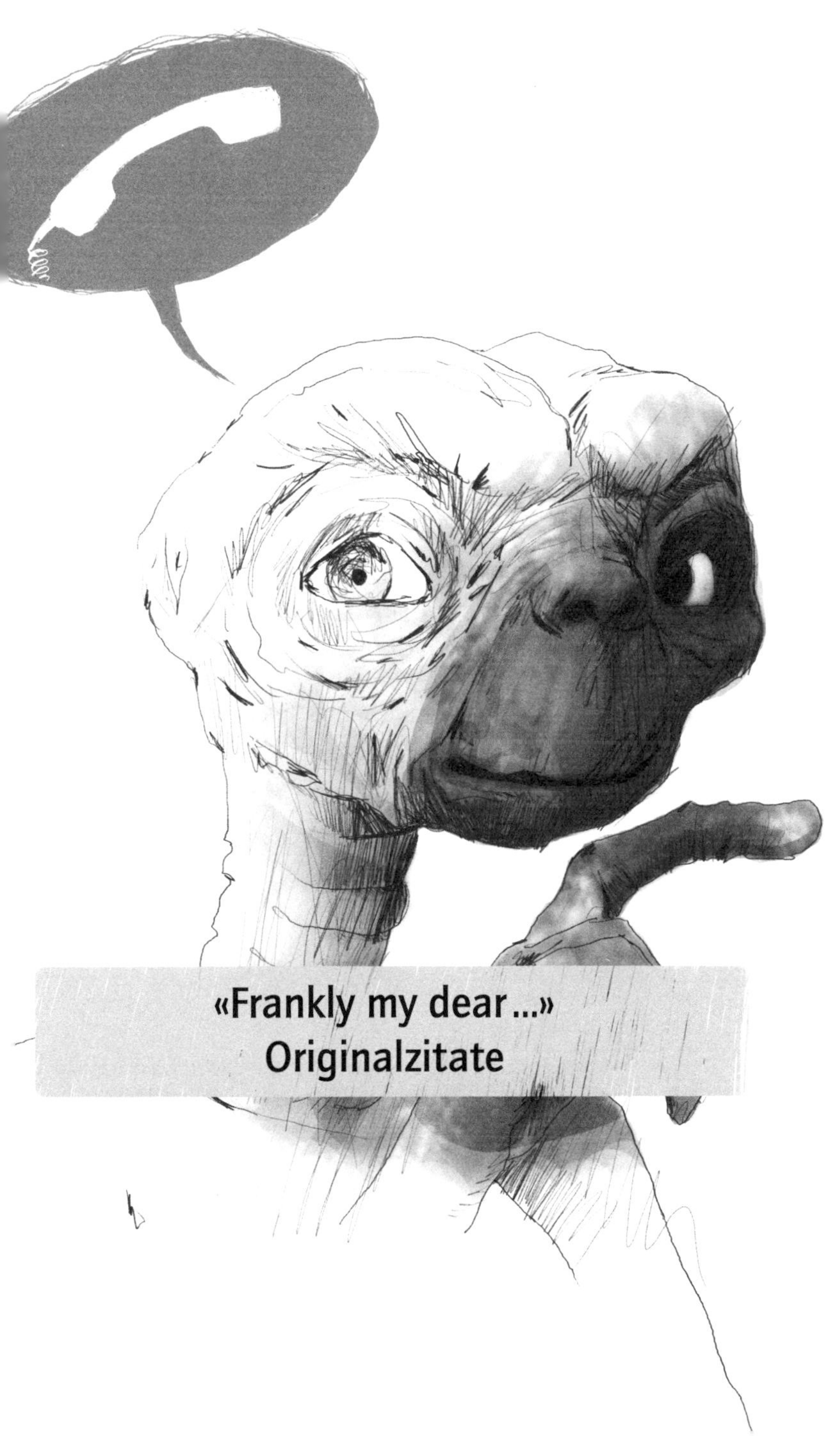

«Frankly my dear...»
Originalzitate

Im Jahr 2005 veröffentlichte das Amerikanische Filminstitut (AFI) im Rahmen seiner Jubiläumsreihe anlässlich der hundertjährigen Filmgeschichte («AFI's 100 Years ...») eine Rangliste der hundert besten Filmzitate aller Zeiten. Da die Geschichte der Filmzitate im Grunde erst mit dem ersten abendfüllenden Tonfilm (DER JAZZSÄNGER) 1927 begann, war sie 2005 allerdings noch längst keine hundert Jahre alt.

Ausgewählt wurden die Zitate von einer Jury, die sich aus insgesamt 1.500 Filmschaffenden, Filmkritiker:innen und Filmhistoriker:innen zusammensetzte. Die Juror:innen konnten bis zu hundert Zitate in einer Nominierungsliste von 400 Filmzitaten ankreuzen. Außerdem konnten sie bis zu fünf weitere Zitate hinzufügen, die nicht auf dem Stimmzettel aufgeführt waren. Bei ihrer Auswahl waren sie angehalten, folgende drei Kriterien zu berücksichtigen:

1. Das Zitat sollte möglichst kurz und prägnant sein, und es musste als Teil eines Dialoges in einem amerikanischen Film vorkommen.
2. Die Dialogpassage sollte in die Popkultur und den Alltag der Menschen Eingang gefunden haben und möglichst häufig zitiert werden.
3. Das Zitat sollte unmittelbar an den Film erinnern, aus dem es stammt.

Am 21. Juni 2005 präsentierte Gastgeber Pierce Brosnan dann innerhalb einer dreistündigen Fernsehshow die Ergebnisse.

Die 100 populärsten Originalzitate der US-Kinogeschichte

1.	«Frankly my dear, I don't give a damn.»	Rhett Butler (Clark Gable)	VOM WINDE VERWEHT (1939)
2.	«I'm gonna make him an offer he can't refuse.»	Don Vito Corleone (Marlon Brando)	DER PATE (1972)
3.	«You don't understand! I coulda had class. I coulda been a contender. I could've been somebody, instead of a bum, which is what I am.»	Telly Malloy (Marlon Brando)	DIE FAUST IM NACKEN (1954)
4.	«Toto, I've a feeling we're not in Kansas anymore.»	Dorothy Gale (Judy Garland)	DAS ZAUBERHAFTE LAND (DER ZAUBERER VON OZ, 1939)
5.	«Here's looking at you, kid.»	Rick Blaine (Humphrey Bogart)	CASABLANCA (1942)
6.	«Go ahead, make my day.»	Harry Callahan (Clint Eastwood)	DIRTY HARRY IV – DIRTY HARRY KOMMT ZURÜCK (1983)

7.	«All right, Mr. DeMille, I'm ready for my close-up.»	Norma Desmond (Gloria Swanson)	BOULEVARD DER DÄMMERUNG (1950)
8.	«May the Force be with you.»	Han Solo (Harrison Ford)	KRIEG DER STERNE (1977)
9.	«Fasten your seatbelts. It's going to be a bumpy night.»	Margo Channing (Bette Davis)	ALLES ÜBER EVA (1950)
10.	«You talkin' to me?»	Travis Bickle (Robert De Niro)	TAXI DRIVER (1976)
11.	«What we've got here is failure to communicate.»	Captain (Strother Martin)	DER UNBEUGSAME (1967)
12.	«I love the smell of napalm in the morning.»	Lieutenant Colonel Bill Kilgore (Robert Duvall)	APOCALYPSE NOW (1979)
13.	«Love means never having to say you're sorry.»	Jennifer Cavilleri Barrett (Ali MacGraw)	LOVE STORY (1970)
14.	«The stuff that dreams are made of.»	Sam Spade (Humphrey Bogart)	DIE SPUR DES FALKEN (1941)
15.	«E.T. phone home.»	E.T. (Pat Welsh)	E.T. – DER AUSSERIRDISCHE (1982)
16.	«They call me Mister Tibbs!»	Virgil Tibbs (Sidney Poitier)	IN DER HITZE DER NACHT (1967)
17.	«Rosebud.»	Charles Foster Kane (Orson Welles)	CITIZEN KANE (1941)
18.	«Made it, Ma! Top of the world!»	Arthur «Cody» Jarrett (James Cagney)	MASCHINENPISTOLEN (1949)
19.	«I'm as mad as hell, and I'm not going to take this anymore!»	Howard Beale (Peter Finch)	NETWORK (1976)
20.	«Louis, I think this is the beginning of a beautiful friendship.»	Rick Blaine (Humphrey Bogart)	CASABLANCA (1942)
21.	«A census taker once tried to test me. I ate his liver with some fava beans and a nice Chianti.»	Hannibal Lecter (Anthony Hopkins)	DAS SCHWEIGEN DER LÄMMER (1991)
22.	«Bond. James Bond.»	James Bond (Sean Connery)	JAMES BOND 007 JAGT DR. NO (1962)

23.	«There's no place like home.»	Dorothy Gale (Judy Garland)	DAS ZAUBERHAFTE LAND (DER ZAUBERER VON OZ, 1939)
24.	«I am big! It's the pictures that got small.»	Norma Desmond (Gloria Swanson)	BOULEVARD DER DÄMMERUNG (1950)
25.	«Show me the money!»	Rod Tidwell (Cuba Gooding, Jr.)	JERRY MAGUIRE – SPIEL DES LEBENS (1996)
26.	«Why don't you come up sometime and see me?»	Lady Lou (Mae West)	SIE TAT IHM UNRECHT (1933)
27.	«I'm walking here! I'm walking here!»	«Ratso» Rizzo (Dustin Hoffman)	ASPHALT-COWBOY (1969)
28.	«Play it, Sam. Play ‹As Time Goes By.›»	Ilsa Lund (Ingrid Bergman)	CASABLANCA (1942)
29.	«You can't handle the truth!»	Col. Nathan R. Jessep (Jack Nicholson)	EINE FRAGE DER EHRE (1992)
30.	«I want to be alone.»	Grusinskaya (Greta Garbo)	MENSCHEN IM HOTEL (1932)
31.	«After all, tomorrow is another day! »	Scarlett O'Hara (Vivien Leigh)	VOM WINDE VERWEHT (1939)
32.	«Round up the usual suspects.»	Capt. Louis Renault (Claude Rains)	CASABLANCA (1942)
33.	«I'll have what she's having.»	Gast (Estelle Reiner)	HARRY UND SALLY (1989)
34.	«You know how to whistle, don't you, Steve? You just put your lips together and blow.»	Marie Browning (Lauren Bacall)	HABEN UND NICHTHABEN (1944)
35.	«You're gonna need a bigger boat.»	Martin Brody (Roy Scheider)	DER WEISSE HAI (1975)
36.	«Badges? We ain't got no badges! We don't need no badges! I don't have to show you any stinking badges!»	«Gold Hat» (Alfonso Bedoya)	DER SCHATZ DER SIERRA MADRE (1948)
37.	«I'll be back.»	Terminator T-800 (Arnold Schwarzenegger)	TERMINATOR (1984)

38.	«Today, I consider myself the luckiest man on the face of the earth.»	Lou Gehrig (Gary Cooper)	DER GROSSE WURF (1942)
39.	«If you build it, he will come.»	Joe «Shoeless» Jackson	FELD DER TRÄUME (1989)
40.	«Mama always said life was like a box of chocolates. You never know what you're gonna get.»	Forrest Gump (Tom Hanks)	FORREST GUMP (1994)
41.	«We rob banks.»	Clyde Barrow (Warren Beatty)	BONNIE UND CLYDE (1967)
42.	«Plastics.»	Mr. Maguire (Walter Brooke)	DIE REIFEPRÜFUNG (1967)
43.	«We'll always have Paris.»	Rick Blaine (Humphrey Bogart)	CASABLANCA (1942)
44.	«I see dead people.»	Cole Sear (Haley Joel Osment)	THE SIXTH SENSE (1999)
45.	«Stella! Hey, Stella!»	Stanley Kowalski (Marlon Brando)	ENDSTATION SEHNSUCHT (1951)
46.	«Oh, Jerry, don't let's ask for the moon. We have the stars.»	Charlotte Vale (Bette Davis)	REISE AUS DER VERGANGENHEIT (1942)
47.	«Shane. Shane. Come back!»	Joey Starrett (Brandon De Wilde)	MEIN GROSSER FREUND SHANE (1953)
48.	«Well, nobody's perfect.»	Osgood Fielding III (Joe E. Brown)	MANCHE MÖGEN'S HEISS (1959)
49.	«It's alive! It's alive!»	Henry Frankenstein (Colin Clive)	FRANKENSTEIN (1931)
50.	«Houston, we have a problem.»	Jim Lovell (Tom Hanks)	APOLLO 13 (1995)
51.	«You've got to ask yourself one question: ‹Do I feel lucky?› Well, do ya, punk?»	Harry Callahan (Clint Eastwood)	DIRTY HARRY (1971)
52.	«You had me at ‹hello›.»	Dorothy Boyd (Renée Zellweger)	JERRY MAGUIRE – SPIEL DES LEBENS (1996)

53.	«One morning I shot an elephant in my pajamas. How he got in my pajamas, I don't know.»	Capt. Geoffrey T. Spaulding (Groucho Marx)	Animal Crackers (1930)
54.	«There's no crying in baseball!»	Jimmy Dugan (Tom Hanks)	Eine Klasse für sich (1992)
55.	«La-dee-da, la-dee-da.»	Annie Hall (Diane Keaton)	Der Stadtneurotiker (1977)
56.	«A boy's best friend is his mother.»	Norman Bates (Anthony Perkins)	Psycho (1960)
57.	«Greed, for lack of a better word, is good.»	Gordon Gekko (Michael Douglas)	Wall Street (1987)
58.	«Keep your friends close, but your enemies closer.»	Michael Corleone (Al Pacino)	Der Pate – Teil II (1974)
59.	«As God is my witness, I'll never be hungry again.»	Scarlett O'Hara (Vivien Leigh)	Vom Winde verweht (1939)
60.	«Well, here's another nice mess you've gotten me into!»	Oliver (Oliver Hardy)	Die Wüstensöhne (1933)
61.	«Say ‹hello› to my little friend!»	Tony Montana (Al Pacino)	Scarface (1983)
62.	«What a dump.»	Rosa Moline (Bette Davis)	Der Stachel des Bösen (1949)
63.	«Mrs. Robinson, you're trying to seduce me. Aren't you?»	Benjamin Braddock (Dustin Hoffman)	Die Reifeprüfung (1967)
64.	«Gentlemen, you can't fight in here! This is the War Room!»	Präsident Merkin Muffley (Peter Sellers)	Dr. Seltsam, oder: Wie ich lernte, die Bombe zu lieben (1964)
65.	«Elementary, my dear Watson.»	Sherlock Holmes (Basil Rathbone)	Die Abenteuer des Sherlock Holmes (1939)
66.	«Take your stinking paws off me, you damn dirty ape!»	George Taylor (Charlton Heston)	Planet der Affen (1968)
67.	«Of all the gin joints in all the towns in all the world, she walks into mine.»	Rick Blaine (Humphrey Bogart)	Casablanca (1942)

68.	«Here's Johnny! »	Jack Torrance (Jack Nicholson)	SHINING (1980)
69.	«They're here!»	Carol Anne Freeling (Heather O'Rourke)	POLTERGEIST (1982)
70.	«Is it safe?»	Dr. Christian Szell (Laurence Olivier)	DER MARATHON-MANN (1976)
71.	«Wait a minute, wait a minute. You ain't heard nothin' yet!»	Jakie Rabinowitz/ Jack Robin (Al Jolson)	DER JAZZSÄNGER (1927)
72.	«No wire hangers, ever!»	Joan Crawford (Faye Dunaway)	MEINE LIEBE RABENMUTTER (1981)
73.	«Mother of mercy, is this the end of Rico?»	Cesare Enrico «Rico» Bandello (Edward G. Robinson)	DER KLEINE CÄSAR (1931)
74.	«Forget it, Jake, it's China-town.»	Lawrence Walsh (Joe Mantell)	CHINATOWN (1974)
75.	«I have always depended on the kindness of strangers.»	Blanche DuBois (Vivien Leigh)	ENDSTATION SEHNSUCHT (1951)
76.	«Hasta la vista, baby.»	Terminator T-800 (Arnold Schwarzenegger)	TERMINATOR 2 – TAG DER ABRECHNUNG (1991)
77.	«Soylent Green is people!»	Det. Robert Thorn (Charlton Heston)	JAHR 2022... DIE ÜBERLEBEN WOLLEN (1973)
78.	«Open the pod bay doors, HAL.»	Dave Bowman (Keir Dullea)	2001: ODYSSEE IM WELT-RAUM (1968)
79.	«Surely you can't be serious.» «I am serious ...and don't call me Shirley.»	Ted Striker (Robert Hays) und Dr. Rumack (Leslie Nielsen)	DIE UNGLAUBLICHE REISE IN EINEM VERRÜCKTEN FLUG-ZEUG (1980)
80.	«Yo, Adrian!»	Rocky Balboa (Sylvester Stallone)	ROCKY (1976)
81.	«Hello, gorgeous.»	Fanny Brice (Barbra Streisand)	FUNNY GIRL (1968)
82.	«Toga! Toga!»	John «Bluto» Blutarsky (John Belushi)	ICH GLAUB' MICH TRITT EIN PFERD (1978)
83.	«Listen to them. Children of the night. What music they make.»	Graf Dracula (Bela Lugosi)	DRACULA (1931)

84.	«Oh, no, it wasn't the airplanes. It was Beauty killed the Beast.»	Carl Denham (Robert Armstrong)	King Kong (1933)
85.	«My precious.»	Sméagol (Andy Serkis)	Der Herr der Ringe – Die zwei Türme (2002)
86.	«Attica! Attica!»	Sonny Wortzik (Al Pacino)	Hundstage (1975)
87.	«Sawyer, you're going out a youngster, but you've got to come back a star!»	Julian Marsh (Warner Baxter)	Die 42. Strasse (1933)
88.	«Listen to me, mister. You're my knight in shining armor. Don't you forget it. You're going to get back on that horse, and I'm going to be right behind you, holding on tight, and away we're gonna go, go, go!»	Ethel Thayer (Katharine Hepburn)	Am goldenen See (1981)
89.	«Tell 'em to go out there with all they got and win just one for the Gipper.»	Knute Rockne (Pat O'Brien)	Knute Rockne All American (1940)
90.	«A martini. Shaken, not stirred.»	James Bond (Sean Connery)	James Bond 007 – Goldfinger (1964)
91.	«Who's on first.»	Dexter (Bud Abbott)	The Naughty Nineties (1945)
92.	«Cinderella story. Outta nowhere. A former greenskeeper, now, about to become the Masters champion. It looks like a mirac… It's in the hole! It's in the hole! It's in the hole!»	Carl Spackler (Bill Murray)	Caddyshack – Wahnsinn ohne Handicap (1980)
93.	«Life is a banquet, and most poor suckers are starving to death!»	Mame Dennis (Rosalind Russell)	Die tolle Tante (1958)
94.	«I feel the need – the need for speed!»	Lt. Pete «Maverick» Mitchell (Tom Cruise) und Lt. Nick «Goose» Bradshaw (Anthony Edwards)	Top Gun – Sie fürchten weder Tod noch Teufel (1986)

95.	«Carpe diem. Seize the day, boys. Make your lives extraordinary.»	John Keating (Robin Williams)	DER CLUB DER TOTEN DICHTER (1989)
96.	«Snap out of it!»	Loretta Castorini (Cher)	MONDSÜCHTIG (1987)
97.	«My mother thanks you. My father thanks you. My sister thanks you. And I thank you.»	George M. Cohan (James Cagney)	YANKEE DOODLE DANDY (1942)
98.	«Nobody puts Baby in a corner.»	Johnny Castle (Patrick Swayze)	DIRTY DANCING (1987)
99.	«I'll get you, my pretty, and your little dog too!»	Die böse Hexe (Margaret Hamilton)	DAS ZAUBERHAFTE LAND (DER ZAUBERER VON OZ, 1939)
100.	«I'm the king of the world!»	Jack Dawson (Leonardo DiCaprio)	TITANIC (1997)

Fünf der «besten Filmzitate aller Zeiten» gingen Humprey Bogart über die Lippen. Auf je drei unvergessene Dialogpassagen kommen Bette Davis, Vivien Leigh, Marlon Brando, Tom Hanks und Al Pacino.

Sechsmal und damit mit Abstand am häufigsten wurde aus CASABLANCA (1942) zitiert. Es folgen mit je drei Zitaten VOM WINDE VERWEHT (1939) und DAS ZAUBERHAFTE LAND (THE WIZARD OF OZ, 1939). Alles Filme aus der ersten Hälfte des 20. Jahrhunderts. Mit «My precious» (Nr. 85) stammt nur ein einziges Zitat in der Liste aus dem 21. Jahrhundert. Die kulturelle Langzeitwirkung eines Zitates lässt sich eben nur aus einigem historischen Abstand beurteilen.

Trotzdem ist es vielleicht an der Zeit, diese Liste ein wenig zu aktualisieren und ihr bei dieser Gelegenheit das eine oder andere Zitat, das es 2005 nicht in die Top-100 schaffte, hinzuzufügen. Auch ein paar legendäre Dialogpassagen oder Sprüche aus deutschsprachigen Filmen sollen dabei nicht unterschlagen werden.

Ein paar der besten vom AFI vergessenen, nicht berücksichtigten oder übergangenen Originalfilmzitate aller Zeiten

Diese Liste basiert auf keinerlei Auswahlkriterien, sie ist unvollständig, dafür jedoch vollständig subjektiv, unsystematisch und unausgewogen. Aber immerhin chronologisch geordnet.

– «Mit drei ‹F›?»
– «Eins vor dem ‹Ei› zwei hinterm ‹Ei›, bitte.»
Professor Bömmel (Paul Henckels) und Dr. Johannes «Hans» Pfeiffer mit drei «f» (Heinz Rühmann) in Die Feuerzangenbowle (1944)

«I've got the bullets!»
Jim Stark (James Dean) in ... denn sie wissen nicht, was sie tun (1955)

– «I mean just suppose everyone thought the same way you do.»
– «Then I'd be a damn fool to think any different.»
1st Lt. Dobbs (Martin Sheen) und Captain John Yossarián (Alan Arkin) in Catch 22 – Der böse Trick (1970)

«I am your father.»
Darth Vader (David Prowse) in Star Wars: Episode V – Das Imperium schlägt zurück (1980)

«Das muss das Boot abkönnen.»
Kapitänleutnant «Kaleun» (Jürgen Prochnow) in Das Boot (1981)

«A strange game. The only winning move is not to play.»
Joshua (James Ackerman) in War Games – Kriegsspiele (1983)

«Hello, pretty ...»
Kurgan (Clancy Brown) in Highlander (1986)

«There can be only one!»
Connor MacLeod (Christopher Lambert) in Highlander (1986)

«Baby wants to fuck!»
Frank Booth (Dennis Hopper) in Blue Velvet (1986)

«I'm not bad. I'm just drawn that way.»
Jessica Rabbit (Stimme: Kathleen Turner) in Falsches Spiel mit Roger Rabbit (1988)

«Yippee-ki-yay, motherfucker.»
John McClane (Bruce Willis) in Stirb langsam (1988)

«Helle Helle Güll Güll»
Claras Mann (Susanne Bredehöft) in Das deutsche Kettensägenmassaker (1990)

«Erst mal tanken, dann Italien.»
Ulf «Bierchen» (Armin Rohde) in Kleine Haie (1992)

«Life finds a way.»
Dr. Ian Malcolm (Jeff Goldblum) in Jurassic Park (1993)

«Das ist ja Stuhl! Da hat mir ja wirklich jemand in die Stiefel geschissen!»
Nasenmann (Peter Thoms) in Texas – Doc Snyder hält die Welt in Atem (1993)

«Hope is a dangerous thing. Hope can drive a man mad.»
Ellis Boyd «Red» Redding (Morgan Freeman) in Die Verurteilten (1994)

«Du Norbert, da hockt ein nackter Hetero auf deinem Wohnzimmertisch und grunzt.»
Walter «Waltraud» (Rufus Beck) in Der bewegte Mann (1994)

«One Million Dollars!»
Dr. Evil (Mike Myers) in Austin Powers – Das Schärfste, was Ihre Majestät zu bieten hat (1997)

«Yeah, baby, yeah!»
Austin Powers (Mike Myers) in Austin Powers (1997)

«Goodnight, you princes of Main, you kings of New England.»
Dr. Wilbur Larch (Michael Caine) und Homer Wells (Tobey Maguire) in Gottes Werk & Teufels Beitrag (1999)

«You do not talk about Fight Club.»
Tyler Durden (Brad Pitt) in Fight Club (1999)

«Ich bin mit der Gesamtsituation unzufrieden.»
Ranger (Christian Tramitz) in Der Schuh des Manitu (2001)

«Fly, you fools!»
Gandalf (Ian McKellen) in Der Herr der Ringe – Die Gefährten (2001)

«Fish are friends, not food!»
Chum (Stimme: Bruce Spence) und Bruce (Stimme: Barry Humphries) in Findet Nemo (2003)

«I wish I knew how to quit you.»
Jack Twist (Jake Gyllenhaal) in Brokeback Mountain (2005)

«Tonight we dine in Hell.»
König Leonidas (Gerard Butler) in 300 (2006)

«SMS sind auch verboten!»
Anna Gutslowsky (Nora Tschirner) in Keinohrhasen (2007)

«Why so serious?»
Joker (Heath Ledger) in The Dark Knight (2008)

«Sunnyside is a place of ruin and despair, ruled by an evil bear who smells of strawberries!»
Mr. Pricklepants (Stimme: Timothy Dalton) / Sepp Stachel in Toy Story 3 (2010)

«Heul leise!»
«Lehrer» Zeki Müller (Elyas M'Barek) zu seiner Schülerin Chantal (Jella Haase) in Fack ju Göhte (2013)

«Chewie, we're home.»
Han Solo (Harrison Ford) in Star Wars: Das Erwachen der Macht (2015)

«In moonlight, black boys look blue.»
Juan (Mahershala Ali) zu Chiron/Little (Alex R. Hibbert) in Moonlight (2016)

«For the record, asshole, climate change is real.»
Pop (Reed Birney) zu einem Opfer der Menschenjagd auf konservative US-Amerikaner und Amerikanerinnen in The Hunt (2020)

«A reverend once told me: ‹When things that are too dangerous to say, sing.›»
Elvis Presley (Austin Butler) in Elvis (2022)

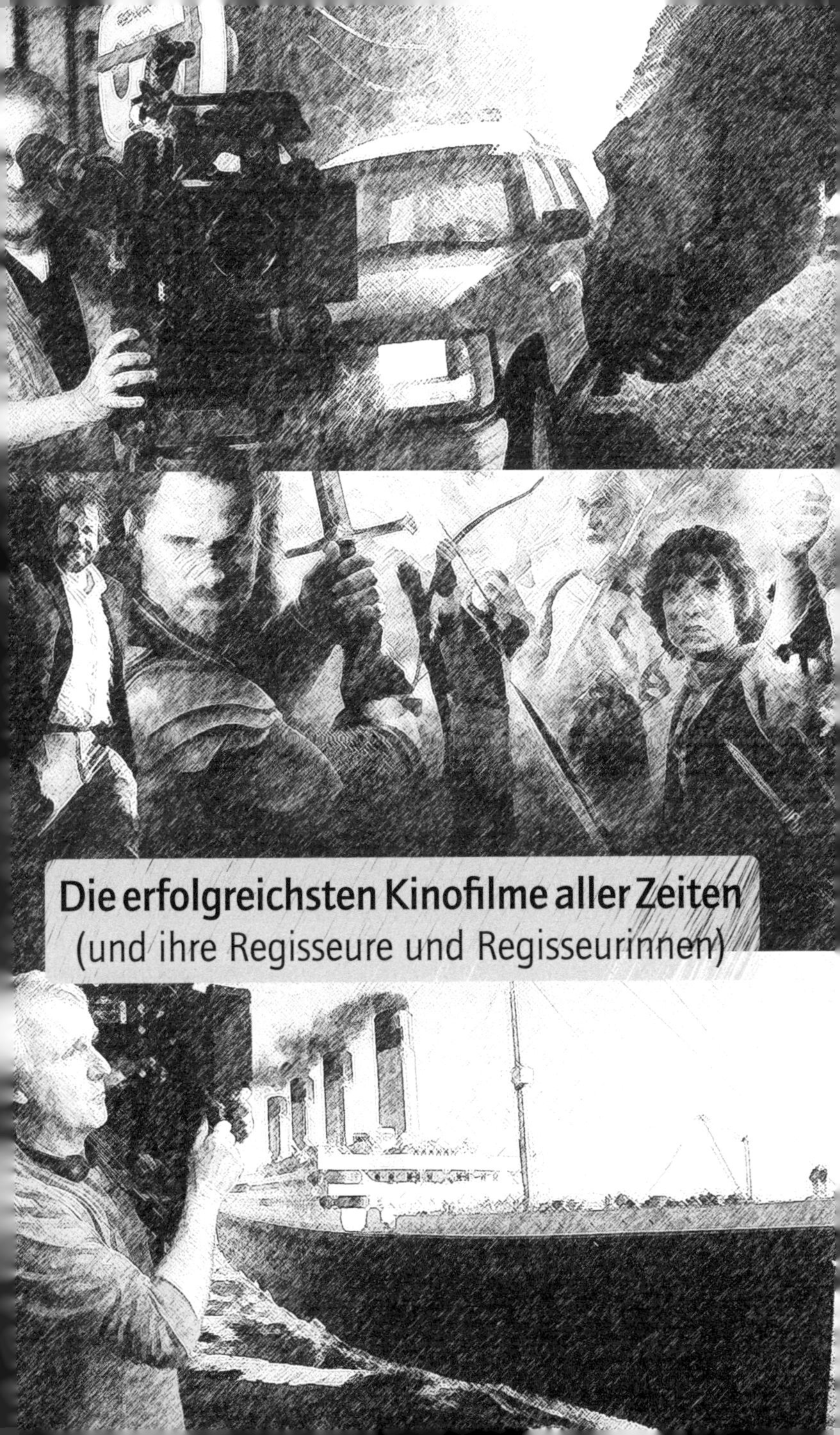

Die erfolgreichsten Kinofilme aller Zeiten

(und ihre Regisseure und Regisseurinnen)

Was soll das eigentlich sein, ein «erfolgreicher Film»? Einer, der gute Kritiken erhält, Festivalpreise, Oscars? Einer, der sich in der Filmgeschichte verewigt hat? Oder vielleicht auch einer, der etwas bewirkt, eine Botschaft vermittelt, Freude bereitet und sei es nur im kleinen Kreise? Ja. Natürlich, ja. Und auch das. Trotzdem: Was in den folgenden Listen als «erfolgreich» bezeichnet wird, bemisst sich an nichts anderem als dem «Publikumserfolg», sprich: den Einspielergebnissen an den Kinokassen. Die Angaben der verwendeten Quellen[1] hierzu waren oftmals widersprüchlich. Eingang in die folgenden Listen haben die Daten gefunden, die am plausibelsten hergeleitet, am sorgfältigsten belegt und am seriösesten dokumentiert waren. Einzelne Fehler sind dennoch nicht ausgeschlossen, sondern sogar wahrscheinlich.

Letztlich dreht sich hier also alles um Einnahmen und Besucherzahlen. «Erfolgreich» ist ein Film demnach dann, wenn es ihm gelingt, möglichst viele Zuschauerinnen und Zuschauer ins Kino zu locken. Möglicherweise sagt das zwar mehr über die Qualität des Marketings, des Vorgängerfilms oder der Buchvorlage aus als über die des Filmes selbst, und mit Sicherheit greift eine derartig einseitige Erfolgsbilanz zu kurz. Aber es hat sich nun mal längst eingebürgert, von den «erfolgreichsten» Filmen zu sprechen, wenn man eigentlich die «meist besuchten» oder die «umsatzstärksten» meint. Es klingt ja auch schöner. Vergessen wir dennoch nicht, dass Geld nicht alles ist. CITIZEN KANE beispielsweise taucht in den folgenden Charts nicht auf, wurde bei Umfragen nach dem «besten Film aller Zeiten» aber jahrzehntelang regelmäßig auf Platz 1 gewählt. Und auch das ist ja ein toller Erfolg.

Chronologie der weltweit erfolgreichsten Kinofilme aller Zeiten

Die *Internet Movie Database* nennt für D.W. Griffith' Stummfilm DIE GEBURT DER NATION (1915) ein geschätztes Einspielergebnis von 10 Millionen US-Dollar. Da die Gesamteinnahmen damals jedoch nicht eindeutig erfasst wurden, variieren die Schätzungen von circa 5 bis 25 (und teilweise noch weit mehr) Millionen. Je nach Annahme wäre die Produktion dann hinter F. Richards Jones' und James Youngs MICKEY (1918) als erfolgreichster Film zurückgefallen, der an den Kinokassen nach aktuellem Wissensstand 8 Millionen US-Dollar erzielte. Da die Schätzungen für DIE GEBURT DER NATION in der Regel jedoch höher liegen, wird MICKEY in der nachfolgenden Liste nicht aufgeführt. Oftmals wird auch David Hands SCHNEEWITTCHEN UND DIE SIEBEN ZWERGE (1937) als vorübergehend erfolgreichster Film genannt. Tatsächlich aber war die

1 Quellen (Auswahl): boxofficemojo.com , Bundesamt für Statistik (Schweiz), de.wikipedia.org/wiki/Liste_erfolgreicher_Filme, en.wikipedia.org/wiki/List_of_highest-grossing_films, www.filmdienst.de (Archiv), www.filmportal.de, www.imdb.com, www.insidekino.de, www.tcm.com, www.the-numbers.com.

Disney-Produktion «lediglich» der erfolgreichste Tonfilm seiner Zeit. An anderer Stelle taucht William Friedkins DER EXORZIST als zwischenzeitlich erfolgreichster Film auf, was jedoch daran liegen dürfte, dass die Einnahmen aus der Wiederaufführung 2000 fälschlicherweise bei den Einspielergebnissen von 1973/74 miteingerechnet wurden. Nach sorgfältigem Abgleich der verwendeten Quellen ergab sich auf Grundlage der nicht inflationsbereinigten Umsätze schließlich die hier abgedruckte Tabelle:

bis 1939	**DIE GEBURT EINER NATION**	USA 1915	D. W. Griffith (Regie)
bis 1965	**VOM WINDE VERWEHT**	USA 1939	Victor Fleming
bis 1970	**MEINE LIEDER, MEINE TRÄUME**[2]	USA 1965	Robert Wise
bis 1971	**VOM WINDE VERWEHT**	USA 1939	Victor Fleming
bis 1974	**DER PATE**	USA 1972	Francis Ford Coppola
bis 1978	**DER WEISSE HAI**	USA 1975	Steven Spielberg
bis 1983	**KRIEG DER STERNE**	USA 1977	George Lucas
bis 1993	**E. T. – DER AUSSERIRDISCHE**	USA 1982	Steven Spielberg
bis 1998	**JURASSIC PARK**	USA 1993	Steven Spielberg
bis 2009	**TITANIC**	USA 1997	James Cameron
bis 2019	**AVATAR: AUFBRUCH NACH PANDORA**	USA 2009	James Cameron
bis 2021	**AVENGERS: ENDGAME**	USA 2019	Anthony Russo, Joe Russo
seit 2021	**AVATAR: AUFBRUCH NACH PANDORA**	USA 2009	James Cameron

Die Top Ten im Milliarden-Club

Weltweiter Umsatz in US-$[3]

Bei der 2013 erschienenen Erstauflage dieses Buches hatten insgesamt erst 14 Filme die Milliardenmarke übertroffen, die dann auch alle gelistet wurden. Drei Jahre später waren es dann schon 26! Zum Zeitpunkt der Überarbeitung für diese Neuauflage waren es mittlerweile 51.

2 Dem Film gelang es nur vorübergehend den Kinodauerbrenner VOM WINDE VERWEHT von der Spitzenposition zu verdrängen.

3 Nicht inflationsbereinigte Einspielergebnisse an den Kinokassen; Quelle: boxofficemojo.com; Stand: Februar 2023.

	Titel	Jahr	Regie	Weltweiter Umsatz in US-$[3]
1.	Avatar: Aufbruch nach Pandora	USA 2009	James Cameron	2.923.706.026
2.	Avengers: Endgame	USA 2019	Anthony Russo, Joe Russo	2.799.439.100
3.	Avatar: The Way of Water	USA 2022	James Cameron	2.244.856.991
4.	Titanic	USA 1997	James Cameron	2.243.314.099
5.	Star Wars: Das Erwachen der Macht	USA 2015	J.J. Abrams	2.071.310.218
6.	Avengers: Infinity War	USA 2018	Anthony Russo, Joe Russo	2.052.415.039
7.	Spider Man: No Way Home	USA 2021	Jon Watts	1.921.847.111
8.	Jurassic World	USA 2015	Colin Trevorrow	1.671.537.444
9.	Der König der Löwen	USA 2019	Jon Favreau	1.663.250.487
10.	Marvel's The Avengers	USA 2012	Joss Whedon	1.520.538.536

Die erfolgreich$ten Regisseure und Regisseurinnen

Grundlage der Reihenfolge bildet die Anzahl der Filme eines Regisseurs unter den hundert umsatzstärksten Kinofilmen aller Zeiten. Bei Gleichstand entscheiden die (nicht inflationsbereinigten) Gesamteinspielergebnisse der Filme. Angesichts der nicht inflationsbereinigten Zahlen handelt es sich um eine recht flüchtige Liste, in der ältere Filme und deren Regisseur:innen kaum vorkommen. Und da hier ausschließlich der finanzielle Erfolg gemessen wird, werden die Einträge von Franchises dominiert. Gemessen am Gesamtumsatz der in den Top 100 platzierten Filme läge James Cameron auf Platz 1. Nicht in die Liste geschafft hat es Steven Spielberg, dem es als einzigem gelang, dreimal den zu seiner Zeit erfolgreichsten Film aller Zeiten zu drehen und das in drei unterschiedlichen Jahrzehnten: 1975 mit Der weisse Hai, 1982 mit E.T. und 1993 mit Jurassic Park.

1. **Peter Jackson** **6** (Filme in den Top 100)
   27. Der Herr der Ringe – Die Rückkehr des Königs (2003)
   48. Der Hobbit – Eine unerwartete Reise (2013)
   58. Der Hobbit – Smaugs Einöde (2013)
   59. Der Hobbit – Die Schlacht der fünf Heere (2014)
   61. Der Herr der Ringe – Die zwei Türme (2002)
   69. Der Herr der Ringe – Die Gefährten (2001)

2. **David Yates** **5**

16. Harry Potter und die Heiligtümer des Todes – Teil 2 (2011)
53. Harry Potter und die Heiligtümer des Todes – Teil 1 (2010)
62. Harry Potter und der Orden des Phönix (2007)
66. Harry Potter und der Halbblutprinz (2009)
94. Phantastische Tierwesen und wo sie zu finden sind (2016)

James Cameron **3**

1. Avatar: Aufbruch nach Pandora (2009)
3. Avatar: The Way of Water (2022)
4. Titanic (1997)

3. **Anthony & Joe Russo** **3**

2. Avengers: Endgame (2019)
6. Avengers: Infinity War (2018)
25. The First Avenger: Civil War (2016)

4. **Jon Watts** **3**

7. Spider-Man – No Way Home (2021)
28. Spider-Man – Far From Home (2019)
75. Spider-Man Homecoming (2017)

5. **Pierre Coffin** **3**

24. Minions (2015, mit Kyle Balda)
43. Ich – Einfach Unverbesserlich 3 (2017, mit Kyle Balda und Eric Guillon)
54. Ich – Einfach Unverbesserlich 2 (2013, mit Chris Renaud)

6. **Kyle Balda** **3**

24. Minions (2015, mit Pierre Coffin)
43. Ich – Einfach Unverbesserlich 3 (2017, mit Pierre Coffin und Eric Guillon)
64. Minions – Auf der Suche nach dem Mini-Boss (2022, mit Brad Ableson und Jonathan del Val)

7. **Michael Bay** **3**

30. Transformers 3 (2011)
32. Transformers – Ära des Untergangs (2014)
89. Transformers – Die Rache (2009)

8. **Christopher Nolan** **3**

33. The Dark Knight Rises (2012)
50. The Dark Knight (2008)
86. Inception (2010)

9. **Lee Unkrich** **3**

37. Toy Story 3 (2010)

63. Findet Nemo (2003, mit Andrew Stanton)
96. Coco (2017)

10. **George Lucas** **3**
44. Star Wars: Episode 1 – Die Dunkle Bedrohung (1999)
80. Star Wars: Episode 3 – Die Rache der Sith (2005)
98. Krieg der Sterne (1977)

11. **Sam Raimi** **3**
60. Doctor Strange in the Multiverse of Madness (2022)
71. Spider-Man 3 (2007)
91. Spider-Man (2002)

All-Time-Blockbuster

Inflationsbereinigt: Die zwanzig umsatzstärksten Kinofilme in den USA[4]

1.	**Vom Winde verweht**	1939	Victor Fleming
2.	**Krieg der Sterne**	1977	George Lucas
3.	**Meine Lieder, meine Träume**	1965	Robert Wise
4.	**E.T. – Der Ausserirdische**	1982	Steven Spielberg
5.	**Titanic**	1997	James Cameron
6.	**Die zehn Gebote**	1956	Cecil B. DeMille
7.	**Der weisse Hai**	1975	Steven Spielberg
8.	**Doktor Schiwago**	1965	David Lean
9.	**Der Exorzist**	1973	William Friedkin
10.	**Schneewittchen und die sieben Zwerge**	1937	David Hand
11.	**Star Wars: Das Erwachen der Macht**	2015	J.J. Abrams
12.	**101 Dalmatiner**	1961	Wolfgang Reitherman, Hamilton Luske, Clyde Geronimi
13.	**Das Imperium schlägt zurück**	1980	Irvin Kershner
14.	**Ben-Hur**	1959	William Wyler
15.	**Avatar: Aufbruch nach Pandora**	2009	James Cameron
16.	**Avengers: Endgame**	2019	Anthony Russo & Joe Russo

4 Diese Liste gibt nicht den ursprünglichen Erfolg des Films an den Kinokassen wieder, da Wiederaufführungen den Gesamtumsatz wesentlich beeinflussen. Quelle: boxofficemojo.com/alltime/adjusted.htm; Stand: Oktober 2022.

17.	DIE RÜCKKEHR DER JEDI-RITTER	1983	Richard Marquand
18.	JURASSIC PARK	1993	Steven Spielberg
19.	STAR WARS: EPISODE 1 – DIE DUNKLE BEDROHUNG	1999	George Lucas
20.	DER KÖNIG DER LÖWEN	1994	Roger Allers, Rob Minkoff

Millionen-Schnäppchen

Die Millionen-Dollar-Filme mit dem niedrigsten Budget[5]

Wie so häufig, wenn's ums liebe Geld geht, sind die Zahlen, die in der Öffentlichkeit gehandelt werden, mit Vorsicht zu genießen. Bisweilen existieren gar keine offiziellen Angaben, sodass die Produktionskosten geschätzt werden müssen. Mal wird das Budget künstlich aufgebläht, dann wieder mit allerhand Tricks kleingerechnet. Ähnliches gilt auch für die Einspielergebnisse. Für den US-Porno DEEP THROAT etwa kursieren Zahlen zwischen 30 und 600 Millionen US-Dollar.[6] Gelistet werden hier die vierzehn «Lucky Shots», die mit einem Budget unter 100.000 Dollar in den US-Kinos über eine Million Dollar einspielten. Mit Ausnahme der US-kanadischen Tragikomödie IN THE COMPANY OF MEN sind das ausschließlich US-Produktionen. Der ursprünglich am billigsten produzierte Film, der in den US-Kinos über eine Million machte, ist zwar EL MARIACHI. Die überarbeitete Kinoversion verschlang in der Postproduktion später jedoch weitere 200.000 Dollar. Ganz ähnlich verhielt sich das bei CLERKS. Für BLAIR WITCH PROJECT stiegen die Kosten in der Postproduktion gar auf über 500.000 Dollar.[7]

	Titel	Jahr	Regie	Budget in US-$	US-Einspielergebnis in US-$
1.	EL MARIACHI	1992	Robert Rodriguez	7.000	2.040.920
2.	PINK FLAMINGOS	1972	John Waters	10.000	6.000.000
3.	PARANORMAL ACTIVITY	2007	Oren Peli	15.000	107.918.810
4.	BLAIR WITCH PROJECT	1999	Daniel Myrick, Eduardo Sánchez	22.000	140.539.099
5.	RUMTREIBER (SLACKER)	1991	Richard Linlater	23.000	1.227.508

5 Quellen: http://543investments.com/greatex.php, http://articles.latimes.com/2005/feb/24/business/fi-golden24, www.dailyfilmdose.com/2009/02/top-ten-low-budget-films-under-500000.html, www.imdb.com, www.the-numbers.com/movies/records/budgets.php.

6 Vgl.: Michael Hiltzik: *‹Deep Throat› Numbers Just Don't Add Up*. In: *Los Angeles Times*. 24. Februar 2005

7 popwatch.ew.com/2009/07/09/blair-witch/.

	Titel	Jahr	Regie	Budget in US-$	US-Einspielergebnis in US-$
6.	In the Company of Men	1997	Neil LaBute	25.000	2.883.661
7.	Deep Throat	1972	Gerard Damiano	25.000	45.000.000
8.	Clerks – Die Ladenhüter	1994	Kevin Smith	27.000	3.073.428
9.	Gabriela	2001	Vincent Jay Miller	50.000	2.335.352
10.	Kleine Sünden unter Brüdern	1995	Edward Burns	50.000	10.426.506
11.	Super Size Me (Doku)	2004	Morgan Spurlock	65.000	11.529.368
12.	Pi – Der Film	1998	Darren Aronofsky	68.000	3.221.152
13.	Blutgericht in Texas	1974	Tobe Hooper	83.532	30.859.000
14.	Das letzte Haus links (Mondo brutale)	1972	Wes Craven	87.000	3.100.000

Die besten Investitionen

Die 25 Filme, die weltweit mehr als das 100fache ihres Budgets einspielten[8]

Investitionen in Kunstblut und Ketchup scheinen sich zu lohnen. Horror- und Splatterfilme jedenfalls dominieren die Liste, die mit Paranormal Activity von einem spartanisch produzierten Horrorfilm angeführt wird, der allerdings eher auf Suspense als auf drastische Metzelszenen setzt. Angst und Schrecken verbreiten sich auch ohne großes technisches Tamtam. Und zu einem kultigen Zombiestreifen gehört eine trashige Optik ja fast schon dazu.

Big-Budget-Produktionen dagegen sucht man hier naturgemäß vergebens. Mit zwei beachtlichen Ausnahmen aus den früheren Tagen des Kinos: D. W. Griffith' rassistisches Ku-Klux-Klan-Epos Die Geburt einer Nation und Victor Flemings Klassiker Vom Winde verweht, die jeweils zu den teuersten Filmen ihrer Zeit zählten. Die Geburt einer Nation ist außerdem der einzige Stummfilm, dem es gelang, an den Kinokassen mehr als das Hundertfache seiner Produktionskosten einzunehmen.

Verlässliche Zahlen zu den Budgets der Filme sowie zu ihren weltweiten Einspielergebnissen waren auch hier oftmals Mangelware. Bei widersprüchlichen oder unklaren Angaben wurden die Schätzungen der jeweils seriösesten Quellen zugrunde gelegt.

8 Quellen: http://543investments.com/greatex.php, http://buyamovierole.com/movierole/independent-film, www.dailyfilmdose.com/2009/02/top-ten-low-budget-films-under-500000.html, www.imdb.com, www.the-numbers.com/movies/records/budgets.php.

Nicht gelistet ist Jonathan Caouettes US-Dokumentarfilm TARNATION. Die poetische Collage aus privaten Videoaufnahmen, Fotografien und Mitschnitten von Anrufbeantwortern entstand ursprünglich als No-Budget-Produktion mit minimalen Unkosten in Höhe von 218 Dollar und 32 Cent. In den Kinos spielte der autobiografische Film weltweit 1.162.014 Dollar ein; also das 5.330-fache seines anfänglichen Budgets! Mit diesem Faktor wäre TARNATION in Relation zum Budget der dritterfolgreichste Kinofilm aller Zeiten. Durch die nachträgliche Bearbeitung des Bild- und Tonmaterials stiegen die Produktionskosten jedoch auf circa 400.000 Dollar. Aufgrund dieser – auch im Verhältnis zu den Kinoeinnahmen – eklatanten Differenz zum Ausgangsbudget wird Caouettes außergewöhnliches Filmprojekt in der folgenden Liste nicht geführt.

Soweit nicht anders angegeben, handelt es sich um US-Produktionen.

	Titel	Jahr	Regie	Budget in US-$	Faktor[9]
1.	PARANORMAL ACTIVITY	2007	Oren Peli	15.000	12.890
2.	BLAIR WITCH PROJECT	1999	Daniel Myrick, Eduardo Sánchez	22.000	11.302
3.	DEEP THROAT	1972	Gerard Damiano	25.000	1.800
4.	PINK FLAMINGOS	1972	John Waters	10.000	743
5.	SUPER SIZE ME (Doku)	2004	Morgan Spurlock	65.000	454
6.	GALLOWS – JEDE SCHULE HAT EIN GEHEIMNIS	2015	Travis Cluff, Chris Lofing	100.000	430
7.	BLUTGERICHT IN TEXAS	1974	Tobe Hooper	83.532	369
8.	MAD MAX (AUS)	1979	George Miller	300.000	333
9.	EL MARIACHI	1992	Robert Rodriguez	7.000	292
10.	NIGHT OF THE LIVING DEAD	1968	George A. Romero	114.000	263
11.	DIE GIRLS VOM JUMBO-JET	1969	Al Silliman Jr.	100.000	250
12.	HALLOWEEN	1978	John Carpenter	325.000	216
13.	ROCKY	1976	John G. Avildsen	1.100.000	205
14.	KLEINE SÜNDEN UNTER BRÜDERN	1995	Edward Burns	50.000	208
15.	AMERICAN GRAFFITI	1973	George Lucas	777.000	180
16.	CLERKS – DIE LADENHÜTER	1994	Kevin Smith	27.000	144
17.	ONCE (IRL)	2006	John Carney	180.000	106

9 Multiplikator (des Budgets) zur Berechnung der Einspielergebnisse.

	Titel	Jahr	Regie	Budget in US-$	Faktor[9]
18.	NAPOLEON DYNAMITE	2004	Jared Hess	400.000	115
19.	IN THE COMPANY OF MEN (USA/CAN)	1997	Neil LaBute	25.000	115
20.	OPEN WATER	2003	Chris Kentis	500.000	109
21.	FREITAG DER 13.	1980	Sean S. Cunningham	550.000	109
22.	EASY RIDER	1969	Dennis Hopper	400.000	104
23.	VOM WINDE VERWEHT	1939	Victor Fleming	3.977.000	100
24.	DIE GEBURT EINER NATION	1915	D.W. Griffith	110.000	100
25.	THE DEVIL INSIDE	2012	William Brent Bell	1.000.000	100

Die fünf erfolgreichsten deutschen Filme in (West-)Deutschland

seit 1958 (nach Besucherzahlen)

1.	DER SCHUH DES MANITU	2001	Michael «Bully» Herbig
2.	DAS WIRTSHAUS IM SPESSART	1958	Kurt Hoffmann
3.	DER BRAVE SOLDAT SCHWEJK	1960	Axel von Ambesser
4.	DER PAUKER	1958	Axel von Ambesser
5.	WINNETOU 1. TEIL	1962	Harald Reinl

Die fünf erfolgreichsten DEFA-Filme in der DDR

(nach Besucherzahlen)[10]

1.	DIE GESCHICHTE VOM KLEINEN MUCK	1952	Wolfgang Staudte
2.	DAS KALTE HERZ	1950	Paul Verhoeven
3.	DIE SÖHNE DER GROSSEN BÄRIN	1966	Josef Mach
4.	SCHNEEWITTCHEN	1961	Gottfried Kolditz
5.	DIE LUSTIGEN WEIBER VON WINDSOR	1950	Georg Wildhagen

10 www.insidekino.de/DJahr/DDRAlltimeDeutsch.htm.

Die fünf erfolgreichsten österreichischen Filme in Österreich seit 1981 (nach Besucherzahlen)

1.	HINTERHOLZ 8	1998	Harald Sicheritz
2.	POPPITZ	2002	Harald Sicheritz
3.	MÜLLERS BÜRO	1986	Niki List, Hans Selikovsky
4.	ECHTE WIENER – DIE SACKBAUER-SAGA	2008	Kurt Ockermüller
5.	DAS EWIGE LEBEN	2015	Wolfgang Murnberger

Die fünf erfolgreichsten Schweizer Filme in der Schweiz seit 1976 (nach Besucherzahlen)

1.	DIE SCHWEIZERMACHER	1979	Rolf Lyssy
2.	DIE HERBSTZEITLOSEN	2006	Bettina Oberli
3.	MEIN NAME IST EUGEN	2005	Michael Steiner
4.	ACHTUNG, FERTIG, CHARLIE!	2003	Mike Eschmann
5.	SCHELLEN-URSLI	2014	Xavier Koller

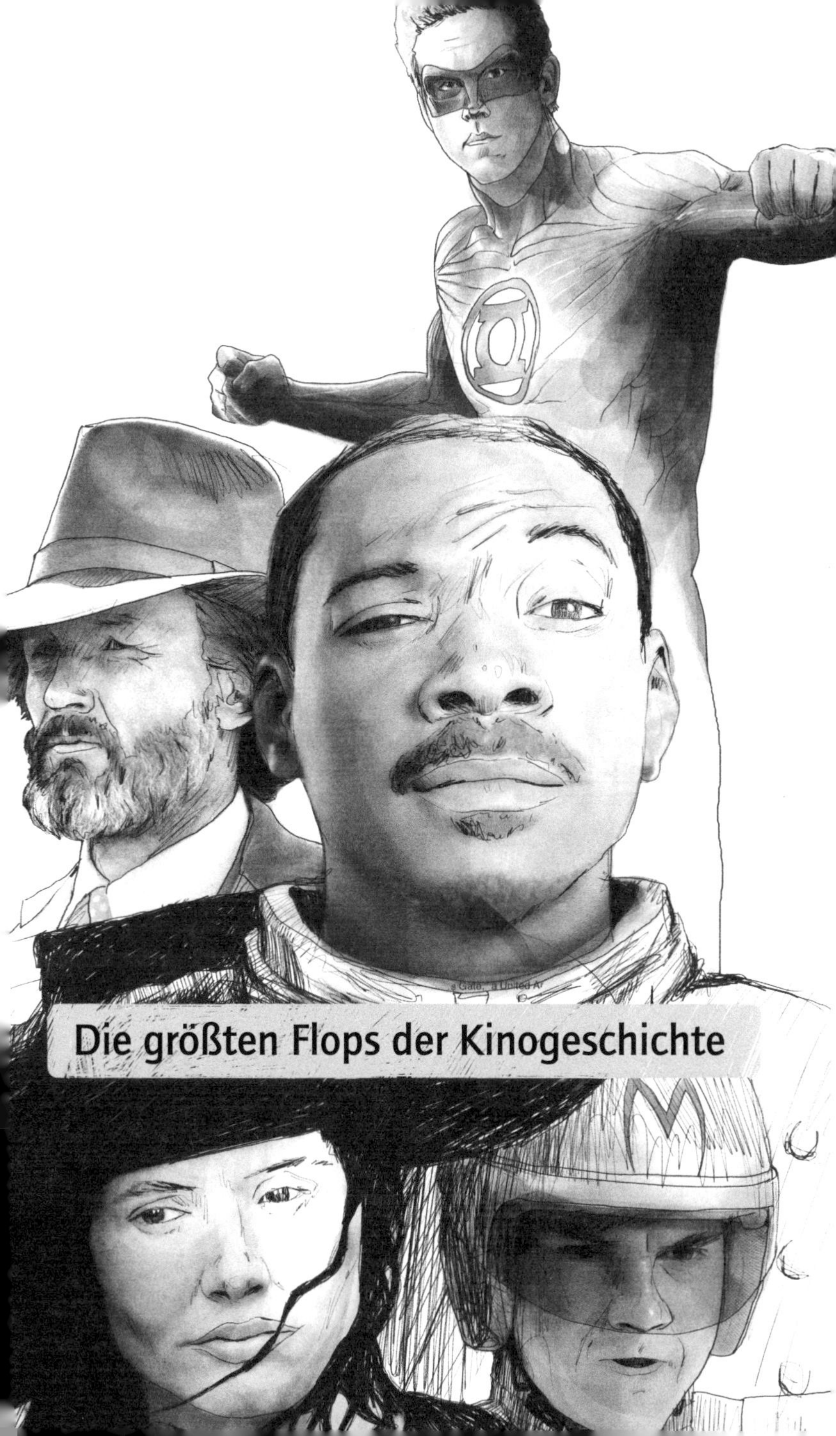

Die größten Flops der Kinogeschichte

Gemessen an der Anzahl der Zuschauer ist vermutlich John Penneys Independent-Thriller ZYZZYX ROAD (2006) mit Katherine Heigl in der weiblichen Hauptrolle der größte Kinoflop aller Zeiten. Eine Woche lang lief die US-Produktion zur Mittagsvorstellung in einem Kino in Dallas und erspielte dort bei sechs zahlenden Zuschauern ganze 30 US-Dollar. Zehn davon erstatte Produzent und Hauptdarsteller Leo Grillo auch noch persönlich zurück: Maskenbildnerin Sheila Moore hatte sich gemeinsam mit einer Freundin den Film angesehen. Die Kinovorführungen in Dallas dienten freilich lediglich dazu, bestimmte formale Voraussetzungen der US-Schauspielgewerkschaft «Screen Actors Guild» zu erfüllen. Die Hoffnungen der Produzenten, den Film nach dem internationalen DVD-Vertrieb noch einmal US-weit in die Kinos zu bringen, erfüllten sich dagegen nicht. Bei einem Produktionsbudget von circa 2 Millionen US-Dollar spielte der Film durch den weltweiten DVD-Vertrieb weniger als 400.000 Dollar ein und erwies sich damit als finanzieller Reinfall.

Einen ähnlich spektakulären Kinofehlstart legte die von Katherine Dieckmann inszenierte Komödie NEW YORK MOM (2009) bei ihrer Englandpremiere im März 2010 hin. Der Film, in dem Uma Thurman die gestresste Großstadtmutti gibt, lief am Eröffnungswochenende nur in einem Londoner Kino und spielte dort lediglich 88 Pfund ein. Die englische Premierenvorstellung sah sich überhaupt nur ein einziger Zuschauer an. Weltweit spielte NEW YORK MOM in den Kinos 726.354 US-Dollar ein. Bei einem geschätzten Budget zwischen 5 und 10 Millionen Dollar ein echtes Desaster.

Dass beide Filme trotzdem nicht zu den größten Flops der Kinogeschichte[1] zählen, hängt schlicht und ergreifend damit zusammen, dass sie nicht teuer genug waren. Nur wer richtig viel Geld ausgibt, kann auch richtig viel Geld in den Sand setzen. Natürlich gibt es verschiedene Kriterien, nach denen sich der größte Kinoflop ermitteln ließe. Man könnte den Film mit den wenigsten Zuschauern, den geringsten Kinoeinnahmen zum größten Misserfolg erklären. Oder denjenigen, der im Verhältnis zu den Produktionskosten prozentual den größten Verlust erzielte. Die peinliche Mond-Komödie PLUTO NASH (USA/AUS 2002) würde mit einem relativen Verlust von 93 Prozent in einer solchen Negativ-Rangliste weit vorne landen.

Einige der relativ größten Misserfolge

- Noch eine ganze Spur schlechter als PLUTO NASH schnitt mit einem Gesamtbudget von 23,5 Millionen Dollar und einem relativen Verlust von 99,7 % Don Bluth' Zeichentrickfilm **DER ZAUBERTROLL** (USA 1994) ab.
- Ebenfalls zu den biggest losern zählt mit einem spektakulären Verlust von 99,47 % die gänzlich verunglückte Hollywoodsatire **FAHR ZUR HÖLLE HOLLY-**

1 Quellen (Auswahl): boxofficemojo.com; www.cnbc.com/id/38815985/The_15_Biggest_Box_Office_Bombs; www.filmsite.org/greatestflops.html; www.imdb.com, www.statista.com.

WOOD (USA 1997). Mit einem geschätzten Budget von 10 Millionen US-Dollar spielte der Film weltweit an den Kinokassen nicht einmal 53.000 Dollar ein.

Ähnlich schlechte Ergebnisse lieferten

- Paul Schraders Horrorprequel **DOMINION: EXORZIST: DER ANFANG DES BÖSEN** (USA 2005) mit 99,16 %. Renny Harlin drehte mit demselben Hauptdarsteller (Stellan Skarsgård) unter dem Titel **EXORZIST: DER ANFANG** (USA 2004) eine der Produktionsfirma Morgan Creek genehmere und an den Kinokassen deutlich erfolgreichere Version des Films, wodurch Schraders Film aus dem Kino- in den DVD-Markt gedrängt wurde.
- Hugh Hudsons im amerikanischen Unabhängigkeitskrieg angesiedeltes Historiendram **REVOLUTION** (GB/N 1985) mit Al Pacino, Donald Sutherland und Nastassja Kinski in den Hauptrollen und einem Minus von 98,72 %.
- Steve Miners Western **TEXAS RANGERS** (USA 2001) mit einem Verlust von 98,36 %.
- Ang Lees Westerndrama **RIDE WITH THE DEVIL** (USA 1999) mit 98,33 %.
- Adrian Lynes skandalumwitterte und von US-Verleihfirmen wegen Pädophilievorwürfen boykottierte Nabokov-Neuverfilmung **LOLITA** (USA 1997) mit einem relativen Verlust von 98,15 %.

Die Budgets der genannten Filme lagen jeweils im zweistelligen Millionenbereich. Strenggenommen dürfte das bei einer solchen Liste jedoch keine Rolle spielen. Eine Low-Budget-Produktion, deren Herstellungskosten ein paar Tausend Dollar betrugen, die davon aber keinen einzigen Cent an den Kinokassen einspielte, müsste konsequenterweise als größter Flop aller Zeiten gehandelt werden.

Die 100-Millionen-Dollar-Gräber

Angemessener erscheint es da, den finanziellen Gesamtverlust in absoluten Zahlen als Maßstab eines Vergleichs zu nehmen. Grundlage eines solchen Vergleichs bilden Produktions-, Marketings- und Vertriebskosten auf der einen Seite und die Kinoeinspielergebnisse sowie die Home-Media-, VoD- und Lizenzerlöse etc. auf der anderen Seite. Sowohl die Ausgaben als auch die Einnahmen werden jedoch oftmals unterschiedlich erfasst und sind in den meisten Fällen nicht öffentlich und müssen daher geschätzt werden. Zudem kann sich ein monströser Flop an den Kinokassen durch spätere Einnahmen im Home-Media- und VoD-Bereich wieder relativieren, wie das etwa bei Carl Rinschs 47 RONIN (2013) der Fall war, der in der letzten Ausgabe dieses Buches die nachfolgende Liste noch anführte. Dies ist auch der Grund, wieso der Ende 2022 verschiedentlich als größter Flop aller Zeiten geführte Pixar-/Disney-Animationsstreifen ROT (mit einem Verlust von 166 Mio. US-$) in dieser Liste nicht erscheint. Es ist hier schlichtweg noch zu früh, Bilanz zu ziehen. Die vorliegenden Zahlen dienen demnach lediglich einer ungefähren Orientierung. Die Anzahl der Kinoproduktionen, die auf der Basis dieser Zahlen einen realen Gesamtverlust von über 100 Millionen US-Dollar aufweisen, variiert je nach Quelle. Teilweise sind es mehr als vierzig. Die fünf verlustreichsten davon sind bzw. waren Ende 2022:

	Titel	Jahr	Regie	Verlust in Mio. US-$
1.	JUNGLE CRUISE	2021	Jaume Collet-Serra	151
2.	MILO UND MARS	2011	Simon Wells	143
3.	MULAN	2020	Niki Caro	140
4.	WONDER WOMAN 1984	2020	Patty Lenkins	134
5.	MATRIX RESURRECTIONS	2021	Lana Wachowski	133

Nicht zufälligerweise wurden diese Filme alle erst nach der Jahrtausendwende produziert. Das erklärt sich freilich weniger dadurch, dass früher seriöser gewirtschaftet wurde, als vielmehr durch die Auswirkungen der Corona-Pandemie sowie die Geldentwertung. Bezieht man die Inflation in die Berechnung des Verlustes mit ein, ergibt sich ein verändertes Bild.

Die vier größten Pleiten des zweiten Jahrtausends (inflationsbereinigt)

Inflationsbereinigt haben noch etliche weitere Filme an den Kinokassen über 100 Millionen US-Dollar weniger eingespielt als sie gekostet haben. Spitzenreiter und damit der größte Kinoflop aller Zeiten ist Renny Harlins CUTTHROAT ISLAND. DIE PIRATENBRAUT, so der deutsche Verleihtitel, stürzte das taumelnde Seeräubergenre in eine tiefe Krise, die im Grunde bis zu Gore Verbinskis FLUCH DER KARIBIK (2003) anhielt, und die Produktionsfirma «Carolco Pictures» in die Insolvenz. Dass der Film es mit diesem spektakulären Misserfolg als größter kommerzieller Flop der Kinogeschichte bis ins *Guinness-Buch der Rekorde* schaffte, dürfte für die Verantwortlichen nur wenig tröstlich gewesen sein.

	Titel	Regie/ Darsteller	Verlust in Mio. US-$ (inflationsbereinigt)
1.	DIE PIRATENBRAUT (USA 1995)	Renny Harlin / Geena Davis	181
2.	DER 13. KRIEGER (USA 1999)	John McTiernan / Antonio Banderas	157
3.	HEAVEN'S GATE (USA 1980)	Michael Cimino / Kris Kristofferson, Christopher Walken	131
4.	DER UNTERGANG DES RÖMISCHEN REICHES (USA 1964)	Anthony Mann / Sophia Loren, Alec Guinness	122

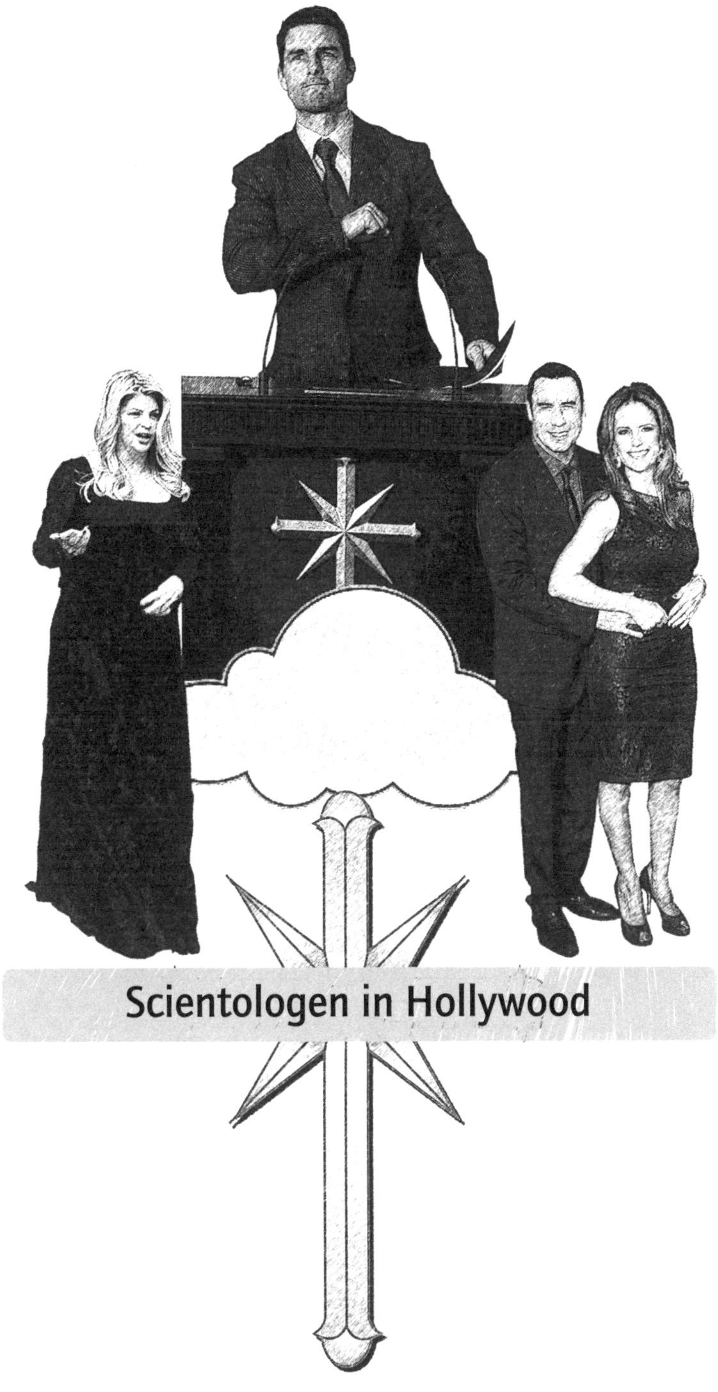

Scientologen in Hollywood

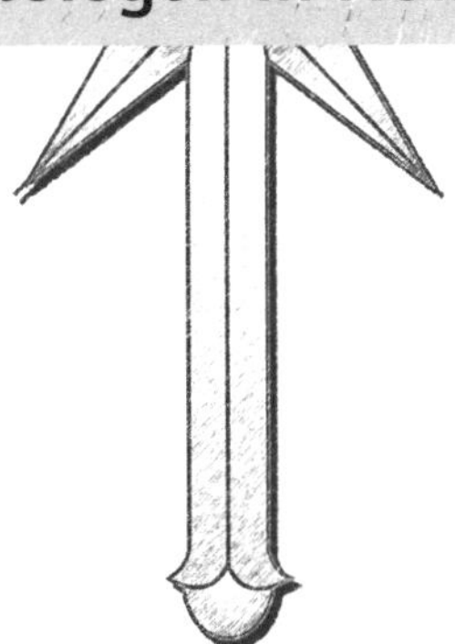

Gerüchte über Hollywoodstars, die angeblich Scientology-Mitglieder sind, gibt es viele (mindestens so viele wie Bekannte von Tom Cruise). Auch Geschichten von mafiösen Strukturen innerhalb der Traumfabrik kursieren reichlich. In führenden Positionen der US-amerikanischen Filmbranche soll es von Scientolog:innen nur so wimmeln. Inwieweit das stimmt, lässt sich nur schwer nachprüfen. Eine kritische Berichterstattung wird von Scientology-Offiziellen nicht gerade begrüßt. Fest steht, dass sie es überhaupt nicht mögen, als «cult», also Sekte, bezeichnet zu werden. In der 2007 gesendeten BBC-Reportage SCIENTOLOGY & ME rastete Scientology-Pressesprecher Tommy Davis regelmäßig aus, wenn Reporter John Sweeney das Wort «cult» auch nur in den Mund nahm. Offenbar sollte die Assoziationskette «Scientology, Sekte» durchbrochen werden: Wer «Scientology» denkt, soll nicht automatisch «Sekte» mitdenken, wer «Sekte» denkt, nicht «Scientology», schon gar nicht: «Scientology-Sekte».

Gegen die Gedankenverbindung «Scientology, Hollywood» haben die Verantwortlichen der vom deutschen Verfassungsschutz beobachteten Organisation freilich nichts einzuwenden. Im Frühjahr 2011 kaufte Scientology das Gebäude eines der ältesten Studios auf dem Sunset Boulevard, um darin ein modernes Medienzentrum für «religiöse Sendungen» zu errichten. Und im Straßenbild Hollywoods ist Scientology schon lange präsent. Bereits 1997 hatte der Stadtrat von Los Angeles zu Ehren des Scientology-Gründers die Umbenennung der Berendo Street in L. Ron Hubbard Way genehmigt.

Neben den vielen Schauspieler:innen und Regisseur:innen, die gerüchteweise mit Scientology in Verbindung gebracht werden, gibt es auch etliche, die sich öffentlich zu ihrer Mitgliedschaft bekannt haben. In der folgenden Liste sind sie geordnet nach ihrem mutmaßlichen «Erkenntnislevel»[1] aufgeführt.

Nicht in der Liste, aber trotzdem bei Scientology sind oder waren (in alphabetischer Reihenfolge):

- Jennifer Aspen (PARTY OF FIVE)
- Lynsey Bartilson (KEINE GNADE FÜR DAD)
- Karen Black (FIVE EASY PIECES – EIN MANN SUCHT SICH SELBST, DER GROSSE GATSBY)
- Erika Christensen (TRAFFIC – MACHT DES KARTELLS)
- Danny Masterson (DIE WILDEN SIEBZIGER)
- Sofia Milos (CSI: MIAMI)
- Marisol Nichols (24)
- Judy Norton (DIE WALTONS)
- Bijou Phillips (BULLY – DIESE KIDS SCHOCKTEN AMERIKA)

1 Unterschieden werden die niedrige Erkenntnisstufe «Clear» und die höhere Stufe «Operating Thetan», welche in mindestens acht weitere Erkenntnislevel unterteilt ist. Die Angaben zu den Erkenntnisleveln sind spekulativ, da es hierzu von Scientology bzw. den Scientology-Mitgliedern keine offiziellen Angaben gibt.

- Laura Prepon (Die wilden Siebziger, Slackers)
- Lee Purcell (Das Gesetz bin ich)
- Giovanni Ribisi (Der Soldat James Ryan)
- Marissa Ribisi (Alles nur Sex)
- Ethan Suplee (My Name is Earl, American History X)

und noch viele andere.

John Travolta (* 18. Februar 1954; OT «Operating Thetan» 7 oder 8)
Der Star aus Saturday Night Fever (1977), Grease (1978) und Pulp Fiction (1994) ist bereits seit Mitte der 1970er-Jahre Scientology-Anhänger. Er übernahm die Hauptrolle in Battlefield Earth – Kampf um die Erde (2000), der Verfilmung eines Science-Fiction-Romans von L. Ron Hubbard, die sich jedoch als Kassenflop herausstellte. Nach dem Tod seines 16-jährigen Sohnes Jett im Januar 2009 kamen Gerüchte auf, Travolta plane den Ausstieg aus Scientology. Angeblich litt Jett an Autismus, einer Krankheit, deren Existenz von der psychiatriefeindlichen Scientologylehre geleugnet wird. Travolta sagte später in Interviews jedoch, Scientology habe ihm und seiner Frau, der Schauspielerin Kelly Preston, geholfen, den Tod ihres Sohnes zu verarbeiten.

Kristie Alley (12. Januar 1951 – 5. Dezember 2022; OT 7 oder 8)
Ihr Filmdebüt gab Alley 1982 als Vulkanierin Lieutenant Saavik in Star Trek II: Der Zorn des Khan. Gemeinsam mit John Travolta spielte sie später in der Komödie Kuck mal wer da spricht (1989) sowie deren beiden Fortsetzungen (1990 und 1993). Alley, die auch in zahlreichen Fernsehserien (u. a. Fackeln im Sturm und Cheers) mitwirkte, wurde schon vor Beginn ihrer Kinokarriere Mitglied von Scientology. Im Rahmen eines Drogenentzugsprogramms kam sie 1979 erstmals mit Scientology in Berührung. Im Laufe ihrer Mitgliedschaft hat sie der Organisation mehrere Millionen Dollar gespendet.

Nancy Cartwright (* 25. Oktober 1957; OT 7)
Als Schauspielerin und Sprecherin hat Cartwright zwar schon in über Hundert Kinofilmen und Fernsehserien mitgewirkt, trotzdem ist sie seit 1989 vor allem eins: die Stimme von Bart Simpson aus der Kultzeichentrickserie Die Simpsons. Seit Ende der 1980er-Jahre ist sie außerdem Mitglied bei Scientology. 2009 warb sie ohne offizielle Genehmigung der Simpson-Produzenten und -Produzentinnen in automatisierten Telefonanrufen mit der Stimme von Bart Simpson für Scientology. Bereits 2007 hatte sie Scientology einen Scheck in Höhe von 10 Millionen Dollar überreicht.

Tom Cruise (* 3. Juli 1962; OT 7)
Der bereits dreimal für den Oscar nominierte Schauspieler ist das Aushängeschild der Scientology-Organisation, der er bereits mehrere Millionen US-Dollar spendete. Katie Holmes, mit der er über fünf Jahre verheiratet war, ehe sie 2012 die Scheidung einreichte, warb er ebenso für Scientology an wie zuvor schon seine Ex-Frau Nicole

Kidman. Die Trauung mit Holmes folgte einem Scientology-Ritus, die gemeinsame Tochter Suri wurde nach den «Dianetik»-Grundsätzen Scientologys erzogen; gerüchteweise gegen den Willen der Mutter und ein Grund für die Trennung des Paares.

Trotz bzw. gerade aufgrund der Proteste, die es auslöste, dass mit Tom Cruise ausgerechnet der öffentlichkeitswirksamste Botschafter Scientologys für eine Millionengage in die Rolle des Hitlerattentäters Stauffenberg schlüpfte (OPERATION WALLKÜRE – DAS STAUFFENBERG ATTENTAT), verlieh der Burda-Verlag dem Schauspieler 2007 den «Bambi Courage», den «Bambi für Mut». In seiner an Peinlichkeit kaum zu überbietenden Laudatio schwärmte *FAZ*-Herausgeber Frank Schirrmacher über Cruise: «Nur wenige sind wohl größerem Druck ausgesetzt als er und an wenigen wird von so vielen Seiten gezerrt. Kaum jemand wird aber auch so gnadenlos angegriffen. Ich kenne wenige, die dabei freundlicher, konzentrierter, und würdevoller blieben, als er es immer war.»

Jenna Elfman (* 30. September 1971; OT 7)
Die ausgebildete Balletttänzerin, die früher auch schon mal in einem Musikvideo von Depeche-Mode auftrat, erhielt für ihre Darstellung der weiblichen Hauptfigur Dharma Finkelstein Montgomery in der Sitcom DHARMA & GREG (1997–2002) einen Golden Globe (1999). Im Kino war sie zuletzt in einer Nebenrolle als Justin Timberlakes (alias Dylan Harper) große Schwester Annie in der romantischen Komödie FREUNDE MIT GEWISSEN VORZÜGEN (2011) zu sehen. Auch ihr Ehemann, der Schauspieler Bodhi Elfman, ist Mitglied bei Scientology.

Kelly Preston (* 13. Oktober 1962; OT 6)
Die in Honolulu geborene Schauspielerin trat als Nebendarstellerin in zahlreichen Spielfilmen auf. Unter anderem in CHRISTINE (1983), TWINS – ZWILLINGE (1988), JERRY MAGUIRE – SPIEL DES LEBENS (1996) sowie in der Hubbard-Verfilmung BATTLEFIELD EARTH – KAMPF UM DIE ERDE (2000). Für unfreiwillige Schlagzeilen sorgte Preston 1990, als sie sich von ihrem damaligen Lebensgefährten, dem Schauspieler Charlie Sheen, trennte, nachdem dieser sie – angeblich versehentlich – in den Arm geschossen hatte. Im September 1991 heirateten Preston und John Travolta. Die Zeremonie folgte einem Ritual der Scientology.

Anne Archer (* 25. August 1947; OT 4)
Die Schauspielerin und langjährige Scientologin erhielt für ihre Rolle der betrogenen Ehefrau Beth Gallagher in EINE VERHÄNGNISVOLLE AFFÄRE (1987) eine Oscar-Nominierung. Sie ist die Mutter des ehemaligen Scientology-Pressesprechers Tommy Davis.

Priscilla Presley (* 24. Mai 1945; OT 2 oder 3)
Die Frau mit dem berühmten Nachnamen (geboren als Priscilla Ann Wagner), die 1973 von Elvis geschieden wurde, schuf sich mit der Rolle der Jenna Wade (1983–1988) in der Fernsehserie DALLAS (1978–1991) eine eigene Fangemeinde. Sie spielte außerdem die weibliche Hauptrolle in David Zuckers Actionparodie DIE NACKTE KANONE (1988) sowie den beiden Fortsetzungsfilmen (1991, 1994). Ihre im

Januar 2023 verstorbene Tochter Lisa Marie Presley war ebenfalls Scientologin (OT 5), ehe sie 2014 ausstieg. 2017 kursierten dann Meldungen, auch Priscilla Presley habe Scientology verlassen, die wenig später aber von einem Sprecher der Schauspielerin zurückgewiesen wurden.

Juliette Lewis (* 21. Juni 1973; OT unbekannt)
Noch ehe sie für KALIFORNIA (1993), NATURAL BORN KILLERS (1994) oder FROM DUSK TILL DAWN (1996) vor der Kamera stand, war Juliette Lewis im Alter von 18 Jahren bereits mit KAP DER ANGST (1991) für einen Oscar nominiert worden. 1996 trat sie Scientology bei, was ihr, wie sie selbst sagt, half, ihre Drogensucht zu überwinden. Auch ihr Vater, der 2015 verstorbene Schauspieler Geoffrey Lewis, war Scientology-Mitglied.

Catherine Bell (* 14. August 1968, Clear)
Das ehemalige Body Double von Isabella Rossellini (DER TOD STEHT IHR GUT, 1992) schaffte in der TV-Serie J.A.G – IM AUFTRAG DER EHRE (1995–2005) den Sprung von einem Kurzauftritt zur weiblichen Hauptrolle (ab 1996). Dem US-Militär blieb sie auch danach erhalten. Von 2007 bis 2013 verkörperte sie eine der Hauptfiguren in der US-Fernsehserie ARMY WIVES. Zwischen 2015 und 2021 spielte sie in der Fantasy-Serie GOOD WITCH die Titelfigur Cassandra Nightingale.

Isaac Lee Hayes (1942–2008, Clear)
Der 2008 verstorbene Soulsänger und Komponist, der für den Titelsong zu Gordon Parks SHAFT (1971) mit dem Oscar ausgezeichnet wurde, lieh dem Chefkoch in der Zeichentrickserie SOUTH PARK (seit 1997) seine Stimme. Nach einer scientology-kritischen Episode beendete er 2006 die Zusammenarbeit mit den SOUTH PARK-Produzenten.

Elisabeth Moss (* 24. Juli 1982, OT unbekannt)
Die in Los Angeles geborene Tochter eines Musikerehepaares wuchs mit Scientology auf, da ihre Eltern beide ranghohe Mitglieder waren. Bereits als Kind absolvierte Moss ihre ersten Scientology-Kurse. Die US-Schauspielerin gehörte zur Stammbesetzung in den Fernsehserien THE WEST WING und MAD MEN, ehe sie die Hauptrolle in der auf Margaret Atwoods Roman *Der Report der Magd* basierenden dystopischen Serie THE HANDMAID'S TALE (seit 2017) übernahm, bei der sie auch als ausführende Produzentin fungierte.

Michael Peña (* 13. Januar 1976, OT unbekannt)
Der US-Schauspieler ist u. a. für seine Rolle in ANT-MAN (2015) und ANT-MAN AND THE WASP (2018) bekannt. Seit 2006 ist er mit der Scientologin Brie Shaffer (vermutlich OT 5) verheiratet.

Paul Haggis (* 10. März 1953, Aussteiger, ehemals OT 7)
Der Oscar-gekrönte Drehbuchautor und Regisseur (L. A. CRASH, 2004) gehörte fast 35 Jahre lang Scientology an, eher er sich 2009 dazu entschloss, seine Mitgliedschaft zurückzugeben. Und anders als andere prominente Aussteiger tat er

das nicht still und leise. Zunächst erläuterte er in einem Schreiben an zwanzig Scientology-Freunde die Gründe für seinen Ausstieg. Anfang 2011 berichtete dann der *New Yorker* in einem 26-seitigen Dossier über Haggis' Abkehr von Scientology.[2] Haggis erklärte darin, seine Frau sei von Scientology dazu gezwungen worden, den Kontakt zu ihren Eltern abzubrechen, nachdem diese sich von der Organisation abgewandt hatten. Entscheidend für seinen Ausstieg sei jedoch die homophobe Haltung vieler Scientology-Mitglieder gewesen. Als Scientolog:innen begonnen hätten, andere Mitglieder vor seiner lesbischen Tochter zu warnen, habe er beschlossen, die «Kirche» zu verlassen. Eine Kirche ist Scientology für Haggis jedoch längst nicht mehr. Am Ende des *New Yorker*-Dossiers nimmt er das Tabuwort «cult» in den Mund: «Ich war 35 Jahre lang in einer Sekte. Alle anderen konnten das sehen. Ich weiß nicht, warum ich dazu nicht in der Lage war.» Dass der Fall damit erledigt sei, glaubte er nicht: «Diese Leute vergessen nicht so schnell.» In ein paar Jahren werde man wahrscheinlich von irgendeinem Skandal lesen, in den er angeblich verwickelt sei und der scheinbar überhaupt nichts mit Scientology und seinem Austritt zu tun habe. Vielleicht ist das der Grund, dass andere ehemalige Scientolog:innen nach ihrem Ausstieg so beharrlich schweigen.

Leah Remini (* 15. Juni 1970; Aussteigerin, ehemals OT 3 oder 4)
International bekannt wurde die gebürtige New Yorkerin durch ihre Rolle der spitzzüngigen Carrie Hefferman in der US-Sitcom King of Queens (1998–2007). Nach dreißig Jahren stieg sie 2013 aus der Sekte aus, die sie seitdem öffentlich kritisiert.

Nicole Kidman (* 20. Juni 1967, Aussteigerin, ehemals OT 2)
Die australische Oscar-Preisträgerin (The Hours – Von Ewigkeit zu Ewigkeit, 2002) war von 1990–2001 mit Tom Cruise verheiratet. Nach der Trennung von Cruise trat sie aus Scientology aus. Sie wollte, wie sie selbst sagte, nicht, dass ihre Kinder zu Scientolog:innen erzogen würden. Kidman bezeichnet sich heute als gläubige Katholikin. Öffentlich möchte sie über Scientology nicht mehr sprechen.

Jason Lee (25. April 1970; Aussteiger, ehemals OT 1)
Der ehemalige Profiskateboarder war in mehreren Filmen des Independent-Regisseurs Kevin Smith zu sehen. In Chasing Amy komplettierte er die Ménage à trois mit Ben Affleck und Joey Lauren Adams. Zwischen 2005 und 2009 verkörperte er die Titelfigur der TV-Comedy-Serie My Name is Earl. Lee trat 2016 aus Scientology aus.

Katie Holmes (*18. Dezember 1978)
Die Rolle der Joey Potter in der Teeny-Serie Dawsons Creek (1998–2003) machte Katie Holmes schon mit 19 Jahren zum Fernsehstar. Im Kino war sie sowohl in unabhängigen Low-Budget-Produktionen – etwa als Punk-Mädchen in Pieces of

2 www.newyorker.com/reporting/2011/02/14/110214fa_fact_wright?currentPage=all.

April – Ein Tag mit April Burns (2003) – als auch in internationalen Blockbustern zu sehen. In Christopher Nolans Batman Begins (2005) verkörperte sie die Staatsanwältin Rachel Dawes. Zu Scientology kam Holmes über Tom Cruise, mit dem sie sich 2005 verlobt hatte. 2006 heiratete das Paar, und kurz vor der Geburt ihrer gemeinsamen Tochter Suri im April 2006 gab Cruise öffentlich bekannt, dass Holmes Scientology beigetreten sei. Nach fast sechs Ehejahren reichte Holmes im Juni 2012 die Scheidung ein, die dann bereits im Juli einvernehmlich erfolgte. Wie mehrere Medien berichteten, wandte Holmes sich seitdem wieder von Scientology ab und der katholischen Kirche zu.

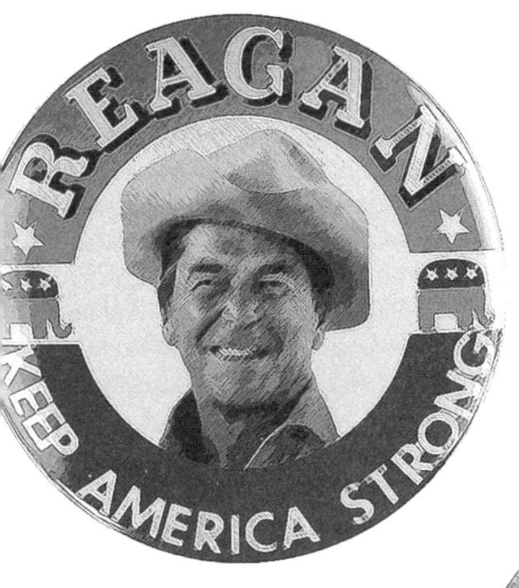

Vom Schauspiel zur Politik

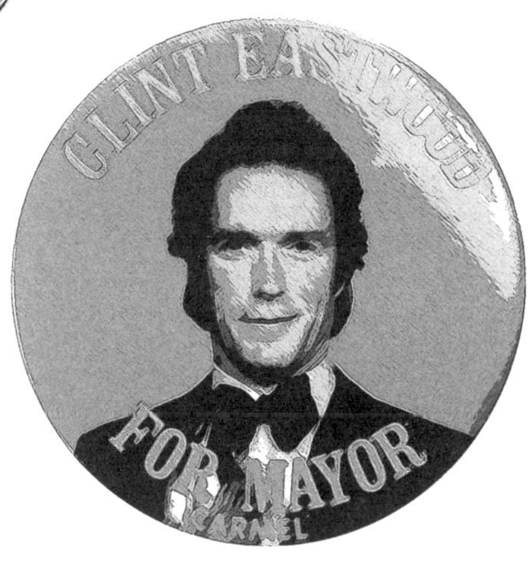

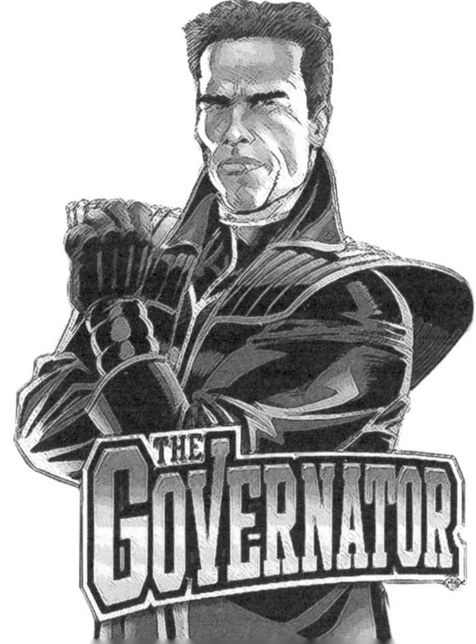

Die ironischen Seitenhiebe drängen sich bei einem solchen Berufswechsel derart auf, dass Sie sich die Gags an dieser Stelle bitte selbst zusammenbasteln. Weltweit haben mittlerweile so viele Filmstars und Sternchen und Nebendarsteller, die irgendwie auch noch mit ins Bild geraten sind, den Sprung in die Politik vollzogen oder zumindest versucht, dass hier nur eine kleine, repräsentative Auswahl aufgelistet werden soll. Nicht nur in den USA, sondern auch auf den Philippinen und besonders in Indien tummeln sich ehemalige Filmschauspielerinnen und -schauspieler in der Politik. Etliche von ihnen gründeten eigene, oftmals regional verankerte Parteien. Mitunter kamen sie sich mit ihren politischen Ambitionen gegenseitig in die Quere. Bei den indischen Parlamentswahlen 2009 beispielsweise traten mit Shatrughan Sinha und Shekhar Suman gleich zwei Kinostars in einem Wahlkreis gegeneinander an. Das Rennen machte Sinha, der im Gegensatz zu Suman auch in die folgende Liste aufgenommen wurde.

Eva «Evita» Duarte de Péron (1919–1952)
Schauspiel
wirkte zwischen 1937 und 1945 unter ihrem Mädchennamen Eva Duarte in sechs argentinischen Spielfilmen mit
Politik
übte als Frau des argentinischen Präsidenten Juan Perón (1946–55) politischen Einfluss aus

John Davis Lodge (1903–1985)
Schauspiel
trat zwischen 1933 und 1940 in Hollywood und Europa in mehr als zwanzig Filmen auf; u. a. an der Seite Marlene Dietrichs in Josef von Sternbergs DIE GROSSE ZARIN (1934)
Politik
1951–1955: Gouverneur von Connecticut; US-Botschafter in Spanien (1955–61), Argentinien (1969–73) und der Schweiz (1983–85); Mitglied der Republikanischen Partei

George Murphy (1902–1992)
Schauspiel
spielte, tanzte und sang zwischen 1934 und 1952 in Dutzenden Hollywoodfilmen und Musicals; 1951 mit einem Ehrenoscar für sein Lebenswerk ausgezeichnet; Stern auf dem Hollywood Walk of Fame (1960)
Politik
1965–71 Senator des US-Bundesstaates Kalifornien für die Republikanische Partei

Ronald Reagan (1911-2004)
Schauspiel
übernahm zwischen 1937 und 1966 die Hauptrollen in zahlreichen Hollywoodfilmen; erhielt 1960 einen Stern auf dem Walk of Fame; 1947-52 und 1959-60 Vorsitzender der US-Schauspielergewerkschaft «Screen Actors Guild»
Politik
1981-89: US-Präsident;
1967-75: Gouverneur von Kalifornien; seit 1962 Mitglied der Republikanischen Partei

M.G. Ramachandran (1917-1987)
Schauspiel
«MGR» gilt als größter Star des tamilischen Kinos; erster Filmschauspieler, der in Indien zum Regierungschef eines Bundesstaates ernannt wurde (1977)
Politik
gründete 1972 die ADMK (den «Allindischden Anna-Bund für den Fortschritt der Draviden», einer Volksgruppe, zu der auch die Tamilen zählen), später umbenannt in AIADMK; 1977-87: Chief Minister (Regierungschef) des Bundesstaates Tamil Nadu; wegen seiner nationalistischen, autoritären Politik umstritten, von seinen Anhängern kultisch verehrt

Shirley Temple (1928-2014)
Schauspiel
größter Kinderstar der Kinogeschichte; mit 6 Jahren jüngste Oscar-Gewinnerin aller Zeiten; Stern auf dem Walk of Fame (1960)
Politik
1974-76: US Botschafterin in Ghana; 1976-77: Protokollchefin der USA; 1989-92: US-Botschafterin in der Tschechoslowakei; Republikanerin

N.T. Rama Rao (1923-1996)
Schauspiel
NTR war der erste Superstar des südindischen Telugu-Kinos; trat in mehr als 200 Filmen auf
Politik
1983-84, 1984-89, 1994-95: Chief Minister des südindischen Bundesstaates Andhra Pradesh

Andrée Champagne (1939-2020)
Schauspiel
zentrale Rolle (Donalda) in der frankokanadischen Fernsehserie LES BELLES HISTOIRES DES PAYS D'EN HAUT (1956-1970)
Politik
1984-86: Staatsministerin im kanadischen Kabinett; 2005-2014: Senatorin

Vijaya Kumaranatunga (1945–1988)
Schauspiel
von 1983 bis 1988 durchgehend als beliebtester Schauspieler Sri Lankas ausgezeichnet
Politik
gründete 1984 die Sri Lanka Mahajana Partei (heute Teil der linkssozialistischen Allianz UPFA), die er bis zu seinem Tod leitete; führender Oppositionspolitiker Sri Lankas; 1988 Opfer eines politischen Attentats; seine Witwe Chandrika Kumaratunga war von 1994 bis 2005 Präsidentin Sri Lankas

Clint Eastwood (*1930)
Schauspiel
Western- und Actionlegende; internationaler Durchbruch in den 1960ern in den «Spaghetti-Western» Sergio Leones; umstritten für seine Rolle als DIRTY HARRY; vierfacher Oscarpreisträger als Produzent und Regisseur
Politik
1986–88: Bürgermeister seines kalifornischen Heimatortes Carmel; rief 2012 auf dem Parteitag der Republikaner zur Wahl des US-Präsidentschaftskandidaten Mitt Romney auf

Jayalalithaa (1948–2016)
Schauspiel
wirkte von 1961 bis 1980 in über hundert indischen Filmproduktionen mit
Politik
seit 1991 Vorsitzende der indischen Regionalpartei AIADMK im Bundesstaat Tamil Nadu; langjährige Regierungschefin (Chief Minister) des Bundesstaates Tamil Nadu, zuletzt gewählt im Juni 2015 (nach Freispruch in einem Korruptionsprozess)

Rajesh Khanna (1942–2012)
Schauspiel
gilt als erster Superstar des indischen Kinos; wurde mehrfach als bester Schauspieler Indiens ausgezeichnet
Politik
1992–1996: Abgeordneter der Kongresspartei (Indischer Nationalkongress) in der ersten Kammer (Lok Sabha) des indischen Parlaments

Glenda Jackson (*1936)
Schauspiel
zweifache Oscarpreisträgerin als beste Hauptdarstellerin (1971 für LIEBENDE FRAUEN, 1974 für MANN, BIST DU KLASSE!), für zwei weitere Oscars nominiert (u. a. 1972 für die Hauptrolle in John Schlesingers SUNDAY BLOODY SUNDAY)

Politik
1992–2015: Abgeordnete im britischen Unterhaus für die Labour Party; 1997–99 Unterstaatssekretärin in der Regierung Tony Blairs

Joseph Estrada (*1937)
Schauspiel
Star des philippinischen Films; spielte von 1957 bis 1989 in über hundert Filmen die Hauptrolle; auch sein Sohn Jinggoy Estrada ist in Film und Politik aktiv
Politik
1998–2001: Präsident der Philippinen; 2013–2019: Bürgermeister von Manila

Vilma Santos-Recto (*1953)
Schauspiel
«Star for all Seasons» des philippinischen Films; mehrfach zur besten Schauspielerin der Philippinen gewählt; begann ihre Filmkarriere mit neun Jahren als Kinderstar
Politik
1998–2007: Bürgermeisterin von Lipa City; 2007–2016: Gouverneurin der philippinischen Provinz Batangas

Gina Lollobrigida (1927–2023)
Schauspiel
«La Lollo», die «Mona Lisa des 20. Jahrhunderts», internationales Sexsymbol und einer der größten Stars des italienischen Kinos; 1961 bei den Golden Globes als beliebteste internationale Schauspielerin ausgezeichnet
Politik
kandidierte 1999 für das Wahlbündnis L'Ulivo von Roman Prodi erfolglos für das Europäische Parlament und 2022 mit der linken und EU-kritischen Sammelbewegung «Italia sovrana e popolare» abermals erfolglos für den Einzug in den italienischen Senat

Ganesh Kumar (*1966)
Schauspiel
spielte in circa hundert Mollywood-Filmen mit (Produktionen des Malayalam-Kinos im südindischen Bundesstaat Kerala)
Politik
2001–2003: Verkehrsminister Keralas; 2011–2013: Minister für Umwelt, Sport und Kino in Kerala; bis 2015 Mitglied der sozialdemokratischen UDF, seit 2015 Mitglied der sozialistischen LDF

Shatrughan Sinha (*1946)
Schauspiel
wirkte seit 1967 in mehr als 200 indischen Filmen mit

Politik

seit 2009: Abgeordneter des indischen Parlamentes; 2002–03: Gesundheits- und Familienminister; 2003–04: Schifffahrtsminister

Barbara Rütting (1927–2020)

Schauspiel

Die als Waltraud Irmgard Goltz geborene Rütting wurde 1953 mit dem Deutschen Filmpreis (Filmband in Gold) als beste Nachwuchsschauspielerin ausgezeichnet und wirkte in den folgenden Jahrzehnten in zahlreichen Kino- und Fernsehfilmen mit. So spielte sie an der Seite von Maria Schell und Bernhard Wicki eine Partisanin in Helmut Käutners Kriegsdrama Die letzte Brücke (1953) und verkörperte in Franz Caps Verfilmung Die Geierwally (1956) die Titelfigur

Politik

2003 wurde Rütting für die Grünen in den bayerischen Landtag gewählt, wo die damals 75-Jährige als Alterspräsidentin fungierte; nach ihrer Wiederwahl 2008 gab sie ihr Mandat 2009 zurück und trat noch im selben Jahr aus der Partei aus, deren Außenpolitik (u. a. Zustimmung zum Afghanistaneinsatz) und Tierschutzpolitik sie kritisierte. Später engagierte sie sich für die Tierschutzpartei und trat in die V-Partei (Partei für Veränderung, Vegetarier und Veganer) ein

Arnold Schwarzenegger (* 1947)

Schauspiel

österreichisch-amerikanischer Weltstar; dem preisgekrönten Bodybuilder (Mr. Universum, Mr. Olympia) gelang mit Conan der Babar (1982) der Durchbruch als Kinostar; erlangte Kultstatus durch seine Auftritte in den Terminator-Filmen

Politik

2003–2011: Gouverneur von Kalifornien; Mitglied der Republikanischen Partei

Dara Singh (1928–2012)

Schauspiel

wurde zunächst als Profiwrestler berühmt (indischer Meister 1953); nationaler Filmstar, spielte zwischen 1952 und 2012 in fast 200 indischen Filmen und TV-Serien

Politik

engagierte sich für die Volksgruppe der Jat Sikh, der er angehörte; 2003–09: Mitglied der zweiten Kammer des indischen Parlaments (Rajya Sabha)

Hema Malini (* 1948)

Schauspiel

Bollywoodschauspielerin, meist gemeinsam mit Ehemann Dharmendra vor der Kamera, ausgezeichnet mit dem Filmfare Award für ihr Lebenswerk

Politik

2003–2009, 2011–2012: Mitglied der Rajya Sabha für die Indische Volkspartei; seit 2014 Mitglied der Lok Sabha

Fernando Poe Jr. (1939–2004)
Schauspiel
FPJ war einer der populärsten philippinischen Actionhelden, was ihm den Beinamen «König des philippinischen Films», kurz «Da King» einbrachte; vielfach preisgekrönt; mit Joseph Estrada befreundet
Politik
kandidierte 2004 bei den philippinischen Präsidentschaftswahlen für das oppositionelle Wahlbündnis KNP, unterlag jedoch gegen die amtierende Präsidentin Gloria Macapagal-Arroyo, was wegen des Vorwurfs der Wahlfälschung zu massiven Protesten und Unruhen führte

Dharmendra (*1935)
Schauspiel
vor allem im Actionfach erfolgreicher Bollywoodstar, für sein Lebenswerk in Indien mit dem renommierten Filmfare Award ausgezeichnet; seit 1980 verheiratet mit der Schauspielerin und Politikerin Hema Malini
Politik
wurde 2004 (bis 2009) für die konservative Indische Volkspartei (Bharatiya Janata Party) ins Parlament gewählt

Lech Kaczyński (1949–2010), Jaroslaw Kaczyński (*1949)
Schauspiel
spielten als Kinder die Hauptrollen der beiden Zwillinge Jacek und Placek in Jan Batorys beliebtem Familienfilm DIE ZWEI MONDDIEBE (1962)
Politik
Lech Kaczyński: polnischer Präsident von 2005 bis 2010;
Jaroslaw Kaczyński: Vorsitzender der nationalkonservativen Partei PiS; von 2006 bis 2007 polnischer Ministerpräsident; von 2020 bis 2022 Vize-Ministerpräsident

Chiranjeevi (*1955)
Schauspiel
zählt zu den beliebtesten und am besten bezahlten Filmschauspielern Indiens; sein jüngerer Bruder Pawan Kalyan ist ebenfalls ein populärer, preisgekrönter und politisch aktiver Schauspieler, Kalyan gründete 2014 die regionale Jana Sena Partei
Politik
gründete 2008 die regionale Praja Rajyam Party, die sich 2011 der sozialliberalen Kongresspartei (Indischer Nationalkongress) anschloss; 2012–2014: Staatssekretär im Tourismusministerium Indiens; 2012–2018: Mitglied der Raiya Sabha

Peter Sodann (*1936)
Schauspiel

Kommissar Bruno Ehrlicher im Leipziger TATORT (bis 2007); langjähriger Theaterschauspieler in der DDR

Politik

kandidierte 2009 für die Partei Die Linke für das Amt des deutschen Bundespräsidenten

Ranjan Ramanayake (*1963)

Schauspiel

«Sri Lankas Superstar» ist seit 1990 einer der beliebtesten Filmstars des Landes

Politik

2010 ins singhalesische Parlament gewählt; 2015–2018 stellvertretender Minister für soziale Entwicklung und Wohlfahrt; 2021 verlor er seinen Sitz im Parlament, da er wegen Missachtung des Gerichts zu einer vierjährigen Haftstrafe verurteilt wurde, nachdem er erklärt haben soll, die Mehrheit aller Richter:innen und Anwält:innen in Sri Lanka sei korrupt; 2022 wurde er von Präsident Ranil Wickremesinghe begnadigt

Malini Fonseka (*1947)

Schauspiel

die «Königin des singhalesischen Kinos»; gilt als einer der größten Filmstars Asiens aller Zeiten

Politik

2010 (bis 2015) für die United People's Freedom Alliance (UPFA, «Freiheitsallianz des geeinten Volkes») ins singhalesische Parlament gewählt

Charles M. Huber (*1956)

Schauspiel

bekannt durch die Rolle des Henry Johnson (1986–97) in der deutschen TV-Krimiserie DER ALTE

Politik

2013 (bis 2017) über die hessische Landesliste der CDU in den Bundestag gewählt; 2019 trat er aus der CDU aus, nachdem die CDU und insbesondere der Afrikabeauftragte der Bundesregierung, Günter Nooke, seiner Ansicht nach verharmlosend auf die rassistischen Äußerungen des damaligen Aufsichtsratsvorsitzenden des FC Schalke 04, Clemens Tönnies, zum Bevölkerungswachstum in Afrika reagiert hatten

Smriti Irani (*1976)

Schauspiel

Finalistin bei den Wahlen zur Miss India 1998; seit 2000 eine der populärsten indischen TV-Darstellerinnen

Politik

2014–2016: Ministerin für die Entwicklung von Humanressourcen (Indische Volkspartei, BJP); 2016–2021: Textilministerin; seit 2019: Ministerin für Frauen- und Kinderförderung; seit 2022: Ministerin für Minderheitenangelegenheiten

Wolodymyr Selenskyi (* 25. Januar 1978)
Schauspiel
Der ukrainische Komiker und Kabarettist spielte zwischen 2015 und 2019 in der satirischen Fernsehserie DIENER DES VOLKES die Hauptrolle des Geschichtslehrers Wassyl Holoborodko, der völlig unerwartet zum Präsidenten der Ukraine gewählt wird und sich fortan mit der korrupten Elite des Landes anlegt
Politik
2019 wurde die Fiktion von der Wirklichkeit eingeholt und Selenskyi zum sechsten Präsidenten der Ukraine gewählt; unmittelbar nach seinem Amtsamtritt löste er das Parlament auf; bei den anschließenden Neuwahlen errang seine neugegründete und nach der TV-Serie DIENER DES VOLKES benannte Partei «Sluha narodu» mit 254 von 424 Sitzen die Mehrheit

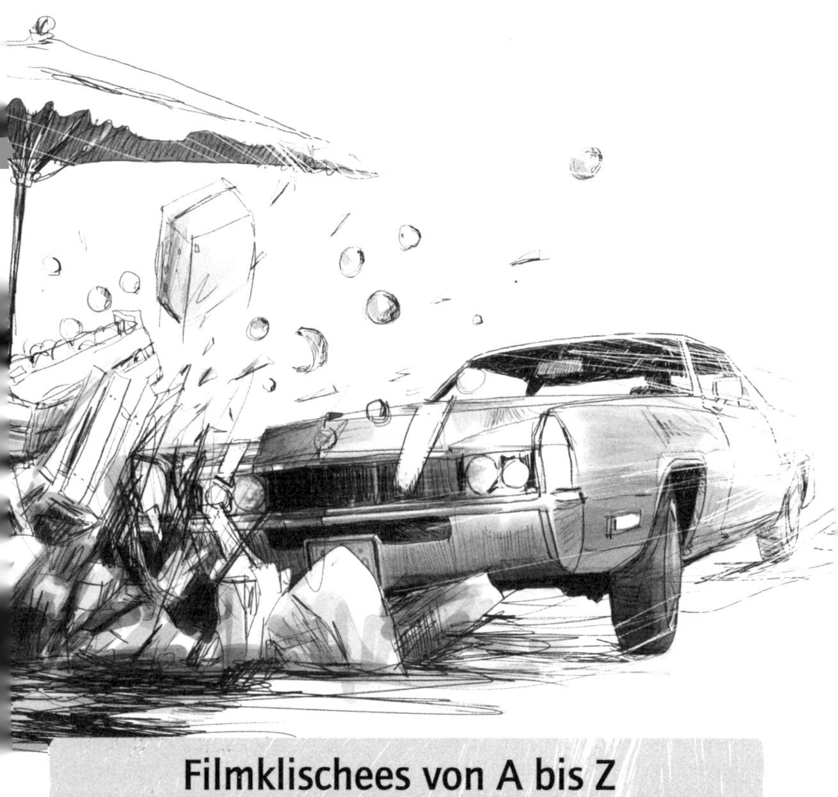

Filmklischees von A bis Z

Wovon Herbert Grönemeyer einst ein Lied sang, darüber wird sich ein Hollywoodheld nie Gedanken machen müssen: die Heroen des Genrekinos finden immer einen Parkplatz. Egal ob vor der Kirche, in die sie stürmen, um noch in letzter Sekunde die Hochzeit ihrer Herzallerliebsten zu verhindern, oder vor einem Regierungsgebäude, in dem es einen Anschlag zu vereiteln gilt. Auch in den Bars dieser (Kino-)Welt ist stets ein Plätzchen am Tresen für sie frei. Überhaupt geht es in den Kneipen oft erstaunlich ruhig zu. Der Barkeeper vertreibt sich die Zeit mit Gläserputzen, gönnt sich ein Schwätzchen mit dem Gast und ist um ein paar gutgemeinte Ratschläge selten verlegen. Es sei denn natürlich, die Bar ist ein Saloon und der Held ein Fremder, der nach Ärger riecht. Dann nämlich bleibt der Mann hinter der Theke kurz angebunden, während er ängstlich die Cowboys im Rücken des Fremdlings beäugt.

Wir ahnen, wie das weitergeht. Das ist das Praktische an Filmklischees: sie machen den Guten das Leben, den Bösen das Sterben und den Zuschauerinnen und Zuschauern das Zuschauen leichter. Auf ein paar Dinge ist einfach Verlass. Hustet oder niest zum Beispiel jemand, hat er wahrscheinlich schon wenige Tage später die halbe Welt mit einem tödlichen Virus infiziert, mindestens aber ist er sterbenskrank. Wenn schon, denn schon. Mit lästigem Kleinkram müssen sich die Protagonist:innen im Klischeekino nicht herumschlagen. Die Frisur der weiblichen Hauptfigur sitzt auch nach Wochen auf einer einsamen Insel noch als würde sie gerade in Rom aus dem Flieger steigen. Wirklich hässlich sind sowieso nur die Bösen, und die Guten hatten schon in der Antike strahlend weiße Zähne. Wenn jemand einen Wachmann niederschlägt (was ja früher oder später so gut wie jeder mal tut), um unbemerkt in dessen Kleider zu schlüpfen, passen diese ihm wie maßgeschneidert. Und muss man sich nachts heimlich in ein fremdes Zimmer schleichen, steht unter dem offenen Fenster glücklicherweise stets ein Rosenspalier zum Hochklettern bereit.

Fast könnte man meinen, das Leben in Klischeewood sei ein einziges immerwährendes Freudenfest. Gutgelaunte Ehemänner klemmen sich vollgepackte Papiereinkaufstüten unter den Arm, aus denen ein Baguette und ein paar Möhren vorwitzig herauslugen, und bei jeder passenden und unpassenden Gelegenheit wird getanzt; gerne auch in der Küche, bis… eine Tüte plötzlich auf den Boden kracht, und das Unheil sich seinen Weg bahnt, das Drama beginnt.

Es sind nie die vielen kleinen Dinge, die zählen, es ist immer die eine große Sache: die große Liebe, die große Gefahr, der große Feind, die große Tragödie, das große Glück. Mit den Sorgen und Nöten des Alltags müssen sich nur ausgewählte Tollpatsche, Pechvögel und liebenswert neurotische Chaotinnen herumschlagen. Solange sie darauf warten, dass endlich jemand entdeckt, wie süß und sexy sie eigentlich sind, können sie sicher sein, dass, wann immer sie an einer Pfütze vorbeigehen, ein Auto hindurchpflügen wird, um sie nass zu spritzen. Und wenn sie auf einer lauten Party jemandem etwas Peinliches zubrüllen, geht natürlich genau in dem Moment die Musik aus. Doch während sie noch fluchen, sich schämen, im Boden versinken wollen und beinahe an der Welt verzweifeln, wissen die Zuschauer schon, dass sich ihr Warten lohnen wird.

Denn wie immer im Kino der Marke Hollywood kommt es letztlich nicht auf die unzähligen kleinen Hindernisse an, sondern auf das eine entscheidende Ziel und auf die Botschaft: Du kannst es schaffen! Am Ende gelingt noch jedem verkannten Künstler der Durchbruch. Wer einen Roman schreibt und mit ganzem Herzen bei der Sache ist, wird irgendwann, nach etlichen Rückschlägen, den befreienden Brief von einem renommierten Verlag in den Händen halten, der das Manuskript unbedingt veröffentlichen will. Um eine verlorene Liebe lohnt es sich zu kämpfen, man muss nur zur richtigen Zeit am richtigen Platz die richtigen Worte aussprechen, und schon ist alles wieder gut. Im Sport siegen immer die Außenseiter, allerdings erst mit dem Schlusspfiff oder auf der Zielgeraden, nachdem sie schon fast aussichtslos zurücklagen. Auch Zeitbomben zu entschärfen, ist überhaupt kein Problem, solange man damit erst anfängt, wenn die schön übersichtlich angebrachte Digitalanzeige des Countdowns fast auf Null steht.

Die Zuschauerinnen und Zuschauer kennen das alles. Den meisten von ihnen sind die Klischees vertraut. Sie nehmen sie jedoch unterschiedlich wahr. Empfindet es der eine als angenehm, zu ahnen, was als nächstes geschieht, langweilt sich die andere dabei halb zu Tode. Als narrative Erzählmuster werden inhaltliche, aber auch formale Klischees freilich nicht nur eingesetzt, um das Publikum in Sicherheit zu wiegen, sondern im Gegenteil auch, um es gezielt zu beunruhigen. Nähert sich die Kamera langsam jemandem, der ihr schweigend den Rücken zukehrt, ohne sich zu rühren, kann man sich schon mal auf eine unangenehme Überraschung gefasst machen. Der Puls und die Spannung steigen, weil man solche Szenen aus PSYCHO und Dutzenden anderen Thrillern oder Horrorfilmen kennt und weiß, dass sie meist böse enden. So wie auch quietschende Kinderschaukeln vor einsamen alten Häusern selten etwas Gutes verheißen.

Insofern bilden Klischees elementare Bestandteile der Filmsprache; nicht nur im Genrekino. Sie sorgen dafür, dass Filmemacher:innen und Zuschauer:innen einander verstehen. Die Erwartungen, die Ängste, Hoffnungen, das Mitleiden, Mitfühlen, das Erschrecken und die Erleichterung des Publikums fungieren als Noten in der Regiepartitur versierter Dramaturginnen und Dramaturgen. Mit Zuschauererwartungen zu spielen, bedeutet freilich auch, sie gelegentlich zu enttäuschen und das Kinopublikum gezielt in die Irre zu führen. Geschieht dies häufig auf ähnliche Weise, kann sich daraus ein neues Klischee entwickeln, etwa wenn sich der vermeintliche Killer hinter der Tür oder dem Vorhang beim ersten Mal stets als Katze entpuppt.

Neben ihren dramaturgischen erfüllen Klischees jedoch auch soziale Funktionen. Sie vermitteln Werte, Gesellschaftsbilder, Rollenbilder, Idealbilder. Problematisch wird das dann, wenn die Filmklischees soziale Vorurteile und

Stereotypen aufgreifen und weiterverbreiten, wenn die amerikanischen Ureinwohnerinnen und Ureinwohner im Western entweder edel oder wild und versoffen und die Freudenmädchen fröhlich sind, wenn in Krimis und Thrillern Afroamerikanerinnen und Afroamerikaner nie in Gruppen, sondern immer nur in Gangs unterwegs sind, in Komödien die Schwulen weibisch und die Frauen in Romanzen romantisch sind oder die Väter in den Dramen liebevoll, sobald sie ihren Kindern abends Gutenachtgeschichten vorlesen, und die wohlerzogenen Kleinen nur dann Unsinn machen, wenn ihre Welt total aus den Fugen gerät.

Natürlich verändern sich mit der Gesellschaft die Filmklischees. Und natürlich können Regisseurinnen und Regisseure auch hier gegen die Erwartungen des Publikums inszenieren, was allerdings außerhalb Hollywoods deutlich öfters geschieht als innerhalb der, was das betrifft, eher trägen Traumfabrik. Doch auch der gezielte Bruch mit den traditionellen Sozialbotschaften kann selbst zum Klischee erstarren, wenn er sich wiederholt; etwa wenn das Abziehbild von der heilen Familie beständig auf den Kopf gestellt und als kleinfamiliäre Hölle auf die Leinwand gemalt wird. Noch im Versuch, sie zu widerlegen, sich von ihnen zu lösen, spiegeln sich die Klischees wider. Weder die Filme noch wir Menschen werden wohl jemals ganz ohne sie auskommen können. In diesem Sinne sind Filmklischees wie Worte. Wahrscheinlich geht es am Ende weniger darum, sie zu vermeiden als sie sorgsam zu wählen.

Eine kleine Auswahl häufiger, beliebter, lustiger und ärgerlicher Hollywoodfilmklischees von A bis Z:

Anrufe …

- … von Entführern, Erpressern oder Serienkillern lassen sich nie zurückverfolgen, weil jeder Verbrecher ganz genau darüber informiert ist, wie lange es dauert, einen Anruf zu orten. Die Polizisten und Polizistinnen wissen das. Trotzdem versuchen sie immer wieder vergeblich, den Ganoven in der Leitung zu halten, und sind hinterher furchtbar enttäuscht, wenn der Oberschurke eine Sekunde, bevor sie ihn gehabt hätten, das Gespräch beendet und auf der überdimensionierten Ortungs-Landkarte im Polizeirevier noch immer viele kleine Lichter blinken.
- Telefonate damit zu beginnen, dass man sich seinem Gegenüber namentlich vorstellt, gilt als entsetzlich unschick. Das macht man nicht. Telefongespräche werden auch grundsätzlich grußlos beendet.
- Wenn jemand einem Anderen etwas Dringendes mitzuteilen hat, tut er das nie am Telefon. Stattdessen hinterlässt er ihm eine Nachricht auf dem Anrufbeantworter, in der er ihm mitteilt, dass er ihm etwas Dringendes mitzuteilen habe und er sich jetzt auf den Weg zu ihm mache, um ihm das mitzuteilen. Freilich kommt er nie dort an, weil er vorher umgebracht wird.

Bösewichte …

- … richten sich gerne ein geheimes Zimmer in der Wohnung oder im Keller ein, in dem sie die Wände mit Fotos ihrer Opfer oder ihres Erzrivalen und mit Zeitungsausschnitten tapezieren, in denen über diese berichtet wird. Spätestens, wenn die Ermittler und Ermittlerinnen einen solchen Raum entdecken, kapiert auch der letzte Zweifler unter ihnen, dass der nette Hausmeister, Nachbar, Sozialarbeiter oder Kollege in Wirklichkeit ein ausgewachsener Psychopath ist.
- Wenn sie nicht gerade morden, foltern, Weltbeherrschungspläne schmieden oder sich auf Autorücksitzen verstecken, spielen Bösewichte leidenschaftlich gerne Schach. Während sie mit bedeutsamer Miene und siegesgewissem Lächeln die nicht selten falsch aufgestellten Figuren verrücken, philosophieren sie über Verbrechen und Moral. Beides halten sie jedoch nie länger als ein paar Minuten durch.
- Für ihre Gegenspieler lassen sich Bösewichte stets besonders ausgefeilte Tötungsmethoden einfallen. Allgemein gilt: je böser der Böse und je größer der Respekt für seinen Feind, desto komplexer sind die Apparaturen, die den Helden zur Strecke bringen sollen. Anstatt ihn einfach zu erschießen, nimmt sich der Bösewicht ausgiebig Zeit, ihn zu fesseln, ihm seine diabolischen Pläne und deren Schwächen zu erläutern und ihm haarklein zu erklären, auf welch grauenhafte Weise er gleich zu Tode kommen wird. Solange warten, bis der Gute dann tatsächlich tot ist, kann er aber natürlich nicht. Stattdessen lässt er den Helden und gelegentlich auch die Heldin in einer aussichtlosen Situation zurück, aus der sich diese später spielend befreien. Jedoch erst, als es fast schon zu spät ist.
- Die Überlebenschancen der Bösewichte selbst sind weniger gut. Ruhe geben sie nämlich erst, wenn die Heldinnen und Helden sie eliminiert haben. Weil sie bis zum Schluss unbelehrbar sind und noch in den unmöglichsten Situation zu fliehen oder zu morden versuchen, landen sie fast immer im Sarg statt im Gefängnis. Es sei denn, es ist ein Fortsetzungsfilm geplant.
- Kommt es im Showdown zwischen Gut und Böse zum Kampf auf Leben und Tod, hilft nur eines: man muss den Bösewicht irgendwie niederstrecken, und dann, wenn er wie tot am Boden liegt, so tun, als glaube man wirklich, er sei schon erledigt, ihm den Rücken zudrehen und ein paar Meter von der vermeintlichen Leiche entfernt am Besten noch die Waffe fallen lassen und erst mal tüchtig durchatmen. Erst wenn sich der Fiesling jetzt noch einmal aufrappelt und auf einen stürzt, kann man ihm endgültig den Garaus machen. Es sei denn, es ist ein Fortsetzungsfilm geplant.

Computerfreaks …

- … sind entweder zu dünn oder zu dick, auf jeden Fall unsportlich und bleich. Meistens steckt ihnen eine Brille auf der Nase, sie schwitzen schnell, haben Pickel und ungewaschene Haare. Sie ernähren sich fast ausschließlich von Cola und Pizza, die griffbereit neben der Tastatur lagern.

- Computerfreaks haben im Kino fast immer einen flapsigen Spruch auf Lager, aber nie eine Freundin. Es sei denn sie sind weiblich, aber dann sind sie sowieso teuflisch cool.
- Alle Passwörter, Firewalls und digitalen Verschlüsselungstechniken knacken sie auf die gleiche geniale Weise, indem sie zuerst sagen, «Moment, das hab ich gleich», und dann willenlos auf der Tastatur herumhacken.

Dialoge…

…enthalten regelmäßig folgende Phrasen:

- «Oh mein Gott!»
- «Was zum Teufel?»
- «Wenn Sie meiner Familie auch nur ein Haar krümmen, bringe ich Sie um!»
- «Tut mir leid, aber sie sehen ja, was hier los ist.»
- «Hier ist alles ruhig.» «Ein bisschen zu ruhig für meinen Geschmack.»
- «Ich weiß nicht, was es ist, aber es kommt direkt auf uns zu!»
- «Es ist nicht das, was du denkst.»
- «Das kannst du mir nicht antun!»
- «Was ist bloß aus uns geworden?»
- «Du musst jetzt stark sein!»
- «Verschwinde!»

Erstes Opfer…

- …in einem Horrorfilm wird immer jemand, der irgendeinem Laster frönt. In einer Gruppe kommt meistens der windige Angeber oder der distanzlose Dicke als erster unter die Sense. Außerdem hochgradig gefährdet: sexuell aktive Schülerinnen oder Studentinnen und Alkohol trinkende, kiffende Jugendliche.

Flucht…

- …zu ergreifen, wenn Zombies, maskentragende Psychopathen oder sonstige Killer hinter einem her sind, ist zunächst einmal ja durchaus nachvollziehbar. Aber warum muss man dabei immer den Autoschlüssel fallen lassen und solange an der Zündung rumfummeln, bis die Fieslinge schon das Messer zücken oder zähnefletschend ihre hässlichen Nasen an die Windschutzscheibe pressen? Und wieso springt der Motor immer erst dann an, wenn von außen jemand das Seitenfenster eingeschlagen hat?
- Hübsche Frauen stellen sich auf der Flucht besonders ungeschickt an. Sie stolpern, verstauchen sich die Fußgelenke und treten im Wald auf knackende Zweige, sodass ihr Verfolger genau weiß, wo sie sich gerade aufhalten. Außerdem bleiben sie mit ihren Kleidern ständig an Dornen hängen oder müssen sich aus anderen triftigen Gründen unbedingt ausziehen. Halbnackt im hautengen T-Shirt haben sie dann vielleicht eine Überlebenschance.

- Gilt es in einer Stadt hartnäckige Verfolger abzuschütteln, findet in unmittelbarer Nähe zufällig gerade eine Demonstration, ein Karnevalumzug oder sonst eine Parade statt, in der sich der Flüchtende verbergen kann.
- Befindet sich der Filmheld bzw. die Filmheldin in einem Gebäude mit Fahrstuhl auf der Flucht, braucht man sich ebenfalls keine Sorgen zu machen. Die Lifttüren gehen stets noch rechtzeitig auf und direkt vor der Nase der fluchenden Verfolger wieder zu.
- Führt die Flucht über das Treppenhaus, endet sie unweigerlich auf dem Dach, wo es dann zum schwindelerregenden Showdown kommt. Statt nach oben einfach nach unten zu flüchten und dann in einer Straßenparade unterzutauchen, wäre allerdings auch unfair.

Gerichtsmediziner und -medizinerinnen ...

- ... haben bei der Arbeit ständig einen makaberen Scherz auf den Lippen und ein Sandwich zwischen den Zähnen.

Haustiere ...

- ... besitzen den siebten Sinn. Hunde bellen und Katzen fauchen, sobald sich ein Geist in der Nähe aufhält oder ein böser Mensch das Haus betritt. Leider aber ist dieser außergewöhnliche Spürsinn praktisch sinnlos. Denn Herrchen und Frauchen sind immer erst dann gewarnt, wenn ihre tierischen Lieblinge aufgeschlitzt vor der Haustür baumeln oder tot in der Gefriertruhe liegen.
- Hunde machen sich regelmäßig einen Spaß daraus, ihrem schlafenden Herrchen solange übers Gesicht zu lecken, bis dieser davon träumt, seine Angebetete zu küssen, und anschließend aufwacht, um enttäuscht festzustellen, dass sich bloß sein Hund mal wieder einen Spaß daraus gemacht hat, ihm übers Gesicht zu lecken.

Identisches Aussehen ...

- ... ist vor allem bei Frauen aus mehreren Generationen ein weit verbreitetes Phänomen. Besonders wenn die Mutter, Groß- oder Urgroßmutter allzu jung, gewaltsam, auf tragische Weise oder unter sonst irgendwie mysteriösen Umständen ums Leben kam, ist ihr die Tochter, Enkelin oder Urenkelin wie aus dem Gesicht geschnitten.
- Auch bei Familienepen, die sich mit Rückblenden über mehrere Jahrzehnte erstrecken, sehen die Kinder oft genauso aus wie ihre Eltern, als sie im selben Alter waren. Praktischerweise können Sohn und Vater (als er noch jung war) bzw. Tochter und Mutter (als sie noch jung war) daher jeweils vom selben Schauspieler bzw. derselben Schauspielerin verkörpert werden.

Jumbojets …

- … können von jedem Laien sicher gelandet werden, solange ihm nur ein alter Haudegen im Tower eintrichtert, dass es ein Kinderspiel sei, das «Baby» runterzubringen.

Kissenschlachten …

- … enden stets damit, dass die Kissen aufplatzen und die weißen Daunen malerisch durchs Zimmer schneien. Für alle Beteiligten ist das eine Riesengaudi. Nie wird sich jemand über die Riesensauerei, die dabei entsteht, beschweren. Aber man wird auch nie jemanden sehen, der sie hinterher wieder aufräumt.

Liebe …

- … entsteht zwar meistens auf den ersten Blick, kann aber erst dann zu einer glücklichen Beziehung führen, wenn die Geliebte kurz davor ist, einen anderen zu heiraten. Eine wortreiche Liebeserklärung lohnt sich also erst, wenn der Pfarrer das Stichwort gibt, indem er verkündet, wer Einwände gegen die geplante Hochzeit habe, möge jetzt sprechen oder für immer schweigen. Vor diese Wahl gestellt, entscheiden sich die Liebenden dann fast immer fürs Sprechen.
- Es gibt auf der ganzen (heterosexuellen) Hollywood-Welt immer genau eine Frau und einen Mann, die für einander geschaffen sind. Wenn diese beiden einander irgendwann irgendwo schicksalhaft begegnen, erkennen sie ihre gemeinsame Bestimmung auf den ersten Blick. Danach: siehe oben.
- Frauen, die keine zwanzig mehr, aber noch immer Single sind, müssen sich nur kindisch und peinlich genug aufführen und schon begegnen auch sie ihrem Traumprinzen.
- Wenn ein Mann und eine Frau, die sich zwar beide abgöttisch lieben, aber so tun, als könnten sie sich nicht leiden, aus dienstlichen oder anderen Gründen miteinander verreisen müssen, werden sie nicht selten in einem Doppelzimmer untergebracht, weil in der ganzen Stadt keine zwei Einzelzimmer mehr frei sind.

Meer …

- … steht als Gruppenreiseziel bei Todkranken, Behinderten oder Magersüchtigen hoch im Kurs. Wohin es genau gehen soll, spielt im Prinzip keine Rolle. Hauptsache man kommt rechtzeitig beim Meer an, sodass wenigstens einer oder eine aus der Gruppe bewusstlos am Ufer zusammenbrechen oder nach einer irgendwie besonders bedeutsamen Nacht am anderen Morgen tot am Strand sitzen kann.

Natürliche Schönheiten ...

- ... tarnen sich gerne als hässliche Entlein, indem sie sich übergroße, dick gerahmte Augengläser aufsetzen und die Haare zusammenbinden. Kurz vor dem Abschlussball schreitet die Schöne dann aber ohne Brille, mit offenem Haar und in einem sündhaft verführerischen Prinzessinnenkleid die Treppe runter, und sowohl ihrem Freund als auch ihrem Vater steht angesichts dieser märchenhaften Metamorphose der Mund weit offen.

Obdachlose ...

- ... gibt es in jeder größeren Stadt. Nicht selten handelt es sich bei ihnen um verkleidete Weihnachtsmänner oder Engel.
- Sind es sterbliche Menschen haben sie trotzdem, ähnlich wie Hund und Katz, einen siebten Sinn. Aber auch ihre zwischen verfaulten Zähnen hindurch gezischten Mahnungen nehmen Held und Heldin erst ernst, wenn es schon fast zu spät ist.
- Ihre sieben Sachen bewahren Obdachlose grundsätzlich in Plastiktüten auf, aus denen übrigens nie ein Baguette herauslugt, die sie aber immer in einem Einkaufswagen vor sich herschieben. Sie selbst hüllen sich gerne in lange zerfledderte Mäntel, tragen Wollmützen und an den Spitzen abgeschnittene Fingerhandschuhe.

Polizisten und Polizistinnen ...

- ... sind entweder korrupt, karrieregeil und inkompetent oder kurz davor, suspendiert zu werden. Auch gute Polizisten halten sich nämlich nie an Gesetze, erst recht nicht an Dienstvorschriften, und sie ermitteln ständig auf eigene – und mit Hilfe der eigenen Faust.
- Die besten Polizisten und Polizistinnen sind diejenigen, denen vorgeworfen wird, einst in einem spektakulären Fall versagt zu haben. Auch sie selbst geben sich die Schuld am Tod der unschuldigen Opfer, besonders der Kinder, und daran, dass sie den Oberschurken ungestraft entwischen ließen. Weil sie in Wirklichkeit aber natürlich überhaupt nichts dafür konnten, werden sie vom Schicksal stets dazu gezwungen, sich noch einmal ihrer Vergangenheit zu stellen und erhalten so die Chance, dem Bösewicht ein für allemal das Handwerk zu legen.
- Hat ein Polizist eine glückliche Vorzeigefamilie ist er fast immer bestechlich und steckt mit den hiesigen Drogendealern unter einer Decke. Ehrenwerte Polizisten dagegen sind meistens geschieden oder ihre Familie wurde bzw. wird Opfer eines Gewaltverbrechens. Ihr Privatleben ist in jedem Fall ein einziger Trümmerhaufen. Den Kummer ertränken sie in Alkohol.
- Während der Dienstzeit und vor allem im Streifenwagen ist Polizisten ausschließlich der Verzehr von Doughnuts und Kaffee gestattet.

- Bei der Zusammensetzung von Zweierteams wird bei der Polizei streng darauf geachtet, dass die beiden Partner so unterschiedlich wie nur irgend möglich sind.
- Während jeder schulbuchmäßigen Polizeiuntersuchung muss mindestens einmal in einem Stripclub oder einer Nachtbar ermittelt werden.
- Durchsuchen Polizisten und Polizistinnen nachts ein dunkles Haus, machen sie nicht etwa das Licht an, sondern sie durchleuchten Raum für Raum mit ihren hochwertigen Taschenlampen. Wofür schleppt man denn auch sonst die schweren Teile den ganzen Tag mit sich herum?
- Steht ein Polizist unmittelbar vor der Pensionierung wird er entweder erschossen oder aber er bekommt den wichtigsten (und gefährlichsten) Fall seiner gesamten Polizeilaufbahn übertragen.

Qual der Wahl ...

- ... in Alltagsfragen? Sowas kennt man in Klischeehausen nicht. Ein Bier ist ein Bier ist ein Bier. Und wenn man in einer Bar eins bestellt, bekommt man auch eins. Penetrante Nachfragen wegen der Sorte oder der Marke? I wo!

Reden ...

- ... können die Welt aus den Angeln heben, engstirnigen Eltern die Augen und vergraulten Partnerinnen und Partnern die Herzen öffnen, solange sie nur aus dem Stegreif gehalten werden. Weicht ein Held vom sorgfältig vorbereiteten Text ab und sagt stattdessen das, was ihm wirklich auf der Seele brennt, steht er an einem entscheidenden Wendepunkt seines Lebens hin zu einem besseren und glücklicheren Menschen.
- Hilfreich ist es auch, wenn private Angelegenheiten und Entscheidungen vor möglichst großem Publikum und möglichst vielen Unbeteiligten zur Sprache kommen, die dann, nachdem der Redner bzw. die Rednerin sich offenbart und öffentlich ihr Herz ausgeschüttet hat, mit feuchten Augen applaudieren können.
- Werden ältere Paare Zeugen eines wortgewaltigen Heiratsantrages, drücken sie einander hinterher mit verschmitztem Grinsen einen Kuss auf die Wangen.

Sex ...

- ... ist immer leidenschaftlich und endet im gemeinsamen Höhepunkt. Er findet grundsätzlich zwischen zwei innig Liebenden statt, die füreinander bestimmt sind und deshalb auch sexuell auf Anhieb perfekt harmonieren.
- Kondome braucht es dafür nicht. Sie halten nur auf.
- Sollte einmal nicht auf beiden Seiten die ganz große Liebe im Spiel sein, wird's gefährlich.
- Auch nach einem langen, tabulosen Liebesakt zieht sich die Frau hinterher sofort wieder schamvoll die Bettdecke über die Brüste.

- Nach einer Liebesnacht bei ihm erscheint sie am anderen Morgen zum Frühstück mit nichts als seinem Hemd am Leib.

Therapien …

- … führen selten zum Erfolg. Es sei denn, das Leben selbst spielt den Therapeuten. Leiden Heldinnen und Helden unter Phobien oder sonstigen irrationalen Ängsten, haben sie körperliche oder mentale Schwächen, die sie einschränken, emotionale Defizite, die ihrem Glück im Wege stehen, werden sie früher oder später, meistens eher später, und zwar im Schlussakt, in eine Situation geraten, in der ihnen gar nichts anderes mehr übrig bleibt, als sich ihren Ängsten zu stellen, wollen sie ihr Leben und das ihrer Liebsten nicht für immer verpfuschen. In dieser ausweglosen Lage überwinden Heldinnen und Helden ihre inneren Hindernisse. Von psychischen Leiden sind sie hinterher geheilt. Ihre Gefühle verbergen sie nicht länger. Und von körperlichen Handicaps lassen sie sich nicht mehr aufhalten.

Uebermacht …

- … haben zwar immer die Bösewichte, aber so böse, dass sie das ausnützen würden, sind sie dann auch wieder nicht. Damit der Filmheld bzw. die Filmheldin eine faire Chance hat, greifen sie immer hübsch nacheinander oder in kleinen faustgerecht portionierten Grüppchen an.

Verfolgungsjagden …

- … werden mit Vorliebe in der Nähe von Obst-, Gemüseständen und Wasserhydranten veranstaltet, die dann lustvoll umgefahren werden. Während der Gemüsehändler schäumt und schimpfend die geballten Fäuste reckt, spritzt das Wasser aus dem Hydranten in einer hohen Fontäne auf die Straße.
- Mütter mit Kinderwagen sind zwar auch nie weit, kommen aber irgendwie immer gerade noch davon.
- Autos explodieren sofort bei der leichtesten Kollision, es sei denn, der Held oder die Heldin sitzt am Steuer. Dann geht der Wagen erst in die Luft, nachdem der Fahrer aus dem Seitenfenster herausgeklettert ist.
- Gerne parkt der Held sein Gefährt am Ende einer Verfolgungsjagd auch an einem steilen Abhang; und zwar so, dass zwei Räder schon bedrohlich in der Luft hängen. Kaum hat der Held wieder sicheren Boden unter den Füßen, stürzt das Fahrzeug endgültig nach unten und explodiert.
- Will der Held selbst jemanden verfolgen, steigt er dazu mit den Worten «Folgen sie diesem Wagen» in ein Taxi. Früher musste dessen Fahrer bisweilen noch mit sanfter Gewalt überredet werden, heute hat jeder Taxifahrer und jede Taxifahrerin davon insgeheim «schon immer geträumt».

Warnungen ...

- ... von Wissenschaftlerinnen oder Wissenschaftlern, die ein Unglück oder gar eine Katastrophe vorhersagen, falls nicht schleunigst geeignete Gegenmaßnahmen ergriffen werden, wird grundsätzlich kein Gehör geschenkt. Stets gibt es einen eitlen, profitgierigen und publicitysüchtigen Bürgermeister, eine Managerin oder einen sonstigen Verantwortlichen, der alle Warnungen in den Wind schlägt.

Xenophobie ...

- ... ist im Klischeekino weit verbreitet. Schließlich kommen die Bösen auffallend häufig aus dem Ausland. In Hollywood aus Deutschland, Russland, Asien oder den arabischen Ländern. In Europa treten sie gerne auch mal in Gestalt skrupellos kapitalistisch-kaugummikauender US-Amerikaner auf.
- Auch die Nebenbuhler der männlichen Filmhelden sprechen oft mit einem komischen fremdländischen, etwa französischen, skandinavischen oder eben auch US-amerikanischen Akzent, der sie zugleich als unangenehme und oberflächliche Zeitgenossen kennzeichnet. Im Werben um die Filmschöne werden die radebrechenden Gigolos am Ende selbstverständlich den Kürzeren ziehen. Frauen mit fremdländischem Einschlag gelten dagegen als exotisch, reizvoll und können durchaus auch mal vor dem Traualter landen.
- In Hollywood beschränkt sich die Fremdenfeindlichkeit traditionell nicht auf Ausländerinnen und Ausländer, sondern schließt beispielsweise auch afroamerikanische Drogendealer und diejenigen amerikanischen Ureinwohner mit ein, die in älteren Western stets freudejohlend die Blockhütten weißer Siedler anzündeten, alle Männer skalpierten und die Frauen vergewaltigten.
- Eine Sonder- bzw. Umkehrform der Xenophobie ist die Angst vor reaktionären Rednecks in amerikanischen Horrorfilmen. Eine rückständige, inzestuöse, kannibalische Landbevölkerung macht darin Jagd auf unbedarfte, (allzu) liberale Städter.

Yachten ...

- ... sollte man tunlichst meiden. Es kommt nämlich nur höchst selten vor, dass die Anzahl derjenigen, die eine Yacht besteigen, der Anzahl derjenigen entspricht, die sie hinterher wieder lebend verlassen. Meistens wird unterwegs jemand erschossen, erstochen oder von einem Hai gefressen.

Zwillinge

- ... tauschen entweder irgendwann heimlich ihre Rollen und Partner oder Partnerinnen (wenn es sich um eineiige Zwillinge handelt) oder zumindest einer bzw. eine von ihnen ist so böse wie der Satan selbst.

Vergangene Zukunft

Eine Auswahl von Science-Fiction-Filmen, deren Zukunft unsere Vergangenheit ist; chronologisch geordnet nach dem Jahr der Zukunftsvision.

Zukunft	Film	Vision
1940	ALGOL (D 1920) R(egie): Hans Werckmeister; D(arsteller:innen): Emil Jannings, Hanna Ralph	Alientechnologie (die Maschine eines Außerirdischen, die Strahlen seines Planeten Algol in Energie umwandelt) dient als Quelle globaler Energie und der Weltherrschaft.
1940	HIGH TREASON (GB 1929) R: Maurice Elvey; D: Jameson Thomas, Benita Hume	Waffenhersteller versuchen mit einem Anschlag auf den Ärmelkanalzugtunnel einen Krieg zwischen den «United States of Europe» und dem «Empire of the Atlantic States» zu schüren.
nach 1940	THE TUNNEL (GB 1935) R: Maurice Elvey; D: Richard Dix, Leslie Banks, Madge Evans	Bau eines transatlantischen Tunnels von New York nach London.
1950	THE LAST MAN ON EARTH (USA 1924) R: John G. Blystone; D: Earle Foxe, Derelys Perdue	Die Krankheit «Masculitis» tötet alle Männer auf der Welt. Nur ein Einsiedler mit Liebeskummer überlebt, woraufhin seine Angebetete ihn nicht mehr zurückweist.
1964	DAS LETZTE UFER (USA 1959) R: Stanley Kramer; D: Gregory Peck, Ava Gardner, Fred Astaire, Anthony Perkins	Als nach einem globalen Atomkrieg auch das zunächst verschonte Australien radioaktiv verseucht wird, ist das Ende der Menschheit besiegelt.
1965	KRIEG IM WELTENRAUM (JP 1959) R: Ishirō Honda; D: Ryô Ikebe, Kyôko Anzai	Außerirdische vom Planeten Natal greifen die Erde mit Antigravitationswaffen an. Im Rahmen einer UN-Mission landen Astronauten auf dem Mond und zerstören die dortige Natal-Basis, ehe auch der finale Angriff auf die Erde abgewehrt wird.
1968	THE LAST MAN ON EARTH (USA/I 1964) R: Sidney Salkow, Ubaldo B. Ragona; D: Vincent Price, Franca Bettoia	Der einzige Überlebende einer Seuche, die alle Menschen in Vampire verwandelt hat, verbringt seine Tage damit, diese zu töten, und erkennt zu spät, dass einige «neue Menschen» sich ihre Humanität bewahrten und er sie dank seiner Immunität mit seinem Blut retten kann. Der Film basiert auf Richard Mathesons Roman *I am Legend* (1954).
1970	PROJECT MOONBASE (USA 1953) R: Richard Talmadge; D: Donna Martell, Ross Ford, Larry Johns, Ernestine Barrier	Im Auftrag der amtierenden US-Präsidentin erforscht eine Gruppe von US-Astronaut:innen den Mond, um dort Basen zu errichten. Die Mission wird von einem feindlichen Spion sabotiert.
1972	PLANET DER AFFEN (USA 1968) R: Franklin J. Schaffner; D: Charlton Heston, Kim Hunter	Ein Astronaut reist im künstlichen Tiefschlaf bei annähender Lichtgeschwindigkeit in eine ferne Zukunft, in der intelligente Affen die Erde beherrschen.

Zukunft	Film	Vision
1973	It! Der Schrecken lauert im All (USA 1958) R: Edward L. Cahn; D: Marshall Thompson, Shirley Patterson, Kim Spalding	Die Angehörigen einer Mars-Rettungsmission werden auf dem Rückweg zur Erde von einer außerirdischen Lebensform attackiert, die unbemerkt in das Raumschiff gelangt ist.
1977	Der Omega-Mann (USA 1971) R: Boris Sagal; D: Charlton Heston, Eric Laneuville	In der Neuverfilmung von Mathesons Roman *I am Legend* (1954) verwandeln sich die Menschen infolge eines mit Biowaffen geführten Weltkrieges in aggressive, lichtscheue Mutantinnen und Mutanten. Ein durch ein Serum Immuner schlägt sich in Los Angeles allein durch.
1979	Strasse der Verdammnis (USA 1977) R: Jack Smight; D: Jan-Michael Vincent, Dominique Sanda	Nach einem Atomkrieg sorgen elektrische Stürme und zu riesigen Monstern mutierte Skorpione und Kakerlaken für postapokalyptische Zustände auf der Erde.
1980	Ufos zerstören die Erde (JP 1962) R: Ishirō Honda; D: Ryô Ikebe	Bei den «Ufos» handelt es sich um den fiktiven Meteoriden Gorath. Um eine fatale Kollision zu verhindern, wird die Erde mit gigantischen Triebwerken am Südpol in eine neue Umlaufbahn befördert.
1980	Just Imagine (USA 1930) R: David Butler; D: John Garrick, Maureen O'Sullivan	In New York wurden Autos durch Flugzeuge ersetzt, Menschen erhalten Nummern statt Namen, und Ehen werden staatlich arrangiert. Bei mehreren Bewerbern für eine Frau wird der Geeignetste ausgewählt. Um sich für LN-18 zu empfehlen, fliegt J-21 zum Mars. Die Marsianerinnen und Marsianer sind in der Vision dieses Sci-Fi-Musicals allesamt Zwillinge; die eine Hälfte ist gut, die andere böse.
1983	Westworld (USA 1973) R: Michael Crichton; D: Yul Brynner, Richard Benjamin	Aufgrund von Fehlfunktionen in der Software eines von Androiden bevölkerten Wild-West-Ferienparkes wenden sich die Roboter gegen die Gäste.
1984	1984 (GB 1956) R: Michael Anderson; D: Edmond O'Brien, Jan Sterling	Filmadaption von George Orwells Dystopie eines totalitären Überwachungsstaates, der die Medien kontrolliert, Sprache und Geschichtsschreibung manipuliert und Liebe verbietet.
circa 1985	Mad Max (AUS 1979) R: George Miller; D: Mel Gibson, Joanne Samuel, Hugh Keays-Byrne	Infolge einer Ölkrise ist die staatliche Ordnung in Australien weitgehend zusammengebrochen. Die Polizei hat den gewalttätigen Rockerbanden kaum etwas entgegenzusetzen; abgesehen von Max Rockatansky.

Zukunft	Film	Vision
1989	KAMIKAZE 1989 (BRD 1982) R: Wolf Gremm; D: Rainer Werner Fassbinder, Günther Kaufmann	Ein allmächtiger Medienkonzern unterdrückt die Meinungsfreiheit und verbreitet das Bild eines perfekten Deutschlands, ohne Umweltverschmutzung, Arbeitslosigkeit oder sonstige Probleme.
1997	DAS ARCHE NOAH PRINZIP (BRD 1984) R: Roland Emmerich; D: Franz Buchrieser, Richy Müller	Forschungen auf einer internationalen Raumstation, die darauf abzielen, mit Hilfe von Mikrowellenstrahlen das Wetter zu beeinflussen, werden vom US-Militär missbraucht, um eine Intervention in Saudi-Arabien zu verbergen.
1997	DIE KLAPPERSCHLANGE (USA 1981) R: John Carpenter; D: Kurt Russell, Lee Van Cleef, Donald Pleasence, Isaac Hayes	Die USA befinden sich im Krieg mit China und der Sowjetunion. Aufgrund der ausufernden Kriminalität wurde Manhattan zu einer Gefängnisinsel umfunktioniert, in der die Häftlinge sich selbst überlassen sind.
1999	STRANGE DAYS (USA 1995) R: Kathryn Bigelow; D: Ralph Fiennes, Angela Bassett	Spezielle Headsets können alles als «Clip» aufzeichnen und hinterher wiedergeben, was ihre Trägerinnen und Träger erleben und fühlen. Mit diesen illegalen, suchterregenden Aufnahmen wird in Los Angeles wie mit Drogen gedealt.
1999	BIS ANS ENDE DER WELT (D/F/AUS 1991) R: Wim Wenders; D: Solveig Dommartin, William Hurt, Sam Neill, Max von Sydow, Jeanne Moreau	Ein indischer Atomsatellit droht auf die Erde zu stürzen und wird von den USA abgeschossen, was zu einem vorübergehenden globalen Ausfall aller elektrischen Geräte führt. Gleichzeitig hat ein Wissenschaftler für seine blinde Frau eine Spezialkamera erfunden, mit der sich Bilder ins Gehirn projizieren lassen. Nach ihrem Tod entwickelt er das Gerät weiter, sodass sich damit Träume aufzeichnen lassen.
2000	FRANKENSTEINS TODESRENNEN (USA 1975) R: Paul Bartel; D: David Carradine, Simone Griffeth, Sylvester Stallone	Die USA haben sich infolge einer Finanzkrise und massenhafter Unruhen in ein totalitäres Regime verwandelt. Um die Bevölkerung bei Laune zu halten, wird jährlich ein brutales Autorennen quer durch das Land veranstaltet, bei dem es Bonuspunkte gibt, wenn Passant:innen überfahren werden.
2001	2001: ODYSSEE IM WELTRAUM (GB/USA 1968) R: Stanley Kubrick; D: Keir Dullea, Gary Lockwood	Auf der Suche nach dem Ursprung eines mystischen Monolithen steuert ein Raumschiff den Jupiter an. Unterwegs verselbständigt sich die Künstliche Intelligenz des Bordcomputers HAL.
2004	TIMECOP (USA 1994) R: Peter Hyams; D: Jean-Claude Van Damme, Ron Silver, Mia Sara	Die Angehörigen der «Time Enforcement Commission» (TEC) sollen illegal Zeitreisende aufspüren und die Auswirkungen dieser Zeitreisen rückgängig machen, indem sie selbst in die Vergangenheit reisen.

Zukunft	Film	Vision
2009	FREEJACK – GEISEL DER ZUKUNFT (USA 1992) R: Geoff Murphy; D: Mick Jagger, Emilio Estevez, Rene Russo, Anthony Hopkins	Eine reiche Minderheit, die in abgesperrten Wohngebieten in den USA lebt, erlangt Unsterblichkeit, indem sie ihr nach dem Tod zwischengespeichertes Bewusstsein auf die Körper von Menschen überträgt, die durch Zeitreisen unmittelbar vor ihrem Ableben aus der Vergangenheit geholt werden.
2010	2010: DAS JAHR, IN DEM WIR KONTAKT AUFNEHMEN (USA 1984) R: Peter Hyams; D: Roy Scheider, John Lithgow, Helen Mirren	Neun Jahre nach den in Kubricks 2001: ODYSSEE IM WELTRAUM geschilderten Ereignissen brechen Astronaut:innen und Kosmonaut:innen aus den USA und der Sowjetunion trotz des Kalten Krieges zu einer gemeinsamen Jupiter-Mission auf. Eine geheimnisvolle kosmische Kraft in Form von Monolithen lässt den Jupiter implodieren. Es entsteht eine neue Sonne, und auf dem ehemaligen Jupitermond Europa bildet sich neues Leben.
2012	2012 (USA 2009) R: Roland Emmerich; D: John Cusack, Chiwetel Ejofor, Amanda Peet, Danny Glover, Woody Harrelson	Durch eine erhöhte Sonneneruption heizt sich der Erdkern auf und die Kontinentalplatten verschieben sich. Erdbeben, Vulkane und Tsunamis zerstören die Städte auf der ganzen Welt. Auf drei modernen Archen, gigantischen für 100.000 Passagiere ausgelegten Rettungsbooten, überleben die Auserwählten die Apokalypse.
2012	I AM LEGEND (USA 2007) R: Francis Lawrence; D: Will Smith, Alice Braga	In der Neuverfilmung von Mathesons Roman kämpft der Virologe Robert Neville nach einer Pandemie, die nahezu alle Menschen tötete oder in zombiehafte Kreaturen verwandelte, ums Überleben und für ein Heilmittel.
2013	POSTMAN (USA 1997) R: Kevin Costner; D: Kevin Kostner, Will Patton, Olivia Williams	Durch einen mit Atomwaffen geführten Bürgerkrieg wurden die USA weitgehend zerstört. Banden terrorisieren die verstreuten Siedlungen der Überlebenden.
2015	ZURÜCK IN DIE ZUKUNFT II (USA 1989) R: Robert Zemeckis; D: Michael J. Fox, Christopher Lloyd, Elisabeth Shue	Am 26. Oktober 2015 existieren in Kalifornien Flachbildschirme, tragbare Computer und Videotelefonie. Autos und Skateboards können fliegen, Roboter führen Hunde aus, holografische Haie springen Passantinnen und Passanten an, und die Chicago Cubs gewinnen die World Series im Baseball.
2016	HELL (D/CH 2011) R: Tim Fehlbaum; D: Hannah Herzsprung, Lars Eidinger, Stipe Erceg	Eine tödliche Sonnenstrahlung hat Deutschland in eine gesetzlose Wüste verwandelt und weite Teile der Bevölkerung ausgelöscht. Die Überlebenden leiden unter Wasser- und Nahrungsknappheit, Banden und Kannibal:innen.

Zukunft	Film	Vision
2017	BARB WIRE (USA 1996) R: David Hogan; D: Pamela Anderson, Temuera Morrison, Victoria Rowell	In den USA tobt ein Bürgerkrieg. Außerhalb der letzten freien Stadt «Steel Harbor» regiert der Kongress mit totalitären Methoden. Widerstandskämpfer:innen versuchen, den Einsatz einer neuen Biowaffe zu verhindern.
2017	CHERRY 2000 (USA 1988) R: Steve De Jarnatt; D: Melanie Griffith, David Andrews	Die USA sind zerfallen in rechtlose, von Banden dominierte Landstriche und vereinzelte zivilisierte Gegenden. Zwischenmenschliche Intimität wird gemieden. Ehefrauen werden durch Androidinnen ersetzt.
2017	FORTRESS – DIE FESTUNG (USA/AUS 1993) R: Stuart Gordon; D: Christopher Lambert, Loryn Locklin	In den überbevölkerten USA herrscht eine strikte Ein-Kind-Politik, die selbst nach Fehlgeburten eine weitere Schwangerschaft untersagt. Wer dagegen verstößt, wird in eine unterirdische Festungsanalage gesperrt. Die ungeborenen Kinder beansprucht der totalitäre Staat zur Herstellung von Cyborgs.
2017	RUNNING MAN (USA 1987) R: Paul Michael Glaser; D: Arnold Schwarzenegger, María Conchita Alonso	Die Weltwirtschaft ist kollabiert, und die USA haben sich in einen totalitären Polizeistaat verwandelt. Um die Bevölkerung abzulenken, werden TV-Shows mit Menschenjagden auf verurteilte Kriminelle veranstaltet.
2018	ROLLERBALL (USA 1975) R: Norman Jewison; D: James Caan, John Houseman	Nationen existieren nicht mehr. Stattdessen kontrollieren Konzerne die Welt, die den kollektiven Konsum befördern, Individualität bekämpfen und historisches Wissen vernichten. Mit der einzigen Sportart «Rollerball», bei der moderne Gladiatoren in einem oft tödlichen Wettkampf gegeneinander antreten, soll das Volk bei Laune gehalten werden.
2019	AKIRA (JP 1988) R: Katsuhiro Otomo; Anime	Nachdem die rätselhafte Zerstörung Tokios 1988 einen nuklearen Weltkrieg ausgelöst hat, wurde Neo-Tokio errichtet. Die aus imposanten Wolkenkratzern bestehende Metropole leidet unter politischen Unruhen, Terroranschlägen und Bandenkriminalität.
2019	BLADE RUNNER (USA 1982) R: Ridley Scott; D: Harrison Ford, Rutger Hauer, Sean Young	Städte wie Los Angeles sind überbevölkert und unwirtlich, echte Tiere nahezu ausgestorben, Werbung und Kriminalität allgegenwärtig. «Replikanten» genannte Androiden, deren Lebensdauer aus Sicherheitsgründen auf lediglich vier Jahre programmiert ist, sollen auf anderen Planeten neue Lebensräume erschließen. Replikanten, die dagegen aufbegehren, werden von «Blade Runnern» gejagt.

Zukunft	Film	Vision
2019	**Die Insel** (USA **2005**) R: Michael Bay; D: Ewan McGregor, Scarlett Johansson	In einer geheimen Anlage in einer US-Wüste werden Klone reicher Kundinnen und Kunden als menschliche Ersatzteillager gehalten. Den Klonen wird vorgegaukelt, die Außenwelt sei bis auf eine einzige Insel verseucht. Gewinner:innen einer beliebten Lotterie erhalten angeblich einen Platz auf dem idyllischen Eiland, werden tatsächlich aber zur Organentnahme getötet.
2021	**Vernetzt – Johnny Mnemonic** (USA/CA **1995**) R: Robert Longo; D: Keanu Reeves, Dina Meyer, Ice-T, Takeshi Kitano	In dem auf einer Cyberpunk-Kurzgeschichte William Gibsons basierenden Film dominieren Megakonzerne die Medien und das Internet. Datenkuriere übermitteln Informationen mit Hilfe von Datenspeichern, die in ihre Gehirne implantiert werden, wodurch sie Teile ihrer eigenen Erinnerungen verlieren. Unter dem Einfluss von Virtualität und Kybernetik leiden zahlreiche Menschen an der Nervenschwäche «NAS». Die Untergrundbewegung der Lo-Teks rebelliert gegen die Technologisierung der Menschheit und die Allmacht der Konzerne.
2022	**The Purge – Die Säuberung** (USA **2013**) R: James DeMonaco; D: Ethan Hawke, Lena Headey	In den USA hat die totalitäre Partei NFFA («New Founding Fathers of America») Arbeitslosigkeit und Kriminalität weitgehend beseitigt. Als Ventil für die Aggressionen der Bevölkerung wird einmal im Jahr die Säuberungsnacht «The Purge» veranstaltet, in der alle Straftaten inklusive Mord legal sind.
2022	**... Jahr 2022 ... die überleben wollen (Soylent Green)** (USA **1973**) R: Richard Fleischer; D: Charlton Heston, Edward G. Robinson, Leigh Taylor-Young	New York City ist von Überbevölkerung und Umweltverschmutzung gezeichnet. Die Mächtigen wohnen in hochgesicherten Appartements mit Lustsklavinnen als «Inventar». Der Rest der Bevölkerung lebt in slumartigen Verhältnissen und ernährt sich von zu Keksen verarbeiteten Nahrungsmittelkonzentraten: Soylent Red, Soylent Yellow und dem neuen, deutlich schmackhafteren Soylent Green, das jedoch nicht, wie behauptet, aus Plankton hergestellt wird, sondern aus toten Menschen.

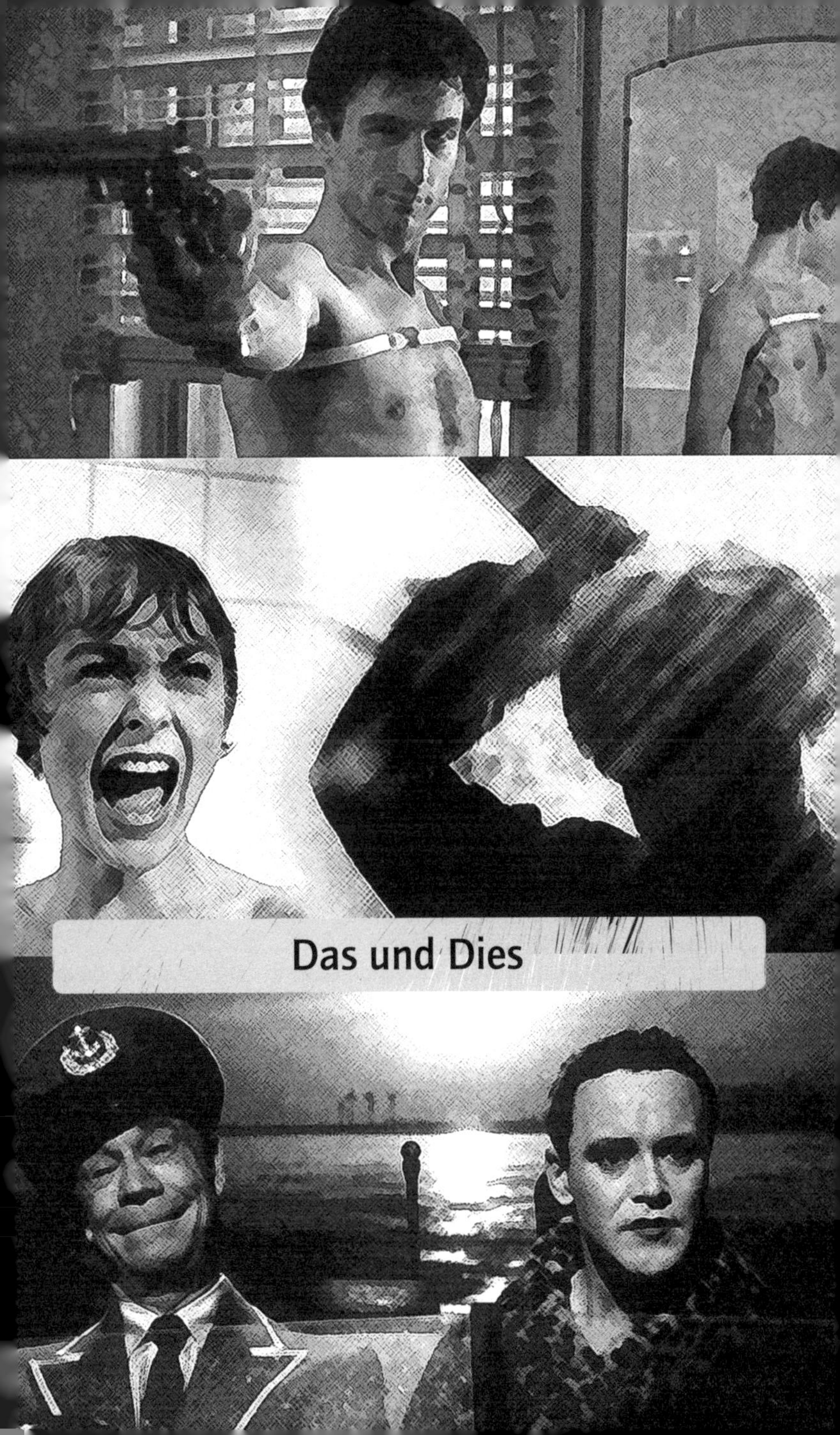
Das und Dies

Die 29 Grafen von Monte Christo

Lange war der Abenteuerroman (1844/46) von Alexandre Dumas eine der beliebtesten Vorlagen für Kino- und Fernsehverfilmungen. Die Adaption von US-Filmpionier Edwin S. Porter und Joseph A. Golden war 1913 zudem eine der ersten Produktionen der von Adolph Zukor gegründeten «Famous Players Film Company», einem Vorläufer der «Paramount Pictures». Gemäß dem Motto der Firma, berühmte Darsteller aus berühmten Stücken auf die Leinwand zu bringen, wurde die Titelrolle des Grafen von Monte Christo mit dem irischstämmigen Theaterschauspieler James O'Neill besetzt, der auf der Bühne über 6.000-mal in die Rolle des Edmond Dantès schlüpfte.

Der einzige, der Dantès in zwei unterschiedlichen Filmen verkörperte, war jedoch Hobart Bosworth. Der mit einem Stern auf dem «Walk of Fame» verewigte Regisseur, Drehbuchautor und Produzent war vor allem in der Stummfilmära ein vielbeschäftigter Filmschauspieler.

Der Franzose Louis Jourdan – auch seinen Namen findet man auf dem «Walk of Fame» – wirkte zwar ebenfalls an zwei Monte-Christo-Verfilmungen mit, jedoch nur einmal (1961) in der Rolle des Grafen. In der britischen Fernsehverfilmung von 1975 ist Jourdan (Bond-Bösewicht in OCTOPUSSY) als Gérard de Villefort zu sehen, einer der Männer, die dafür verantwortlich waren, dass Dantès 14 Jahre lang unschuldig in Kerkerhaft saß. Den rächenden Helden spielte Richard Chamberlain; neben Gérard Depardieu und Jean Marais der bis heute wohl bekannteste Graf von Monte Christo.

2002 verkörperte Jim Caviezel (DIE PASSION CHRISTI) in Kevin Reynolds aufwändig produzierter Kinoverfilmung MONTE CRISTO den resilienten Grafen.

- **Hobart Bosworth**, 1908 (THE COUNT OF MONTE CRISTO, USA, Regie: Francis Boggs, Thomas Persons)
- **Stuart Holmes**, 1911 (MONTE CRISTO, USA)
- **Hobart Bosworth**, 1912 (MONTE CHRISTO, USA, Colin Campbell)
- **James O'Neill**, 1913 (THE COUNT OF MONTE CRISTO, USA, Joseph A. Golden, Edwin S. Porter)
- **Léon Mathot**, 1918 (LE COMTE DE MONTE CRISTO, F, Serie mit 15 Episoden, Henri Pouctal)
- **John Gilbert**, 1922 (MONTE CHRISTO, USA, Emmett J. Flynn)
- **Jean Angelo**, 1929 (DER GRAF VON MONTE CHRISTO, F, Henri Fescourt)
- **Robert Donat**, 1934 (DER GRAF VON MONTE CHRISTO, USA, Rowland V. Lee)
- **Arturo de Córdova**, 1942 (EL CONDE DE MONTECRISTO, MEX, Roberto Gavaldón, Chano Urueta)
- **Pierre Richard-Willm**, 1943 (DER GRAF VON MONTE CHRISTO (1. TEIL: DER GEFANGENE AUF KASTELL, 2. TEIL: DIE VERGELTUNG), F/I, Robert Vernay, Ferruccio Cerio)
- **Martin Kosleck**, 1946 (DIE GRÄFIN VON MONTE CHRISTO, USA, Edgar G. Ulmer)

- Louis Hayward, 1946 (Flucht von der Teufelsinsel, USA, Henry Levin)
- Jean Marais, 1954 (Der Graf von Monte Christo, F/I, Robert Vernay)
- Jorge Mistral, 1954 (El conde de Montecristo, ARG/MEX, León Klimovsky)
- José Parisi, 1956 (Conte de Monte Cristo, BRA, TV-Serie)
- George Dolenz, 1956 (The Count of Monte Cristo, GB/USA, TV-Serie, Charles Bennett, Dennis Vance, Sidney Salkow, David MacDonald)
- Hurd Hatfield, 1958 (The Count of Monte Cristo, USA, Fernsehfilm, Sidney Lumet)
- Louis Jourdan, 1961 (Der Graf von Monte Christo, I/F, Claude Autant-Lara)
- Alan Badel, 1964 (Count of Monte Cristo, GB, TV-Serie, Peter Hammond)
- Andrea Giordana, 1966 (Il conte di Montecristo, I, TV-Serie, Edmo Fenoglio)
- Paul Barge, 1968 (Der Rächer aus dem Sarg (Gejagt wie Monte Christo), F, André Hunebelle)
- Pepe Martin, 1969 (El conde de Monte Cristo, E, Pedro Amalio López)
- Wim de Meyer, 1972 (De graaf van Monte Cristo, NL, TV-Serie)
- Richard Chamberlain, 1975 (Der Graf von Monte Cristo, GB/I, Fernsehfilm, David Greene)
- Jacques Weber, 1979 (Der Graf von Monte Cristo, F/CAN, TV-Serie, Denys de La Patellière)
- Viktor Avilov, 1988 (Uznik zamka If, SU, Georgi Yungvald-Khilkevich)
- Gérard Depardieu, 1998 (Der Graf von Monte Christo, F/D/I, TV-Serie, Josée Dayan)
- Jim Caviezel, 2002 (Monte Cristo, USA/GB/IRL, Kevin Reynolds)
- Igor Balalaev, 2019 (Monte Cristo Musical, SKOR, Dongwon Lee)
- William Levy, 2022 (Montecristo, E, TV-Serie, Alberto Ruiz Rojo)

Die beliebtesten Kinoländer (in Deutschland)

Die 15 Länder mit den meisten Spielfilmstarts in Deutschland[1]

Aufgeführt sind hier die Herstellungsländer, von denen im Untersuchungszeitraum zwischen 2012 und 2021 am meisten Spielfilme in deutschen Kinos erstaufgeführt wurden. Angeführt wird diese Rangliste von Deutschland, das in den zehn untersuchten Jahren achtmal die Nase vorne hatten. Lediglich 2015 und 2017 lagen die USA an der Spitze. Im Vergleich zum Zeitraum 2005 und 2014, der in der vorangegangenen Ausgabe dieses Buches betrachtet wurde, hat sich damit ein Führungswechsel vollzogen. Zwischen 2005 und 2014 wurde die Rangliste noch von den USA dominiert. Während die Bundesstarts von US-Filmen insbesondere aufgrund der Corona-Pandemie im Vergleich der beiden Zehnjahreszeiträume (2005–2014 und 2012–2021) insgesamt leicht zurückgingen, nahm die Anzahl der Kinostarts deutscher Produktionen trotz des Corona-Einbruchs 2020 und 2021 zu.

1 Quellen: SPIO: Filmstatistische Jahrbücher 2015 und 2022.

Länder mit Anzahl ihrer erstaufgeführten Spielfilme 2012-2021 (2005-2014)

1.	Deutschland	1.417 (1.321)
2.	USA	1.339 (1.456)
3.	Frankreich	373 (262)
4.	Großbritannien	209 (192)
5.	Türkei	197 (161)
6.	Russland	82 (20)
7.	Italien	66 (67)
8.	Indien	55 (22)
9.	Japan	43 (40)
10.	Österreich	42 (41)
11.	Belgien	39 (30)
12.	Spanien	39 (54)
13.	Kanada	36 (46)
14.	Schweiz	34 (30)
15.	Schweden	29 (27)

Die exotischsten Kinoländer (in Deutschland)

Länder mit nur einem Spielfilmstart in 21 Jahren (und ihre Filme)[2]

Natürlich gibt es eine ganze Reihe von Staaten, die in den ersten beiden Jahrzehnten des neuen Milleniums keinen einzigen Spielfilm in deutsche Kinos brachten. Darunter mit Nigeria auch eine der größten Filmproduktionsnationen überhaupt. Die billig hergestellten Videofilme Nollywoods sind praktisch ausschließlich für den heimischen und afrikanischen Markt bestimmt. Aufgeführt sind in der folgenden Liste in alphabetischer Reihenfolge all die Länder, aus denen zwischen 2001 und 2021 jeweils genau ein Spielfilm in Deutschland erstaufgeführt wurde.

2 Quellen: SPIO, Filmdienst-Archiv, Internet Movie Database.

Land	Titel	Jahr	Regie	Dt. EA[3]
Äthiopien	EPHRAIM UND DAS LAMM	2015	Yared Zeleke	2015
Bhutan	MILAREPA – DER WEG ZUM GLÜCK	2006	Neten Chokling	2010
Bolivien	BLACKTHORN	2011	Mateo Gil	2011
Burkina Faso	DELWENDE	2005	S. Pierre Yameogo	2008
Costa Rica	POR LAS PLUMAS – EIN HAHN FÜR EIN HALLELUJAH	2013	Neto Villalobos	2015
Dom. Republik	SAND DOLLARS	2014	Laura Amelia Guzmán, Israel Cárdenas	2015
Guinea	BEFRISTETER AUFENTHALT	2001	Gahité Fofana	2002
Jordanien	CAPTAIN ABU RAED	2007	Amin Matalqa	2009
Kamerun	FRAGMENTE DES LEBENS	1999	François L. Woukoache	2001
Kirgisien	NOMADEN DES HIMMELS	2015	Mirlan Abdykalykov	2016
Saudi-Arab.	BARAKAH MEETS BARAKAH	2016	Mahmoud Sabbagh	2017
Tschad	DARATT – ZEIT DER ENTSCHEIDUNG	2006	Mahamat-Saleh Haroun	2008
Venezuela	CARACAS, EINE LIEBE	2015	Lorenzo Vigas	2016
Ver. Arab. Emirate	RATTLE THE CAGE	2015	Majid Al Ansari	2017

Spielfilme, die rückwärts erzählt werden

Die Idee, die Chronologie der Geschehnisse einmal umzukehren, ist keine Erfindung des neuen Jahrtausends. Bereits in Jean Epsteins DER DREIFLÜGELIGE SPIEGEL (1927) gab es eine Szene, die damit begann, dass die Protagonistinnen und Protagonisten den Raum verließen und damit endete, dass sie ihn betraten. Einer der ersten Filme, vielleicht der erste überhaupt, der dieses Prinzip auf Spielfilmlänge ausdehnte, war die tschechoslowakische Komödie HAPPY END, die damit anfing, dass der Held unter der Guillotine seinen Kopf verlor, und sich von da aus zurückorientierte: Menschen gingen und aßen rückwärts, sie antworteten erst und fragten dann (allerdings sprachen sie nicht rückwärts), eine Leiche wurde zusammengesägt, ein Taucher sprang aus dem Wasser…

3 Erstaufführung.

So weit, den Erzählfilm nahezu kontinuierlich rückwärts laufen zu lassen, gingen die nächsten rückwärts erzählten Spielfilme nicht. Auf der Ebene einzelner Einstellungen und Szenen schilderten sie das Geschehen gewohnt chronologisch. Die Umkehr der Erzählrichtung entstand erst durch eine rückwärtsgerichtete Montage mehrerer Szenen, Sequenzen oder Kapitel; – eine «rückwärtsgewandte Schleifenstruktur»[4].

Anders als bei den meisten achronologisch erzählten Filmen wie etwa PULP FICTION, LOLA RENNT, VERGISS MEIN NICHT oder 21 GRAMM, die unten bewusst nicht aufgeführt sind, bilden diese narrativen Schleifen in rückwärts erzählten Spielfilmen eine lineare Kette. Es gibt darin keine diskontinuierlichen Zeitsprünge, kein Hin und Her zwischen Gegenwart und Vergangenheit.

Ebenfalls nicht in die Liste der rückwärts erzählten Spielfilme gehört Greg Marcks' 11:14, der zwar von Episode zu Episode immer weiter in die Vergangenheit blendet, letztlich aber wieder in die Erzählgegenwart zurückkehrt. Anfang und Ende des Films befinden sich zeitlich auf einer Ebene: es ist 11:14 Uhr.

	Land/Jahr	Regie	Drehbuch
HAPPY END	CZ 1967	Oldrich Lipský	Oldrich Lipský, Milos Macourek
BETRUG	GB 1983	David Jones	Harold Pinter
ZWEI GUTE FREUNDINNEN	AUS 1987	Jane Campion	Helen Garner
PEPPERMINT CANDY	COR 1999	Chang-dong Lee	Chang-dong Lee
MEMENTO	USA 2000	Christopher Nolan	Christopher & Jonathan Nolan
IRREVERSIBEL	F 2002	Gaspar Noé	Gaspar Noé
5X2 – FÜNF MAL ZWEI	F 2004	François Ozon	François Ozon, Emmanuèle Bernheim
NOTHING PERSONAL	IRL/NL 2009	Urszula Antoniak	Urszula Antoniak
SHIMMER LAKE	USA/CDN 2017	Oren Uziel	Oren Uziel

4 Markus Kuhn: *Filmnarratologie – Ein erzähltheoretisches Analysemodell*. Berlin, New York 2011. S. 205.

20 kinomagische Momente des 20. Jahrhunderts

Raptoren, die eine Türe öffnen, eine Verdächtige, die ihre Beine übereinander schlägt, ein Kinderwagen, der eine gigantische Hafentreppe hinabrollt... Es seien nicht die Filme als ganze, die man in Erinnerung behalte, nicht ihre Handlungen, sondern lediglich drei, vier poetische Augenblicke. Das schrieb der irische Filmemacher Neil Jordan im Februar 2000 in der britischen Wochenzeitung *The Observer*, als er eine Umfrage vorstellte, in der die Leserinnen und Leser des *Observers* die hundert denkwürdigsten Kinomomente des vergangenen Jahrhunderts ausgewählt hatten. Insgesamt über 15.000 Stimmen verteilten sich dabei auf circa 2.500 unvergessliche Filmsequenzen. Hier die Rangliste der zwanzig am häufigsten genannten:

1. Die Schlussszene von **Die üblichen Verdächtigen** (USA 1995; Regie: Bryan Singer), in der Inspektor Kujan (Chazz Palminteri) klar wird, dass der Kleinkriminelle Kint (Kevin Spacey), den er gerade gehen ließ, ihn hereingelegt hat. Alles, was Kint im Verhör erzählte, war frei erfunden. Dabei ließ sich Kint unter anderem von Notizen auf der Pinnwand des Verhörzimmers, Untersuchungsunterlagen oder dem Aufdruck auf einem Kaffeebecher inspirieren.
2. Die Duschszene aus Alfred Hitchcocks **Psycho** (USA 1960), in der Marion Crane (Janet Leigh) unter der Moteldusche von Norman Bates (Anthony Perkins), der sich als seine verstorbene Mutter verkleidet hat, erstochen wird.
3. Der Auftritt von Harry Lime (Orson Welles) in Carol Reeds **Der dritte Mann** (GB 1949), bei dem Holly Martins (Joseph Cotten) den vermeintlich Toten in einem Hauseingang entdeckt.
4. Der Match-Cut aus der Eröffnungssequenz von Stanley Kubricks **2001: Odyssee im Weltraum**, bei dem sich zu den Klängen von Richard Strauss' «Also sprach Zarathustra» ein Kochen, den ein affenähnlicher Urmensch in die Luft wirft, nach einem Schnitt in ein Raumschiff «verwandelt».
5. Der Hubschrauberangriff in Francis Ford Coppolas **Apocalypse Now** (USA 1979), bei dem das von Colonel Kilgore (Robert Duvall) angeführte Hubschraubergeschwader im Morgengrauen ein vietnamesisches Dorf zerstört. Da die Szene von Richard Wagners «Walkürenritt» musikalisch unterlegt wurde, rief sie bisweilen Erinnerungen an einen Bericht der Deutschen Wochenschau vom 30. Mai 1941 hervor, bei dem zur Landung deutscher Fallschirmjäger auf Kreta die gleichen Klänge zu hören waren.
6. Die letzten Worte des Replikanten Roy Batty (Rutger Hauer) gegen Ende von Ridley Scotts **Blade Runner**: «Ich habe Dinge gesehen, die ihr Menschen niemals glauben würdet. Gigantische Schiffe, die brannten, draußen vor der Schulter des Orion. Und ich habe C-Beams gesehen, glitzernd im Dunkeln,

nahe dem Tannhäuser Tor. All diese Momente werden verloren sein in der Zeit, so wie Tränen im Regen. – Zeit zu sterben.»

7. Der (gescheiterte) Fluchtversuch aus einem deutschen Kriegsgefangenenlager in **Gesprengte Ketten** (USA 1963; John Sturges), bei dem Captain Virgil Hilts (Steven McQueen) mit einem Motorrad über einen hohen Stacheldrahtzaun springt.

8. Die Abschiedsszene am Flugplatz von **Casablanca** (USA 1942; Michael Curtiz), bei der Rick Blaine (Humphrey Bogart) seiner großen Liebe Ilsa Lund (Ingrid Bergman) eine Träne von der Wange wischt, nachdem er sie zuvor unter anderem mit den Worten «Uns bleibt immer noch Paris» zu trösten versucht hat.

9. Der verzweifelte Moment, in dem Astronaut George Taylor bei seiner Flucht in der «verbotenen Zone» die Trümmer der Freiheitsstatute entdeckt und realisiert, dass es sich beim **Planet der Affen** (USA 1967; Franklin J. Schaffner) um die Erde handelt.

10. Die Reaktion des Millionärs Osgood Fielding III. (Joe E. Brown) in Billy Wilders **Manche mögen's heiss** (USA 1959), als die von ihm angebetete Daphne (Jack Lemmon) ihm auf seinem Motorboot enthüllt, dass sie in Wirklichkeit ein Mann (Jerry) ist und sich nur als Frau verkleidet hat. Osgood lässt sich davon nicht weiter stören und erklärt ungerührt mit einem selig verliebten Lächeln: «Na und? Niemand ist vollkommen!»

11. Die Szene aus Singin' In the Rain (**Du sollst mein Glücksstern sein**, USA 1952; Stanley Donen, Gene Kelly), in der sich Don Lockwood (Gene Kelly) den Titel des Films zu Herzen nimmt und mit aufgespanntem Schirm singend durch den Regen tanzt.

12. Die Szene in Michael Ciminos Kriegsfilm **Die durch die Hölle gehen** (USA 1978), in der die US-Gefangenen Michael (Robert De Niro), Nick (Christopher Walken) und Stevie (John Savage) von ihren vietnamesischen Aufsehern dazu gezwungen werden, Russisches Roulette zu spielen.

13. Das Wagenrennen in **Ben Hur** (USA 1959; William Wyler) mit Charlton Heston in der Titelrolle.

14. Der Augenblick, in dem sich die Gestalt im roten Regenmantel, der John Baxter (Donald Sutherland) in **Wenn die Gondeln Trauer tragen** (GB 1973; Nicolas Roeg) durch die Gassen Venedigs folgt, weil er in ihr seine verstorbene Tochter zu erkennen glaubt, als eine hässliche Kleinwüchsige entpuppt, die ihn mit einem Küchenmesser ersticht.

15. Die farbentsättigte 25-minütige Schlacht am Omaha Beach bei der Landung der Alliierten in der Normandie in Steven Spielbergs **Der Soldat James Ryan** (USA 1998).

16. Die Szene aus Alfred Hitchcocks **Die Vögel** (USA 1963), in der Melanie Daniels (Tippi Hedren) vor der Bodega Bay Schule rauchend auf Mitch Brenners (Rod Taylor) kleine Schwester Cathy (Veronica Cartwright) wartet, während sich auf einem Klettergerüst im Bildhintergrund die Krähen zum Angriff versammeln.
17. Der Moment in Oliver Stones Kriegsfilm **Platoon** (USA 1986), in dem Sergeant Elias Grodin (Willem Dafoe), den der blutrünstige, tyrannische Sergeant Robert E. Lee Barnes niedergeschossen und zurückgelassen hat, aus dem Dschungel stürzt und vor den Augen seiner in Helikoptern abrückenden Kameraden von vietnamesischen Soldaten erschossen wird; die Arme ausgebreitet wie Jesus am Kreuz.
18. Die Ankunft des UFO-Mutterschiffes am «Devils Tower» in Wyoming in Steven Spielbergs Sci-Fi-Kultstreifen **Unheimliche Begegnung der dritten Art** (USA 1977) unter den staunenden Augen der Menschenmassen, die, ohne zu ahnen weshalb, dort hingepilgert waren.
19. Der Moment, in dem Sherif Ali Ibn El Kharisch (Omar Sharif) in **Lawrence von Arabien** (GB 1962; David Lean) umhüllt von flirrenden Lichtspiegelungen aus der Wüste auftaucht und langsam auf die Kamera zureitet.
20. Travis Bickles (Robert De Niro) aggressives Selbstgespräch vor dem Spiegel in Martin Scorseses **Taxi Driver** (USA 1975): «Redest du mit mir? Du laberst mich an?»

Vom Porno zum Kino

Sexdarsteller und Sexdarstellerinnen, die auch einmal in einem Mainstreamfilm vor der Kamera vorbeigelaufen sind, Statisten- oder Nebenrollen in B-Movies hatten oder auch in größeren Produktionen auftauchten, gibt es derart viele, dass nachfolgend nur einige bzw. die bekannteren gelistet werden. Sylvester Stallone zählt nicht dazu, da sich seine «Karriere» als Pornodarsteller auf eine Rolle in einem Softsexfilm (The Party at Kitty and Stud's; 1970) beschränkte. Dass dennoch der Eindruck entstehen könnte, Stallone habe mindestens ein halbes Dutzend Erotikfilme gedreht, mag daran liegen, dass der Film nach Stallones Erfolg als Hollywoodschauspieler gleich unter mehreren Verleihtiteln neu vermarktet wurde.

Alternativtitel zu Sylvester Stallones Debütfilm The Party at Kitty and Stud's (1970)

- Bocky – Ein Mann steckt einen weg
- Italian Stallion
- Randy

- Randy – Die Sexabenteuer des Sylvester Stallone
- White Fire

Strenggenommen nicht in die folgende Liste gehören auch solche Darsteller und Darstellerinnen, die wie Marilyn Chambers (1952–2009) bereits im Mainstreamkino zu sehen waren (Die Eule und das Kätzchen, 1970), ehe sie in Pornos (Behind the Green Door, 1972) vor die Kamera traten.

Aufgezählt werden Schauspielerinnen und Schauspieler, die ihre Karriere als Pornodarsteller begannen und später zusätzlich auch in herkömmlichen Filmen mitwirkten oder ganz ins Mainstreamfach wechselten. Genannt werden neben ihren bürgerlichen Namen jeweils auch ihre Porno-Pseudonyme sowie die ersten Kinofilme, in denen sie im Abspann erwähnt wurden. Die Liste ist chronologisch geordnet nach den Startterminen dieser Filme. Die letzte Spalte zeigt an, ob der Einstieg in den regulären Kinobetrieb mit dem Ausstieg aus der Pornobranche einherging. Erfolgte der Ausstieg aus der Pornobranche erst später oder bereits früher, wird das jeweilige Ausstiegsjahr genannt. Ein «nein» in dieser Spalte bedeutet, dass der Schauspieler oder die Schauspielerin bis in die Gegenwart[5] bzw. bis zu ihrem Tod die Karriere als Pornodarsteller nicht für beendet erklärt hat.

Berühmte Porno-/Kino-Darstellerinnen und -Darsteller

	Pseudonym	Erster Kinofilm	Ausstieg?
Robert Kerman (1947–2018)	Richard Bolla	Der Untermieter (USA 1977)	1985
Jane Hamilton (* 1956)	Veronica Hart	Delivery Boys (USA 1985)	1984
Ron Jeremy (* 1953)	David Elliot u. a.	52 Pick-Up (USA 1986)	2018
Nora Louise Kuzma (* 1968)	Traci Lords	Vampire aus dem All (USA 1988)	1986
Nora Baumberger (* 1969)	Dolly Buster	Voll normaaal (D 1997)	1997
Coralie Trinh Thi (* 1976)	Coralie	Haben (oder nicht haben) (F 1995)	2000
Eve Valois (1963–2000)	Lolo Ferrari	Camping Cosmos (B 1996)	nein
Jenna Jameson (* 1974)	Jenna, Daisy	Private Parts – Dirty Radio (USA 1997)	2007
Rocco Antonio Tano (* 1964)	Rocco Siffredi	Romance (F 1999)	2015
Michaela Schaffrath (* 1970)	Gina Wild	Der tote Taucher im Wald (D 2000)	2000

5 Stand: Januar 2023.

	Pseudonym	Erster Kinofilm	Ausstieg?
Karen Bach (1973-2005)	Karen Lancaume	BAISE-MOI – FICK MICH! (F 2000)	2002
Raffaëla Anderson (* 1976)	Raffaela Rizzi	BAISE-MOI – FICK MICH! (F 2000)	ja
Dany Verissimo (* 1982)	Ally Mac Tyana	SO LONG MISTER MONORE (F 2002)	ja
Sibel Kekilli (* 1980)	Dilara	GEGEN DIE WAND (D 2004)	2002
Mary Ellen Cook (* 1980)	Mary Carey	PERVERT! (USA 2005)	2008
Myriam Rebschläger (* 1983)	Tyra Misoux	ELEMENTARTEILCHEN (D 2006)	2008
Sean Paul Lockhart (* 1986)	Brent Corrigan, Fox Ryder	ANOTHER GAY SEQUEL: GAYS GONE WILD (USA 2008)	2010
Katie Morgan (* 1980)		ZACK AND MIRI MAKE A PORNO (USA 2008)	ja
Sasha Grey (* 1988)	Sasha	THE GIRLFRIEND EXPERIENCE (USA 2009)	2011
François Sagat (* 1979)		SAW VI (USA 2009)	nein
Riley Steele (* 1987)		PIRANHA (USA 2010)	nein

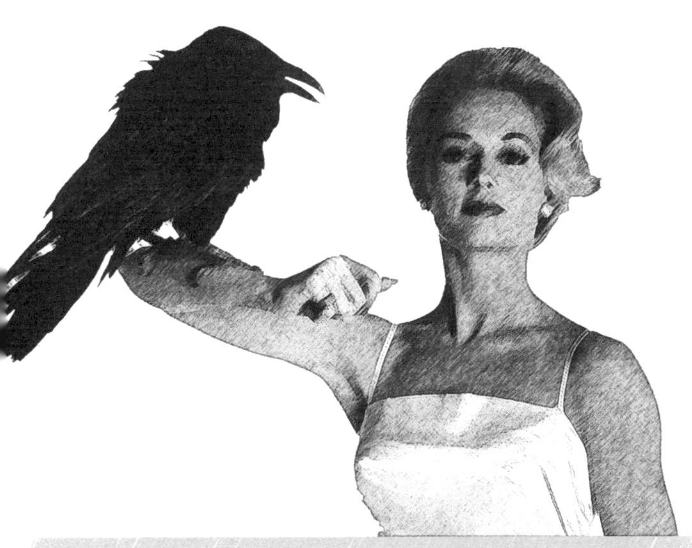

Familienbande im Filmgeschäft
(eine kleine Auswahl)

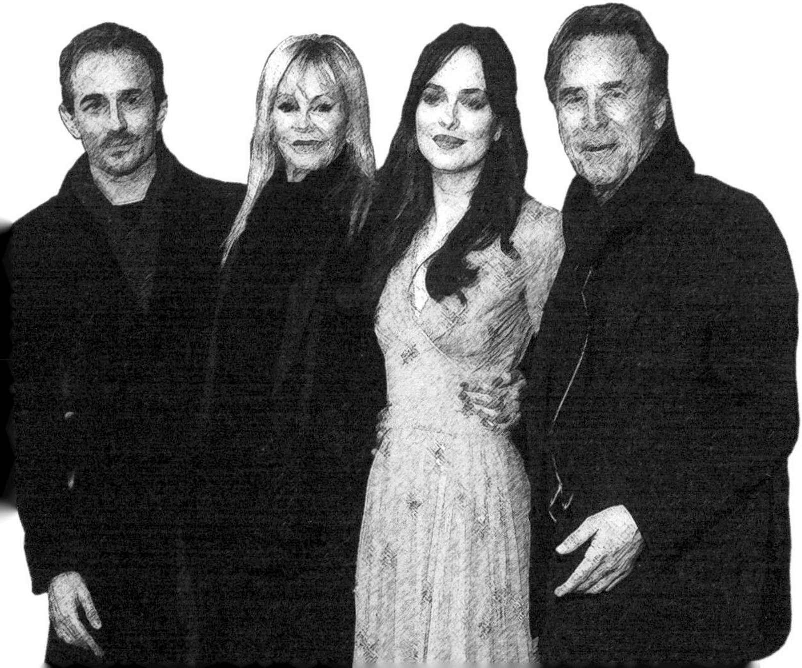

Eltern (Mutter/Vater) - Kind(er)[1]

- Judy Garland (Schauspielerin) / Vincente Minnelli (Regisseur) - Liza Minnelli (Schauspielerin)
- Ingrid Bergman (Schauspielerin) / Roberto Rossellini (Regisseur) - Isabella Rossellini (Schauspielerin)
- Janet Leigh (Schauspielerin) / Tony Curtis (Schauspieler) - Kelly und Jamie Lee Curtis (Schauspielerinnen)
- Christopher Plummer (Schauspieler) / Tammy Grimes (Schauspieler) - Amanda Plummer (Schauspielerin)
- Gena Rowlands (Schauspielerin) / John Cassavetes (Schauspieler, Regisseur) - Nick Cassavetes (Regisseur), Alexandra und Zoe Cassavetes (Regisseurinnen, Schauspielerinnen)
- Anne Meara (Schauspielerin) / Jerry Stiller (Schauspieler) - Amy und Ben Stiller (Schauspieler)
- Joanna Moore (Schauspielerin) / Ryan O'Neal (Schauspieler) - Tatum O'Neal (Schauspielerin)
- Jayne Mansfield (Schauspielerin) / Mickey Hargitay (Schauspieler) - Mariska Hargitay (Schauspielerin)
- Kent Bateman (Filmproduzent) - Justine und Jason Bateman (beide Schauspieler)
- Bruce Dern (Schauspieler) / Diane Ladd (Schauspieler) - Laura Dern (Schauspielerin)
- Gérard und Élisabeth Depardieu (Schauspieler) - Guillaume und Julie Depardieu (Schauspieler)
- Blythe Danner (Schauspielerin) / Bruce Paltrow (Filmproduzent) - Gwyneth Paltrow (Schauspielerin)
- Naomi Foner (Produzentin) / Stephen Gyllenhaal (Regisseur) - Maggie und Jake Gyllenhaal (beide Schauspieler)
- Mary Jo Deschanel (Schauspielerin) / Caleb Deschanel (Kameramann) - Zooey und Emily Deschanel (beide Schauspielerinnen)
- Susan Sarandon (Schauspielerin) / Franco Amurri (Regisseur) - Eva Amurri (Schauspielerin)
- Demi Moore (Schauspielerin) / Bruce Willis (Schauspieler) - Rumer Willis (Schauspielerin)
- Meg Ryan (Schauspielerin) / Dennis Quaid (Schauspieler) - Jack Quaid (Schauspieler)
- Lea Thompson (Schauspielerin) / Howard Deutch (Regisseur) - Zoey Deutch (Schauspielerin)
- Leslie Mann (Schauspielerin) / Judd Apatow (Regisseur, Produzent) - Maude und Iris Apatow (Schauspielerinnen)

1 Chronologisch geordnet nach dem Geburtsdatum des jeweils ältesten Kindes.

- Uma Thurman (Schauspielerin) / Ethan Hawke (Schauspieler) – Maya Hawke (Schauspielerin)
- Jada Pinkett Smith (Schauspielerin) / Will Smith (Schauspieler) – Jaden Smith (Schauspieler)
- Vanessa Paradis (Schauspielerin, Sängerin, Model) / Johnny Depp (Schauspieler) – Lily-Rose Depp (Schauspielerin)

Mutter und Tochter[2]

- Magda und Romy Schneider (Schauspielerinnen)
- Debbie Reynolds und Carrie Fisher (Schauspielerinnen)
- Jane Birkin (Schauspielerin, Sängerin) und Charlotte Gainsbourg (Schauspielerin); ihr Vater ist Sänger Serge Gainsbourg
- Goldie Hawn und Kate Hudson (Schauspielerinnen)
- Simone und Sophia Thomalla (Schauspielerinnen)
- Carrie Fisher und Billie Lourd (Schauspielerinnen)
- Andie MacDowell und Margaret Qualley (Schauspielerinnen)
- Veronica Ferres und Lilly Krug (Schauspielerinnen)

Vater und Sohn[3]

- Lewis J. und David O. Selznick (Filmproduzenten)
- Douglas Fairbanks und Douglas Fairbanks, Jr. (Schauspieler)
- Jason Robards, Sr. und Jason Robards, Jr. (Schauspieler)
- Osgood und Anthony Perkins (Schauspieler)
- Heinrich und Götz George (Schauspieler)
- Kirk und Michael Douglas (Schauspieler)
- Jack und David Cassidy (Schauspieler)
- Bruce und Brandon Lee (Schauspieler)
- Donald Sutherland und seine Söhne Kiefer und Rossif (Schauspieler)
- James und Josh Brolin (Schauspieler)
- Ivan und Jason Reitman (Regisseure, Produzenten)
- Tom und Colin Hanks (Schauspieler)
- Denzel und John David Washington (Schauspieler)
- Uwe Ochsenknecht und seine Söhne Wilson Gonzalez und Jimi Blue (Schauspieler)

Vater und Tochter[4]

- Charlie Chaplin (Schauspieler, Regisseur) und Geraldine Chaplin (Schauspielerin)
- Vic Morrow und Jennifer Jason Leigh (Schauspieler)

2 Chronologisch geordnet nach dem Geburtsdatum der Tochter.
3 Chronologisch geordnet nach dem Geburtsdatum des Sohnes.
4 Chronologisch geordnet nach dem Geburtsdatum der Tochter.

- Jon Voight und Angelina Jolie (Schauspieler)
- Bernd und Hannah Herzsprung (Schauspieler)

Geschwister (von älteren zu jüngeren Geschwistern)

- Maria und Maximilian Schell (Schauspieler)
- Shirley MacLaine und Warren Beatty (Schauspieler)
- Eric, Lisa und Julia Roberts (Schauspieler); Eric Roberts ist zudem der Vater der Schauspielerin Emma Roberts
- Joan und John Cusack (Schauspieler)
- Lana (früher Larry) und Lilly (früher Andrew) Wachowski (Regisseurinnen)
- River, Rain, Joaquin, Liberty und Summer Phoenix (Schauspieler)

Brüder (von älteren zu jüngeren)

- Albert, Sam und Jack Warner (Filmproduzenten, Warner Bros.)
- Chico, Harpo, Groucho und Zeppo Marx (Schauspieler)
- Herman J. Mankiewicz (Drehbuchautor) und Joseph L. Mankiewicz (Regisseur, Produzent)
- Ridley und Tony Scott (Regisseure und Filmproduzenten)
- David und Jerry Zucker (Regisseure und Filmproduzenten)
- Randy und Dennis Quaid (Schauspieler)
- Joel und Ethan Coen (Regisseure)
- Alec, Daniel, William und Stephen Baldwin (Schauspieler)
- Sean und Chris Penn (Schauspieler)
- Ralph und Joseph Fiennes (Schauspieler)
- Owen und Luke Wilson (Schauspieler)
- Donnie und Mark Wahlberg (beide Schauspieler & Sänger / «New Kids on the Block»)
- Ben und Casey Affleck (Schauspieler)
- James und Dave Franco (Schauspieler)
- Luke, Chris und Liam Hemsworth (Schauspieler)
- Macaulay, Kieran und Rory Culkin (Schauspieler); ihre Tante ist die Schauspielerin Bonnie Bedelia
- Anthony und Joe Russo (Regisseure)

Schwestern (von älteren zu jüngeren)

- Penélope und Mónica Cruz (Schauspielerinnen)
- Haylie und Hilary Duff (Schauspielerinnen / Sängerinnen)
- Ashley und Mary-Kate Olsen (Zwillingsschwestern) und Elizabeth Olsen (Schauspielerinnen)
- Dakota und Mary Elle Fanning (Schauspielerinnen)

Familienclans (alphabetisch)

- Arquette, Cliff, Schauspieler und Musiker, war der Vater von Schauspieler Lewis Arquette, dessen Kinder Rosanna, Richmond, Patricia, Alexis und David auch Schauspieler sind.
- Barrymore, John, Schauspieler, war mit der Schauspielerin Dolores Costello verheiratet. Sie sind die Eltern von Schauspieler John Drew Barrymore, der mit Schauspielerin Jaid Barrymore verheiratet war. Deren gemeinsame Tochter Drew Barrymore ist ebenfalls Schauspielerin. Dolores Costello war die Tochter von Schauspieler Maurice Costello, der also der Urgroßvater von Drew Barrymore ist.
- Bridges, Lloyd, Schauspieler war der Vater der Schauspieler Beau und Jeff Bridges. Beau Bridges' Sohn Jordan ist ebenfalls Schauspieler.
- Carradine, John, Schauspieler, war der Adoptivvater von Schauspieler Bruce Carradine sowie der leibliche Vater der Schauspieler David, Keith und Robert Carradine. Die Tochter von Keith, Martha Plimpton, und die Tochter von Robert, Ever Carradine, sind ebenfalls Schauspielerinnen.
- Coppola, Francis Ford, Regisseur, ist der Bruder der Schauspielerin Talia Shire. Coppola und seine Frau, die Filmemacherin und Kamerafrau Eleanor Coppola, sind die Eltern des Regisseurs Roman sowie der Regisseurin und Drehbuchautorin Sofia Coppola. Francis Ford Coppola ist außerdem der Onkel von Nicolas Cage. Nicolas Cage ist der Cousin von Sofia Coppola.
- Fonda, Henry, Schauspieler, war der Vater der beiden Schauspieler Jane und Peter Fonda, dessen Tochter die Schauspielerin Bridget Fonda ist.
- Hagen, Eva-Maria, Schauspielerin, und Drehbuchautor Hans Oliva-Hagen waren die Eltern von Sängerin und Schauspielerin Nina Hagen, deren Tochter Cosma Shiva Hagen ebenfalls Schauspielerin ist.
- Hawn, Goldie, Schauspielerin, war verheiratet (1976–82) mit dem Musiker und Schauspieler Bill Hudson und ist die Mutter der beiden Schauspieler Oliver und Kate Hudson. Ihr jüngstes Kind, der Schauspieler Wyatt Russell, stammt aus ihrer dritten Ehe mit dem Schauspieler Kurt Russell, den sie 1983 heiratete.
- Huston, Walter, Schauspieler, war der Vater von Regisseur John Huston, der wiederum der Vater von Anjelica und Danny Huston war.
- Johnson, Dakota, Schauspielerin, ist die Tochter des ehemaligen Traumpaares Don Johnson und Melanie Griffith, die wiederum die Tochter der Schauspielerin Tippi Hedren und des Schauspielers Peter Griffith ist
- Lockhart, Gene, Schauspieler, war mit der Schauspielerin Kathleen Lockhart verheiratet, deren Tochter, die Schauspielerin June Lockhart, ihrerseits die Mutter von Anne Lockhart (Schauspielerin) ist.
- Redgrave, Roy, Schauspieler, war der Vater von Schauspieler Michael Redgrave, dem Vater der Schauspieler Vanessa, Corin und Lynn Redgrave. Vanessa Redgrave war von 1962–67 mit Regisseur Tony Richardson verheiratet. Ihre

gemeinsamen Töchter Natasha (1963-2009) und Joely Richardson waren/sind ebenfalls Schauspielerinnen. Corin Redgrave war der Vater der Schauspielerin Jemma Redgrave.

- Schweiger, Til, Schauspieler, ist Vater (und Regisseur) von Valentin (Schauspieler), Luna, Lilli und Emma Schweiger (Schauspielerinnen).
- Sheen, Martin (geboren als Ramón Antonio Gerard Estévez), Schauspieler, ist der Vater von Emilio Estévez, Ramón Estévez, Charlie Sheen (alle Schauspieler) und Renée Estévez (Schauspielerin).
- Spielberg, Steven, Regisseur, ist seit 1991 verheiratet mit der Schauspielerin Kate Capshaw. Spielbergs Stieftochter Jessica Capshaw ist ebenfalls Schauspielerin.

Traumpaare[5]

- Mary Pickford & Douglas Fairbanks (Schauspieler) - verheiratet von 1920-36
- Joan Crawford & Douglas Fairbanks, Jr. (Schauspieler) - verheiratet von 1929-33
- Vivien Leigh (Schauspielerin) & Laurence Olivier (Schauspieler, Regisseur) - verheiratet von 1940-60
- Katharine Hepburn & Spencer Tracy - liiert von 1941 bis zu Tracys Tod 1967
- Rita Hayworth (Schauspielerin, Tänzerin) & Orson Welles (Regisseur, Schauspieler) verheiratet von 1943-48
- Lauren Bacall & Humphrey Bogart (Schauspieler) - verheiratet von 1945 bis zu Bogarts Tod 1957
- Janet Leigh & Tony Curtis (Schauspieler) - verheiratet von 1951-62
- Ava Gardner (Schauspielerin) & Frank Sinatra (Sänger, Schauspieler) - verheiratet von 1951-57
- Lana Turner & Lex Barker (Schauspieler) - verheiratet von 1953-57
- Ursula Andress & John Derek (Schauspieler) - verheiratet von 1957-66
- Joanne Woodward & Paul Newman (Schauspieler) - verheiratet von 1958 bis zu Newmans Tod 2008
- Romy Schneider & Alain Delon (Schauspieler) - liiert von 1959-63
- Lauren Bacall & Jason Robards (Schauspieler) - verheiratet von 1961-69
- Christine Kaufmann & Tony Curtis (Schauspieler) - verheiratet von 1963-68
- Anne Bancroft (Schauspielerin) & Mel Brooks (Regisseur, Schauspieler) - verheiratet von 1964 bis zu Bancrofts Tod im Jahr 2005
- Elizabeth Taylor & Richard Burton (Schauspieler) - verheiratet von 1964-74 und 1975-76
- Britt Ekland & Peter Sellers (Schauspieler) - verheiratet von 1964-68
- Mia Farrow (Schauspielerin) & Frank Sinatra (Sänger und Schauspieler) - verheiratet von 1966-68

5 Chronologisch geordnet nach dem Beginn der Ehe bzw. der Beziehung.

- Linda Evans (Schauspielerin) & John Derek (Schauspieler, Regisseur) - verheiratet von 1968-74
- Bo Derek (Schauspielerin) & John Derek (Schauspieler, Regisseur) - verheiratet von 1976 bis zu John Dereks Tod 1998
- Melanie Griffith & Don Johnson (Schauspieler) - verheiratet und geschieden 1976, erneut verheiratet von 1981-87
- Isabella Rossellini (Schauspielerin, Regisseurin) & Martin Scorsese (Regisseur, Produzent) - verheiratet von 1979-82
- Mia Farrow (Schauspielerin) & Woody Allen (Regisseur und Schauspieler) - liiert von 1980-92
- Madonna (Sängerin, Schauspielerin) & Sean Penn (Schauspieler, Regisseur) - verheiratet von 1985-89
- Isabella Rossellini (Schauspielerin) & David Lynch (Regisseur) - liiert von 1986-91
- Elizabeth Hurley (Schauspielerin, Modell) & Hugh Grant (Schauspieler) - liiert von 1987-2000
- Diane Lane & Christopher Lambert (Schauspieler) - verheiratet von 1988-94
- Kathryn Bigelow (Regisseurin) & James Cameron (Regisseur) - verheiratet von 1989-91
- Nicole Kidman & Tom Cruise (Schauspieler) - verheiratet von 1990-2001
- Meg Ryan & Dennis Quaid (Schauspieler) - verheiratet von 1991-2001
- Pernilla August & Bille August (Schauspieler) - verheiratet von 1991-97
- Annette Bening & Warren Beatty (Schauspieler) - verheiratet seit 1992
- Kim Basinger & Alec Baldwin (Schauspieler) - verheiratet von 1993-2002
- Isabella Rossellini (Schauspielerin) & Gary Oldman (Schauspieler) - liiert von 1994-96
- Cameron Diaz (Schauspielerin) & Matt Dillon (Schauspieler, Regisseur) - liiert von 1995-98
- Melanie Griffith & Antonio Banderas (Schauspieler) - verheiratet von 1996-2015
- Robin Wright & Sean Penn (Schauspieler) - verheiratet von 1996-2010
- Sarah Jessica Parker & Matthew Broderick (Schauspieler) - verheiratet seit 1998
- Linda Hamilton (Schauspielerin) & James Cameron (Regisseur) - verheiratet von 1997-99
- Barbra Streisand & James Brolin (Schauspieler) - verheiratet seit 1997
- Vanessa Paradis (Sängerin, Modell, Schauspielerin) & Johnny Depp (Schauspieler) - liiert von 1998-2012
- Catherine Zeta-Jones & Michael Douglas (Schauspieler) - verheiratet seit 2000
- Jennifer Aniston & Brad Pitt (Schauspieler) - verheiratet von 2000-2005
- Kate Winslet (Schauspielerin) & Sam Mendes (Regisseur) - verheiratet von 2003-10

- Diane Lane & Josh Brolin (Schauspieler) - verheiratet von 2004-2013
- Jennifer Garner & Ben Affleck (Schauspieler) - verheiratet von 2005-2018
- Angelnia Jolie & Brad Pitt (Schauspieler) - verheiratet von 2014-2019
- Katie Holmes & Tom Cruise (Schauspieler) - verheiratet von 2006-2012
- Vanessa Redgrave & Franco Nero (Schauspieler) - verheiratet seit 2006
- Sophie Marceau & Christopher Lambert (Schauspieler) - liiert von 2007-2014
- Kristen Stewart & Robert Pattinson (Schauspieler) - liiert von 2008-2014
- Jessica Alba (Schauspielerin) & Cash Warren (Filmproduzent) - verheiratet seit 2008
- Jenna Dewan & Channing Tatum (Schauspieler) - verheiratet von 2009-2019
- Penélope Cruz & Javier Bardem (Schauspieler) - verheiratet seit 2010
- Emma Stone & Andrew Garfield (Schauspieler) - liiert von 2011-2015
- Blake Lively & Ryan Reynolds (Schauspieler) - verheiratet seit 2012
- Suki Waterhouse (Model, Schauspielerin) & Bradley Cooper (Schauspieler) - liiert von 2013-2015
- Leighton Meester & Adam Brody (Schauspieler) - verheiratet seit 2014
- Neil Patrick Harris & David Burtka (Schauspieler) - verheiratet seit 2014
- Priyanka Chopra (Schauspielerin) & Nick Jonas (Sänger, Schauspieler) - verheiratet seit 2018
- Sophie Turner (Schauspielerin) & Joe Jonas (Sänger, Schauspieler) - verheiratet seit 2019
- Kristen Stewart (Schauspielerin) & Dylan Meyer (Drehbuchautorin) - liiert seit 2019

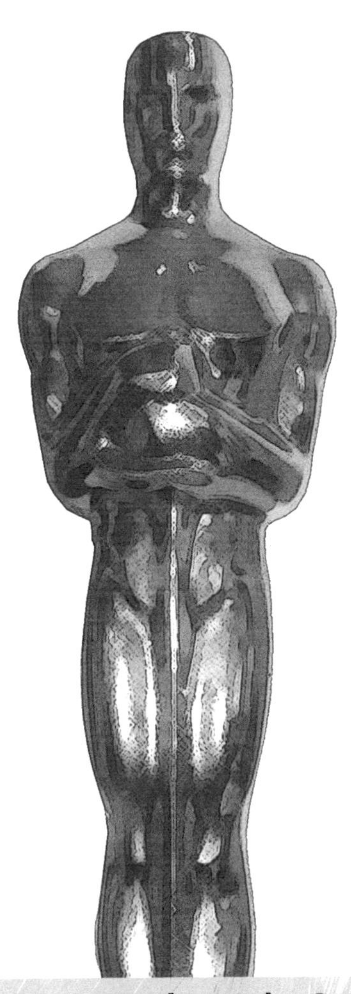

Academy Awards – Die Oscars

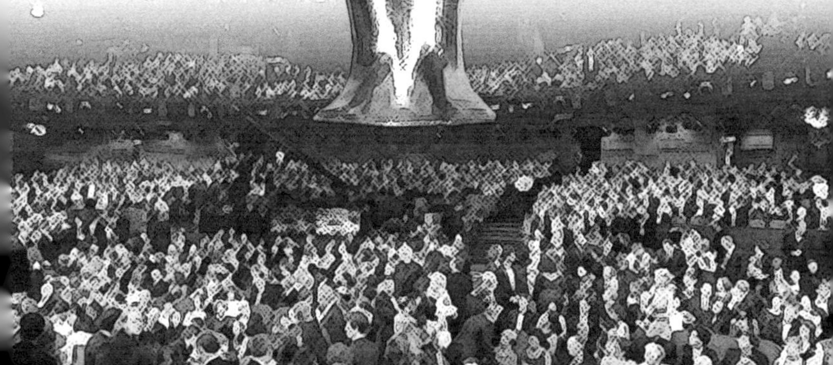

In absoluten Zahlen ist TITANIC der Film, der bei der Verleihung der «Academy Awards» bislang am erfolgreichsten abgeschnitten hat. Vierzehn Nominierungen mit elf Gewinnen sind unerreicht. Allerdings variierten die Kategorien, in denen Oscars verliehen wurden, im Laufe der Jahre immer wieder. Von ursprünglich zwölf stieg die Anzahl der verliehenen Oscars auf heute 23 bei der Verleihung 2023.

Die 12 Kategorien der 1. Oscar-Verleihung 1929

- Actor – Darsteller
- Actress – Darstellerin
- Art Direction – Szenenbild
- Cinematography – Kamera
- Directing (Comedy Picture) – Regie (Komödie)
- Directing (Dramatic Picture) – Regie (Drama)
- Engineering Effects – Technische Effekte
- Outstanding Picture – Herausragender Film
- Unique and Artistic Picture – Einzigartige künstlerische Produktion
- Writing (Adaptation) – Adaptiertes Drehbuch
- Writing (Original Story) – Originalgeschichte
- Writing (Title Writing) – Zwischentitel

Die 23 Kategorien der 95. Oscar-Verleihung 2023

- Actor in a Leading Role – Hauptdarsteller
- Actor in a Supporting Role – Nebendarsteller
- Actress in a Leading Role – Hauptdarstellerin
- Actress in a Supporting Role – Nebendarstellerin
- Animated Featur Film – Animationsfilm
- Cinematography – Kamera
- Costume Design – Kostümdesign
- Directing – Regie
- Documentary Feature Film – Dokumentarfilm
- Documentary Short Film – Dokumentarischer Kurzfilm
- Film Editing – Schnitt
- International Feature Film – Bester internationaler Film
- Makeup and Hairstyling – Make-Up und Frisuren
- Music (Original Score) – Filmmusik
- Music (Original Song) – Filmsong
- Best Picture – Bester Film
- Production Design – Szenenbild
- Short Film (Animated) – Animierter Kurzfilm
- Short Film (Live Action) – Kurzfilm

- Sound – Ton
- Visual Effects – Visuelle Effekte
- Writing (Adapted Screenplay) – Adaptiertes Drehbuch
- Writing (Original Screenplay) – Originaldrehbuch

Die 16 Filme mit den meisten Oscars

Da sich die Kategorien teilweise gegenseitig ausschließen, kann ein einzelner Film grundsätzlich nie alle verliehenen Oscars gewinnen. TITANIC gewann 1998 elf von siebzehn möglichen Preisen, BEN HUR 1960 elf von fünfzehn. Prozentual gesehen war BEN HUR damit der erfolgreichere Film.

	Titel	Jahr	Gewinne	Bester Film[1]	Beste Regie
	TITANIC	(1997/98)[2]	11 (14)[3]	James Cameron, Jon Landau	James Cameron
1.	BEN-HUR	(1959/60)	11 (12)	Sam Zimbalist	William Wyler
	HERR DER RINGE – DIE RÜCKKEHR DES KÖNIGS	(2003/04)	11 (11)	Barrie M. Osborne, Peter Jackson, Fran Walsh	Peter Jackson
4.	WEST SIDE STORY	(1961/62)	10+1[4] (11)	Robert Wise	Robert Wise, Jerome Robbins
	DER ENGLISCHE PATIENT	(1996/97)	9 (12)	Saul Zaentz	Anthony Minghella
5.	GIGI	(1958/59)	9 (9)	Arthur Freed	Vincente Minnelli
	DER LETZTE KAISER	(1987/88)	9 (9)	Jeremy Thomas	Bernardo Bertolucci
8.	VOM WINDE VERWEHT	(1939/40)	8+1[5] (13)	Selznick International Pictures, MGM	Victor Fleming
	VERDAMMT IN ALLE EWIGKEIT	(1953/54)	8 (13)	Buddy Adler	Fred Zinnemann
	DIE FAUST IM NACKEN	(1954/55)	8 (12)	Sam Spiegel	Elia Kazan
9.	MY FAIR LADY	(1964/65)	8 (12)	Jack L. Warner	George Cukor
	GANDHI	(1982/83)	8 (11)	Richard Attenborough	Richard Attenborough
	AMADEUS	(1984/85)	8 (11)	Saul Zaentz	Milos Forman

1 Verliehen an die Filmproduzenten und -produzentinnen bzw. Produktionsfirmen.
2 Kinopremiere/Oscarverleihung.
3 Anzahl der Nominierungen in Klammern.
4 Ehrenoscar für Jerome Robbins (Choreografie).
5 Ehrenoscar für William Cameron Menzies (Farbdramaturgie).

	Titel	Jahr	Gewinne	Bester Film[1]	Beste Regie
9.	SLUMDOG MILLIONÄR	(2008/09)	8 (10)	Christian Colson	Danny Boyle
	CABARET	(1972/73)	8 (10)	–[6]	Bob Fosse
16.	DIE BESTEN JAHRE UNSERES LEBENS	(1946/47)	7+1[7] (8)	Samuel Goldwyn Productions	William Wyler

Die 25 Filme mit den meisten Nominierungen

	Titel	Jahr	Nominierungen	Gewinne	Bester Film[8]	Beste Regie
1.	TITANIC	(1997/98)	14	11	ja	ja
	ALLES ÜBER EVA	(1950/51)	14	6	ja	ja
	LA LA LAND	(2016/17)	14	6	nein[9]	ja[10]
4.	VOM WINDE VERWEHT	(1939/40)	13	8+1[11]	ja	ja
	VERDAMMT IN ALLE EWIGKEIT	(1953/54)	13	8	ja	ja
	SHAKESPEARE IN LOVE	(1998/99)	13	7	ja[12]	nein[13]
	FORREST GUMP	(1994/95)	13	6	ja[14]	ja[15]
	CHICAGO	(2002/03)	13	6	ja[16]	nein[17]
	MARY POPPINS	(1964/65)	13	5	nein[18]	nein[19]
	WER HAT ANGST VOR VIRGINIA WOOLF?	(1966/67)	13	5	nein[20]	nein[21]

6 Zum besten Film des Jahres 1972 wurde DER PATE gewählt (Produzent: Albert S. Ruddy).

7 Ehrenoscar für Harold Russell (für den Mut, den der Kriegsinvalide durch seinen Auftritt anderen Kriegsveteranen machte).

8 Die Angaben «Bester Film» und «Beste Regie» zeigen an, ob der Film einen Oscar in der jeweiligen Kategorie erhalten hat.

9 Statt Fred Berger, Jordan Horowitz und Marc Platt erhielten den Oscar für den besten Film Adele Romanski, Dede Gardner und Jeremy Kleiner für MOONLIGHT.

10 Damien Chazelle.

11 Ehrenoscar für William Cameron Menzies (Farbdramaturgie).

12 John Madden.

13 Statt an John Madden ging der Regie-Oscar an Steven Spielberg für DER SOLDAT JAMES RYAN.

14 Wendy Finerman, Steve Starkey, Steve Tisch.

15 Robert Zemeckis.

16 Martin Richards.

17 Statt an Rob Marshall ging der Regie-Oscar an Roman Polanski für DER PIANIST.

18 Statt an Walt Disney und Bill Walsh ging der Oscar für den besten Film an Jack L. Warner für MY FAIR LADY.

19 Statt an Robert Stevenson ging der Regie-Oscar an George Cukor für MY FAIR LADY.

20 Statt an Ernest Lehman ging der Oscar für den besten Film an Fred Zinnemann für EIN MANN ZU JEDER JAHRESZEIT.

21 Statt an Mike Nichols ging der Regie-Oscar an Fred Zinnemann für EIN MANN ZU JEDER JAHRESZEIT.

	Titel	Jahr	Nominierungen	Gewinne	Bester Film[8]	Beste Regie
	DER HERR DER RINGE – DIE GEFÄHRTEN	(2001/02)	13	4	nein[22]	nein[23]
4.	DER SELTSAME FALL DES BENJAMIN BUTTON	(2008/09)	13	3	nein[24]	nein[25]
	SHAPE OF WATER	(2017/18)	13	4	ja[26]	ja[27]
	BEN-HUR	(1959/60)	12	11	ja	ja
	DER ENGLISCHE PATIENT	(1996/97)	12	9	ja	ja
	DIE FAUST IM NACKEN	(1954/55)	12	8	ja	ja
	MY FAIR LADY	(1964/65)	12	8	ja	ja
	DER MIT DEM WOLF TANZT	(1990/91)	12	7	ja[28]	ja[29]
14.	SCHINDLERS LISTE	(1993/94)	12	7	ja[30]	ja[31]
	MRS. MINIVER	(1942/43)	12	6	ja[32]	ja[33]
	GLADIATOR	(2000/01)	12	5	ja[34]	nein[35]
	THE KING'S SPEECH	(2010/11)	12	4	ja[36]	ja[37]
	THE REVENANT – DER RÜCKKEHRER	(2015/16)	12	3	nein[38]	ja[39]
	LINCOLN	(2012/13)	12	2	nein[40]	nein[41]
	THE POWER OF THE DOG	(2021/22)	12	1	nein[42]	ja[43]

22 Statt an Peter Jackson, Barrie M. Osborne und Fran Walsh ging der Oscar für den besten Film an Brian Grazer und Ron Howard für A BEAUTIFUL MIND – GENIE UND WAHNSINN.

23 Statt an Peter Jackson ging der Regie-Oscar an Ron Howard für A BEAUTIFUL MIND – GENIE UND WAHNSINN.

24 Statt an Kathleen Kennedy, Frank Marshall und Ceán Chaffin ging der Oscar für den besten Film an Christian Colson für SLUMDOG MILLIONÄR.

25 Statt an David Fincher ging der Regie-Oscar an Danny Boyle für SLUMDOG MILLIONÄR.

26 Guillermo del Toro und J. Miles Dale.

27 Guillermo del Toro.

28 Jim Wilson, Kevin Costner.

29 Kevin Costner.

30 Steven Spielberg, Gerald R. Molen, Branko Lustig.

31 Steven Spielberg.

32 Sidney Franklin.

33 William Wyler.

34 Ridley Scott.

35 Statt an Ridley Scott ging der Regie-Oscar an Steven Soderbergh für TRAFFIC – MACHT DES KARTELLS.

36 Ian Canning, Emile Sherman, Gareth Unwin.

37 Tom Hooper.

38 Statt an Arnon Milchan, Steve Golin, Alejandro G. Iñarritu, Mary Parent und Keith Redmon ging der Oscar an Michael Sugar, Steve Golin, Nicole Rocklin und Blye Pagon Faust für SPOTLIGHT.

39 Alejandro G. Iñarritu.

40 Statt an Steven Spielberg und Kathleen Kennedy ging der Oscar an Grant Heslov, Ben Affleck und George Clooney für ARGO.

41 Statt an Steven Spielberg ging der Oscar an Ang Lee für LIFE OF PI: SCHIFFBRUCH MIT TIGER.

42 Statt an Jane Campion, Iain Canning, Roger Frappier, Tanya Seghatchian und Emile Sherman ging der Oscar für den besten Film an Fabrice Gianfermi, Philippe Rousselet und Patrick Wachsberger für CODA.

43 Jane Campion.

Die 3 Bezwinger der «Big Five»

«Big Five», so nennen amerikanische Oscarfans die fünf Königskategorien «Bester Film», «Regie», «Hauptdarsteller», «Hauptdarstellerin» und «Drehbuch» (wahlweise «Adaptiertes Drehbuch» oder «Originaldrehbuch»). Im Laufe von 95 Oscarverleihungen (einschließlich 2023) waren insgesamt 43 Filme gleichzeitig in allen fünf Kategorien nominiert. Aber nur diesen drei Filmen gelang es, die «Big Five» auch zu gewinnen:

- **Es geschah in einer Nacht** (1934/35) (5/5)[44]
  (Bester) F(ilm): Columbia; *R(egie):* Frank Capra; *D(arsteller):* Clark Gable; *D(arsteller)in:* Claudette Colbert; *Dr(ehbuch):* Robert Riskin
- **Einer flog über das Kuckucksnest** (1975/76) (5/9)
  F: Saul Zaentz, Michael Douglas; *R:* Milos Forman; *D:* Jack Nicholson; *D.in:* Louise Fletcher; *Dr:* Lawrence Hauben, Bo Goldman
- **Das Schweigen der Lämmer** (1991/92) (5/7)
  F: Edward Saxon, Kenneth Utt, Ronald M. Bozman; *R:* Jonathan Demme; *D:* Anthony Hopkins; *D.in:* Jodie Foster; *Dr:* Ted Tally

Die 3 Oscar-Verweigerer

Von den 3.027 (regulären) Oscars, die auf den 95 Oscarverleihungen bis einschließlich 2023 ausgelobt waren, wurden nur 3 von ihren Gewinnern aus Protest zurückgewiesen. Ein wenig öfters kam es vor, dass Oscar-Gewinnerinnen und -Gewinner nicht zur Preisverleihung erschienen. Beispielsweise nahmen Woody Allen und Katharine Hepburn ihre zahlreichen Oscars nie persönlich entgegen.

- Dudley Nichols 1936 Drehbuch Der Verräter (1935)
  Grund: Nichols unterstützte den Oscar-Boykott der 1933 gegründeten Autorengewerkschaft, die damals von den Studios und der Oscar-Academy («Academy of Motion Picture Arts and Sciences») vehement bekämpft wurde. Nichols war von 1937–1938 Vorsitzender der «Writers Guild of America» (WGA). Nachdem sich Gewerkschaft und Academy geeinigt hatten, akzeptierte er den Preis nachträglich.
- George C. Scott 1971 Hauptdarsteller Patton – Rebell in Uniform (1970)
  Grund: Scott lehnte den Oscar in einem Schreiben an die Academy mit der Begründung ab, er sehe sich nicht in einem Wettbewerb mit anderen Schauspielern. Später lästerte er, die Oscarvergabe sei eine einzige «Fleischbeschau» («meat parade»), an der er sich nicht beteiligen wolle. Nachdem Scott 1960 für seine Rolle in Anatomie eines Mordes als

44 Insgesamt gewonnene Oscars/Nominierungen.

bester Nebendarsteller nominiert worden war, den Oscar aber nicht gewonnen hatte, hatte er bereits 1962 seine zweite Oscarnominierung als bester Nebendarsteller in HAIE DER GROSSSTADT schriftlich abgelehnt. Die Academy hielt die Nominierung dennoch aufrecht, der Oscar aber ging an George Chakiris (WEST SIDE STORY).

▸ Marlon Brando 1973 Hauptdarsteller DER PATE (1972)

Grund: Brando ließ sich bei der Oscar-Verleihung von der indianischstämmigen Aktivistin und Schauspielerin Sacheen Littlefeather vertreten, die im traditionellen Apachengewand erschien und erklärte, Brando lehne den Oscar aus Protest gegenüber den verfälschenden Indianer-Darstellungen Hollywoods ab. Außerdem wolle er sich mit dieser symbolischen Geste mit den Protesten der amerikanischen Ureinwohner solidarisieren, die seit Ende Februar 1973 das geschichtsträchtige Dorf Wounded Knee in South Dakota belagert hatten. Brando hatte eine 15-seitige Rede geschrieben, die Littlefeather während der Zeremonie jedoch nicht vortragen konnte, da ihre Redezeit strikt auf eine Minute begrenzt wurde. Littlefeather verlas den Originaltext im Anschluss an ihre improvisierte Rede vor der Presse. Sie nahm den Oscar nicht in Empfang, sodass ihn Schauspieler Roger Moore, der ihn eigentlich überreichen sollte, vorübergehend mit nach Hause nahm, wo er schließlich von Sicherheitsleuten der Academy abgeholt wurde.

Im Juni 2022, fast 50 Jahre nach ihrer Rede und nur wenige Monate vor ihrem Tod, entschuldigte sich David Rubin, der Präsident der Oscar-Akademie in einem Brief an Littlefeather für die Schmähungen, die diese in Folge ihrer Rede hatte erdulden müssen, und würdigte im Namen der Akademie ihren Mut. Littlefeather starb am 2. Oktober 2022 im Alter von 75 Jahren. Kurz nach ihrem Tod wandten sich ihre Schwestern Rosalind Cruz und Trudy Orlandi, die zu Littlefeather keinen Kontakt mehr hatten, an die Schriftstellerin Jacqueline Keeler, die selbst indigene Wurzeln hat und für Aufsehen gesorgt hatte, indem sie eine Liste sogenannter «Pretendians» veröffentlichte: Menschen die fälschlicherweise vorgaben, indigener Abstammung zu sein. In einem Artikel im *San Francisco Chronicle* gab Keeler die Aussagen der beiden Schwestern wieder, die behaupteten, Littlefeather habe über ihre indianische Abstammung ebenso gelogen wie über ihre angeblich von Armut und Gewalt geprägte Kindheit. Keeler fand in ihren Recherchen keine Hinweise darauf, dass Littlefeather von den White Mountain Apachen abstamme. In einem Gastbeitrag für *Variety* verwies Laura Clark, die ebenfalls indigene Wurzeln hat, in einer Reaktion auf Keelers Artikel auf die Schwierigkeiten eines solchen Nachweises, auf die «Hexenjagden» Keelers, den Zeitpunkt der Veröffentlichung so kurz nach Littlefeathers Tod und auf deren Verdienste als Stimme der Native community.

Die 13 deutschsprachigen Preisträger bei den «Big Five»

Mehrfach in der fast hundertjährigen Geschichte der Academy Awards waren deutsche Koproduktionen in der Königskategorie «Bester Film» nominiert worden. Es dauerte jedoch bis zur 95. Oscarverleihung 2023, ehe mit IM WESTEN NICHTS NEUES (2022) das erste Mal eine (hauptsächlich) deutsche Produktion, also ein deutscher Film, in der Endauswahl für die begehrteste Trophäe landete. Die Netflix-Neuverfilmung von Erich Maria Remarques Kriegsroman (1929), dessen von Lewis Milestone inszenierte Hollywoodadaption 1930 den Oscar als bester Film gewann, wurde insgesamt in neun Kategorien nominiert, u. a. auch als «Bester internationaler Film» sowie in den beiden Big-Five-Kategorien «Bestes adaptiertes Drehbuch», in der der deutsche Regisseur des Films, Edward Berger, gemeinsam mit der Schottin Lesley Paterson und dem Briten Ian Stokell an den Start ging, und eben «Bester Film» mit dem deutschen Produzenten Malte Grunert.

Jenseits der nur wenigen bisherigen «Big Five»-Preisträger gab es im Laufe der Historie zahlreiche weitere deutschsprachige Oscar-Gewinner in den Nebenkategorien. So erhielt Karl Freund 1938 mit DIE GUTE ERDE (1937) einen Oscar für die beste Kamera. Bis heute blieb er der einzige deutschsprachige Preisträger in dieser Kategorie. Kameramann Michael Ballhaus war zwar bereits dreimal für einen Oscar nominiert, ging am Ende jedoch jedes Mal leer aus.

Bernhard Grzimek erhielt 1960 mit SERENGETI DARF NICHT STERBEN (1959) den Academy Award für den besten Dokumentarfilm. Aber anders als oftmals zu lesen ist, war er damit nicht der erste deutsche Oscar-Gewinner nach dem Zweiten Weltkrieg. Bereits 1948 hatte der 1886 in Görlitz geborene Alfred Junge mit DIE SCHWARZE NARZISSE (1947) einen Oscar für das beste Szenenbild erhalten. Gleich drei Oscars in der Kategorie «Dokumentarfilm» erhielt der Schweizer Filmproduzent Arthur Cohn: 1962 für NUR HIMMEL UND DRECK (1961), 1991 für AMERICAN DREAM (1990), 2000 für EIN TAG IM SEPTEMBER (1999). Und 2010 wurde Christoph Waltz für seine Rolle als SS-Offizier in Quentin Tarantinos INGLOURIOUS BASTERDS (2009) mit dem Oscar als bester Nebendarsteller ausgezeichnet. 2013 gewann er in derselben Kategorie erneut; diesmal für seine Darstellung des deutschen Kopfgeldjägers Dr. King Schultz in Tarantinos DJANGO UNCHAINED (2012).

Mehrfach ging auch der Oscar für den besten Kurzfilm an deutschsprachige Regisseure oder Produzenten. In der jüngeren Vergangenheit wurden beispielsweise Pepe Danquart für SCHWARZFAHRER (Oscar: 1994), Florian Gallenberger für QUIERO SER (Oscar: 2001) und Jochen Alexander Freydank für SPIELZEUGLAND (Oscar: 2009) in dieser Kategorie ausgezeichnet.

Ehrenoscars für ihr Lebenswerk bzw. ihre Leistungen als «besonders kreative Filmproduzenten» erhielten Ernst Lubitsch (1947; Lebenswerk), Sam Spiegel (1964, Irvin G. Thalberg Memorial Award) und Billy Wilder (1988, Irvin G. Thalberg Memorial Award).

Die einzige Frau unter den insgesamt 13 deutschsprachigen Filmschaffenden, die im Laufe der Kinogeschichte einen Oscar der «Big Five»-Kategorien gewinnen konnten, ist übrigens die deutsch-jüdische Schauspielerin Luise Rainer, die als erste Schauspielerin überhaupt zweimal in Folge den Oscar als beste Hauptdarstellerin gewann.

Bester Film

- Sam Spiegel — 1955 für Die Faust im Nacken (1954)
  1958 für Die Brücke am Kwai (1957)
  1963 für Lawrence von Arabien (1962)
- Billy Wilder — 1961 für Das Appartement (1960)
- Fred Zinnemann — 1967 für Ein Mann für jede Jahreszeit (1966)

Regie

- Billy Wilder — 1946 für Das verlorene Wochenende (1945)
  1961 für Das Appartement (1960)
- Fred Zinnemann — 1954 für Verdammt in alle Ewigkeit (1953)
  1967 für Ein Mann zu jeder Jahreszeit (1966)

Hauptdarsteller

- Emil Jannings — 1929 für Der letzte Befehl (1928) und Der Weg allen Fleisches (1927)
- Paul Muni — 1937 für Louis Pasteur (1936)
- Maximilian Schell — 1962 für Das Urteil von Nürnberg (1961)

Hauptdarstellerin

- Luise Rainer — 1937 für Der grosse Ziegfeld (1936)
  1938 für Die gute Erde (1937)

Drehbuch

- Hanns Kräly — 1930 für Der Patriot (1928)
- Heinz Herald — 1938 für Das Leben des Emile Zola (1937)
- George Froeschel — 1943 für Mrs. Miniver (1942), Kategorie «Adaptiertes Drehbuch»
- Billy Wilder — 1946 für Das verlorene Wochenende (1945), «Adaptiertes Drehbuch»
  1951 für Boulevard der Dämmerung (1950), «Originaldrehbuch»
  1961 für Das Appartement (1960), «Originaldrehbuch»

- Richard Schweizer 1946 für MARIE-LOUISE (1944), «Originaldrehbuch»
  1949 für DIE GEZEICHNETEN (1948), «Originalgeschichte»
- David Wechsler 1949 für DIE GEZEICHNETEN (1948), «Originalgeschichte»
- Walter Reisch 1954 für DER UNTERGANG DER TITANIC (1953), «Originaldrehbuch»

Oscarrekorde

- **Der häufigste Oscargewinner:** Produzent Walt Disney mit 26 Oscars[45] (59 Nominierungen)
- **Die häufigste Oscargewinnerin:** Kostümdesignerin Edith Head mit 8 Oscars (35)
- **Die meisten Regie-Oscars:** John Ford mit 4 Oscars (6)
- **Die meisten Regie-Nominierungen:** William Wyler mit 12 Nominierungen (3 Gewinne); Wyler erhielt zwei weitere Nominierungen für den besten Film und gewann 1966 den Irvin G. Thalberg Memorial Award (für das Lebenswerk besonders kreativer Produzenten)
- **Die meisten Darsteller-Oscars:** Daniel Day-Lewis mit 3 Oscars (6 Nominierungen); alle Auszeichnungen als bester Hauptdarsteller
  Jack Nicholson mit 3 Oscars (12); zwei Auszeichnungen als bester Hauptdarsteller, eine als bester Nebendarsteller
  Walter Brennan mit 3 Oscars (4); alle Auszeichnungen als bester Nebendarsteller
- **Die meisten Darstellerin-Oscars:** Katharine Hepburn mit 4 Auszeichnungen (12); alle Auszeichnungen als beste Hauptdarstellerin
- **Die häufigsten Darsteller-Nominierungen:** Jack Nicholson mit 12
- **Die häufigsten Darstellerin-Nominierungen:** Meryl Streep mit 21 (3 Gewinne)
- **Die meisten Drehbuch-Oscars:** Woody Allen mit 3 Oscars (16 Nominierungen); Allen gewann einen weiteren Oscar (Regie für DER STADTNEUROTIKER); insgesamt war er 24-mal für einen Oscar nominiert (darunter einmal auch in der Kategorie «Hauptdarsteller» für DER STADTNEUROTIKER)
  Billy Wilder mit 3 Oscars (10); Wilder gewann 3 weitere Oscars (bester Film, Regie); sowie 1988 den Irving G. Thalberg Memorial Award; insgesamt war er 21-mal für einen Oscar nominiert
  Charles Brackett mit 3 Oscars (7); Brackett erhielt 1958 zudem einen Ehrenoscar; insgesamt war er 8-mal für einen Oscar nominiert
  Francis Ford Coppola mit 3 Oscars (5); Coppola gewann 2 weitere Oscars (bester Film, Regie) sowie 2010 den Irving G. Thalberg Memorial Award; insgesamt war er 14-mal für einen Oscar nominiert
  Paddy Chayefsky mit 3 Oscars (4)

45 Darunter drei Ehrenoscars sowie der Irving G. Thalberg Memorial Award bei den 14. Oscar-Verleihungen 1942.

- **Die meisten Drehbuch-Nominierungen:** Woody Allen mit 16 (3 Gewinne)
- **Die oder der jüngste Oscar-Gewinner/in:** Shirley Temple erhielt 1935 als 6-Jährige einen «Juvenile Award» (Kinderoscar) für ihre herausragenden Darbietungen im Kinojahr 1934
- **Die oder der jüngste Oscar-Gewinner/in in einer Nominierungskategorie:** Tatum O'Neal gewann 1974 als 10-Jährige den Oscar als beste Nebendarstellerin für ihre Rolle in PAPER MOON
- **Die oder der älteste Oscar-Gewinner/in:** Der am 7. Juni 1928 geborene Drehbuchautor und Regisseur James Ivory erhielt am 4. März 2018 im Alter von 89 Jahren den Oscar für das beste adaptierte Drehbuch (CALL ME BY YOUR NAME). Die 1931 geborene Kostümdesignerin Ann Roth war ebenfalls 89 als ihr am 25. April 2021 mit MA RAINEY'S BLACK BOTTOM der Preis für das beste Kostümdesign überreicht wurde. Da sie jedoch am 30. Oktober auf die Welt kam, war sie zum Zeitpunkt der Preisverleihung noch ein paar Monate jünger als Ivory drei Jahre zuvor.
- **Die erste Frau, die den Oscar für den besten Film gewann:** Julia Phillips 1974 für DER CLOU
- **Die erste Frau, die den Regie-Oscar gewann:** Kathryn Bigelow 2010 für TÖDLICHES KOMMANDO – THE HURT LOCKER
- **Der erste Schauspieler (teilweise) afroamerikanischer Herkunft, der den Oscar als bester Hauptdarsteller gewann:** Sidney Poitier 1964 für LILIEN AUF DEM FELDE
- **Die erste Schauspielerin (teilweise) afroamerikanischer Herkunft, die den Oscar als beste Hauptdarstellerin gewann:** Halle Berry 2002 für MONSTER'S BALL
- **Die kürzeste mit einem Oscar gewürdigte Leinwandpräsenz:** Beatrice Straight erhielt 1977 die Auszeichnung als beste Nebendarstellerin, obwohl sie in NETWORK (1976) gerade mal 5 Minuten und 40 Sekunden auf der Leinwand zu sehen war

Die 28 siegreichen Oscar-(Aus)Länder

Hitliste der Länder, die den Oscar für den besten internationalen Film gewannen

Eingeführt wurde der Academy Award für den besten fremdsprachigen Film («Foreign Lansguage Film») 1957. Der ersten Oscar in dieser Kategorie ging an Italien und den von Federico Fellini inszenierten LA STRADA – DAS LIED DER STRASSE. Als die Bundesrepublik Deutschland 1980 mit DIE BLECHTROMMEL das erste Mal den «Auslandsoscar» gewann, waren Italien und Frankreich jeweils bereits siebenmal siegreich gewesen. Mit der Oscarverleihung 2020 wurde die Kategorie von «Foreign Language Film» in «International Feature Film» umbenannt.

Bereits bevor der Oscar für den besten fremdsprachigen Film 1957 zur regulären Nominierungskategorie wurde, waren zwischen 1948 und 1953 sowie 1955 und 1956 Spezial- bzw. Ehrenoscars für fremdsprachige Filme verliehen worden. Es waren ausschließlich Filme aus Italien (3), Frankreich (3) und Japan (3), die diese 8 Oscars[46] unter sich aufteilten. In der folgenden Liste sind diese Auszeichnungen in Klammern mitberücksichtigt.

	Land	Gewinne	erster Gewinn
1.	Italien	11 (14)	1957 (1948)
2.	Frankreich	9 (12)	1959 (1949)
	Deutschland	4	1980
3.	Spanien	4	1983
	Dänemark	4	1988
	Schweden	3	1961
6.	UdSSR	3	1969
	Niederlande	3	1987
	Tschechoslowakei	2	1966
	Ungarn	2	1982
	Schweiz	2	1985
9.	Argentinien	2	1986
	Österreich	2	2008
	Japan	2 (5)	2009 (1952)
	Iran	2	2012
	Algerien	1	1970
	Elfenbeinküste	1	1977
	Russland	1	1995
	Tschechien	1	1997
	Taiwan	1	2001
	Bosnien und Herzegowina	1	2002
16.	Kanada	1	2004
	Südafrika	1	2006
	Iran	2	2012
	Polen	1	2015
	Chile	1	2018
	Mexiko	1	2019
	Südkorea	1	2020

46 Frankreich und Italien wurden 1951 gemeinsam für die französisch-italienische Koproduktion DIE MAUERN VON MALAPAGA mit einem Ehrenoscar ausgezeichnet, sodass der Oscar für diesen Film hier und in der folgenden Liste beiden Ländern zugerechnet wird.

Top Elf der nominierten Oscar-(Aus)Länder

Als 1957 der Oscar für den besten fremdsprachigen Film zum ersten Mal regulär verliehen wurde, waren neben Preisträger Italien die folgenden vier Länder nominiert: Japan, Frankreich, BR Deutschland und Dänemark. Sie alle tauchen auch in der Liste der am häufigsten nominierten Länder auf. Bis einschließlich 2023 waren insgesamt 64 verschiedene Länder für den «Auslandsoscar» nominiert. Die Schweiz kam in diesem Zeitraum auf 5 Nominierungen, Österreich auf 4. Nur einmal, 1977 mit JAKOB DER LÜGNER (Regie: Frank Beyer), befand sich auch ein DDR-Film in der Auswahl der fünf Kinoproduktionen, die jährlich für den Oscar in der Kategorie «Foreign Language Film» / «International Feature Film» nominiert werden.

	Land	Nominierungen	erste Nominierung
1.	Frankreich	39	1957
2.	Italien	30	1957
3.	Spanien	21	1959
4.	Deutschland	20	1957
5.	Schweden	16	1961
6.	Japan	14	1957
	Dänemark	14	1957
8.	Polen	13	1964
9.	Israel	10	1965
	UdSSR	10	1969
	Ungarn	10	1969

Die 27 Deutschsprachigen unter den Fremdsprachigen

Auch wenn man die zwischen 1948 und 1956 verliehenen Spezial- und Ehrenpreise für fremdsprachige Filme hinzurechnet, für den deutschsprachigen Film beginnt die Zeitrechnung des «Auslandoscars» mit dem Jahr 1957, in dem Helmut Käutners DER HAUPTMANN VON KÖPENICK als erster deutschsprachiger Film für einen Oscar nominiert war. Es dauerte dann noch über zwanzig Jahre, ehe 1980 mit Volker Schlöndorffs DIE BLECHTROMMEL ein deutschsprachiger Spielfilm den ersten Oscar gewann. Bis 2023 wurden nur fünf weitere deutschsprachige Filme mit dem «Auslandsoscar» prämiert: drei deutsche, ein schweizerischer und ein österreichischer.

Abgesehen vom Jahr 1957, in dem der Oscar für den besten fremdsprachigen Film zum ersten Mal als Nominierungskategorie aufgenommen und als Produzentenoscar verliehen wurde, zeichnete der Preis keine bestimmte Person aus, sondern lediglich den siegreichen Film bzw. das Produktionsland des Filmes. Zwar nimmt der Regisseur bzw. die Regisseurin den Preis entgegen, offiziell gilt sie bzw. er damit aber nicht als Oscargewinner. Eine Ausnahme bildete das Jahr 1957. Mit DER HAUPTMANN VON KÖPENICK waren die Produzenten Gyula Trebitsch und Walter Koppel persönlich für einen Oscar nominiert.

Von den fünf Spielfilmen, mit denen die Schweiz bislang für einen Oscar nominiert wurde, tauchen in der folgenden Liste nur drei auf. Bei DIE EINLADUNG (L'INVITATION, 1973), der 1974 für den Oscar nominiert war, und GEFÄHRLICHE ZÜGE (LA DIAGONALE DU FOU, 1984), der 1985 den Oscar gewann, handelt es sich um französischsprachige Filme.

	Titel	Regie	Darsteller
1957 nominiert:	DER HAUPTMANN VON KÖPENICK (BRD 1956)	Helmut Käutner	Heinz Rühmann
1958 nominiert	NACHTS, WENN DER TEUFEL KAM (BRD 1957)	Robert Siodmak	Claus Holm, Mario Adorf
1959 nominiert	HELDEN (BRD 1958)	Franz Peter Wirth	O.W. Fischer, Liselotte Pulver
1960 nominiert	DIE BRÜCKE (BRD 1959)	Bernhard Wicki	Folker Bohnet, Fritz Wepper
1971 nominiert	ERSTE LIEBE (CH/BRD 1970)	Maximilian Schell	Dominique Sanda, Maximilian Schell
1974 nominiert	DER FUSSGÄNGER (BRD/CH 1973)	Maximilian Schell	Gustav Rudolf Sellner, Gila von Weitershausen
1977 nominiert	JAKOB DER LÜGNER (DDR 1975)	Frank Beyer	Vlastimil Brodský, Henry Hübchen
1979 nominiert	DIE GLÄSERNE ZELLE (BRD 1978)	Hans W. Geissendörfer	Helmut Griem, Brigitte Fossey
1980 Sieger	DIE BLECHTROMMEL (BRD/F 1979)	Volker Schlöndorff	David Bennent, Angela Winkler, Mario Adorf
1982 nominiert	DAS BOOT IST VOLL (CH/BRD/A 1980)	Markus Imhoof	Tina Engel, Hans Diehl
1986 nominiert	BITTERE ERNTE (BRD 1985)	Agnieszka Holland	Armin Mueller-Stahl, Elisabeth Trissenaar
1987 nominiert	'38 – HEIM INS REICH (A/BRD 1986)	Wolfgang Glück	Tobias Engel, Sunnyi Melles
1991 Sieger	REISE DER HOFFNUNG (CH 1990)	Xavier Koller	Necmettin Cobanoglu, Nur Sürer, Dietmar Schönherr
1991 nominiert	DAS SCHRECKLICHE MÄDCHEN (BRD 1990)	Michael Verhoeven	Lena Stolze

	Titel	Regie	Darsteller
1993 nominiert	SCHTONK! (D 1992)	Helmut Dietl	Götz George, Uwe Ochsenknecht, Christiane Hörbiger
1998 nominiert	JENSEITS DER STILLE (D 1996)	Caroline Link	Sylvie Testud
2003 Sieger	NIRGENDWO IN AFRIKA (D 2001)	Caroline Link	Juliane Köhler
2005 nominiert	DER UNTERGANG (D 2004)	Oliver Hirschbiegel	Bruno Ganz, Alexandra Maria Lara
2006 nominiert	SOPHIE SCHOLL – DIE LETZTEN TAGE (D 2005)	Marc Rothemund	Julia Jentsch
2007 Sieger	DAS LEBEN DER ANDEREN (D 2006)	Florian Henckel von Donnersmarck	Ulrich Mühe, Martina Gedeck, Sebastian Koch
2008 Sieger	DIE FÄLSCHER (A/D 2007)	Stefan Ruzowitzky	Karl Markovics, August Diehl
2009 nominiert	DER BAADER MEINHOF KOMPLEX (D 2008)	Uli Edel	Martina Gedeck, Moritz Bleibtreu, Johanna Wokalek
2009 nominiert	REVANCHE (A 2008)	Götz Spielmann	Johannes Krisch, Irina Potapenko
2010 nominiert	DAS WEISSE BAND – EINE DEUTSCHE KINDERGESCHICHTE (D/A/F/I 2009)	Michael Haneke	Christian Friedel, Leonie Benesch
2017 nominiert	TONI ERDMANN (D/A 2016)	Maren Ade	Sandra Hüller, Peter Simonischek
2019 nominiert	WERK OHNE AUTOR (D 2018)	Florian Henckel von Donnersmarck	Tom Schilling, Sebastian Koch, Paula Beer
2023 Sieger	IM WESTEN NICHTS NEUES (D 2022)	Edward Berger	Felix Kammerer, Albrecht Schuch, Moritz Klaus

Weltstars (noch) ohne Oscars

Neben vielen kleinen und manchen großen Stars, die nie einen Oscar überreicht bekamen, gibt es auch eine ganze Reihe von Filmgrößen, die zwar nie einen Oscar gewannen, aber trotzdem einen erhielten, etwa den für ihr Lebenswerk. Hier nur eine unvollständige alphabetische Auswahl, in der beispielsweise der französische Nouvelle Vague Pionier **Jean-Luc Godard** (Ehrenoscar für sein Lebenswerk 2010) ebenso fehlt wie sein Landsmann **Jean Renoir** (Ehrenoscar 1975), der amerikanische Schauspieler, Regisseur, Sänger und Tänzer **Gene Kelly** (Ehrenoscar 1952) oder der japanische Regisseur **Akira Kurosawa** (Ehrenpreis 1990), der aber immerhin bei zwei Filmen Regie führte, die zum besten fremdsprachigen Film gekürt wurden (1952: RASHOMON – DAS LUSTWÄLDCHEN, JP und 1976: UZALA, DER KIRGISE, UdSSR):

Weltstars, die nur einen «Trostoscar» erhielten

Michelangelo Antonioni (29. September 1912 - 30. Juli 2007) war 1967 mit BLOW UP in den Kategorien «Originaldrehbuch» und «Regie» jeweils für einen Oscar nominiert. Den erhielt der italienische Regisseur aber erst 1995 ehrenhalber für sein Lebenswerk.

Fred Astaire (10. Mai 1899 - 22. Juni 1987) hatte schon längst (1950) einen Ehrenoscar für sein Lebenswerk erhalten, als der begnadete amerikanische Stepptänzer 1975 für seine Nebenrolle in FLAMMENDES INFERNO endlich für einen regulären Oscar nominiert wurde. Es blieb das einzige Mal und ohne Erfolg.

Ingmar Bergman (14. Juli 1918 - 30. Juli 2007) wurde 1971 kurioser Weise mit dem Irving G. Thalberg Memorial Award als «besonders kreativer Filmproduzent» ausgezeichnet. Dabei tat sich der geniale schwedische Regisseur in seiner Laufbahn als Produzent eher weniger hervor. Er hätte noch drei weitere Oscars gewonnen, wenn der Preis für die besten fremdsprachigen Filme an deren Regisseure und Regisseurinnen verliehen worden wäre. So aber musste sich der 1997 auf den Filmfestspielen in Cannes mit der «Palme der Palmen» zum «besten Filmregisseur aller Zeiten» gekürte Jahrhundertkünstler zwischen 1960 und 1984 mit neun erfolglosen Oscarnominierungen begnügen: dreimal für die beste Regie, fünfmal für das beste Drehbuch und einmal, 1974, für den besten Film (SCHREIE UND FLÜSTERN).

Federico Fellini (20. Januar 1920 - 31. Oktober 1993) hat sogar bei vier Filmen Regie geführt, die den Oscar als bester fremdsprachiger Film gewannen. Darüber hinaus war der italienische Filmemacher zwischen 1947 und 1977 stolze zwölf Mal für einen Oscar nominiert (achtmal für das beste Drehbuch, viermal für die beste Regie). Oscarpreisträger wurde er aber erst kurz vor seinem Tod, nachdem ihm 1993 der Ehrenoscar für sein Lebenswerk verliehen worden war.

Greta Garbo (18. September 1905 - 15. April 1990) gehörte der Generation der Diven an, die den bestimmten Artikel vor ihrem Nachnamen von den Medien und der Öffentlichkeit wie einen Adelstitel verliehen bekamen. Einen Oscar als beste Hauptdarstellerin aber gewann die Garbo bei ihren vier Nominierungen zwischen 1930 und 1940 nicht. Und das, obwohl sie bei der 3. Oscarverleihung 1930 gleich mit zwei Filmen nominiert war: ROMANZE und ANNA CHRISTIE. Den Ehrenpreis für ihr Lebenswerk, den sie 1955 erhielt, nahm die Schwedin nicht persönlich entgegen.

Mit einem Spezialpreis musste sich auch Judy Garland (10. Juni 1922 - 22. Juni 1969) zufriedengeben. Den erhielt sie allerdings bereits 1940, noch zu Beginn ihrer Karriere, für ihre Leistung als Kinderdarstellerin. Ein regulärer Oscar kam trotz zweier Nominierungen (1955 für ihre Nebenrolle in Ein neuer Stern am Himmel und 1962 für die beste weibliche Hauptrolle in Das Urteil von Nürnberg) nicht mehr dazu.

Cary Grant (18. Januar 1904 - 29. November 1986), einer der größten Hollywoodstars aller Zeiten, war läppische zweimal für einen Oscar nominiert: 1942 mit Akkorde der Liebe und 1945 mit None But the Lonely Heart. Oscarpreisträger durfte sich der in England aufgewachsene britisch-amerikanische Schauspieler aber erst ab 1970 nennen, nachdem ihm der «Honory Award» für sein Lebenswerk verliehen worden war.

Howard Hawks (30. Mai 1896 - 26. Dezember 1977) drehte Filmklassiker wie Leoparden küsst man nicht, Tote schlafen fest, Red River, Blondinen bevorzugt oder Rio Bravo und war doch nur ein einziges Mal, 1942 mit Sergeant York, für einen Oscar (Regie) nominiert, den er dann noch nicht mal bekam. Ausgezeichnet wurde er dafür 1975 für sein Lebenswerk.

Alfred Hitchcock (13. August 1899 - 29. April 1980) gilt heute als einer der größten Regisseure aller Zeiten. Einen Regie-Oscar erhielt der Brite, der 1955 auch die US-Staatsbürgerschaft annahm, aber nie. Fünfmal war der Meister des Suspense zwischen 1941 und 1961 dafür nominiert. Immerhin durfte sich Hitchcock 1941, beim ersten Mal, noch damit trösten, dass «sein» Film den Oscar als bester Film gewann. Ausgezeichnet dafür wurde jedoch die Produktionsfirma Selznick International Pictures. Einen Academy Award erhielt Hitchcock 1968 dann doch noch, aber nicht etwa einen Ehrenoscar für sein Lebenswerk als Filmemacher, sondern den Irving G. Thalberg Memorial Award für «besonders kreative Filmproduzenten».

Deborah Kerr (30. September 1921 - 16. Oktober 2007) war zwischen 1950 und 1961 sechsmal vergeblich für einen Academy Award als beste Hauptdarstellerin nominiert; 1957-59 gleich dreimal in Folge. Es dauerte über dreißig Jahre, ehe die damals bereits an Parkinson erkrankte Britin 1994 dann doch noch einen Oscar für ihr Lebenswerk erhielt.

Peter O'Toole (2. August 1932 - 14. Dezember 2013) war schon siebenmal vergeblich als bester Hauptdarsteller nominiert worden, als er 2003 mit dem Ehrenoscar für sein Lebenswerk ausgezeichnet wurde. O'Toole hatte die Academy im Vorfeld schriftlich gebeten, ihm den Preis nicht zu verleihen, da er ja noch im Rennen sei und hoffe, den «hübschen Burschen» auf normalem Wege zu gewinnen. Die Academy antwortete ihm jedoch, dass sie ihn in jedem Fall ehren werde, ob er nun wolle oder nicht. Trotz seiner anfänglichen Bedenken nahm O'Toole schließlich an der Zeremonie teil, sodass Meryl Streep ihm den Ehrenoscar überreichen konnte. Vier Jahre später, 2007, war der irische Schauspieler mit VENUS tatsächlich noch einmal für einen regulären Oscar als bester Hauptdarsteller nominiert. Aber auch beim achten Anlauf ging er leer aus.

Barbara Stanwyck (16. Juli 1907 - 20. Januar 1990) ist eine weitere Kinolegende, die keinen Oscar gewonnen hatte, ehe ihr 1982 von John Travolta der Ehrenoscar für ihr Lebenswerk überreicht wurde. Zwischen 1938 und 1949 war sie viermal ins Rennen um die Auszeichnung als beste Hauptdarstellerin gegangen; 1945 mit der unvergesslichen Rolle als Femme Fatale Phyllis Dietrichson in Billy Wilders FRAU OHNE GEWISSEN.

Lediglich einen Ehrenoscar für ihre besonderen humanitären Verdienste (Jean Hersholt Humanitarian Award) bekam Rosalind Russell (4. Juni 1907 - 28. November 1976) 1973. Zuvor war sie viermal, 1943, 1947, 1948 und schließlich 1959 mit DIE TOLLE TANTE, für die beste weibliche Hauptrolle nominiert worden.

Einen Ehrenoscar erhielt Stanley Kubrick (26. Juli 1928 - 7. März 1999) nicht, auch keinen als Regisseur (4 Nominierungen), Drehbuchautor (5 Nominierungen) oder Produzent (3 Nominierungen für den «besten Film»). Eine Auszeichnung aber gewann der US-Filmemacher trotzdem: 1969 für die besten Spezialeffekte in 2001: ODYSSEE IM WELTRAUM - auch eine Art Trostoscar.

Ganz ohne den Trost von Ehren- und Spezialpreisen oder Oscars in Nebenkategorien mussten (bislang) die nachfolgend aufgelisteten Weltstars auskommen. Auch diese Aufzählung ist natürlich unvollständig; der Kinoolymp ist groß und hat viel Platz für Stars und Sternchen. Trotzdem sollen hier ein paar der in der folgenden Liste nicht aufgeführten oscarlosen Filmgrößen wenigstens namentlich kurz genannt werden.

So wurden die sowjetischen Filmregisseure Sergei M. Eisenstein (1898-1948) und Andrey Tarkovskiy (1932-86) bei den Oscars nie berücksichtigt. Die deutschen Regisseure Wim Wenders, Werner Herzog und Wolfgang Petersen (1941-2022) wurden zwar alle nominiert, setzten sich am Ende aber (bislang) nicht durch. Hollywood-Blockbuster-Regisseur Roland Emmerich wurde genau wie Erfolgsproduzent Bernd Eichinger (1949-2011) noch nicht einmal nominiert.[47] Ebenfalls

47 Allerdings war Eichinger Co-Produzent von NIRGENDWO IN AFRIKA, der 2003 den Oscar als bester fremdsprachiger Film gewann und produzierte die Filme DER UNTERGANG und DER BAADER MEINHOF KOMPLEX, die 2005 bzw. 2009 in dieser Kategorie für einen Oscar nominiert waren.

nie für einen Oscar nominiert waren der österreich-deutsche Regisseur Fritz Lang (1890–1976) und der japanische Filmemacher Yasujiro Ozu (1903–1963). Zweimal nominiert, aber am Ende erfolglos war der spanische Surrealist Luis Buñuel (1900–1983). Und gleich dreimal verpasste der französische Filmemacher François Truffaut (1932–1984) den Oscar.

Auch der US-Schauspieler Bill Murray, der 2004 mit LOST IN TRANSLATION – ZWISCHEN DEN WELTEN für die beste männliche Hauptrolle nominiert wurde, zählt bislang nicht zu den Oscarpreisträgern. Ebenso wenig wie der New Yorker Charakterkopf Steve Buscemi, der noch nicht einmal eine Nominierung vorweisen kann. Ohne Oscar blieben (bislang) auch Anthony Perkins, Natalie Wood, Hugh Grant, Harvey Keitel, Sharon Stone und viele, viele andere mehr.

Weltstars ganz ohne Oscar

Annette Bening (* 29. Mai 1958)
Nachdem die US-Amerikanerin bereits 1991 mit GRIFTERS als beste Nebendarstellerin nominiert worden war, folgten nach der Jahrtausendwende drei erfolglose Nominierungen für die beste weibliche Hauptrolle: 2000 mit AMERICAN BEAUTY; 2005 mit BEING JULIA und 2011 mit THE KIDS ARE ALL RIGHT.

Richard Burton (10. November 1925 – 5. August 1984)
Siebenmal war der Waliser Schauspieler für einen Oscar nominiert, sechsmal als bester Hauptdarsteller, einmal, das erste Mal, als bester Nebendarsteller. Sieben mal vergeblich: 1953 für seine Nebenrolle in MEINE COUSINE RACHEL; 1954 mit DAS GEWAND; 1965 mit BECKET; 1966 mit DER SPION, DER AUS DER KÄLTE KAM; 1967 mit WER HAT ANGST VOR VIRGINIA WOOLF?; 1970 mit KÖNIGIN FÜR TAUSEND TAGE und das letzte Mal 1978 mit EQUUS – BLINDE PFERDE.

Glenn Close (* 19. März 1947)
Dutzende renommierte Darstellerpreise hat die US-Schauspielerin in ihrer Karriere gewonnen, darunter mehrere Emmys und Golden Globes, aber (noch) keinen Oscar; und das schon achtmal nicht: 1983 (GARP UND WIE ER DIE WELT SAH), 1984 (DER GROSSE FRUST) und 1985 (DER UNBEUGSAME) sowie 2021 (HILLIBILLY-ELEGIE) nicht als beste Nebendarstellerin und 1988 (EINE VERHÄNGNISVOLLE AFFÄRE), 1989 (GEFÄHRLICHE LIEBSCHAFTEN) sowie 2012 (ALBERT NOBBS) und 2019 (DIE FRAU DES NOBELPREISTRÄGERS) auch nicht für die beste weibliche Hauptrolle.

Tom Cruise (* 3. Juli 1962)
Wie kann denn das sein? Einen Ehrenbambi hat er schon, aber keinen Oscar! Gibt es in der Academy denn nicht genügend Scientologinnen und Scientologen? Immerhin dreimal war der US-Schauspieler für einen Oscar nominiert: 1990 als Hauptdarsteller in einem Film, der um einen Tag wie eine Autobiografie geklun-

gen hätte: Geboren am 4. Juli; 1997 ebenfalls für die beste Hauptrolle in Jerry Maguire – Spiel des Lebens und 2000 für seine herrlich komische und selbstironische Nebenrolle in Magnolia. Bislang aber – Achtung Kalauer! – blieb das Unternehmen Oscargewinn für Cruise eine Mission Impossible.

Doris Day (3. April 1922 – 13. Mai 2019) und Rock Hudson (17. November 1925 – 2. Oktober 1985)
Rock Hudson, der an der Seite von Doris Day in den 1950er- und 1960er-Jahren in Hollywoodkomödien wie Bettgeflüster oder Ein Pyjama für zwei den charmanten Schwerenöter gab, blieb ebenso wie seine als bieder-tüchtig, aber auch selbstbewusst in Szene gesetzte Filmpartnerin ohne Oscar. Für die Rolle des texanischen Großgrundbesitzers Jordan «Bick» Benedict in Giganten wurde Hudson 1957 als bester Hauptdarsteller nominiert. Ein Ehrenoscar blieb dem US-Schauspieler, der wenige Monate vor seinem Tod seine Aids-Erkrankung und seine Homosexualität öffentlich machte, ebenso verwehrt wie seiner Landsfrau Doris Day, die 1960 mit Bettgeflüster eine Nominierung als beste Schauspielerin erhalten hatte.

James Dean (8. Februar 1931 – 30. September 1955)
Sein früher Tod machte ihn unsterblich. Das klingt nicht nur paradox, sondern ist auch Quatsch. Zur Legendbildung trug es freilich bei, dass Dean erst 24 Jahre alt war, als er mit seinem Porsche 550 Spyder in den Tod raste. Gerade mal drei Kinohauptrollen hatte er bis dahin gespielt. Alle blieben bis heute unvergessen. Für zwei wurde er postum für einen Oscar als bester Hauptdarsteller nominiert: 1956 für die Rolle des Problemsohnes Caleb in Elia Kazans Jenseits von Eden (es war das erste Mal überhaupt in der Oscargeschichte, dass ein Schauspieler postum für einen Oscar nominiert wurde) und 1957 für die Darstellung des verbitterten Emporkömmlings Jett Rink in George Stevens' Giganten.

Johnny Depp (* 9. Juni 1963)
Zumindest in Sachen Oscargewinn sind für Johnny Depp aller guten Dinge nicht drei. 2004 (Fluch der Karibik), 2005 (Wenn Träume fliegen lernen) und 2008 (Sweeney Todd – Der teuflische Barbier aus der Fleet Street) wurde es am Ende jeweils nichts mit dem Oscar für die beste männliche Hauptrolle. Vielleicht klappt es ja beim vierten Mal.

Marlene Dietrich (27. Dezember 1901 – 6. Mai 1992)
Die Ikone der deutschen Filmgeschichte, die 1939 US-amerikanische Staatsbürgerin wurde, war lediglich einmal für einen Oscar nominiert: 1931 als beste Hauptdarstellerin in Josef von Sternbergs Marokko. Den Preis gewann sie nicht, aber ihrem Weltruhm tat das keinen Abbruch.

Hildegard Knef (28. Dezember 1925 – 1. Februar 2002)
Nachdem Willi Forsts Spielfilm DIE SÜNDERIN (1951) mit Hildegard Knef in der Hauptrolle einen der größten Filmskandale der Bundesrepublik Deutschland ausgelöst hatte, versuchte die Schauspielerin und Sängerin ihr Glück in den USA. Der große Erfolg blieb jedoch aus, und ihr Engagement in Hollywood endete 1957 jäh mit einem Streit mit dem Filmstudio «Twentieth Century-Fox» – und ohne Oscar.

David Lynch (* 20. Januar 1946)
Vielleicht ist er ja einfach zu gut für den Oscar. Oder zu frankophil. Der US-amerikanische Filmemacher, Maler und Fotograf, den der damalige französische Präsident Nicolas Sarkozy 2007 zum Offizier der Ehrenlegion ernannte, hat jedenfalls den Regiepreis in Cannes gewonnen, den César, aber keinen Oscar, obwohl er immerhin viermal nominiert war: dreimal für die beste Regie und einmal, 1981, mit DER ELEFANTENMENSCH auch für das beste adaptierte Drehbuch.

John Malkovich (* 9. Dezember 1953)
Der charismatische US-Schauspieler, der sich in Spike Jonzes Tragikomödie BEING JOHN MALKOVICH gleich dutzendfach selbst veräppeln durfte, war erst zweimal für einen Oscar (als bester Nebendarsteller) nominiert: 1985 mit EIN PLATZ IM HERZEN; 1994 mit DIE ZWEITE CHANCE, aber auch die konnte er leider nicht nutzen.

Marilyn Monroe (1. Juni 1926 – 5. August 1962)
Sicher, sie hat sich eher als Legende, Symbol und Ikone in die Kino- und Kultur geschichte eingeschrieben; nicht unbedingt als Charakterdarstellerin. Klar, man gewinnt keinen Oscar, indem man dem US-Präsidenten ein Geburtstagsständchen singt oder sich mit wehendem Rock über einem Abluftschacht fotografieren lässt. Trotzdem ist es schon bemerkenswert, dass die Frau, die bei den gemeinhin ja als Oscar-Indikatoren gewerteten Golden Globes gleich zweimal zur beliebtesten Schauspielerin der Welt gewählt wurde (1954 und 1962), 1957 mit BUS STOP für einen Golden Globe nominiert war und ihn 1960 mit MANCHE MÖGEN'S HEISS gewann, nie für einen Oscar nominiert wurde.

Edward Norton (* 18. August 1969)
Zweimal als Nebendarsteller (1997 mit ZWIELICHT, 2015 mit BIRDMAN) und einmal als Hauptdarsteller (1999 mit AMERICAN HISTORY X) war Norton für einen Oscar nominiert.

Michelle Pfeiffer (*29. April 1958)
Innerhalb von fünf Jahren wurde die Kalifornierin dreimal für einen Oscar nominiert: 1989 als Nebendarstellerin in GEFÄHRLICHE LIEBSCHAFTEN sowie 1990 (DIE FABELHAFTEN BAKER BOYS) und 1993 (LOVE FIELD – LIEBE OHNE GRENZEN) für die beste weibliche Hauptrolle. Dreimal ohne Erfolg.

Thelma Ritter (14. Februar 1902 – 4. Februar 1969)
Gut, vielleicht müsste man hier die Überschrift ummodeln: Ohne Oscar hat es für Ritter nicht ganz zum Weltstar gereicht. Und das, obwohl die New Yorkerin in etlichen Klassikern der Filmgeschichte mitwirkte; wenn auch meist in Nebenrollen. Beispielsweise verkörperte sie die Pflegerin Stella in Alfred Hitchcocks DAS FENSTER ZUM HOF. Als Stella wurde sie zwar nicht für einen Oscar nominiert, dafür aber zwischen 1951 und 1963 für beachtliche sechs andere Nebenrollen; unter anderem in Michael Gordons BETTGEFLÜSTER.

Romy Schneider (23. September 1938 – 29. Mai 1982)
Um von ihrem SISSI-Image loszukommen, trat die deutsch-französische Schauspielerin ab 1958 vermehrt in anspruchsvollen Kinofilmen auf; darunter auch englischsprachige Produktionen wie etwa Orson Welles' Kafka-Verfilmung DER PROZESS oder Otto Premingers DER KARDINAL, mit dem sie 1964 für einen Golden Globe als beste Darstellerin nominiert war. Eine Oscarnominierung erhielt sie jedoch nie.

Max von Sydow (10. April 1929 – 8. März 2020)
Einen Namen als Charakterdarsteller machte sich der schwedische Schauspieler in den 1950er- und 1960er-Jahren in zahlreichen Filmen Ingmar Bergmans, für den er erstmals in DAS SIEBENTE SIEGEL (1957) vor der Kamera stand. Nach einem Auftritt als Jesus Christus in Hollywoods monumentaler Bibelverfilmung DIE GRÖSSTE GESCHICHTE ALLER ZEITEN (1965) war er u. a. als DER EXORZIST (1973), Bond-Bösewicht Blofeld in JAMES BOND 007 – SAG NIEMALS NIE (1983), Lor San Tekka in STAR WARS: DAS ERWACHEN DER MACHT (2015) und dreiäugiger Rabe in GAME OF THRONES (2011–2019) zu sehen. Zweimal war von Sydow für einen Oscar nominiert: 1989 als bester Hauptdarsteller mit Bille Augusts PELLE, DER EROBERER und 2012 als bester Nebendarsteller in Stephen Daldrys EXTREM LAUT & UNGLAUBLICH NAH.

Alle 95 Oscarverleihungen von 1929–2023

	Datum	Veranstaltungsort in Los Angeles[48]	Moderation	Anzahl Kategorien[49]	Bester Film
1.	Do., 16. Mai 1929[50]	Blossom Room im Roosevelt Hotel	Douglas Fairbanks	12	Wings (Regie: William A. Wellman)
2.	Do., 3. April 1930[51]	Cocoanut Grove (Palmgarten) des Ambassador Hotels	William C. de Mille	7[52]	The Broadway Melody (Harry Beaumont)
3.	Mi., 5. Nov. 1930[53]	Fiesta Room im Ambassador Hotel	Conrad Nagel	8	Im Westen nichts Neues (Lewis Milestone)
4.	Do., 10. Nov. 1931[54]	Sala D'Oro des Biltmore Hotels	Lawrence Grant	9	Pioniere des wilden Westens (Wesley Ruggles)
5.	Fr., 18. Nov. 1932[55]	Fiesta Room im Ambassador Hotel	Conrad Nagel	12	Menschen im Hotel (Edmund Goulding)
6.	Fr., 16. März 1934[56]	Fiesta Room im Ambassador Hotel	Will Rogers	13	Kavalkade (Frank Lloyd)
7.	Mi., 27. Febr. 1935[57]	Biltmore Bowl des Biltmore Hotels	Irvin S. Cobb	16	Es geschah in einer Nacht (Frank Capra)
8.	Do., 5. März 1936	Biltmore Bowl des Biltmore Hotels	Frank Capra	17	Meuterei auf der Bounty (Frank Lloyd)
9.	Do., 4. März 1937	Biltmore Bowl des Biltmore Hotels	George Jessel	20	Der grosse Ziegfeld (Robert Z. Leonard)
10.	Do., 10. März 1938	Biltmore Bowl des Biltmore Hotels	Bob Burns	20	Das Leben des Emile Zola (William Dieterle)
11.	Do., 23. Febr. 1939	Biltmore Bowl des Biltmore Hotels	-	18	Lebenskünstler (Frank Capra)
12.	Do., 29. Febr. 1940	Cocoanut Grove des Ambassador Hotels	Bob Hope	20	Vom Winde verweht (Victor Fleming)

48 Wenn nicht anders vermerkt.

49 Gezählt werden die regulären (Nominierungs-)Kategorien ohne Spezial- oder Ehrenoscars.

50 Nominiert waren Filme, die zwischen dem 1.8.1927 und dem 1.8.1928 uraufgeführt wurden.

51 Ausgezeichnet wurden Filme, die zwischen dem 1.8.1928 und dem 31.7.1929 uraufgeführt wurden.

52 Offiziell wurden neben den Oscargewinnern keine Nominierungen bekannt gegeben.

53 Nominiert waren Filme, die zwischen dem 1.8.1929 und dem 31.7.1930 uraufgeführt wurden.

54 Nominiert waren Filme, die zwischen dem 1.8.1930 und dem 31.7.1931 uraufgeführt wurden.

55 Nominiert waren Filme, die zwischen dem 1.8.1931 und dem 31. 7.1932 uraufgeführt wurden.

56 Nominiert waren Filme, die zwischen dem 1.8.1932 und dem 31.12.1933 uraufgeführt wurden.

57 Bei dieser und den folgenden Verleihungen wurden jeweils die Filme des Vorjahres nominiert und ausgezeichnet. Lediglich für die 93. Verleihung 2021 wurde aufgrund der Corona-Pandemie der Zulassungszeitraum bis zum 28. Februar 2021 verlängert.

	Datum	Veranstaltungsort in Los Angeles[48]	Moderation	Anzahl Kategorien[49]	Bester Film
13.	Do., 27. Febr. 1941	Biltmore Bowl des Biltmore Hotels	Bob Hope	22	REBECCA (Alfred Hitchcock)
14.	Do., 26. Febr. 1942	Biltmore Bowl des Biltmore Hotels	Bob Hope	23	SCHLAGENDE WETTER (John Ford)
15.	Do., 4. März 1943	Cocoanut Grove des Ambassador Hotels	Bob Hope	23	MRS. MINIVER (William Wyler)
16.	Do., 2. März 1944	Grauman's Chinese Theatre	Jack Benny	24	CASABLANCA (Michael Curtiz)
17.	Do., 15. März 1945	Grauman's Chinese Theatre	Bob Hope, John Cromwell	24	DER WEG ZUM GLÜCK (Leo McCarey)
18.	Do., 7. März 1946	Grauman's Chinese Theatre	Bob Hope, James Stewart	24	DAS VERLORENE WOCHENENDE (Billy Wilder)
19.	Do., 13. März 1947	Shrine Civic Auditorium	Jack Benny	23	DIE BESTEN JAHRE UNSERES LEBENS (William Wyler)
20.	Sa., 20. März 1948	Shrine Civic Auditorium	Agnes Moorehead	24	TABU DER GERECHTEN (Elia Kazan)
21.	Do., 24. März 1949	Academy Award Theater	Robert Montgomery	25	HAMLET (Laurence Olivier)
22.	Do., 23. März 1950	RKO Pantages Theatre	Paul Douglas	26	DER MANN, DER HERRSCHEN WOLLTE (Robert Rossen)
23.	Do., 29. März 1951	RKO Pantages Theatre	Fred Astaire	26	ALLES ÜBER EVA (Joseph L. Mankiewicz)
24.	Do., 20. März 1952	RKO Pantages Theatre	Danny Kaye	26	EIN AMERIKANER IN PARIS (Vincente Minnelli)
25.	Do., 19. März 1953	RKO Pantages Theatre	Bob Hope, Conrad Nagel (New York City)[58]	26	DIE GRÖSSTE SCHAU DER WELT (Cecil B. DeMille)
26.	Do., 25. März, 1954	RKO Pantages Theatre	Donald O'Connor, Fredric March (NYC)	26	VERDAMMT IN ALLE EWIGKEIT (Fred Zinnemann)
27.	Mi., 30. März 1955	RKO Pantages Theatre	Bob Hope, Thelma Ritter (NYC)	26	DIE FAUST IM NACKEN (Elia Kazan)
28.	Mi., 21. März 1956	RKO Pantages Theatre	Jerry Lewis, Joseph L. Mankiewicz (NYC, Claudette Colbert (NYC)	26	MARTY (Delbert Mann)

58 Zwischen 1953 und 1957 fand die Verleihung aufgrund der Fernsehübertragungsmöglichkeiten zeitgleich in Los Angeles und New York statt.

	Datum	Veranstaltungsort in Los Angeles[48]	Moderation	Anzahl Kategorien[49]	Bester Film
29.	Mi., 27. März 1957	RKO Pantages Theatre	Jerry Lewis, Celeste Holm (NYC)	27	In 80 Tagen um die Welt (Michael Anderson)
30.	Mi., 26. März 1958	RKO Pantages Theatre	James Stewart, David Niven, Jack Lemmon, Rosalind Russell, Bob Hope, Donald Duck (Animation)	20	Die Brücke am Kwai (David Lean)
31.	Mo., 6. April 1959	RKO Pantages Theatre	Bob Hope, David Niven, Tony Randall, Mort Sahl, Laurence Olivier, Jerry Lewis	23	Gigi (Vincente Minnelli)
32.	Mo., 4. April, 1960	RKO Pantages Theatre	Bob Hope	25	Ben Hur (William Wyler)
33.	Mo., 17. April 1961	Santa Monica Civic Auditorium	Bob Hope	25	Das Appartement (Billy Wilder)
34.	Mo., 9. April 1962	Santa Monica Civic Auditorium	Bob Hope	25	West Side Story (Robert Wise, Jerome Robbins)
35.	Mo., 8. April 1963	Santa Monica Civic Auditorium	Frank Sinatra	25	Lawrence von Arabien (David Lean)
36.	Mo. 13. April 1964	Santa Monica Civic Auditorium	Jack Lemmon	26	Tom Jones – Zwischen Bett und Galgen (Tony Richardson)
37.	Mo., 5. April 1965	Santa Monica Civic Auditorium	Bob Hope	26	My Fair Lady (George Cukor)
38.	Mo., 18. April 1966	Santa Monica Civic Auditorium	Bob Hope	26	Meine Liede – meine Träume (Robert Wise)
39.	Mo., 10. April 1967	Santa Monica Civic Auditorium	Bob Hope	26	Ein Mann zu jeder Jahreszeit (Fred Zinnemann)
40.	Mi., 10. April 1968	Santa Monica Civic Auditorium	Bob Hope	23	In der Hitze der Nacht (Norman Jewison)
41.	Mo., 14. April 1969	Dorothy Chandler Pavilion	–	22	Oliver (Carlo Reed)
42.	Di., 7. April 1970	Dorothy Chandler Pavilion	–	22	Asphalt-Cowboy (John Schlesinger)
43.	Do., 15. April 1971	Dorothy Chandler Pavilion	–	22	Patton – Rebell in Uniform (Franklin J. Schaffner)
44.	Mo., 10. April 1972	Dorothy Chandler Pavilion	Helen Hayes, Alan King, Sammy Davis Jr., Jack Lemmon	22	Brennpunkt Brooklyn (William Friedkin)

	Datum	Veranstaltungsort in Los Angeles[48]	Moderation	Anzahl Kategorien[49]	Bester Film
45.	Di., 27. März 1973	Dorothy Chandler Pavilion	Carol Burnett, Michael Caine, Charlton Heston, Rock Hudson	21	DER PATE (Francis Ford Coppola)
46.	Di., 2. April 1974	Dorothy Chandler Pavilion	John Huston, Diana Ross, Burt Reynolds, David Niven	21	DER CLOU (George Roy Hill)
47.	Di., 8. April 1975	Dorothy Chandler Pavilion	Sammy Davis Jr., Bob Hope, Shirley MacLaine, Frank Sinatra	21	DER PATE – TEIL II (Francis Ford Coppola)
48.	Mo., 29. März 1976	Dorothy Chandler Pavilion	Walter Matthau, Robert Shaw, George Segal, Goldie Hawn, Gene Kelly	21	EINER FLOG ÜBER DAS KUCKUCKSNEST (Milos Forman)
49.	Mo., 28. März 1977	Dorothy Chandler Pavilion	Richard Pryor, Jane Fonda, Ellen Burstyn, Warren Beatty	21	ROCKY (John G. Avildsen)
50.	Mo., 3. April 1978	Dorothy Chandler Pavilion	Bob Hope	22	DER STADTNEUROTIKER (Woody Allen)
51.	Mo., 9. April 1979	Dorothy Chandler Pavilion	Johnny Carson	21	DIE DURCH DIE HÖLLE GEHEN (Michael Cimino)
52.	Mo., 14. April 1980	Dorothy Chandler Pavilion	Johnny Carson	22	KRAMER GEGEN KRAMER (Robert Benton)
53.	Di., 31. März 1981	Dorothy Chandler Pavilion	Johnny Carson	20	EINE GANZ NORMALE FAMILIE (Robert Redford)
54.	Mo., 29. März 1982	Dorothy Chandler Pavilion	Johnny Carson	22	DIE STUNDE DES SIEGERS (Hugh Hudson)
55.	Mo., 11. April 1983	Dorothy Chandler Pavilion	Walter Matthau, Liza Minnelli, Dudley Moore, Richard Pryor	24	GANDHI (Richard Attenborough)
56.	Mo., 9. April 1984	Dorothy Chandler Pavilion	Johnny Carson	22	ZEIT DER ZÄRTLICHKEIT (James L. Brooks)
57.	Mo., 25. März 1985	Dorothy Chandler Pavilion	Jack Lemmon	23	AMADEUS (Milos Forman)
58.	Mo., 24. März 1986	Dorothy Chandler Pavilion	Jane Fonda, Alan Alda, Robin Williams	23	JENSEITS VON AFRIKA (Sydney Pollack)

	Datum	Veranstaltungsort in Los Angeles[48]	Moderation	Anzahl Kategorien[49]	Bester Film
59.	Mo., 30. März 1987	Dorothy Chandler Pavilion	Chevy Chase, Goldie Hawn, Paul Hogan	23	Platoon (Oliver Stone)
60.	Mo., 1. April 1988	Shrine Civic Auditorium	Chevy Chase	22	Der letzte Kaiser (Bernardo Bertolucci)
61.	Mi., 29. März 1989	Shrine Civic Auditorium	-	23	Rain Man (Barry Levinson)
62.	Mo., 26. März 1990	Dorothy Chandler Pavilion	Billy Crystal	23	Miss Daisy und ihr Chauffeur (Bruce Beresford)
63.	Mo., 25. März 1991	Shrine Civic Auditorium	Billy Crystal	23	Der mit dem Wolf tanzt (Kevin Costner)
64.	Mo., 30. März 1992	Dorothy Chandler Pavilion	Billy Crystal	23	Das Schweigen der Lämmer (Jonathan Demme)
65.	Mo., 29. März 1993	Dorothy Chandler Pavilion	Billy Crystal	23	Erbarmungslos (Clint Eastwood)
66.	Mo., 21. März 1994	Dorothy Chandler Pavilion	Whoopi Goldberg	23	Schindlers Liste (Steven Spielberg)
67.	Mo., 27. März 1995	Shrine Auditorium	David Letterman	23	Forrest Gump (Robert Zemeckis)
68.	Mo., 25. März 1996	Dorothy Chandler Pavilion	Whoopi Goldberg	24	Braveheart (Mel Gibson)
69.	Mo., 24. März 1997	Shrine Auditorium	Billy Crystal	24	Der englische Patient (Anthony Minghella)
70.	Mo., 23. März 1998	Shrine Auditorium	Billy Crystal	24	Titanic (James Cameron)
71.	So., 21. März 1999	Dorothy Chandler Pavilion	Whoopi Goldberg	24	Shakespeare in Love (John Madden)
72.	So., 26. März 2000	Shrine Auditorium	Billy Crystal	23	American Beauty (Sam Mendes)
73.	So., 25. März 2001	Shrine Auditorium	Steve Martin	23	Gladiator (Russell Crowe)
74.	So., 24. März 2002	Kodak Theatre	Whoopi Goldberg	24	A Beautiful Mind (Ron Howard)
75.	So., 23. März 2003	Kodak Theatre	Steve Martin	24	Chicago (Rob Marshall)
76.	So., 29. Febr. 2004	Kodak Theatre	Billy Crystal	24	Der Herr der Ringe: Die Rückkehr des Königs (Peter Jackson)

	Datum	Veranstaltungsort in Los Angeles[48]	Moderation	Anzahl Katego-rien[49]	Bester Film
77.	So., 27. Febr. 2005	Kodak Theatre	Chris Rock	24	MILLION DOLLAR BABY (Clint Eastwood)
78.	So., 5. März 2006	Kodak Theatre	Jon Stewart	24	L.A. CRASH (Paul Haggis)
79.	So., 25. Febr. 2007	Kodak Theatre	Ellen DeGeneres	24	DEPARTED – UNTER FEINDEN (Martin Scorsese)
80.	So., 24. Febr. 2008	Kodak Theatre	Jon Stewart	24	NO COUNTRY FOR OLD MEN (Ethan und Joel Coen)
81.	So., 22. Febr. 2009	Kodak Theatre	Hugh Jackman	24	SLUMDOG MILLIONÄR (Danny Boyle)
82.	So., 7. März 2010	Kodak Theatre	Steve Martin, Alec Baldwin	24	TÖDLICHES KOMMANDO – THE HURT LOCKER (Kathryn Bigelow)
83.	So., 27. Febr. 2011	Kodak Theatre	Anne Hathaway, James Franco	24	THE KING'S SPEECH (Tom Hooper)
84.	So., 26. Febr. 2012	Hollywood & Highland Center	Billy Crystal	24	THE ARTIST (Michel Hazanavicius)
85.	So., 24. Febr. 2013	Dolby Theatre	Seth MacFarlane	24	ARGO (Ben Affleck)
86.	So., 2. März. 2014	Dolby Theatre	Ellen DeGenerres	24	12 YEARS A SLAVE (Steve McQueen)
87.	So., 22. Febr. 2015	Dolby Theatre	Neil Patrick Harris	24	BIRDMAN (ODER DIE UNVERHOFFTE MACHT DER AHNUNGSLOSIGKEIT) (Alejandro G. Iñarritu
88.	So., 28. Febr. 2016	Dolby Theatre	Chris Rock	24	SPOTLIGHT (Tom McCarthy)
89.	So., 26. Febr. 2017	Dolby Theatre	Jimmy Kimmel	24	MOONLIGHT (Barry Jenkins)
90.	So., 4. März 2018	Dolby Theatre	Jimmy Kimmel	24	SHAPE OF WATER – DAS FLÜSTERN DES WASSERS (Guillermo del Toro)
91.	So., 24. Februar 2019	Dolby Theatre	ohne (Kevin Hart war von der Moderation zurückgetreten, nachdem frühere Tweets von ihm als homophob kritisiert worden waren)	24	GREEN BOOK – EINE BESONDERE FREUNDSCHAFT (Peter Farrelly)

	Datum	Veranstaltungsort in Los Angeles[48]	Moderation	Anzahl Kategorien[49]	Bester Film
92.	So., 9. Februar 2020	Dolby Theatre	ohne	24	PARASITE (Bong Joon-ho)
93.	So., 25. April 2021	Dolby Theatre und Union Station	ohne	23	NOMADLAND (Chloé Zhao)
94.	So., 27. März 2022	Dolby Theatre	Regina Hall, Amy Schumer, Wanda Sykes	23	CODA (Siân Heder)
95.	So., 12. März 2023	Dolby Theatre	Jimmy Kimmel	23	EVERYTHING EVERYWHERE ALL AT ONCE (Daniel Kwan, Daniel Scheinert)

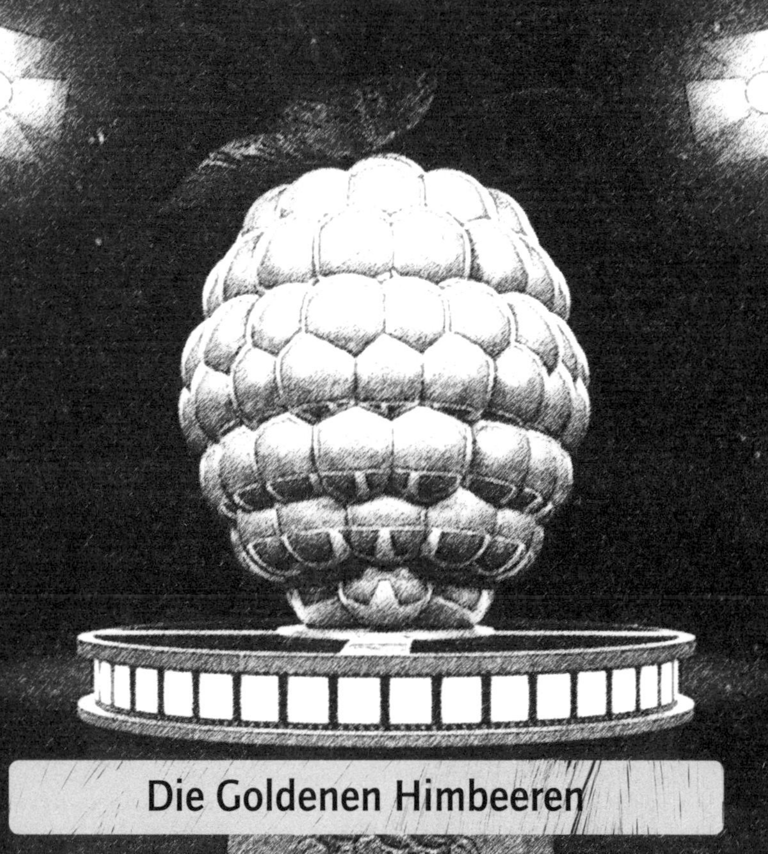
Die Goldenen Himbeeren

Der Anti-Oscar für die jeweils schlechtesten filmischen Leistungen des vorangegangenen Kinojahres wurde in der Oscarnacht 1981 vom US-Publizisten John Wilson auf einer Privatparty ins Leben gerufen. In den folgenden Jahren verwandelte sich die Zeremonie zu einer öffentlichen Veranstaltung mit stetig wachsendem Medieninteresse. Die Bekanntgabe der «Gewinnerinnen» und «Gewinner» wurde schon bald auf den Abend vor der Oscarverleihung vorverlegt.[1]

Der Name «Golden Raspberry Award», kurz «Razzie Award» leitet sich von der Redewendung «blowing a raspberry» ab, was ungefähr soviel bedeutet wie: die Zunge rausstrecken und dabei höhnisch schnauben.

Gewählt werden die «Schlechtesten» des Kinovorjahres von Mitgliedern der «Golden Raspberry Foundation», der 2017 über 1000 Filmjournalistinnen und -journalisten, Filmschaffende und sonstige Filmfreunde aus den USA und mehr als 20 weiteren Staaten angehörten. 2023 wurden «Razzies» in zehn Kategorien vergeben. In den Jahren zuvor waren immer wieder auch Goldene Himbeeren in anderen Kategorien sowie Sonderpreise verliehen worden. Beispielsweise setzte sich 2003 JACKASS: THE MOVIE in der Spezialkategorie des furzträchtigsten bzw. blähendsten Teenyfilms («Most Flatulent Teen-Targeted Movie») u. a. vor dem Britney-Spears-Streifen NOT A GIRL – CROSSROADS durch.

In der Geschichte der «Razzies» haben bis 2023 erst sechs «Gewinnerinnen» oder «Gewinner» ihre Trophäe (eine vergoldete Himbeere auf einer Filmspule im Gesamtwert von circa fünf US-Dollar) bei der offiziellen Verleihung persönlich entgegengenommen: Paul Verhoeven (1996), Tom Green (2002), Halle Berry (2005), Michael Ferris (2005), Sandra Bullock (2010), J. David Shapiro (2010).

Paul Verhoeven (schlechtester Regisseur, schlechtester Film) scherzte über die insgesamt sieben Goldenen Himbeeren für SHOWGIRLS: «Das Schlechteste an dem heutigen Tag war, dass ich sieben Auszeichnungen dafür bekommen habe, der Schlechteste zu sein, und es mir immer noch mehr Spaß gemacht hat, als im September die Filmkritiken zu lesen.»

Tom Green, der 2002 mit der Komödie FREDDY GOT FINGERED gleich fünf Himbeeren einheimste (in den Kategorien «Film», «Schauspieler», «Regie», «Drehbuch», «Leinwandpaar»), rollte sich zu Beginn der Preisverleihung selbst den roten Teppich aus und musste am Ende von der Bühne gezerrt werden, weil er nicht aufhörte Mundharmonika zu spielen.

Halle Berry, die 2005 mit CATWOMAN zur schlechtesten Schauspielerin gewählt wurde, parodierte bei der Preisverleihung ihre Oscar-Dankesrede aus dem Jahr 2002, als sie für ihre Darstellung in MONSTER'S BALL zur besten Hauptdarstellerin gewählt worden war. Bei ihrem Manager bedankte sie sich mit den Worten: «Er liebt mich so sehr, dass er mich sogar dann noch zu einem Filmprojekt überredet, wenn er weiß, dass es Mist ist.»

1 2012 fand die Vergabe der Goldenen Himbeeren erst nach der Oscar-Verleihung am 1. April statt.

Sandra Bullock, die im Vorfeld angekündigt hatte, ihre Goldene Himbeere persönlich entgegenzunehmen, wenn sie mit VERRÜCKT NACH STEVE zur schlechtesten Darstellerin gewählt werden würde, frotzelte 2010: «Mir war nicht klar, dass man in Hollywood einen Preis verliehen kriegt, nur weil man sagt, dass man bereit sei, ihn in Empfang zu nehmen. Wenn ich das gewusst hätte, hätte ich mich schon längst dazu bereit erklärt, bei der Oscarverleihung zu erscheinen.» Am nächsten Tag erhielt Bullock den Oscar als beste Hauptdarstellerin für ihre Rolle in John Lee Hancocks Drama BLIND SIDE – DIE GROSSE CHANCE.

Eine Premiere gab es bei der 32. Preisverleihung zur Goldenen Himbeere am 1. April 2012. Zum ersten Mal ging mit JACK UND JILL ein Film in allen zehn Kategorien als Schlechtester hervor. Adam Sandler erhielt für seine Bruder-Schwester-Doppelrolle nicht nur einen «Razzie» als schlechtester Schauspieler, sondern auch als schlechteste Schauspielerin.

Dass der Mehrheitsgeschmack der «Golden Raspberry Foundation» keineswegs von allen Filmfans und Filmexperten geteilt wird, hat sich in der Geschichte der Goldenen Himbeere schon oft gezeigt. Mehrfach wurden Filmschaffende mit demselben Film sowohl für einen «Razzie» als auch einen «ernsthaften» Filmpreis nominiert. Bereits im ersten «Razzie»-Jahr hatte Neil Diamond für DER JAZZ-SÄNGER nicht nur eine Goldene Himbeere als schlechtester Schauspieler erhalten, sondern auch eine Golden Globe Nominierung in der Kategorie «Bester Hauptdarsteller – Komödie oder Musical».

Glenn Close war 2021 für die Rolle der Mamaw in HILLBILLY-ELEGIE sowohl für einen Oscar als beste als auch für eine Goldene Himbeere als schlechteste Nebendarstellerin nominiert. Beide Male ging sie leer aus.

Schlechtester Schauspieler

Die meisten Himbeeren sammelte im Laufe der Jahre Sylvester Stallone. Viermal wurde er zum schlechtesten Hauptdarsteller gewählt, zwölf weitere Male war er nominiert! Zuletzt 2023 für seine Darbietung in SAMARITAN. Immerhin drei Beeren im Karrierekörbchen hat Kevin Costner. Hinzu kommen vier Nominierungen, bei denen er am Ende für den Hauptpreis nicht schlecht genug war; zuletzt 2002 für CRIME IS KING. Ebenfalls dreimal zum schlechtesten Schauspieler gekürt wurde Adam Sandler. Neun weitere Male war er nominiert, zuletzt 2021 für HUBIE HALLOWEEN. Je zweimal erhielten Pauly Shore und John Travolta die Goldene Darstellerhimbeere. Achtmal nominiert, aber nie Schlechtester war Arnold Schwarzenegger.

1981 Neil Diamond in DER JAZZ-SÄNGER

1982 Klinton Spillsbury in DIE LEGENDE VOM EINSAMEN RANGER

1983 Laurence Olivier in INCHON!

1984 Christopher Atkins in EIN HIMMLISCHER LÜMMEL

1985 Sylvester Stallone in DER SENKRECHTSTARTER

1986 Sylvester Stallone in RAMBO II – DER AUFTRAG und ROCKY IV – DER KAMPF DES JAHRHUNDERTS

1987 Prince in UNDER THE CHERRY MOON – UNTER DEM KIRSCHMOND

1988 Bill Cosby in LEONARD 6

1989 Sylvester Stallone in RAMBO III

1990 William Shatner in STAR TREK V: AM RANDE DES UNIVERSUMS

1991 Andrew Dice Clay in FORD FAIRLANE – ROCK 'N' ROLL DETECTIVE

1992 Kevin Costner in ROBIN HOOD – KÖNIG DER DIEBE

1993 Sylvester Stallone in STOP! ODER MEINE MAMI SCHIESST!

1994 Burt Reynolds in EIN COP UND EIN HALBER

1995 Kevin Costner in WYATT EARP – DAS LEBEN EINER LEGENDE

1996 Pauly Shore in CHAOS! SCHWIEGERSOHN JUNIOR IM GERICHTSSAAL

1997 Ex aequo: Tom Arnold und Pauly Shore
Tom Arnold in BIG BULLY – MEIN LIEBSTER FEIND und CARPOOL – EIN DADDY – FÜNF KIDS – UND EIN GANGSTER AUF DER FLUCHT und EINE FAMILIE ZUM KOTZEN
Pauly Shore in BUD UND DOYLE: TOTAL BIO, GARANTIERT SCHÄDLICH

1998 Kevin Costner in POSTMAN

1999 Bruce Willis in ARMAGEDDON – DAS JÜNGSTE GERICHT und DAS MERCURY PUZZLE und AUSNAHMEZUSTAND

2000 Adam Sandler in BID DADDY

2001 John Travolta in BATTLEFIELD EARTH – KAMPF UM DIE ERDE und LUCKY NUMBERS

2002 Tom Green in FREDDY GOT FINGERED

2003 Roberto Benigni in ROBERTO BENIGNIS PINOCCHIO

2004 Ben Affleck in LIEBE MIT RISIKO – GIGLI und DAREDEVIL und PAYCHECK – DIE ABRECHNUNG

2005 George W. Bush (als er selbst) in FAHRENHEIT 9/11

2006 Rob Schneider in DEUCE BIGALOW: EUROPEAN GIGOLO

2007 Marlon Wayans und Shawn Wayans in LITTLE MAN

2008 Eddie Murphy (als Norbit) in NORBIT

2009 Mike Myers in DER LOVE GURU

2010 Jonas Brothers (als sie selbst) in JONAS BROTHERS: THE 3D CONCERT EXPERIENCE

2011 Ashton Kutcher in KISS & KILL und VALENTINSTAG

2012 Adam Sandler (als Jack) in JACK UND JILL

2013 Adam Sandler in DER CHAOS-DAD

2014 Jaden Smith in AFTER EARTH

2015 Kirk Cameron in SAVING CHRISTMAS

2016 Jamie Dornan in FIFTY SHADES OF GREY

2017 Dinesh D'Souza in HILLARY'S AMERICA: THE SECRET HISTORY OF THE DEMOCRATIC PARTY

2018 Tom Cruise in DIE MUMIE

2019 Donald Trump (als er selbst) in DEATH OF A NATION und FAHRENHEIT 11/9

2020 John Travolta in THE FANATIC und BURNING SPEED – SIEG UM JEDEN PREIS

2021 Mike Lindell in ABSOLUTE PROOF

2022 LeBron James in SPACE JAM: A NEW LEGACY

2023 JARED LETO in MORBIUS

Schlechteste Schauspielerin

Geht es nach der Anzahl der Goldenen Himbeeren spielte in den letzten dreißig Jahren keine schlechter als Madonna: gleich fünfmal wurde sie zur schlechtsten Hauptdarstellerin gewählt. Dreimal innerhalb von zehn Jahren erhielt Bo Derek die «Auszeichnung»; bzw. sie hätte sie erhalten, wenn sie gekommen wäre, um sie entgegenzunehmen. Zweimal «gewonnen» haben: Pia Zadora, Demi Moore und Sharon Stone. Je siebenmal vergeblich nominiert waren Kim Basinger und Angelina Jolie.

2023 musste sich die Golden Raspberry Award Foundation in dieser Kategorie selbst «auszeichnen», nachdem sie zuvor die erst zwölfjährige Ryan Kiera Armstrong für ihre Rolle in der Stephen-King-Neuverfilmung FIRESTARTER nominiert hatte. Die Nominierung eines Kindes für einen Schmähpreis wurde öffentlich heftig kritisiert und daraufhin schuldbewusst zurückgezogen. Die Goldene Himbeere ging für diesen Nominierungsfauxpas («For 43rd Actress Nominee Blunder») dann an «The Razzies».

1981 Brooke Shields in DIE BLAUE LAGUNE

1982 Ex aequo: Bo Derek und Faye Dunaway

Bo Derek in TARZAN – HERR DES URWALDS

Faye Dunaway in MEINE LIEBE RABENMUTTER

1983 Pia Zadora in BUTTERFLY – DER BLONDE SCHMETTERLING

1984 Pia Zadora in KARRIERE DURCH ALLE BETTEN

1985 Bo Derek in BO DEREK'S EKSTASE

1986 Linda Blair in POLICE PATROL – DIE CHAOTENSTREIFE VOM NACHTREVIER und SAVAGE ISLAND und SAVAGE STREETS – DIE STRASSEN DER GEWALT

1987 Madonna in SHANGHAI SURPRISE

1988 Madonna in Who's that Girl

1989 Liza Minnelli in Rent-A-Cop und Arthur 2 – On the Rocks

1990 Heather Locklear in Das Grüne Ding aus dem Sumpf

1991 Bo Derek in Mein Geist will immer nur das Eine

1992 Sean Young in Der Kuss vor dem Tode

1993 Melanie Griffith in Wie ein Licht in dunkler Nacht und Sanfte Augen lügen nicht

1994 Madonna in Body of Evidence

1995 Sharon Stone in Begegnungen – Intersection und The Specialist

1996 Elizabeth Berkley in Showgirls

1997 Demi Moore in Striptease und The Juror – Nicht schuldig

1998 Demi Moore in Die Akte Jane

1999 Die Spice Girls in Spiceworld

2000 Heather Donahue in Blair Witch Project

2001 Madonna in Ein Freund zum Verlieben

2002 Mariah Carey in Glitter – Glanz eines Stars

2003 Ex aequo: Madonna und Britney Spears
Madonna in Stürmische Liebe – Swept Away
Britney Spears in Not a Girl – Crossroads

2004 Jennifer Lopez in Liebe mit Risiko – Gigli

2005 Halle Berry in Catwoman

2006 Jenny McCarthy in Dirty Love

2007 Sharon Stone in Basic Instinct – Neues Spiel für Catherine Tramell

2008 Lindsay Lohan in Ich weiss, wer mich getötet hat

2009 Paris Hilton in The Hottie and the Nottie

2010 Sandra Bullock in Verrückt nach Steve

2011 Sarah Jessica Parker, Kim Cattrall, Kristin Davis, Cynthia Nixon in Sex and the City 2

2012 Adam Sandler (als Jill) in Jack und Jill

2013 Kristen Stewart in Snow White and the Huntsman und Breaking Dawn – Bis(s) zum Ende der Nacht – Teil 2

2014 Tyler Perry (als Madea) in A Madea Christmas

2015 Cameron Diaz in Die Schadenfreundinnen und Sex Tape

2016 Dakota Johnson in Fifty Shades of Grey

2017 Rebekah Turner in HILLARY'S AMERICA: THE SECRET HISTORY OF THE DEMOCRATIC PARTY

2018 Tyler Perry in BOO 2! A MADEA HALLOWEEN

2019 Melissa McCarthy in THE HAPPYTIME MURDERS und HOW TO PARTY WITH MOM

2020 Hilary Duff in THE HAUNTING OF SHARON TATE

2021 Kate Hudson in MUSIC

2022 Jeanna de Waal in DIANA: DAS MUSICAL

2023 The Razzies für die Nominierung eines Kindes

Schlechteste Regie

Drei Regisseure wurden bislang zweimal zu den schlechtesten eines Jahres gekürt: John Derek, M. Night Shyamalan und Michael Bay.

1981 Robert Greenwald für XANADU

1982 Michael Cimino für HEAVEN'S GATE – DAS TOR ZUM HIMMEL

1983 Ex aequo: Ken Annakin und Terence Young

Ken Annakin für PIRATE MOVIE

Terence Young für INCHON!

1984 Peter Sasdy für KARRIERE DURCH ALLE BETTEN

1985 John Derek für BO DEREK'S EKSTASE

1986 Sylvester Stallone für ROCKY IV – DER KAMPF DES JAHRHUNDERTS

1987 Prince für UNDER THE CHERRY MOON – UNTER DEM KIRSCHMOND

1988 Ex aequo: Norman Mailer und Elaine May

Norman Mailer für HARTE MÄNNER TANZEN NICHT

Elaine May für ISHTAR

1989 Ex aequo: Blake Edwards und Stewart Raffill

Blake Edwards für SUNSET – DÄMMERUNG IN HOLLYWOOD

Stewart Raffill für MICK, MEIN FREUND VOM ANDEREN STERN

1990 William Shatner für STAR TREK V: AM RANDE DES UNIVERSUMS

1991 John Derek für MEIN GEIST WILL IMMER NUR DAS EINE

1992 Michael Lehmann für HUDSON HAWK – DER MEISTERDIEB

1993 David Seltzer für WIE EIN LICHT IN DUNKLER NACHT

1994 Jennifer Chambers Lynch für BOXING HELENA

1995 Steven Seagal für AUF BRENNENDEM EIS

1996 Paul Verhoeven für SHOWGIRLS

1997 Andrew Bergman für STRIPTEASE

1998 Kevin Costner für POSTMAN

1999 Gus Van Sant für PSYCHO

2000 Barry Sonnenfeld für WILD WILD WEST

2001 Roger Christian für BATTLEFIELD EARTH – KAMPF UM DIE ERDE

2002 Tom Green für FREDDY GOT FINGERED

2003 Guy Ritchie für STÜRMISCHE LIEBE – SWEPT AWAY

2004 Martin Brest für LIEBE MIT RISIKO – GIGLI

2005 Pitof für CATWOMAN

2006 John Asher für DIRTY LOVE

2007 M. Night Shyamalan für DAS MÄDCHEN AUS DEM WASSER

2008 Chris Siverston für ICH WEISS, WER MICH GETÖTET HAT

2009 Uwe Boll für 1968 TUNNEL RATS und POSTAL

2010 Michael Bay für TRANSFORMERS – DIE RACHE

2011 M. Night Shyamalan für DIE LEGENDE VON AANG

2012 Dennis Dugan für JACK UND JILL und MEINE ERFUNDENE FRAU

2013 Bill Condon für BREAKING DAWN – BIS(S) ZUM ENDE DER NACHT – TEIL 2

2014 Die 13 Regisseure (Elizabeth Banks, Steven Brill, Steve Carr, Rusty Cundieff, James Duffy, Griffin Dunne, Peter Farrelly, Patrik Forsberg, Will Graham, James Gunn, Bob Odenkirk, Brett Ratner, Jonathan van Tulleken) von MOVIE 43

2015 Michael Bay für TRANSFORMERS: ÄRA DES UNTERGANGS

2016 Josh Tank für FANTASTIC FOUR

2017 Dinesh D'Souza und Bruce Schooley für HILLARY'S AMERICA: THE SECRET HISTORY OF THE DEMOCRATIC PARTY

2018 Tony Leondis für EMOJI – DER FILM

2019 Etan Cohen für HOLMES & WATSON

2020 Tom Hooper für CATS

2021 Sia für MUSIC

2022 Christopher Ashley für DIANA: DAS MUSICAL

2023 Machine Gun Kelly und Mod Sun in GOOD MOURNING

Schlechtester Film

1981 Supersound und flotte Sprüche (Regie: Nancy Walker)

1982 Meine liebe Rabenmutter (Frank Perry)

1983 Inchon! (Terence Young)

1984 Karriere durch alle Betten (Peter Sasdy)

1985 Bo Derek's Ekstase (John Derek)

1986 Rambo II – Der Auftrag (George Pan Cosmatos)

1987 Ex aequo: Under the Cherry Moon – Unter dem Kirschmond (Prince)
Howard – Ein tierischer Held (Willard Huyck)

1988 Leonard 6 (Paul Weiland)

1989 Cocktail (Roger Donaldson)

1990 Star Trek V: Am Rande des Universums (William Shatner)

1991 Ex aequo: Ford Fairlane – Rock 'n' Roll Detective (Renny Harlin)
Mein Geist will immer nur das Eine (John Derek)

1992 Hudson Hawk – Der Meisterdieb (Michael Lehmann)

1993 Wie ein Licht in dunkler Nacht (David Seltzer)

1994 Ein unmoralisches Angebot (Adrian Lyne)

1995 Color of Night (Richard Rush)

1996 Showgirls (Paul Verhoeven)

1997 Striptease (Andrew Bergman)

1998 Postman (Kevin Costner)

1999 Fahr zur Hölle Hollywood (Arthur Hiller)

2000 Wild Wild West (Barry Sonnenfeld)

2001 Battlefield Earth – Kampf um die Erde (Roger Christian)

2002 Freddy Got Fingered (Tom Green)

2003 Stürmische Liebe – Swept Away (Guy Ritchie)

2004 Liebe mit Risiko – Gigli (Martin Brest)

2005 Catwoman (Pitof)

2006 Dirty Love (John Mallory Asher)

2007 Basic Instinct – Neues Spiel für Catherine Tramell (Michael Caton-Jones)

2008 Ich weiss, wer mich getötet hat (Chris Sivertson)

2009 Der Love Guru (Marco Schnabel)

2010 Transformers – Die Rache (Michael Bay)

2011 DIE LEGENDE VON AANG (M. Night Shyamalan)

2012 JACK UND JILL (Dennis Dugan)

2013 BREAKING DAWN – BIS(S) ZUM ENDE DER NACHT – TEIL 2 (Bill Condon)

2014 MOVIE 43 (Elisabeth Banks u. a.)

2015 SAVING CHRISTMAS (Darren Doane)

2016 Ex aequo: FANTASTIC FOUR (Josh Trank)
FIFTY SHADES OF GREY (Sam Taylor-Johnson)

2017 HILLARY'S AMERICA: THE SECRET HISTORY OF THE DEMOCRATIC PARTY (Dinesh D'Souza, Bruce Schooley)

2018 EMOJI – DER FILM (Tony Leondis)

2019 HOLMES & WATSON (Etan Cohen)

2020 CATS (Tom Hooper)

2021 ABSOLUTE PROOF (Mike Lindell)

2022 DIANA: DAS MUSICAL (Christopher Ashley)

2023 BLOND (Andrew Dominik)

Schlechtestes Lebenswerk

In dieser Kategorie wurde bislang fünfmal eine Goldene Himbeere vergeben:

1982 an den damaligen US-Präsidenten und ehemaligen Schauspieler Ronald Reagan («Retired movie star»)

1983 an den Katastrophenfilmproduzenten Irwin Allen («The master of disaster»)

1985 an Linda Blair («Razzie scream queen»), die zehn Jahre zuvor in DER EXORZIST als vom Teufel besessenes Mädchen die Kinowelt geschockt hatte und für einen Oscar nominiert worden war

1987 an das Haimodell («Bruce the rubber shark») aus den DER WEISSE HAI-Filmen

2009 an den deutschen Regisseur, Filmproduzenten und Drehbuchautor Uwe Boll («Germany's answer to Ed Wood»)

Rücksichtsloseste Missachtung von Menschenleben und öffentlichem Eigentum

Erst zweimal, 1998 und 2020, gab es hierfür eine Goldene Himbeere. Sie ging 1998 an CON AIR, nachdem bei der Produktion des Films ein Mitarbeiter einer Spezialeffektfirma ums Leben gekommen war, und 2020 an RAMBO: LAST BLOOD. Zudem nominiert waren:

1998

Con Air (Goldene Himbeere; Regie: Simon West)
Batman & Robin (Joel Schumacher)
Vergessene Welt: Jurassic Park (Steven Spielberg)
Turbulence (Robert Butler)
Volcano (Mick Jackson)

2020

Rambo: Last Blood (Adrian Grünberg)
Dragged Across Concrete (S. Craig Zahler)
The Haunting of Sharon Tate (Daniel Farrands)
Hellboy – Call of Darkness (Neil Marshall)
Joker (Todd Phillips)

Die schlechtesten Schauspieler:innen des Jahrhunderts

Bei der Verleihung der Goldenen Himbeeren für das Jahr 1999, die am 25. März 2000 im Sheraton Hotel in Santa Monica stattfand, wurden auch Preise für die schlechtesten Darsteller des 20. Jahrhunderts vergeben.

Schlechtester Schauspieler des 20. Jahrhunderts

Goldene Himbeere Sylvester Stallone für «99,5% of everything he's ever done»[2]

Außerdem nominiert: Kevin Costner für Postman, Robin Hood – König der Diebe, Waterworld, Wyatt Earp – Das Leben einer Legende etc.

Prince für Graffiti Bridge, Under the Cherry Moon – Unter dem Kirschmond

William Shatner für «Every Star Trek film he was ever in»[3]

Pauly Shore für Bud & Doyle: Total bio. Garantiert schädlich, Chaos! Schwiegersohn Junior im Gerichtssaal, Steinzeit Junior etc.

Schlechteste Schauspielerin des 20. Jahrhunderts

Goldene Himbeere: Madonna für Body of Evidence, Shanghai Surprise, Who's That Girl etc.

Außerdem nominiert: Elizabeth Berkley für Showgirls

Bo Derek für Bo Derek's Ekstase, Mein Geist will immer nur das Eine, Tarzan, Herr des Urwalds etc.

2 «99,5% von allem, was er je gemacht hat».
3 «Jeden Star-Trek-Film, in dem er je mitgespielt hat».

Brooke Shields für Die blaue Lagune, Endlose Liebe, Sahara, Cannonball-Fieber – Auf dem Highway geht's erst richtig los

Pia Zadora für Rock Aliens, Butterfly – Der blonde Schmetterling, Der Bulle und das Flittchen, Karriere durch alle Betten etc.

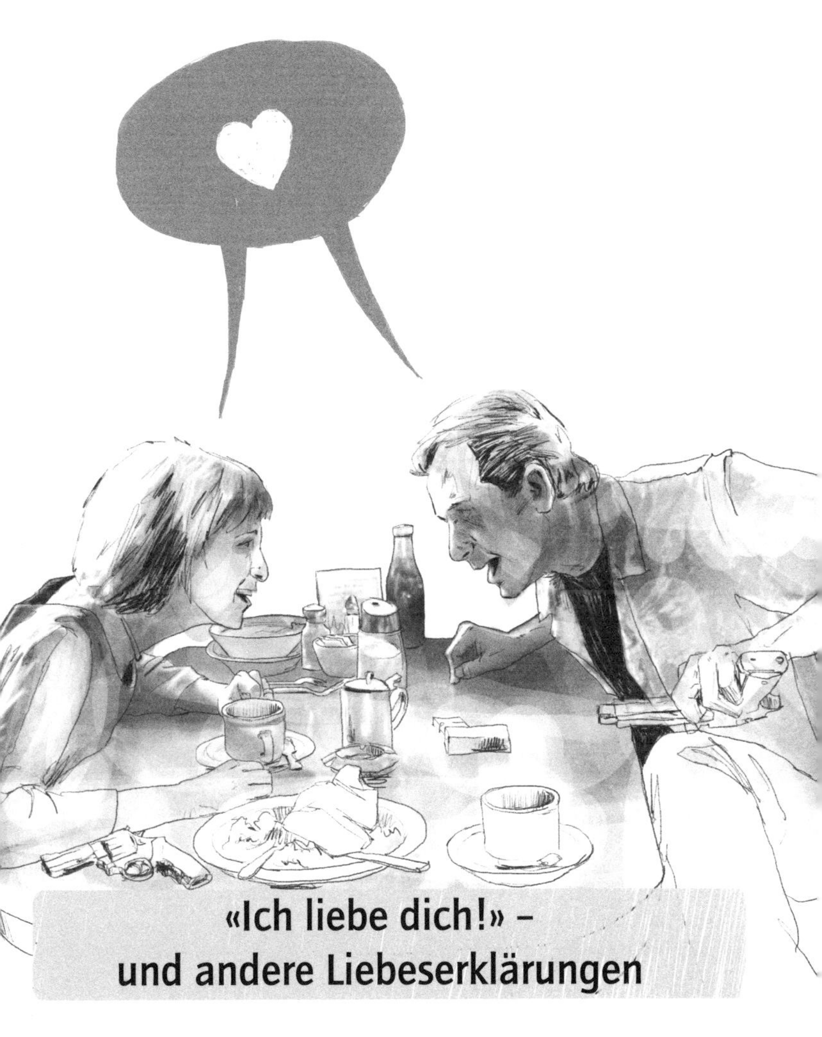

«Ich liebe dich!» – und andere Liebeserklärungen

«Ich liebe dich»

«Ich liebe Sie. Ich liebe Sie, seit dem ersten Moment, als ich Sie sah. Ich glaube, ich habe Sie schon geliebt, bevor ich Sie kannte.»

George Eastman (Montgomery Clift) zu Angela Vickers (Elizabeth Taylor), während er mit ihr tanzt, in EIN PLATZ AN DER SONNE *(1951)*

«Es ist idiotisch, aber ich liebe dich.»

Michel Poiccard (Jean-Paul Belmondo) in AUSSER ATEM *(1960)*

«Ich liebe dich. Mehr als du überhaupt ahnst. Ich liebe dich mehr als kleine Kinder. Mehr als die Felder, die ich mit den Händen bepflanzte. Ich liebe dich mehr als meinen geliebten Frieden. Oder mehr als die Morgenandacht. Ich liebe dich mehr als die Sonne, ich... mehr als die Lust des Fleisches, als den nächsten Tag. Ich liebe dich ... mehr als Gott.»

Lady Marian (Audrey Hepburn), die im Kloster als Nonne gelebt hat, zu Robin Hood (Sean Connery), als er begreift, dass sie ihn und sich selbst vergiftet hat, in ROBIN UND MARIAN *(1976)*

«Liebe ist ein viel zu schwaches Wort für das, was ich fühle: Ich lirbe dich, ich lübe dich, ich libbe dich – ich müsste neue Worte erfinden, um es dir zu sagen.»

Alvy Singer (Woody Allen) zu Annie Hall (Diane Keaton) in DER STADTNEUROTIKER *(1977)*

– «Ich liebe dich!»
– «Ich weiß.»

Prinzessin Leia (Carrie Fisher) und Han Solo (Harrison Ford), unmittelbar bevor er in Karbonit eingefroren wird, in STAR WARS: EPISODE V – DAS IMPERIUM SCHLÄGT ZURÜCK *(1980)*

«Verzeih mir, ich hatte nie den Mut es dir zu sagen, aber du bist wunderbar, du bist einzigartig, du bist der liebste Mensch, den ich je kennen gelernt habe. Ich liebe dich, und ich werde dich immer lieben.»

Otto (Otto Walkes) zum Kredithai Shark (Peter Kuiper), den er mit der von ihm angebeteten Silvia verwechselt, in OTTO – DER FILM *(1985)*

– «Ich liebe dich.»
– «Dito»

Molly Jensen (Demi Moore) und Sam Wheat (Patrick Swayze) in GHOST – NACHRICHT VON SAM *(1990)*

– «Ich liebe dich Molly. Ich habe dich immer geliebt.»
– «Dito»

Sam Wheat (Patrick Swayze) und Molly Jensen (Demi Moore) in GHOST – NACHRICHT VON SAM *(1990)*

- «Also kurz gesagt, zusammengefasst, in einer klareren Version ... mit den Worten David Cassidys, als er noch bei der Partridge Family war: Ich glaube i...ch liebe dich, und äh ... nein, nein, vergiss es. Es war dumm von mir»
- «Das war sehr süß.»
- «Äh, ja. Ich hab mir vorher gut überlegt, was ich sagen will, damit ich die richtigen Worte finde.»
- «Und was genau hast du gesagt?»

Charles (Hugh Grant) und Carrie (Andie MacDowell) in Vier Hochzeiten und ein Todesfall (1994)

- «Ich liebe dich Pumpkin!»
- «Ich liebe dich Honey Bunny!»

Honey Bunny (Amanda Plummer) und Pumpkin (Tim Roth) unmittelbar bevor sie in Pulp Fiction (1994) einen Diner überfallen

«Ich liebe dich. Du vervollständigst mich.»

Jerry Maguire (Tom Cruise) zu Dorothy Boyd (Renée Zellweger) in Jerry Maguire – Spiel des Lebens (1996)

«Ich liebe dich. Und zwar nicht nur auf freundschaftliche Art, obwohl wir gute Freunde sind. Und auch nicht im kindlich naiven Plüschtierliebe-Sinn, obwohl du das wohl denken wirst. Ich liebe dich, echt und ganz einfach und aufrichtig. Du bist der ... der Inbegriff all dessen, was ich je in einem menschlichen Wesen gesucht hab.»

Holden McNeil (Ben Affleck) im Auto zu Alyssa Jones (Joey Lauren Adams) in Chasing Amy (1997)

- «Warum ist das alles so gekommen?»
- «Es hat keinen Sinn, danach zu fragen. Ich weiß, dass ich dich liebe und das kann mir kein Mensch nehmen.»

Annie MacLean (Kristin Scott Thomas) und Tom Booker (Robert Redford) ehe Annie zu ihrem Mann nach New York zurückkehrt in Der Pferdeflüsterer (1998)

«Meine Herzallerliebste, ich bin Tausende von Meilen gegangen, ich habe Flüsse überquert, Berge versetzt. Ich habe gelitten, und ich habe Qualen über mich ergehen lassen. Ich bin der Versuchung widerstanden, und ich bin der Sonne gefolgt, um dir gegenüber stehen zu können und dir zu sagen: Ich liebe dich.»

Daniel (Moritz Bleibtreu) zu Juli (Christiane Paul) in den Worten, die sie ihm in Hamburg beigebracht hat, als er ihr in Istanbul auf der Brücke über den Bosporus wiederbegegnet in Im Juli (2000)

«Ein alter Mann stirbt – ein junges Mädchen lebt. Fairer Tausch. Ich liebe dich, Nancy.»

John Hartigan (Bruce Willis) zu Nancy Callahan (Jessica Alba) bevor er Selbstmord begeht, um sie nicht mehr in Gefahr zu bringen, in SIN CITY *(2005)*

«Falls sich Ihre Gefühle jedoch verändert haben sollten, so muss ich Ihnen sagen, dass Sie mich verzaubert haben voll und ganz, und ich liebe, ich liebe, ich liebe Sie, und ich wünsche mir, dass uns nie wieder etwas trennt.»

Mr. Darcy (Matthew Macfadyen) zu Elizabeth Bennet (Keira Knightley) in STOLZ & VORURTEIL *(2005)*

«Ich hoffe, dass du egal wer du bist, von hier entkommst. Ich hoffe, dass die Welt sich ändert und die Dinge besser werden. Aber am allermeisten hoffe ich, dass du verstehst, was ich meine, wenn ich dir sage, obwohl ich dich nicht kenne und obwohl ich dir wohl nie begegne, wohl nie mit dir lache, weine, oder dich küsse, dass ich dich liebe von ganzem Herzen. Ich liebe dich.»

Valerie (Natasha Wightman) in ihrem in Gefangenschaft auf Klopapier geschriebenen Vermächtnis in V WIE VENDETTA *(2005)*

– «Jane?»
– «Ja?»
– «Hast du mir den Frühstücks-Burrito auf den Tisch gelegt?»
– «Ich dachte, du hast vielleicht Hunger.»
– «Deswegen liebe ich dich.»
– (leise zu sich) «Ich liebe dich auch.»

George (Edward Burns) und dessen Angestellte Jane (Katherine Heigl), die heimlich in ihren Chef verliebt ist, in 27 DRESSES *(2008)*

– «Du liebst ihn»
– «Dich liebe ich mehr»

Edward Cullen (Robert Pattinson) und Bella Swan (Kristen Stewart), nachdem diese den Werwolf Jacob geküsst hat, in ECLIPSE – BISS ZUM ABENDROT *(2010)*

«Ich liebe dich, tut mir leid»

Rui (Juliano Cazarré) zu seiner Geliebten Rose (Rachel Weisz), als sie die Affäre mit ihm beenden möchte in 360 (2011)

«Ich bin anders als du. Aber deswegen liebe ich dich nicht weniger. In Wahrheit liebe ich dich noch mehr.»

Das Betriebssystem «Samantha» (Scarlett Johansson) zu Theodore (Joaquin Phoenix) in HER *(2013)*

«Brich mir das Herz, Covey. Brich mir das Herz in tausend Stücke. Tu alles, was du willst.»
«Ich liebe dich.»
«Ich liebe dich auch.»

Peter Kavinsky (Noah Centineo) und Lara Jean Song Covey (Lana Condor) im Kissing Ending von To All the Boys: P.S. I Still Love You *(2020)*

«Ich liebe dich dafür, dass dir kalt ist, wenn draußen 25 Grad sind. Ich liebe dich dafür, dass du anderthalb Stunden brauchst, um ein Sandwich zu bestellen. Ich liebe dich dafür, dass du eine Falte über der Nase kriegst, wenn du mich so ansiehst. Ich liebe dich dafür, dass ich nach einem Tag mit dir dein Parfum immer noch an meinen Sachen riechen kann. Und ich liebe dich auch dafür, dass du der letzte Mensch bist, mit dem ich reden will, bevor ich abends einschlafe.»

Harry Burns (Billy Crystal) zu Sally Albright (Meg Ryan) in Harry und Sally *(1989)*

Im Original kommen die berühmten drei Worte «I love you» in Harrys Liebeserklärung übrigens nicht vor. Stattdessen sagt er: «I love that you get cold ...», «I love that it takes you an hour ...» usw. Insofern gehört das Zitat aus When Harry Met Sally *zu den «Liebeserklärungen in anderen Worten».*

Oder anders gesagt ... Liebeserklärungen in anderen Worten

«Ich seh' dir in die Augen, Kleines» (Original: «Here's looking at you, kid»)

Rick Blaine (Humphrey Bogart) zu Ilsa Lund (Ingrid Bergman) in Casablanca *(1942)*

«Liebe bedeutet, niemals um Verzeihung bitten zu müssen.»

Jennifer Cavalleri (Ali MacGraw) zu Oliver Barrett IV (Ryan O'Neal, der denselben Satz zwei Jahre später, 1972, in seiner Rolle als Howard Bannister in Is' was Doc? *mit den Worten kommentiert: «Das ist der dümmste Satz, den ich je gehört habe.») und, nach Jennifers Tod, Oliver Barrett IV zu seinem Vater Oliver Barrett III (Ray Milland) in* Love Story *(1970)*

«Ich fürchte mich vor dem, was ich gesehen habe. Ich bin erschrocken darüber, was ich getan habe. Wer ich wirklich bin. Aber am meisten hab ich Angst davor, dich zu verlieren, Johnny.»

Frances «Baby» Houseman (Jennifer Grey) zu Johnny Castle (Patrick Swayze) in Dirty Dancing *(1987)*

«Ich, ich bin mit keinerlei Erwartungen hergekommen, lediglich, um Ihnen zu bekunden, jetzt, wo mich nichts mehr daran hindert, es zu tun, dass mein Herz für immer und ewig Ihnen gehört.»

Edward Ferrars (Hugh Grant) zu Elinor Dashwood (Emma Thompson) in SINN UND SINNLICHKEIT *(1995)*

«Diese Fahrkarte zu gewinnen, Rose, war das Beste, das Allerbeste, was mir je passiert ist. Sie hat mich zu dir gebracht. Und dafür bin ich sehr dankbar, Rose. Sehr dankbar.»

Jack Dawson (Leonardo DiCaprio) zu Rose DeWitt Bukater (Kate Winslet) kurz bevor er erfriert, während beide im eiskalten Wasser treiben, in TITANIC *(1997)*

«Ihretwegen möchte ich ein besserer Mensch sein.»

Melvil Udall (Jack Nicholson) zu Carol Connelly (Helen Hunt) in BESSER GEHT'S NICHT *(1997)*

«Vergiss' nicht, ich bin auch nur ein Mädchen, das vor einem Jungen steht und ihn bittet, es zu lieben.»

Filmstar Anna Scott (Julia Roberts) zum Buchhändler William Thacker (Hugh Grant) in NOTTING HILL *(1999)*

«Es wird sicher nicht einfach, es wird sogar richtig hart. Wir müssen daran arbeiten, jeden Tag. Aber ich will das, weil ich dich will und weil ich dich jeden Tag will, für immer... Du und ich für immer.»

Noah (Ryan Gosling) zu Allie (Rachel McAdams) in WIE EIN EINZIGER TAG *(2004)*

«Wenn ich nur wüsste, wie ich von dir loskomme!»

Jack Twist (Jake Gyllenhaal) zu Ennis Del Mar (Heath Ledger) in BROKEBACK MOUNTAIN *(2005)*

«Ich habe auf diesen Moment 51 Jahre, neun Monate und vier Tage gewartet. So lange ist es her, dass ich mich in dich verliebt habe, und daran hat sich bis heute nichts geändert.»

Florentino Ariza (Javier Bardem) zu Femina Urbino (Giovanna Mezzogiorno) in DIE LIEBE IN ZEITEN DER CHOLERA *(2007)*

«If you change your mind, I'm the first in line. Honey, I'm still free, take a chance on me.»

Rosie (Julie Walters) wirbt singend um Bill (Stellan Skarsgård) im Abba-Musical MAMMA MIA! *(2008)*

– «Ich finde dich außergewöhnlich.»
– «Wieso?»

– «Das weiß ich nicht. Ich weiß nur mit Sicherheit, dass es so ist.»

Michael Stone (Stimme: David Thewlis) zu Lisa (Jennifer Jason Leigh) in ANOMALISA *(2015)*

«Nenn mich bei deinem Namen, dann nenn ich dich bei meinem.»

Oliver (Armie Hammer) zu Elio (Timothée Chalamet) während ihrer ersten Liebesnacht in CALL ME BY YOUR NAME *(2017)*

«Manche Gefühle sind tief.»

Die junge Adelstochter Héloïse (Adèle Haenel) drückt mit diesem Satz ihre Enttäuschung darüber aus, dass in dem konventionellen Porträt, das die Pariser Malerin Marianne (Noémie Merlant) von ihr angefertigt hat, die unausgesprochenen Gefühle der beiden füreinander nicht zu sehen sind, in PORTRÄT EINER JUNGEN FRAU IN FLAMMEN *(2019)*

«Bin ich denn jetzt deine Freundin?»
«Willst du's denn sein?»
«Ich kenn alle Federn. Die andern kennen sicher keine Federn.»
«Wenn das so ist.»
«Wenn das so ist.»

Kya (Daisy Edgar-Jones) und Tate (Taylor John Smith), nachdem sie sich das erste Mal geküsst haben, in DER GESANG DER FLUSSKREBSE *(2022)*

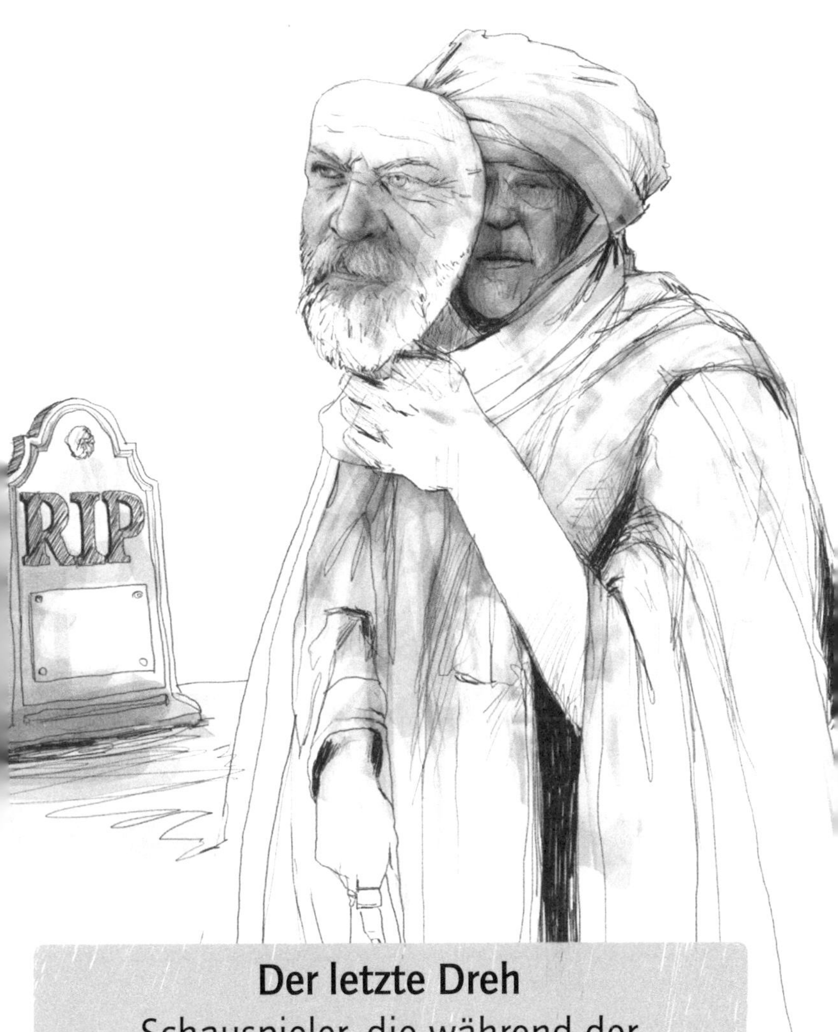

Der letzte Dreh

Schauspieler, die während der Filmproduktion starben

Zugegeben, es klingt makaber, und um «Fun Facts» geht es auch wirklich nicht. Es sind ja nicht irgendwelche Ikonen, Abbilder, Abziehbilder oder Filmfiguren, von denen hier die Rede ist, sondern echte Menschen, die ganz real gestorben sind. Dennoch gehört ihr Tod zur Kinogeschichte und die Frage, was mit einem Film passiert, wenn ein Darsteller, vielleicht gar die Hauptdarstellerin mitten in den Dreharbeiten, plötzlich stirbt, zu denen, die man sich nicht unbedingt zu stellen traut, obwohl man die Antwort darauf gerne wüsste – also unbedingt in dieses Buch. Schließlich gehören auch Tod und Sterben zum Leben wie zum Kino nun mal dazu. Eine Hitliste muss man daraus trotzdem nicht basteln. Die Todesfälle berühmter Schauspieler während der Filmarbeiten folgen hier deshalb chronologisch geordnet. Fernsehserien, die oft über Jahre hinweg produziert werden und bei denen es relativ häufig vorkommt, dass ein Darsteller stirbt und durch einen anderen ersetzt wird, wurden ebenso wenig berücksichtigt wie Kinoserien, bei denen ein Darsteller zwischen den einzelnen Folgen verstarb (wie 2002 Richard Harris, dessen Darstellung des weißbärtigen Zauberers Albus Dumbledore ab dem dritten Teil der HARRY POTTER-Serie Michael Gambon übernahm).

Auch der ungarische Dracula-Darsteller **Bela Lugosi** (1882–1956), der als Untoter durch Ed Woods trashigen Science-Fiction-Streifen PLAN 9 FROM OUTER SPACE (1959) geistert, wurde in die Liste nicht aufgenommen. Die Einstellungen mit ihm entstanden nämlich nicht während der Dreharbeiten des Films, sondern bereits davor als improvisierte Probeaufnahmen, die nicht für einen bestimmten Film gedacht waren. Erst später entschloss sich der «schlechteste Regisseur aller Zeiten», diese Aufnahmen für PLAN 9 FROM OUTER SPACE zu verwenden. In den Szenen, in denen Wood auf kein Originalmaterial mit Lugosi zurückgreifen konnte, wurde dieser von Tom Mason, dem Chiropraktiker von Woods Ehefrau, gedoubelt. Da Mason aber Lugosi nicht ähnelte, verbarg er sein Gesicht stets hinter einem Umhang. Als die Dreharbeiten zu PLAN 9 AUS DEM WELTALL, so der deutsche Titel, begannen, war Bela Lugosi bereits tot. Lugosi, der insgesamt fünfmal verheiratet war und dessen kürzeste Ehe nicht mal vier ganze Tage hielt, starb im Alter von 73 Jahren an den Folgen eines Herzinfarktes.

Jean Harlow (3. März 1911 - 7. Juni 1937) / SARATOGA

Harlow starb an einem Montagvormittag, um 11.37 Uhr, im Good Samaritan Hospital in Los Angeles an den Folgen eines Nierenversagens. Bereits Mitte Mai hatte sie während der Dreharbeiten zu Jack Conways SARATOGA über gesundheitliche Beschwerden geklagt. Ihr behandelnder Arzt ging jedoch von keiner ernsthaften Erkrankung aus. Offiziell wurde verlautbart, Harlow habe eine Grippe. Die 26-jährige Schauspielerin setzte die Dreharbeiten zunächst fort. Am 6. Juni erlitt sie dann einen Zusammenbruch und musste ins Krankenhaus eingeliefert werden, wo sie ins Koma fiel und schließlich verstarb.

Die Dreharbeiten zu SARATOGA, in denen Jean Harlow an der Seite von Clark Gable die weibliche Hauptfigur Carol Clayton verkörperte, waren zu diesem Zeitpunkt zu circa 90 Prozent abgeschlossen. Die Produktionsfirma MGM erwog dennoch, den Film noch einmal mit einer neuen Hauptdarstellerin (im Gespräch waren Vriginia Bruce oder Jean Arthur) zu drehen. Aufgrund der negativen öffentlichen Reaktionen, die dieses Vorhaben hervorrief, entschied man sich dann aber für eine weniger radikale Lösung. Einige der noch nicht gedrehten Szenen wurden kurzerhand gestrichen. In anderen übernahm ein Double, die Schauspielerin Mary Dees, Harlows Rolle. Für die nachträgliche Synchronisation einzelner Szenen wurden mit Paula Winslowe und Geraldine Dvorak zwei Stimmdoubles eingesetzt.

James Dean (8. Februar 1931 – 30. September 1955) / GIGANTEN

Freitagnachmittag, etwa gegen 17.15 Uhr, auf einem Highway nördlich von Los Angeles: James Dean und sein Beifahrer, der deutsche Mechaniker Rolf Wütherich, sind in Deans neuem silberfarbenen Porsche 550 Spyder unterwegs, als an der Kreuzung der California State Route 41 mit der California State Route 46 plötzlich ein Auto direkt vor ihnen auftaucht. Nahezu frontal krachen sie in den Ford des 23-jährigen Studenten Donald Turnupseed. Wütherich und Turnupseed überleben. Dean stirbt noch auf dem Weg ins Krankenhaus. Am Ort des Unfalls erinnert heute eine Gedenktafel an den Tod der Filmlegende.

Als James Dean starb, waren die Dreharbeiten zu George Stevens' GIGANTEN für den 24-jährigen Hollywoodschauspieler bereits abgeschlossen. Aber der Schnitt des Films war noch nicht fertig. So musste die Szene, in der Jett Rink völlig betrunken eine Rede zu halten versucht, im Studio durch den mit James Dean befreundeten Schauspieler Nick Adams nachsynchronisiert werden, weil Dean ursprünglich zu undeutlich gesprochen hatte.

Tyrone Power (5. Mai 1914 – 15. November 1958) / SALOMON UND DIE KÖNIGIN VON SABA

Der virile Leinwandabenteurer, der zuletzt an der Seite von Marlene Dietrich in Billy Wilders Agatha-Christie-Verfilmung ZEUGIN DER ANKLAGE vor der Kamera gestanden hatte, erlitt bei den Dreharbeiten zum Bibelepos SALOMON UND DIE KÖNIGIN VON SABA einen Herzinfarkt, als er sich in einer Fechtszene mit seinem Filmpartner und Freund George Sanders duellierte. Power starb auf dem Weg ins Krankenhaus.

Zwar waren bereits circa dreiviertel der Szenen mit Power abgedreht, dennoch entschlossen sich Regisseur King Vidor und die Produktionsfirma Theme Pictures (eigentlich: Edward Small Productions), den US-Schauspieler durch einen neuen Darsteller zu ersetzen und die Power-Szenen noch einmal neu zu drehen. Yul Brynner übernahm die Rolle Salomons. Letztlich aber wurden nur die Einstellungen nachgedreht, in denen Power deutlich zu erkennen war. Mehrere Aufnahmen, in denen sich Tyrone Power alias Salomon in größerer Entfernung aufhielt, und auch mehrere Einstellungen, die ihn beim Fechten zeigten, blieben erhalten. Dennoch wurde Power im Abspann des Films nicht erwähnt.

Marilyn Monroe (1. Juni 1926 – 5. August 1962) / SOMETHING'S GOT TO GIVE
Über die Ungereimtheiten und Verschwörungstheorien in Verbindung mit Marilyn Monroes Tod ist derart viel gesagt und geschrieben worden, dass es an dieser Stelle genügen soll, darauf hinzuweisen, dass als offizielle Todesursache eine Vergiftung durch Barbiturate festgestellt wurde und der zuständige Amtsarzt dazu vermerkte: «wahrscheinlich Selbstmord» («probable suicide»). Vielleicht aber ja auch nicht...

Fest steht, dass Monroes Tod das endgültige Aus für den Spielfilm SOMETHING'S GOT TO GIVE bedeutete, für den die 36-jährige US-Schauspielerin damals eigentlich hätte vor der Kamera stehen sollen. Tatsächlich aber brachte die Monroe dem Filmprojekt von Anfang an wenig Enthusiasmus entgegen. Bereits am ersten Drehtag meldete sie sich krank, und auch in den folgenden Wochen erschien sie nur sporadisch am Set. Eine andere Verabredung dagegen hielt sie ein: Am 29. Mai 1962 sang sie US-Präsident John F. Kennedy ein Ständchen zum Geburtstag. Nach ihrer Rückkehr aus New York drehte sie die vorgesehen Poolszene nicht wie geplant in einem eigens für sie angefertigten hautfarbenen Badekostüm, sondern lediglich mit einem hautfarbenen Bikiniunterteil bekleidet – und gerüchteweise auch ganz nackt. Zumindest präsentierte sie sich so hinterher den Fotografen. Das Set war für diese Aufnahmen komplett gesperrt worden, nur die eingesetzte Filmcrew und ausgewählte Fotografen und Fotografinnen hatten Zugang. Wäre SOMETHING'S GOT TO GIVE fertiggestellt worden, wäre er möglicherweise die erste Hollywoodproduktion mit einer Nacktszene eines großen Hollywoodstars geworden. Als Marilyn Monroe sich im Juni erneut krankmeldete, entschloss sich das Studio Twentieth Century Fox jedoch, den Vertrag mit ihr aufzulösen. Die damals erst 26-jährige Lee Remick sollte ihre Rolle übernehmen. Da sich Hauptdarsteller Dean Martin aber weigerte, ohne Monroe weiterzudrehen, unterbreitete Fox dieser ein neues, finanziell verbessertes Angebot, das die Schauspielerin unter der Bedingung annahm, dass Regisseur George Cukor durch Jean Negulesco ersetzt werden würde, mit dem sie bereits die Komödie WIE ANGELT MAN SICH EINEN MILLIONÄR gedreht hatte. Dazu aber kam es nicht mehr. Nach Monroes Tod wurden die Dreharbeiten abgebrochen. Der Film blieb unvollendet. Das von den Drehbuchautoren Hal Kanter und Jack Sher überarbeitete Script lieferte später allerdings die Grundlage für die von Michael Gordon inszenierte romantische Komödie EINE ZUVIEL IM BETT (1963) mit Doris Day und James Garner in den Hauptrollen. Auszüge der für SOMETHING'S GOT TO GIVE gedrehten Aufnahmen sind in der TV-Dokumentation MARILYN MONROE: THE FINAL DAYS (2001) zu sehen.

Fernand «Fernandel» Contandin (8. Mai 1903 – 26. Februar 1971) / DON CAMILLO E I GIOVANI D'OGGI
Mitte Juli 1970, während der Dreharbeiten zum sechsten Teil der erfolgreichen Don-Camillo-Reihe, plagten den französischen Komödianten und Sänger Fernan-

del zunehmend gesundheitliche Probleme. Nachdem er in einer Szene des Films nicht in der Lage war, seine zierliche 29-jährige Kollegin Graziella Granata, im Film Don Camillos Nichte, hochzuheben und in den Armen zu tragen, wie das im Drehbuch vorgesehen war, suchte er einen Arzt auf. Als sich herausstellte, dass Fernandel an Lungenkrebs litt, brach Regisseur Christian-Jaque die Dreharbeiten ab. Zwar versprach er, weiterzudrehen, sobald Fernandel sich wieder besser fühle, die Produktionsfirma jedoch beschloss, die Rolle des Don Camillo neu zu besetzen. Da sich sowohl Christian-Jaque als auch Peppone-Darsteller Gino Cervi weigerten, ohne Fernandel weiterzudrehen, wurde der Film in geänderter Besetzung unter der Regie von Mario Camerini neu gedreht, mit Gastone Moschin und Lionel Stander in den Hauptrollen. Fernandel wandte sich Mitte Januar 1971 noch einmal telefonisch an Christian-Jaque und erklärte ihm, er fühle sich wohler und sei nun in der Lage weiterzudrehen. Nur wenige Wochen später war er tot.

Bruce Lee (27. November 1940 - 20. Juli 1973) / Game of Death
Der sino-amerikanische Kampfkünstler und Schauspieler starb drei Wochen bevor sein letzter Film, der Martial-Arts-Streifen Der Mann mit der Todeskralle, in die Kinos kam. Bereits am 10. Mai war er während der Synchronisation des Filmes zusammengebrochen und anschließend ins Krankenhaus eingeliefert worden, wo die Ärzte ein Hirnödem diagnostizierten. Nachdem die Untersuchungen abgeschlossen waren und die Schwellung, wie es schien, erfolgreich behandelt worden war, kehrte Lee zur Postproduktion nach Hongkong zurück. Am Freitag, den 20. Juli traf er sich dort mit dem Filmproduzenten Raymond Chow und der taiwanesischen Schauspielerin Betty Ting in deren Wohnung, um über ihr gemeinsames Kinoprojekt Game of Death zu sprechen. Der Film sollte die größten Athleten unterschiedlicher Kampfstile zusammenführen. Lee war am Drehbuch und der Produktion beteiligt und wollte selbst Regie führen. Einzelne Szenen des Films waren bereits abgedreht. Für die Dreharbeiten an Der Mann mit der Todeskralle hatte Lee die Produktion aber zunächst auf Eis gelegt. Nach der Besprechung mit Chow klagte Lee über starke Kopfschmerzen. Ting, die, wie es später hieß, ebenfalls eine tragende Rolle in dem Film hätte übernehmen sollen, gab Lee ein Schmerzmittel und am frühen Abend, etwa um halb acht, legte sich Lee dann hin, um sich auszuruhen. Als Ting später vergeblich versuchte, Lee aufzuwecken, verständigte sie Chow, der schließlich einen Arzt hinzurief. Alle Wiederbelebungsversuche scheiterten. Als Todesursache wurde offiziell eine allergische Reaktion auf Bestandteile des Schmerzmittels «Equagesic» genannt. Gerüchte, Ting sei Lees Geliebte gewesen und dieser sei beim Sex mit ihr gestorben, wies Ting vehement zurück. Nach Lees Tod litt sie noch lange unter diesen Anschuldigungen und erhielt Todesdrohungen von Fans der Kampfsportlegende. Eine im März 2022 veröffentlichte Madrider Studie kam zum Schluss, Lee sei an einem Hirnödem gestorben, das durch Hyponatriämie, einen zu niedrigen Natriumgehalt im Blut, ausgelöst worden sei. Als Ursache hierfür vermuteten die spanischen Nierenärzt:innen eine

übermäßige Flüssigkeitsaufnahme in Verbindung mit Marihuanakomsum und dem dadurch verursachten Durst, Medikamenteneinnahme sowie einem akuten Nierenversagen in der Vergangenheit.

Der Mann mit der Todeskralle kam nur wenige Wochen nach Bruce Lees Tod in die Kinos. Game of Death dagegen konnte in der Form, in der Lee den Film geplant hatte, nicht mehr vollendet werden. Allerdings verwendeten Produzent Raymond Chow und Regisseur Robert Clouse Teile der bereits gedrehten Szenen (circa elf Minuten) für eine neue Version des Films, die 1978 in den Kinos anlief; angeblich mit Bruce Lee in der Hauptrolle. Bruce Lee – Mein letzter Kampf lautete entsprechend vollmundig der deutsche Titel des Streifens. Auch Originalaufnahmen von Lees Begräbnis waren darin zu sehen. Der fiktive Martial-Arts-Kinostar Billy Lo inszeniert in Game of Death seinen eigenen Tod, um hinterher, bis zur Unkenntlichkeit verkleidet, diejenigen aufzuspüren, die ihm nach dem Leben trachten. Unter falschen Bärten und dunklen Sonnenbrillen konnten dank dieses Drehbuchtricks der Martial-Arts-Darsteller Yuen Biao und Taekwondo-Meister Tai Chung Kim abwechselnd in Lees Rolle schlüpfen. An mehreren Stellen wurden zudem Großaufnahmen aus Lees früheren Filmen für wenige Sekunden in die Kampfszenen hineingeschnitten, was aufgrund der unterschiedlichen Qualität des Filmmaterials jedoch kaum zu übersehen war.

Natalie Wood (20. Juli 1938 – 29. November 1981) / Projekt Brainstorm
Dreißig Jahre lang war der Tod der dreifach Oscar-nominierten US-Schauspielerin in den Ermittlungsakten der Polizei als «Unfall» klassifiziert worden. Im Juli 2012 wurde der Eintrag zur offiziellen Todesursache dann in «unbekannt» abgewandelt. Dabei steht fest, dass Wood 1981 in der Nacht zum 29. November in der Nähe von Santa Catalina Island vor der Küste Kaliforniens im Pazifik ertrunken ist. Ungeklärt bleibt allein die Frage, wie sie von der Yacht, auf der sie sich gemeinsam mit ihrem zweifachen Ehemann Robert Wagner (verheiratet 1957–62 und ab 1972), ihrem damaligen Filmpartner Christopher Walken (Projekt Brainstorm) und Kapitän Dennis Davern aufgehalten hatte, ins Meer geraten war. Jahrzehntelang gingen die Behörden davon aus, die 43-Jährige sei ins Wasser gestürzt, als sie versucht habe, ein Beiboot zu besteigen. Wood war zu diesem Zeitpunkt stark alkoholisiert, und offensichtlich hatte es an Bord Streit zwischen Wagner und Walken gegeben. Möglicherweise aber auch zwischen Wagner und Wood. Dahingehend jedenfalls äußerte sich Kapitän Davern anlässlich des 30-jährigen Todestages Woods in einer US-Fernsehshow. Außerdem gab er an, in seiner ursprünglichen Zeugenaussage nicht die ganze Wahrheit gesagt zu haben. Die Polizei nahm die Untersuchungen daraufhin wieder auf. Aufgrund von Blutergüssen, die mit dem rekonstruierten Unfallhergang nicht übereinstimmten, wurde der Fall im Juli 2012 dann neu bewertet. Die offzielle Todesursache wurde von «Unfall» in «unbekannt» abgewandelt. Im Januar 2013 wurde im Autopsiebericht vermerkt, einige der Prellungen könnten bereits entstanden sein, bevor Wood ins Wasser stürzte, das lasse sich jedoch nicht eindeutig beweisen. 2018 erklärte der

ermittelnde Detective Ralph Hernandez aufgrund neuer Zeugenaussagen Robert Wagner zur «person of interest», also einer Person von besonderem polizeilichem Interesse. Dieser Status ist nicht mit einer Verdachtsperson gleichzusetzen, deutet jedoch darauf hin, dass diese Person noch wesentlich zur Aufklärung des Falles beitragen könnte. In ihrer Biografie *Natalie Wood: The Complete Biography* (2020) äußerte Suzanne Finstad den Verdacht, Wood sei von Wagner ermordet worden. Finstad gab an, mit mehreren neuen Zeug:innen gesprochen und Einblick in das «Murder book», die Akten zur laufenden Mordermittlung im Fall Wood, erhalten zu haben. Einer der Zeugen, Michael Franco, ein ehemaliger Praktikant des nach Woods Tod 1981 für die Autopsie zuständigen Gerichtsmediziners Thomas Noguchi, legte demnach nahe, Hinweise auf Fremdverschulden, die sich durch die Blutergüsse an Woods Leichnam ergeben hätten, seien damals bewusst vertuscht worden. Nachdem Detective Hernandez im März 2022 in den Ruhestand gegangen war, erklärte Lt. Hugo Reynaga im Namen der zuständigen Polizeibehörde in Los Angeles Ende Mai 2022, dass die Ermittlungen erfolglos eingestellt worden seien. Der Fall bleibe ungelöst, könne aber jederzeit wieder aufgegriffen werden, wenn sich neue Hinweise ergäben.

Nicht abgeschlossen waren auch die Dreharbeiten zu Douglas Trumbulls Science-Fiction-Thriller PROJEKT BRAINSTORM, als Natalie Wood in jener Sonntagnacht im Herbst 1981 auf mysteriöse Weise ums Leben kam. Die Produktionsfirma MGM wollte die Produktion nach dem Tod der Hauptdarstellerin ganz abbrechen und die für solche Fälle vorgesehene Versicherung in Anspruch nehmen. Regisseur Trumbull bestand jedoch darauf, den Film zu beenden, wozu MGM vertraglich verpflichtet war. Die noch fehlenden Szenen wurden schließlich mithilfe eines Bodydoubles gedreht und von einem Stimmdouble synchronisiert. Außerdem wurde bereits gedrehtes Material für einen neuen Schnitt verwendet. Fast zwei Jahre nach Woods Tod, im Herbst 1983, kam PROJEKT BRAINSTORM schließlich in die Kinos. Von der Kritik wurde der Film wohlwollend aufgenommen, finanziell war er jedoch ein Misserfolg. Und für Trumbull bedeutete der Streit mit MGM das Ende seiner Karriere als Hollywoodregisseur.

Vic Morrow (14. Februar 1929 - 23. Juli 1982), My-ca Dinh Le (23. Januar 1975 - 23. Juli 1982), Renee Chen (1. April 1976 - 23. Juli 1982) / UNHEIMLICHE SCHATTENLICHTER

Der US-Schauspieler Vic Morrow, der in den USA durch die Fernsehserie COMBAT! berühmt geworden war, und die beiden Kinderdarsteller:innen My-ca Dinh Le und Renee Chen, die das erste Mal vor der Kamera standen, kamen bei einem Unfall während der Dreharbeiten zum Episodenfilm TWILIGHT ZONE: THE MOVIE (so der Originaltitel) ums Leben. Der Unfall ereignete sich bei den Aufnahmen zu einer im Vietnamkrieg angesiedelten Szene. Der von Morrow gespielte Bill Connor flieht darin mit zwei vietnamesischen Kindern aus einem von US-Hubschraubern beschossenen Dorf. Durch die bei diesen Aufnahmen eingesetzte Pyrotechnik wurde ein Helikopter derart stark beschädigt, dass er auf Morrow und die beiden Kinder stürzte. Der 53-jährige Morrow, die siebenjährige My-ca und der sechsjährige Renee waren sofort tot.

Später stellte sich heraus, dass die beiden Kinder illegal am Set beschäftigt worden waren, um die strengen kalifornischen Bestimmungen für Kinderarbeit zu umgehen. Nach dem tödlichen Unfall wurde gegen mehrere Filmmitarbeiterinnen und -mitarbeiter, unter anderem auch John Landis, den Regisseur der Morrow-Episode, Anklage wegen Totschlages erhoben. Letztlich wurden jedoch alle freigesprochen. Die Angehörigen Morrows und der beiden Kinder einigten sich zivilrechtlich jeweils auf Entschädigungszahlungen in unbekannter Höhe. Nach dem Tod der drei Darsteller:innen wurde nicht nur die Fluchtszene aus dem Film entfernt, sondern auch alle anderen Einstellungen, in denen My-ca Dinh Le und Renee Chen vorkamen, wurden gestrichen.

Heather O'Rourke (27. Dezember 1975 – 1. Februar 1988) ⁄
POLTERGEIST III – DIE DUNKLE SEITE DES BÖSEN

Steven Spielberg entdeckte die damals fünfjährige Heather O'Rourke in der Kantine des MGM-Filmstudios und besetzte sie schließlich für die Rolle der Carol Anne in POLTERGEIST. Nach Abschluss der regulären Dreharbeiten zum dritten Teil der Serie, POLTERGEIST III – DIE DUNKLE SEITE DES BÖSEN starb der amerikanische Kinderstar während einer Notoperation in Folge eines Darmverschlusses. Heather war erst zwölf Jahre alt. Monate zuvor war bei ihr fälschlicherweise die chronische Darmerkrankung Morbus Crohn diagnostiziert worden.

Obwohl die Dreharbeiten zu POLTERGEIST III eigentlich bereits im Juni 1987 abgeschlossen waren, liefen seit Dezember Planungen für einen Nachdreh des Filmendes. Im November 1987 hatte die US-Filmprüfstelle MPAA den dritten Teil der Spukgeschichte mit der Altersempfehlung «PG» freigegeben. Das «PG»-Rating (parental guidance suggested) empfiehlt Eltern lediglich, ihre kleinen Kinder ins Kino zu begleiten oder den Film zumindest zu prüfen, bevor sie ihn ihre Kinder sehen lassen. Da sich das Filmstudio MGM für seinen vermeintlichen Horrorstreifen eine restriktivere Freigabe erhoffte, beauftragten die Produzenten Regisseur Gary Sherman damit, ein neues, drastischeres Ende zu drehen. Nach Heather O'Rourkes Tod wollte Sherman die Postproduktion auf unbestimmte Zeit unterbrechen. MGM drang jedoch darauf, den geplanten Kinostart im Juni 1988 einzuhalten. Mithilfe eines Body Doubles, das Heather ersetzte, wurde das neue Ende schließlich im März 1988 gedreht, und der Film hinterher neu geschnitten. Im April erhielt POLTERGEIST III das gewünschte «PG»-13-Rating, das Eltern von Kindern unter 13 Jahren dringend nahe legt, sorgfältig zu prüfen, ob der Film für ihre Kinder geeignet ist. Regisseur Sherman bestritt später, dass es den hier beschriebenen Nachdreh je gegeben habe. Tatsächlich sei Heather gestorben, bevor das ursprünglich geplante Ende gefilmt worden sei, sodass der Schluss auf Drängen von MGM mithilfe eines Body-Doubles überstürzt habe improvisiert werden müssen. Mehrere

Mitglieder der Filmcrew, unter anderem Produzent Barry Bernardi, widersprachen dieser Darstellung jedoch.

Brandon Lee (1. Februar 1965 – 31. März 1993) / THE CROW – DIE KRÄHE
Der Sohn von Bruce Lee und Linda Lee Cadwell starb bei einem Unfall während der Dreharbeiten zu Alex Proyas' THE CROW – DIE KRÄHE. Das Unglück ereignete sich, als in den Carolco-Studios in Wilmington, North Carolina jene Szene gedreht wurde, in der Eric Draven, der von Lee verkörperte Held des Films, vom Bad Guy «Funboy» (Michael Massee) erschossen wird. Massees Waffe war zuvor für Nahaufnahmen mit offenbar unsachgemäß entschärfter Munition verwendet worden. Vor den verhängnisvollen Aufnahmen mit Lee war die Pistole zudem nicht fachmännisch überprüft worden, sodass unbemerkt blieb, dass eine für die Nahaufnahmen präparierte Patrone noch in der Waffe steckte. Als Massee dann die mit Platzpatronen geladene Pistole abfeuerte, löste sich die Patrone und traf Lee tödlich.

Im April 1993 waren ursprünglich acht weitere Drehtage für THE CROW anberaumt gewesen. Nach Lees Tod verzögerten sich die Dreharbeiten jedoch. Der Filmverleih Paramount zog sich zurück, und Miramax übernahm den Kinovertrieb in den USA. Das Drehbuch wurde noch einmal überarbeitet, und zusätzliche acht Millionen Dollar mussten in die Produktion investiert werden. Neben den Stuntmännern Chad Stahelski und Jeff Cadiente als Body Doubles für Brandon Lee kam bei der Fertigstellung des Films eine zu dieser Zeit revolutionäre Computertechnik zum Einsatz. Mithilfe eines brandneuen CGI-Verfahrens wurde Lees Gesicht am Computer über das Gesicht des Body Doubles gelegt. An anderer Stelle wurden bereits vorhandene Aufnahmen mit Lee digital in eine veränderte Umgebung integriert.

River Phoenix (23. August 1970 – 31. Oktober 1993) / DARK BLOOD
Der ältere Bruder von Joaquin Phoenix, der schon als Jugendlicher in der Steven-King-Verfilmung STAND BY ME – DAS GEHEIMNIS EINES SOMMERS einen ersten großen Kinoerfolg feiern konnte, starb an einer Überdosis Heroin und Kokain. Kurz vor einem gemeinsamen Musikauftritt mit Michael «Flea» Balzary, dem Bassisten der «Red Hot Chili Peppers», kollabierte Phoenix vor dem Club «The Viper Room» in Hollywood. Alle Wiederbelebungsversuche scheiterten, und am Sonntagmorgen um 1:51 Uhr wurde Phoenix offiziell für tot erklärt. Neben Heroin und Kokain fanden sich in seinem Blut Spuren etlicher weiterer Drogen.

Nach Phoenix' Tod wurden die Dreharbeiten am Thriller DARK BLOOD, in dem Phoenix die Hauptrolle spielen sollte, nicht wieder aufgenommen. Elf Drehtage vor dem ursprünglich geplanten Abschluss der Aufnahmen wurde das Filmprojekt damit vorläufig eingestellt. Später plante der niederländische Regisseur George Sluizer, das vorhandene Filmmaterial für eine Dokumentation über River Phoenix zu verwenden. 2011, fast zwanzig Jahre nach dem Tod des oftmals mit James Dean verglichenen US-Schauspielers, Musikers und engagierten Tierschützers, erklärte

Sluizer dann aber, DARK BLOOD doch noch fertig stellen zu wollen. Das Geld für die Postproduktion versuchte er mithilfe von Crowdfunding über die Webseite «CineCrowd» aufzutreiben. Im Juli 2012 schließlich war zu lesen, Sluizer habe mit 15.000 Euro nun die nötigen Mittel beisammen, um das Projekt zu vollenden. Am 27. September 2012 wurde DARK BLOOD im Rahmen des Niederländischen Filmfestivals uraufgeführt.

John Candy (31. Oktober 1950 – 4. März 1994) / WAGONS EAST

Der kanadische Schauspieler und Komiker, der aufgrund seines hohen Körpergewichts vor allem auf die Rolle des «Big Guys» abonniert war, starb während der Dreharbeiten zu Peter Markles Westernkomödie WAGONS EAST in Camino del Perque, Mexiko. Er erlitt im Schlaf einen Herzinfarkt.

Die Dreharbeiten mit Candy waren zum Zeitpunkt seines Todes bereits weitgehend abgeschlossen. Dennoch musste sein Charakter nachträglich aus einigen Szenen des Drehbuchs herausgeschrieben werden. Zudem wurden Aufnahmen aus einer bereits abgedrehten Bar-Szene noch für eine weitere Bar-Szene verwendet, und der mit Candy befreundete US-Schauspieler Ken Tipton kam als Foto-Double zum Einsatz.

Donald Pleasence (5. Oktober 1919 – 2. Februar 1995) /
HALLOWEEN VI – DER FLUCH DES MICHAEL MYERS

Der britische Schauspieler, der 1978 bei den Dreharbeiten zu John Carpenters HALLOWEEN – DIE NACHT DES GRAUENS das erste Mal in die Rolle des Dr. Sam Loomis schlüpfte, starb, nachdem der sechste Teil der Reihe um den schwer atmenden Maskenmörder eigentlich bereits abgedreht war, an den Folgen einer Herzoperation in Saint Paul de Vence in Südfrankreich.

Da das Testscreening des Horrorstreifens nicht zufriedenstellend verlief, wurde das Drehbuch nach Pleasence' Tod jedoch noch einmal umgeschrieben und ein neues Ende gedreht. Das Script wurde so verändert und der Film derart umgeschnitten, dass das bereits mit Donald Pleasance gedrehte Filmmaterial auch weiterhin verwendet werden konnte.

Poul Bundgaard (27. Oktober 1922 – 3. Juni 1998) /
DER WIRKLICH ALLERLETZTE STREICH DER OLSENBANDE

Seit das Trio um Egon Olsen 1968 das erste Mal im Kino sein Unwesen trieb, war der dänische Schauspieler Poul Bundgaard in der Rolle des Kjeld Jensen fester Bestandteil der berüchtigten Olsenbande. Zwischen 1968 und 1981 entstanden insgesamt 13 Teile der von Nordisk Film (Dänemark) produzierten Krimikomödie. Danach dauerte es siebzehn Jahre, ehe am 20. April 1998 die Dreharbeiten zum vierzehnten und «allerletzten» Teil der beliebten Reihe begannen; diesmal mit dem MDR als Koproduzenten. Als Bundgaard, der schon seit längerem schwer krank war, am 3. Juni in Folge eines Nierenversagens verstarb, stand das Projekt kurz vor dem Aus. Die Innenaufnahmen waren zwar weitgehend abgeschlossen, aber die Außenaufnahmen fehlten noch.

Schließlich entschied man sich, das Drehbuch zu überarbeiten, sodass der von Bundgaard gespielte Kjeld in weniger Außenszenen vorkam. In diesen Szenen wurde er vom dänischen Schauspieler Tommy Kenter gedoubelt. Zudem wurde Kjeld im dänischen Original vom Schauspieler und Sänger Kurt Ravn synchronisiert, der Bungaards Stimme imitierte. Noch vor Abschluss der Dreharbeiten starb Anfang August 1998 mit Tom Hedegaard auch der Regisseur des Films. Morten Arnfred drehte den nun tatsächlich allerletzten Streich der Olsenbande schließlich zu Ende.

Oliver Reed (13. Februar 1938 – 2. Mai 1999) / Gladiator

Der britische Schauspieler, berüchtigte Lebemann und Trinker starb an den Folgen eines Herzinfarktes, den er während der Dreharbeiten zu Ridley Scotts Oscar-gekröntem Sandalenepos Gladiator in einer Bar in Valletta, Malta erlitt. Er sei so gestorben, wie er sich das gewünscht hätte, war danach häufig zu lesen. Angeblich hatte er an dem Abend kräftig getrunken und fünf Matrosen beim Armdrücken besiegt.

Nach Reeds plötzlichem Ableben waren für Gladiator noch drei weitere Drehwochen anberaumt. Da Reed in dem Film eine tragende Rolle spielte, hätte die Versicherung dafür aufkommen müssen, wenn er durch einen neuen Darsteller ersetzt worden wäre und die Szenen mit ihm noch einmal neu gedreht worden wären. Regisseur Ridley Scott entschied sich aber dagegen. Stattdessen ließ er das Drehbuch umschreiben, und Reeds Charakter, der Gladiatoren-Trainer Proximo, durfte einen Heldentod sterben. Die noch fehlenden Proximo-Szenen wurden mithilfe von Body-Doubles und Stand-ins sowie einer aufwändigen Computertechnik fertiggestellt. Die Kosten für das CGI-Verfahren, mit dessen Hilfe ein digitales Abbild von Oliver Reed auf die Leinwand bzw. auf die Aufnahmen der mit CGI-Masken ausgestatten Body-Doubles gezaubert wurde, beliefen sich auf geschätzte 3 Millionen Dollar, lagen damit aber immer noch deutlich unter den circa 25 Millionen Dollar, die ein Nachdreh mit einem neuen Darsteller verschlungen hätte.

Aaliyah Haughton (16. Januar 1979 – 25. August 2001) / Königin der Verdammten

Die unter ihrem Vornamen Aaliyah bekannte, mehrfach ausgezeichnete US-amerikanische R&B-Sängerin kam bei einem Flugzeugabsturz auf dem Marsh Harbour Flughafen auf den Abaco-Inseln im Norden der Bahamas ums Leben. Nachdem die Dreharbeiten zu einem Musikvideo früher als geplant beendet waren, charterten Aaliyah und mehrere Mitglieder ihrer Plattenfirma eine Cessna 402B für den Rückflug nach Florida. Die Maschine war jedoch kleiner als die ursprünglich vorgesehene Cessna 404, sodass das Gewicht von Passagierinnen und Passagieren und Gepäck die zulässige Ladungsmenge deutlich überstieg. Bei der späteren

Autopsie wurden im Körper des Piloten außerdem Spuren von Alkohol und Kokain nachgewiesen. Das Flugzeug stürzte unmittelbar nach dem Start hinter der Landebahn zu Boden. Die acht Insassen und der Pilot verunglückten tödlich.

Die Dreharbeiten zu Aaliyahs zweitem Spielfilm, Michael Rymers Horrorstreifen KÖNIGIN DER VERDAMMTEN, in dem sie in der weiblichen Hauptrolle die Vampirin Akasha verkörperte, waren bereits abgeschlossen, als Aaliyah starb. Allerdings mussten in der Postproduktion noch einige Einstellungen nachsynchronisiert werden. Aufgrund der ähnlichen Stimme übernahm Aaliyahs älterer Bruder, Rashad Haughton, die Passagen seiner Schwester. Seine Stimme wurde zusätzlich digital bearbeitet, um sie weiblicher klingen zu lassen.

Heath Ledger (4. April 1979 - 22. Januar 2008) / DAS KABINETT DES DR. PARNASSUS

Der australische Schauspieler, der 2006 mit der Rolle eines schwulen Cowboys in Ang Lees BROKEBACK MOUNTAIN für einen Oscar nominiert war, starb in seinem Appartement im New Yorker Stadtteil SoHo an einer Medikamentvergiftung. Ledgers Haushälterin Teresa Solomon und seine Masseurin Diana Wolozin hatten ihn dienstagnachmittags kurz vor drei Uhr reglos in seinem Bett aufgefunden. Der herbeigerufene Notarzt erklärte Ledger um 15:36 für tot. Wie sich bei der Autopsie herausstellte, hatte der 28-Jährige zahlreiche Schmerz- und Beruhigungsmittel eingenommen, die in ihrer Wechselwirkung tödlich waren. Die Ärzte gingen auf der Basis der Autopsie und weiterer toxikologischen Untersuchungen von einem Unfall aus.

Ledgers Tod fiel in eine Pause der Dreharbeiten zu Terry Gilliams Fantasyfilm DAS KABINETT DES DR. PARNASSUS. Die Aufnahmen in London waren am 18. Januar abgeschlossen. Eine Woche später hätte in Vancouver weitergefilmt werden sollen. Nachdem Regisseur Gilliam die Nachricht vom Tod seines Hauptdarstellers erhalten hatte, unterbrach er die Dreharbeiten jedoch auf zunächst unbestimmte Zeit. Als er sie einen Monat später, am 24. Februar 2008, wieder aufnahm, waren gleich drei neue Schauspieler hinzugekommen, die alle Ledgers Charakter Tony verkörpern sollten; und zwar keine geringeren als: Johnny Depp, Colin Farrell und Jude Law. Sie alle waren mit Ledger befreundet gewesen. Nachdem das Drehbuch noch einmal umgeschrieben worden war, konnten sie nun Ledger jeweils in einer der Fantasiewelten ersetzen, die Tony durch das magische Kabinett betrat. Diese Lösung war ebenso simpel wie genial: mit jeder neuen Fantasie nahm Tony eine neue Gestalt an. Die Szenen, die in der realen Welt spielten, waren mit Ledger bereits weitestgehend abgedreht worden. In den Szenen, die noch fehlten, ersetzte mit Zander Gladish ein Body Double den verstorbenen Ledger. Bei den nötigen Nahaufnahmen trug Gladish eine Maske. Für den Dialog und die Nachsynchronisation kam außerdem ein Stimmdouble zum Einsatz. Depp, Farrell und Law spendeten ihre Gagen Ledgers unehelicher Tochter Matilda Rose, die in dem Testament, das Ledger noch vor deren Geburt aufgesetzt hatte, ebenso wenig berücksichtigt wurde wie Matildas Mutter, die Schauspielerin Michelle Williams, mit der Ledger von 2005-2007 zusammenlebte. Bei der Oscarverleihung 2009 wurde Ledger für die Rolle des Joker in Christopher Nolans Batman-Verfilmung The Dark Knight postum mit einem Oscar als bester Nebendarsteller ausgezeichnet.

Paul Walker (12. September 1973 - 30. November 2013) / Fast & Furious 7
Paul Walker, den die Rolle des Undercover Cops (Brian O'Conner) mit einem Hang zu schnellen Autos weltberühmt gemacht hat, kam am 30. November 2013 ausgerechnet bei einem Autounfall ums Leben. Anders aber als in der Fast & Furious-Reihe saß er nicht selbst am Steuer. Der mit ihm befreundete Rennfahrer Roger Rodas war mit seinem Porsche Carrera GT bei überhöhter Geschwindigkeit von der Straße abgekommen und gegen einen Baum geprallt. Der Wagen ging in Flammen auf. Walker und Rodas starben noch am Unfallort.

Die Aufnahmen zu James Wans Fast & Furious 7 waren erst etwa zur Hälfte fertig, als Paul Walker starb. Bei den noch fehlenden Einstellungen handelte es sich jedoch vor allem um Actionszenen. Walker wurde bei diversen Aufnahmen durch seine Brüder Caleb und Cody ersetzt. Ihre Gesichter wurden mit Hilfe des CGI-Verfahrens digital so nachbearbeitet, dass sie aussahen wie Paul.

Philip Seymour Hoffman (23. Juli 1967 - 2. Februar 2014) / Die Tribute von Panem - Mockingjay Teil 2
Der mit Hoffman befreundete Dramaturg und Drehbuchautor David Bar Katz fand den US-Schauspieler, der 2006 für die Titelrolle in Bennett Millers Capote einen Oscar erhalten hatte, am Sonntag, den 2. Februar 2014 tot im Badezimmer seiner Wohnung in Manhattan. Die Spritze, mit der er sich eine tödliche Überdosis injiziert hatte, steckte noch in seinem Arm. Bei der Autopsie wurden neben Heroin und Kokain Spuren weiterer Drogen in seinem Körper gefunden. Die offizielle Todesursache lautete Unfall. Hoffman, der, wie er es selbst einmal geschildert hatte, als junger Erwachsener stark drogensüchtig gewesen war, dann aber erfolgreich an einem Entzugsprogramm teilgenommen hatte, hatte 2013 einen Rückfall erlitten.

Als Hoffman starb, hatte er die Dreharbeiten zum letzten Teil der Hunger Games-Filmreihe bereits weitgehend abgeschlossen. Eine Drehwoche mit zwei Szenen war jedoch noch anberaumt, darunter eine Schlüsselszene, in der sich der von Hoffman verkörperte Spielleiter und Rebellenführer Plutarch Heavensbee mit der Heldin der Reihe, Katniss Everdeen (Jennifer Lawrence), unterhält. Nachdem zunächst angedacht war, Hoffman in dieser Szene durch eine digitale Version zu ersetzen, entschied sich Regisseur Francis Lawrence schließlich dazu, die Szene umzuschreiben, sodass das Gespräch entfiel und stattdessen der von Woody Harrelson gespielte Haymitch Abernathy Katniss einen Brief von Plutarch vorlas.

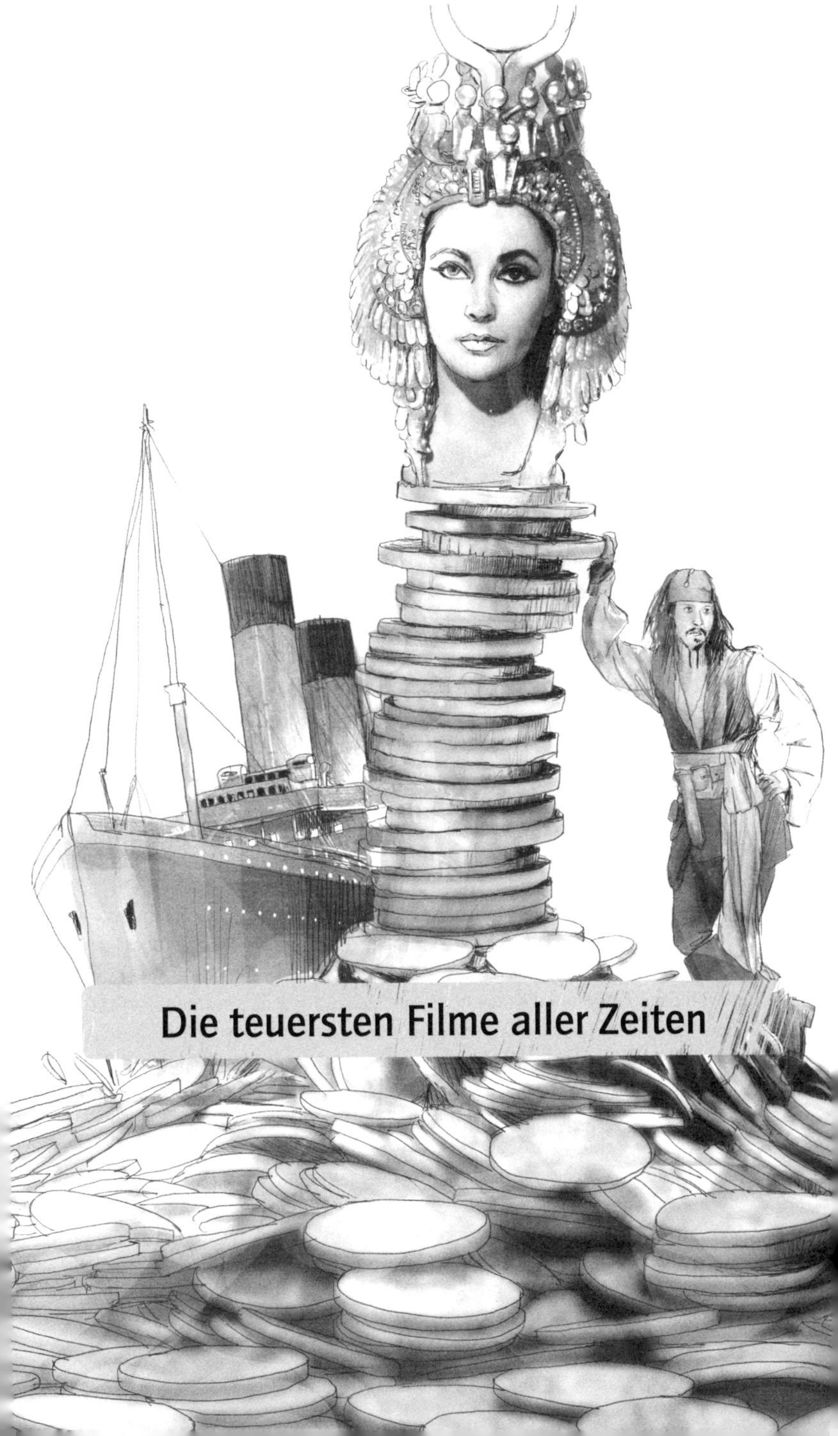
Die teuersten Filme aller Zeiten

Die Budgets der hier miteinander verglichenen Filme sind in vielen Fällen geschätzt, die Angaben der Produktionsfirmen nicht immer nachvollziehbar. Manchmal werden beispielsweise Steuerabzüge oder Kosten für gescheiterte Vorgängerprojekte verrechnet. Und auch in den einschlägigen Medien finden sich mitunter die unterschiedlichsten Angaben. Etwa zu den beiden Teilen von HARRY POTTER UND DIE HEILIGTÜMER DES TODES, bei denen die Produktionskosten mal auf 250 Millionen Dollar für beide und mal für jeden der beiden Filme beziffert wurden. Oft lagen die Schätzungen auch irgendwo dazwischen. Oder beim mutmaßlich teuersten Film aller Zeiten: Nachdem die Produktionskosten für PIRATES OF THE CARRIBEAN – FREMDE GEZEITEN anfangs auf 250.000.000 US-Dollar geschätzt wurden, geht man mittlerweile von sagenhaften 378.500.000 US-Dollar aus. Ähnlich verläuft die Schätzkurve für das Budget von AVATAR: THE WAY OF WATER, die ursprünglich bei etwa 220 Millionen US-Dollar einsetzte, dann aber schnell auf 350-450 Millionen anstieg, was die aufwändige 3D-Produktion ebenfalls zum Kandidaten für den teuersten Film der Kinogeschichte macht. Die folgenden Listen entstanden nach sorgfältiger Abwägung, bestem Wissen und Gewissen. Trotzdem gilt: «Alle Angaben sind wie immer ohne Gewähr.» Verglichen wurden die reinen Produktionskosten der Filme. Werbeetats etc. flossen in das Budget nicht mit ein.

Die 21 Filme mit Produktionskosten über 250 Millionen Dollar

Es hängt natürlich mit der kontinuierlichen Geldentwertung zusammen, dass die – in absoluten Zahlen – teuersten Filme aller Zeiten nahezu ausschließlich aus den letzten Jahren stammen. Dies ist auch der Grund dafür, dass anders als noch in der vorangegangenen Ausgabe dieses Buches jetzt nur noch Filme mit einem geschätzten Budget von mindestens 250 (statt 200) Millionen Dollar aufgelistet werden. Damit fällt mit James Camerons TITANIC auch der einzige Film aus der Liste, der noch vor der Jahrtausendwende gedreht wurde. Der für kurze Zeit teuerste Film aller Zeiten bleibt jedoch für alle Zeiten der – wieder in absoluten Zahlen – teuerste Film des 20. Jahrhunderts und der erste Film, dessen Produktionskosten die 200 Millionen Dollar Marke erreichte. Inflationsbereinigt ist CLEOPATRA (USA 1963) übrigens noch immer einer der teuersten Filme der Kinogeschichte.

Alle Filme in dieser Liste wurden in den USA zumindest co-produziert. Hollywood gibt hier ganz klar den Ton an. Eine der größten Überraschungen ist sicher, dass der Disney-Animationsfilm RAPUNZEL – NEU VERFÖHNT sowohl in absoluten Zahlen als auch inflationsbereinigt zu den teuersten Filmen aller Zeiten gehört. Verantwortlich dafür dürfte das aufwändige, eigens für den Disney-Jubiläumsfilm (RAPUNZEL – NEU VERFÖHNT ist der 50. abendfüllende Animationsfilm Disneys) entwickelte 3D-Animationsverfahren sein. Ein wenig ironisch klingt das schon: Das Computerverfahren (CGI) war auch deshalb so teuer, weil die Figuren am Ende aussehen sollten wie von Hand gezeichnet.

	Titel	Land/Jahr	Regie	Budget in US-$
1.	Pirates of the Caribbean – Fremde Gezeiten	USA 2011	Rob Marshall	378.500.000
2.	Avengers: Age of Ultron	USA 2015	Joss Whedon	365.480.000
3.	Avengers: Endgame	USA 2019	Anthony Russo, Joe Russo	356.000.000
4.	Avatar: The Way of Water	USA 2022	James Cameron	350.000.000
5.	Avengers: Infinity War	USA 2018	Anthony Russo, Joe Russo	325.000.000
6.	Fluch der Karibik – Am Ende der Welt	USA 2007	Gore Verbinski	300.000.000
	Justice League	USA 2017	Zach Snyder	300.000.000
8.	Solo: A Star Wars Story	USA 2018	Ron Howard	275.000.000
	Star Wars: Der Aufstieg Skywalkers	USA 2019	J.J. Abrams	275.000.000
10.	John Carter: Zwischen zwei Welten	USA 2012	Andrew Stanton	263.700.000
11.	Batman V Superman: Dawn of Justice	USA 2016	Zack Snyder	263.000.000
12.	Star Wars: Die Letzten Jedi	USA 2017	Rian Johnson	262.300.000
13.	Rapunzel – Neu verföhnt	USA 2010	Nathan Greno, Byron Howard	260.000.000
	Der König der Löwen	USA 2019	Jon Favreau	260.000.000
15.	Star Wars: Das Erwachen der Macht	USA 2015	J.J. Abrams	258.600.000
16.	Spider-Man 3	USA 2007	Sam Raimi	258.000.000
17.	Harry Potter und der Halbblutprinz	GB/USA 2009	David Yates	250.000.000
	The Dark Knight Rises	USA/GB 2012	Christopher Nolan	250.000.000
	Fast & Furious 7	USA 2015	James Wan	250.000.000
	James Bond 007: Keine Zeit zu sterben	GB/USA 2021	Cary Joji Fukunaga	250.000.000
	Thor: Love and Thunder	USA/NZ 2022	Taika Waititi	250.000.000

Chronologie der teuersten Filme aller Zeiten

Häufig lässt sich nicht eindeutig entscheiden, ob ein Film der teuerste seiner Zeit war. Da die Budgets auf ungefähren Schätzungen basieren, muss letztlich offen bleiben, ob die ca. 4 Millionen US-Dollar, die das Biopic über US-Präsident Woodrow Wilson kostete, mehr oder weniger waren als die rund 4 Millionen US-Dollar, auf die das Produktionsbudget von Ben Hur oder

Vom Winde verweht beziffert wird. Einige Quellen nennen zudem noch Cecil B. De Milles Piraten im Karibischen Meer (1942) und Clarence Browns Abenteuerfilm Die Wildnis ruft (1946) als weitere 4-Millionen-Dollar-Filme. Immer wieder ist auch zu lesen, dass Howard Hughes' Höllenflieger (Originaltitel: Hell's Angels) bereits 1930 ein Budget von knapp 4 Millionen Dollar verschlungen habe. Regisseur Hughes selbst hatte damit geprahlt, den teuersten Film aller Zeiten inszeniert zu haben. Tatsächlich aber lagen die Produktionskosten wohl deutlich niedriger, bei etwa 2,8 Millionen Dollar. Damit war Hell's Angels hinter Ben Hur lediglich der zweitteuerste Film seiner Zeit.[1] Ein Beispiel, das zeigt, dass auch den «offiziellen» Angaben von Regisseur:innen und Produzent:innen nicht immer zu trauen ist.

Dass David Wark Griffith' Intolerance 1916 der bis dahin teuerste Film der Kinogeschichte war, ist weitgehend unbestritten. Die Angaben über die Produktionskosten schwanken in der Literatur jedoch erheblich. Möglicherweise war Intolerance der erste Spielfilm, dessen Budget über einer Million Dollar lag. Der teuerste Film der Stummfilmära wurde neun Jahre später dann aber Ben Hur.

Umstritten ist, ob Terminator 2 oder True Lies als erstes die 100 Millionen-Marke knackte. Hauptdarsteller (Arnold Schwarzenegger) und Regisseur zumindest waren in beiden Filmen dieselben. Insgesamt dreimal drehte James Cameron den teuersten Film aller Zeiten. Je zweimal können das D. W. Griffith und Gore Verbinski für sich beanspruchen.

	Titel	Land/Jahr	Regie	Budget in US-$
bis 1916	Die Geburt einer Nation	USA 1915	D. W. Griffith	110.000
bis 1925	Intolerance	USA 1916	D. W. Griffith	385.000–2.000.000
	Ben Hur	USA 1925	Fred Niblo	
bis 1946	Vom Winde verweht	USA 1939	Victor Fleming	ca. 4.000.000
	Wilson	USA 1940	Henry King	
bis 1947	Duell in der Sonne	USA 1946	King Vidor	5.260.000
bis 1951	Amber, die grosse Kurtisane	USA 1947	Otto Preminger	6.375.000
bis 1956	Quo vadis?	USA 1951	Mervyn LeRoy	7.000.000
bis 1959	Die zehn Gebote	USA 1956	Cecil B. De Mille	13.500.000
bis 1962	Ben Hur	USA 1959	William Wyler	15.000.000

1 Vgl.: Scott Eyman: *The speed of sound: Hollywood and the talkie revolution, 1926–1930*. New York 1997. S. 253.

	Titel	Land/Jahr	Regie	Budget in US-$
bis 1963	MEUTEREI AUF DER BOUNTY	USA 1962	Lewis Milestone	19.000.000
bis 1978	CLEOPATRA	USA 1963	J. L. Mankiewicz	44.000.000
bis 1988	SUPERMAN	GB/USA 1978	Richard Donner	55.000.000
bis 1988	RAMBO III	USA 1988	Peter MacDonald	58.000.000
bis 1991	FALSCHES SPIEL MIT ROGER RABBIT	USA 1988	Robert Zemeckis	70.000.000
bis 1991	STIRB LANGSAM 2	USA 1990	Renny Harlin	70.000.000
bis 1994	TERMINATOR 2 – TAG DER ABRECHNUNG	USA 1991	James Cameron	94.000.000
bis 1995	TRUE LIES	USA 1994	James Cameron	100.000.000
bis 1997	WATERWORLD	USA 1995	Kevin Reynolds	175.000.000
bis 2005	TITANIC	USA 1997	James Cameron	200.000.000
bis 2006	KING KONG	NZ/USA 2005	Peter Jackson	207.000.000
bis 2006	X-MEN – DER LETZTE WIDERSTAND	USA 2006	Brett Ratner	210.000.000
bis 2007	FLUCH DER KARIBIK 2	USA 2006	Gore Verbinski	225.000.000
bis 2007	SPIDER-MAN 3	USA 2007	Sam Raimi	258.000.000
bis 2007	FLUCH DER KARIBIK – AM ENDE DER WELT	USA 2007	Gore Verbinski	300.000.000
seit 2011	PIRATES OF THE CARRIBEAN – FREMDE GEZEITEN	USA 2011	Rob Marshall	378.500.000

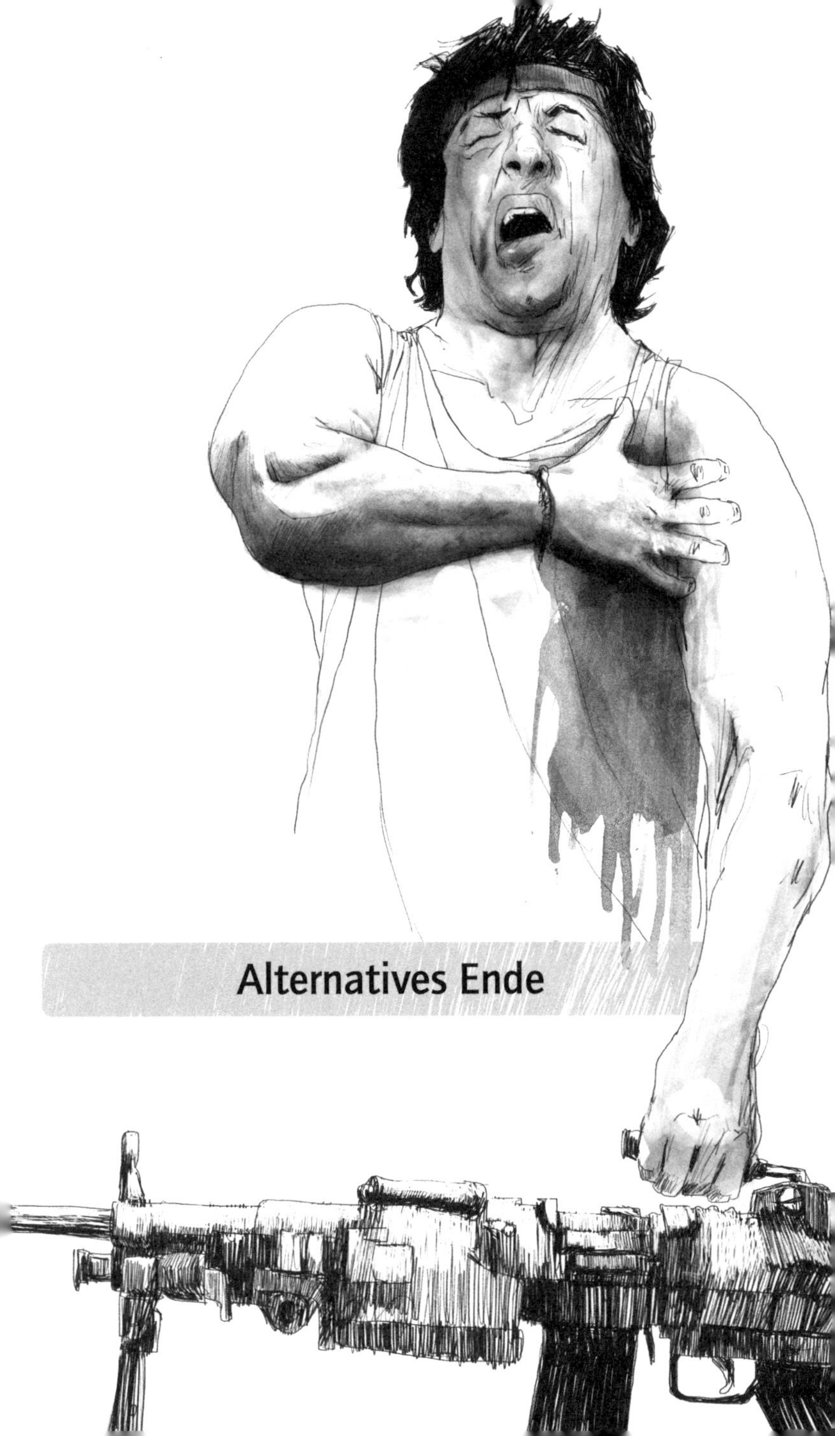

Alternatives Ende

Gerade noch rechtzeitig erwacht Julia aus ihrem todesähnlichen Schlaf, um Romeo den Giftbecher aus der Hand zu reißen. Glücklich vereint küssen sich die beiden Liebenden in der Gruft. Das beinahe tragische Ende öffnet ihren verfeindeten Familien die Augen, und alles wird gut. So würde Shakespeares *Romeo und Julia* wohl heute enden, würde der englische Dichter als Filmregisseur oder Drehbuchautor in Hollywood arbeiten. Dass das junge Paar am Schluss auf derart schmerzliche Weise stirbt wie in Shakespeares Stück, hätten die Zuschauerinnen und Zuschauer in den Testvorführungen niemals durchgehen lassen.

Möglicherweise ist es genau das, was das Autoren- vom Publikumskino unterscheidet: die einen machen, was sie für richtig halten, die anderen, was gut ankommt. Auf dramaturgische Stimmigkeiten oder kausale Logik wird da nicht unbedingt Rücksicht genommen.

Nicht immer aber waren es Testvorführungen, die dazu führten, dass ein ursprünglich geplantes Filmende über den Haufen geworfen und durch ein neues ersetzt wurde. Manchmal legte der Studioboss bzw. die Produktionsfirma ein Veto ein. Gelegentlich hörte ein Regienewcomer auch mal auf den Rat erfahrener Kolleginnen und Kollegen. Und als Barry Sonnenfeld die Fortsetzung von MEN IN BLACK drehte, zwangen ihn die Anschläge vom 11. September dazu, das Finale noch einmal nachzujustieren. Ursprünglich nämlich sollte das World Trade Center während des Showdowns einen Schwarm Ufos ausspucken. Vor dem historischen Hintergrund des Ground Zeros war das freilich nicht mehr denkbar.

Gewöhnlich jedoch lehnten Produzent:innen, Regisseur:innen und vor allem eben Testzuschauer:innen ein Ende aus ungleich banaleren Gründen ab: es schien ihnen schlicht zu traurig. Meistens fiel das neue, überarbeitete Ende positiver, hoffnungsvoller aus als das ursprünglich geplante. Allerdings nicht immer. Oft überlebten in der geänderten, nachgedrehten Fassung mehr Protagonist:innen als anfangs geplant. Es konnte aber auch schon mal vorkommen, dass einer dieser zusätzlichen Überlebenden der Teufel in Menschengestalt war.

Ob schließlich der neue Schluss tatsächlich der bessere Schluss ist oder am Ende nicht das alte Ende das richtige Ende gewesen wäre? Machen Sie sich selbst ein Bild anhand der folgenden (alphabetisch geordneten) Auswahl berühmter Beispiele aus der Filmgeschichte.

28 TAGE SPÄTER (GB 2002)

Regie: Danny Boyle, Drehbuch: Alex Garland

▸ **Bekanntes Ende**: Auf der Flucht vor den Zombies, die sich in England ausbreiten, landen Jim (Cillian Murphy), Selena (Naomie Harris) und Hannah (Megan Burns) in einer Villa, in der sich einige überlebende Militärs verschanzt haben. Was zunächst wie eine glückliche Fügung erscheint, erweist sich schnell als Verhängnis. Die Frauen sollen vergewaltigt, Jim im Wald erschossen werden. Jim aber kann entkommen und schließlich auch Selena und Hannah befreien. Dabei wird er angeschossen und verliert das Bewusstsein. Der Apothekerin Selena gelingt es, Jim in einem verlassenen Krankenhaus wiederzubeleben. 28 Tage später erwacht Jim in einem einsam gelegenen Haus. Ein Flugzeug entdeckt die Überlebenden, die vor dem Haus ein gigantisches Stoffbanner mit der Aufschrift «Hello» ausbreiten. Der Pilot ordert Hilfe über Funk. Vom Flugzeug aus ist außerdem zu sehen, wie Zombies am Straßenrand hilflos verhungern. Jim, Selena und Hannah sind offensichtlich gerettet. Der Film endet damit, dass das Flugzeug wegfliegt und Selena scherzend fragt, ob sie wohl diesmal gesehen worden seien.

- Alternatives Ende: Selena und Hannah gelingt es nicht, Jim wiederzubeleben. Schwer bewaffnet verlassen die beiden Frauen das Krankenhaus und lassen Jims Leichnam zurück. Während sie einen langen Krankenhauskorridor entlanggehen, schließen sich im Vordergrund langsam die Schwingtüren, und das Bild wird ausgeblendet. Regisseur Danny Boyle wollte diesen Schluss nach eigenen Aussagen als optimistisch verstanden wissen: die beiden Frauen sollten überleben. Bei den Testvorführungen kam diese Botschaft jedoch nicht an. Das Testpublikum empfand das Ende mehrheitlich als hoffnungslos. Auch Selena und Hannah gingen, so schien es den meisten, dem sicheren Tod entgegen. In der endgültigen Kinofassung räumte Boyle mit diesem «Missverständnis» gründlich auf, indem er auch noch Jim von den Toten auferstehen ließ. Wohlgemerkt: nicht als Zombie.

Armee der Finsternis (USA 1992)
Regie: Sam Raimi, Drehbuch: Sam Raimi, Ivan Raimi

- Bekanntes Ende: Im letzten Teil der Tanz der Teufel-Trilogie gelingt es Ash (Bruce Campbell), den die Lektüre des verbotenen Buches «Necronomicon» ins Mittelalter verschlagen hat, die von ihm versehentlich heraufbeschworene Armee der Untoten zu vernichten. Mit Hilfe eines Zaubertranks kann er in die Gegenwart und zu seiner Arbeit als Supermarktverkäufer zurückkehren. Als er einem Kollegen (Ted Raimi) von seinen Erlebnissen erzählt, ergreift ein Dämon von einer Kundin Besitz, die daraufhin Ash angreift. Ash schafft es jedoch, den Dämon zu besiegen.
- Alternatives Ende: Ash erwischt einen Tropfen zu viel des Zeitreisezaubertranks und landet in einer postapokalyptischen Zukunft. Kriege haben die menschliche Zivilisation vollkommen zerstört. Ashs Haare und sein Bart sind kräftig gewachsen. London liegt in Trümmern. Wie ein Mahnmal ragt der Glockenturm des zerstörten Big Ben aus dem Schutt heraus. Der Film endet vor einem rotverfärbten, wolkenverhangenen Himmel mit einem Verzweiflungsschrei Ashs: «Ich schlief zu lang!» Den Verantwortlichen der Produktionsfirma Universal Pictures gefiel das gar nicht, und Raimi musste einen neuen Schluss drehen.

Blade Runner (USA 1982)

Regie: Ridley Scott, Drehbuch: Hampton Fancher, David Webb Peoples

- **Bekanntes Ende:** Insgesamt sieben Versionen von Ridley Scotts Science-Fiction-Noir kursieren bzw. kursierten im Laufe der letzten Jahrzehnte, sodass es schwer fällt, zu sagen, welche davon heute die bekannteste ist. Als die sehr freie Adaption von Philip K. Dicks Roman *Träumen Androiden von elektrischen Schafen?* 1982 in den Kinos lief, bekamen die Zuschauer jedenfalls das folgende Ende zu sehen. Blade Runner Rick Deckard (Harrison Ford), dessen Aufgabe es ist, für Weltraumarbeiten hergestellte Androiden, sogenannte «Replikanten», aufzuspüren und zu vernichten, wenn sie sich verbotenerweise auf der Erde aufhalten, wird von Roy (Rutger Hauer), dem Anführer einer Gruppe rebellischer Replikanten, das Leben gerettet. Deckard entschließt sich daraufhin, mit seiner Geliebten Rachael (Sean Young) aus der Stadt zu fliehen. Rachael ist ebenfalls eine Replikantin, allerdings einer neueren Generation. Bis sie und Deckard herausfanden, dass sie eine Androidin ist, hielt sie sich selbst für einen ganz normalen Menschen. Als Deckard sein Appartement gemeinsam mit Rachael verlässt, findet er ein Origami-Einhorn seines Freundes Gaff (Edward James Olmos). Rachael und Deckard steigen in den Fahrstuhl. Nachdem sich die Türen geschlossen haben, wechselt die Szene: Man sieht, wie beide über eine idyllische Landschaft hinwegfliegen und hört, wie Deckard erklärt, dass Rachael ein neuer Replikantentyp sei, der anders als die Vorgängergeneration nicht nach vier Jahren sterben müsse.
- **Alternatives Ende:** Eigentlich sollte der Film damit enden, dass sich hinter Deckard und Rachael die Fahrstuhltüren schlossen. Ihre Zukunft dagegen blieb offen, ein glücklicher Ausgang äußerst ungewiss, zumal das Publikum davon ausgehen musste, dass auch Rachaels Lebenszeit künstlich begrenzt war. In Testvorführungen fand dieser Schluss jedoch keinen Anklang, sodass kurzerhand noch ein Happy End angehängt wurde. Wenn man allerdings weiß, dass man sich dieses Happy End aus einem Horrorfilm borgte, wirkt die Landschaft nicht mehr ganz so einladend, und auch die Zukunftsaussichten des Liebespaares erscheinen vielleicht nicht mehr gar so rosig. Für die Luftaufnahmen in den letzten Einstellungen wurde nämlich Filmmaterial verwendet, das bei den Dreharbeiten für die Eröffnungssequenz in Stanley Kubricks Horrorstreifen Shining übriggeblieben war.

  Trotzdem war Ridley Scott mit dem romantischen Kuschelende seiner düsteren Zukunftsvision alles andere als zufrieden. In einem überhastet zusammengeschusterten «Director's Cut» wurde das Happy End wieder entfernt. Außerdem wurde eine Einstellung eingefügt, in der Deckard von einem Einhorn träumt. In Verbindung mit dem Origami-Einhorn legt das nahe, dass Gaff die Träume seines Freundes kennt und es sich bei Deckard ebenfalls um einen Replikanten handelt. Im 2007 veröffentlichten «Final Cut» wurde die Einhorn-Sequenz noch einmal erweitert. Auch in dieser (vorläufig?) abschließenden Fassung bleibt der Film ohne Happy End.

Clerks – Die Ladenhüter (USA 1994)
Buch und Regie: Kevin Smith

- Bekanntes Ende: Nachdem sich der «Quick Stop» Verkäufer Dante (Brian O'Halloran) und sein Kumpel Randal (Jeff Anderson) vom Videoverleih nebenan einen Tag lang mit verärgerten Kunden herumgeschlagen und über Frauen, die Welt und Star Wars philosophiert haben, endet der Film ziemlich abrupt damit, dass Randal wütend Dantes Laden verlässt und das «Offen»-Türschild nach Dante wirft.
- Alternatives Ende: Weil er nicht wusste, wie er den Film aufhören lassen sollte, hatte Kevin Smith nach eigenem Bekunden anfangs noch eine Schlussszene angefügt, in der ein Kunde den Laden betritt, während Dante gerade die Kasse abrechnet. Als Dante den Mann darauf hinweist, dass bereits geschlossen sei, erschießt ihn der Fremde, um sich hinterher mit dem Geld aus der Kasse davonzumachen. Dante liegt tot am Boden. Nach dem Abspann betritt ein weiterer Kunde (Kevin Smith) den vermeintlich leeren Laden und stiehlt Zigaretten. Smiths Mentoren, Robert Hawk und John Pierson, zwei befreundete Filmleute, die dieses Ende in einer Vorabführung gesehen hatten, rieten Smith dringend davon ab. Pierson schlug vor, die morbide Schlussszene einfach wegzulassen. Ein Rat, den Smith dann auch tatsächlich beherzigte.

Get Out (USA 2017)
Buch und Regie: Jordan Peele

- Bekanntes Ende: Der schwarze New Yorker Fotograf Chris Washington (Daniel Kaluuya) fährt gemeinsam mit seiner weißen Freundin Rose Armitage (Allison Williams), mit der er seit knapp einem halben Jahr zusammen ist, aufs Land, um deren Familie kennenzulernen. Nach einem betont freundlichen Empfang entwickelt sich der Besuch zum Horrortrip, an dessen Ende Chris herausfindet, dass die Armitages junge Schwarze entführen, um in deren Körper das Bewusstsein kranker oder behinderter Weißer zu implantieren. Rose war nur mit Chris zusammen, um ihn an seine Eltern, die diese Prozedur durchführen, auszuliefern. Chris gelingt jedoch die Flucht. In der finalen Verfolgungsjagd kann er mit Hilfe eines früheren Opfers, das für einen kurzen Moment sein ursprüngliches Bewusstsein wiedererlangt und zunächst Rose in den Bauch schießt und dann sich selbst tötet, seiner falschen Freundin entkommen. Während Rose blutend auf der Straße liegt, beugt Chris sich über sie, um sie zu erwürgen. Letztlich lässt er dann aber doch von ihr ab. In dem Moment nähert sich ein Wagen mit angeschaltetem Blaulicht, und Rose ruft um Hilfe. Es handelt sich jedoch um kein Polizeiauto, sondern ein Fahrzeug der TSA-Verkehrsbehörde, für die Chris' bester Freund Rod (Lil Rel Howery) arbeitet. Rod ist gekommen, um Chris zu retten. Gemeinsam fahren sie davon und lassen Rose sterbend auf dem Asphalt zurück.
- Alternatives Ende: Im ursprünglich geplanten Ende lässt Chris nicht von Rose ab, sondern erwürgt sie. Erst nachdem Rose tot ist, trifft ein Polizeifahrzeug ein. Zwei weiße Polizisten steigen aus und nehmen Chris fest. Nach einem

Zeitsprung zeigt die nächste Szene, wie Rod seinen Freund Chris im Gefängnis besucht. Rod möchte die Wahrheit über die Armitages ans Licht bringen, aber Chris drängt ihn dazu, es sein zu lassen, er habe sie gestoppt und damit sei alles gut. Der Film endet damit, dass Chris von einem weißen Gefängniswärter zurück in seine Zelle geführt wird. Nach den negativen Reaktionen in Testvorführungen entschied sich Regisseur Peele dann aber für einen glücklicheren Ausgang. Nach wie vor findet das ursprünglich geplante Ende, das den Rassismus in den USA abbilden sollte, jedoch in den Gedanken des Publikums in jenen Sekunden seinen Widerhall, die vergehen, ehe sich der vermeintliche Polizeistreifenwagen als das Auto von Rod entpuppt.

Natural Born Killers (USA 1994)
Regie: Oliver Stone, Drehbuch: David Veloz, Richard Rutowski, Oliver Stone, Quentin Tarantino (Story)

- **Bekanntes Ende:** Nachdem der sensationshungrige Fernsehmoderator Wayne Gale (Robert Downey Jr.) dem Killerpärchen Mickey (Woody Harrelson) und Mallory (Juliette Lewis) zur Flucht aus dem Gefängnis verholfen hat, wird er von den beiden im Wald erschossen. Während des Abspanns sieht man, wie das Paar noch Jahre später mit einem Wohnwagen durch die USA reist. Mittlerweile haben sie zwei Kinder, und Mallory ist erneut hochschwanger.
- **Alternatives Ende:** Oliver Stone war sich zunächst nicht sicher, ob das Kinopublikum ein «Happy End» seiner makaberen Mediensatire akzeptieren würde. Deshalb drehte er ein Finale, in dem Mickey und Mallory von Gale, der sich selbst als Serienkiller entpuppt, mit einer Schrotflinte erschossen werden. Letztlich entschied er sich aber für das konsequentere, weil zynischere Killer-Familienidyll.

Das Omen (USA 1976)
Regie: Richard Donner, Drehbuch: David Seltzer

- **Bekanntes Ende:** Nachdem der US-Botschafter Robert Thorn (Gregory Peck) herausgefunden hat, dass sein Adoptivsohn Damien (Harvey Stephens) der Teufel in Kleinkindergestalt ist, bringt er ihn in eine Kirche, um ihn dort zu töten. Doch gerade als er mit einem Dolch zustechen will, trifft die Polizei ein und schießt auf Thorn. Die Schlussszene zeigt das Staatsbegräbnis Thorns und seiner Ehefrau Katherine (Lee Remick), die noch vor Roberts Tod von Damiens diabolischer Kinderfrau Mrs. Baylock (Billie Whitelaw) ermordet worden war. In der letzten Einstellung sieht man schließlich Damien, wie er an der Hand des US-Präsidenten zufrieden in die Kamera lächelt.
- **Alternatives Ende:** Bei der abschließenden Beerdigungsszene war in einer früheren Fassung des Films neben den beiden Erwachsenensärgen auch ein Kindersarg zu sehen. Offensichtlich war in der Kirche auch Damien ums Leben gekommen. Twentieth Century Fox Präsident Alan Ladd jr. lehnte einen solchen Ausgang jedoch ab. Schließlich könne der Antichrist gar nicht getötet werden.

Planet der Affen: Prevolution (USA 2011)
Regie: Rupert Wyatt, Drehbuch: Rick Jaffa, Amanda Silver

- Bekanntes Ende: Die durch ein gentechnisch hergestelltes Virus mutierten, hochintelligenten Affen brechen aus einem Tierheim aus und befreien ihre Artgenossen aus einem Labor und dem Zoo. Angeführt werden die Affen vom Schimpansen Caesar, an dem das Virus als erstes getestet wurde. Eigentlich wollte der Wissenschaftler Will Rodman (James Franco) mit dem ALZ-112-Virus ein Heilmittel gegen Alzheimer entwickeln. Weil sein Forschungsprojekt nicht länger finanziert wurde und alle Versuchstiere eingeschläfert werden sollten, hatte Rodman den jungen Caesar heimlich zu sich nach Hause geschmuggelt, wo er wie ein Familienmitglied aufwuchs. Bei der Flucht der Affen kommt es auf der Golden Gate Bridge in San Francisco zu einer Schlacht mit der Polizei. Die Affen fliehen in den Wald, wo Rodman sie aufspürt, um Caesar nach Hause zu holen. Caesar aber will bei seinen Artgenossen bleiben. Der Film endet damit, dass das ALZ-112-Virus bei den Menschen, nicht aber den Affen, tödliche Nebenwirkungen hervorruft. In den Schlusseinstellungen des Films tritt ein mit dem Virus infizierter Pilot seinen Dienst an, und eine Karte zeigt, wie sich das Virus über die gesamte Welt verbreitet.
- Alternatives Ende: In der ersten Fassung des Films sollte Rodman vor den Augen Caesars vom Militär erschossen werden. Dieses Ende war den Verantwortlichen von Twentieth Century Fox nach einer ersten Sichtung des Films aber zu deprimierend, sodass noch einmal einzelne Szenen für den geänderten Showdown nachgedreht werden mussten.

Pretty Woman (USA 1990)
Regie: Garry Marshall, Drehbuch: J. F. Lawton

- Bekanntes Ende: Nach einem Streit zwischen der Hure (Julia Roberts als Vivian Ward) und dem Millionär (Richard Gere als Edward Lewis) will Vivian in San Francisco ein neues Leben beginnen. Doch da verwandelt sich der Freier doch noch in Vivians Traumprinzen auf dem weißen Pferd. Zu Klängen aus der Oper *La Traviata*, mit der er die Prostituierte schon einmal zu Tränen rührte, fährt Edward in einer weißen Luxuslimousine vor, überwindet seine Höhenangst und klettert mit einem Rosenstrauß zwischen den Zähnen die Feuerleiter nach oben zu Vivians Appartement. Der Film happyendet damit, dass die beiden Hollywoodschönen sich auf der Feuerleiter küssen. Wie könnte es auch anders sein, mag man sich angesichts des gewaltigen Erfolgs fragen, den die märchenhafte Romanze an den Kinokassen erzielte. Die Antwort lautet, so:
- Alternatives Ende: Als der steinreiche Geschäftsmann Edward genug von Vivians Liebesdiensten hat, wirft er die in der ursprünglichen Fassung kokainabhängige Prostituierte kurzerhand aus seiner Limousine und braust davon. Trotzdem wird auch hier am Ende ein Traum wahr: Von dem Geld, das sie sich

verdient hat, fährt Vivian gemeinsam mit ihrer Hurenfreundin Kit (Laura San Giacomo) nach Disneyland. Was Vivian danach erwartet, ist aber kein Märchenprinz, sondern der Straßenstrich in Los Angeles. Von diesem ernüchternden, aber auch deutlich realistischeren Ende wollte Disney-Präsident Jeffrey Katzenberg nichts wissen. Er sorgte dafür, dass das Script umgeschrieben und aus einem bitteren, sozialkritischen Drama eine kitschig süße Kinoromanze wurde; und ein Kassenschlager.

Rambo (USA 1982)
Regie: Ted Kotcheff, Drehbuch: Michael Kozoll, William Sackheim, Sylvester Stallone

- **Bekanntes Ende:** Der Vietnamveteran John Rambo lauert Kleinstadt-Sheriff Will Teasle auf, um sich an ihm dafür zu rächen, dass er ihn aus der Stadt Hope verwiesen, als Landstreicher verhaftet und nach seiner Flucht brutal verfolgt hat. Rambo überwältigt Teasle, verwundet ihn und will ihn gerade erschießen, als Rambos ehemaliger Ausbilder und Freund Colonel Trautman auftaucht. Trautman macht Rambo klar, dass er nicht mehr entkommen kann. Rambo bricht daraufhin zusammen. Weinend erzählt er von seinen traumatischen Kriegserfahrungen. Schließlich lässt er sich widerstandslos abführen, während Teasle ins Krankenhaus gebracht wird.
- **Alternatives Ende:** Wie in David Morrells Romanvorlage *First Blood* sollte Rambo ursprünglich am Ende des Films sterben. Rambo fleht Trautman an, ihn zu töten, weil er ein Leben im Gefängnis nicht ertragen könne. Trautman zögert, aber mit einer unvermittelten Bewegung bringt Rambo seinen Ausbilder dazu abzudrücken. Dieses bittere Ende fiel bei Testvorführungen ebenso durch wie beim Hauptdarsteller. Stallone setzte sich erfolgreich für einen anderen Ausgang ein. Zuvor hatte er bereits dafür gesorgt, dass der Kriegsveteran deutlich sympathischer dargestellt wurde als in Morells Roman. Dank des geänderten Endes kam der Film beim Test- und Kinopublikum gleichermaßen an und konnte bislang viermal fortgesetzt werden. Im Abspann des fünften und (angeblich) letzten Teils reitet er – ganz Held vom alten Schlag – dem Sonnenuntergang entgegen.

Stirb langsam – Jetzt erst recht (USA 1995)
Regie: John McTiernan, Drehbuch: Jonathan Hensleigh

- **Bekanntes Ende:** Im dritten Teil der Die Hard-Serie spürt der suspendierte New Yorker Cop John McClane (Bruce Willis) den Erzschurken Simon Peter Gruber (Jeremy Irons) am Ende in einer Lagerhalle in Kanada auf, als er und seine Männer gerade dabei sind, das Gold aus dem Überfall auf die «Federal Reserve Bank» zu verteilen. Gruber flieht in einem Hubschrauber und versucht aus der Luft, McClane zu erschießen. McClane aber kommt ihm zuvor. Er feuert auf eine Stromleitung in der Nähe des Helikopters, ein Kabel löst sich und trifft den

Helikopter, der daraufhin explodiert. Der Film endet damit, dass McClane mit seiner Frau Holly telefoniert.

- Alternatives Ende: In dieser Fassung entkommt Gruber zunächst, und McClane muss als Sündenbock für alles herhalten, was während des Polizeieinsatzes schiefging. Er wird endgültig aus dem Polizeidienst entlassen und verliert auch seine Pensionsansprüche. Auf eigene Faust gelingt es ihm jedoch, Simon Gruber ausfindig zu machen. In Umkehrung des zynischen «Simon Says»-Spiels, bei dem Gruber McClane dazu gezwungen hatte, in kürzester Zeit komplexe Rätsel zu lösen, um so beispielsweise eine Bombe zu entschärfen, zwingt McClane nun Gruber mit vorgehaltener Waffe zu einem «McClane»-Spiel. Nachdem Gruber ein Rätsel nicht gelöst hat, muss er in einer Art Russischem Roulette einen Raketenwerfer entzünden, ohne zu wissen, welches Ende auf ihn und welches auf McClane gerichtet ist. Gruber wählt die falsche Seite und tötet sich selbst. Die Verantwortlichen des Produktionsstudios Twentieth Century Fox lehnten dieses Filmende ab, da es McClane zu gewalttätig und furchteinflößend erscheinen lasse.

Eine verhängnisvolle Affäre (USA 1987)
Regie: Adrian Lyne, Drehbuch: James Dearden

- Bekanntes Ende: Die betrogene Ehefrau Beth Gallagher (Anne Archer) erschießt die verhängnisvolle Affäre ihres Mannes Dan (Michael Douglas), die psychopathische Alex (Glenn Close), als diese versucht, Dan zu erstechen.
- Alternatives Ende: Wäre es nach Glenn Close gegangen, wäre der Film so wie zunächst geplant in die Kinos gekommen: Alex tötet sich selbst, inszeniert ihren Tod aber so, dass Dan als ihr Mörder erscheint. Nachdem Dan verhaftet wurde, findet Beth eine Kassette, auf der Alex ihren geplanten Selbstmord ankündigt. Während Beth mit der Tonaufnahme aus dem Haus stürzt, zeigt eine Rückblende, wie Alex sich im Badezimmer die Kehle durchtrennt. Das Testpublikum war mit diesem Schluss unzufrieden, trotzdem blieb er zumindest in der japanischen Kinoversion erhalten.

Der weisse Hai – Die Abrechnung (USA 1987)
Regie: Joseph Sargent, Drehbuch: Michael De Guzman, Peter Benchley

- Bekanntes Ende: Im vierten Teil der Jaws-Serie macht Ellen Brody (Lorraine Gary), die Witwe von Martin Brody, dem Polizeichef von Amity Island und Helden der ersten Teile, Jagd auf einen Weißen Menschenfresserhai. Gemeinsam mit ihrem Sohn, dem Meeresbiologen Michael (Lance Guest), dessen Kollegen Jake (Mario van Peebles) und dem Piloten Hoagie (Michael Caine) fährt sie mit dem Boot hinaus, um sich der Bestie zu stellen. Im Showdown mit dem Hai gelingt es Jake, den Empfänger eines Senders im Rachen des Tiers zu platzieren. Dabei wird er jedoch selbst vom Hai geschnappt und unter Wasser gezogen. Michael verpasst dem Hai mittels des Senders immer stärkere Stromstöße und bringt ihn so dazu, aufzutauchen. Ellen rammt den Hai mit dem Boot, während Michael ihm einen derart heftigen Stromstoß versetzt, dass der Hai explodiert. Kurz darauf entdeckt Michael den schwer verletzt, aber lebend im Wasser treibenden Jake. Alle vier überleben, und Hoagie fliegt mit Ellen zurück nach Amity Island.

- Alternatives Ende: In einer ersten Fassung des Films explodiert der Hai nicht, stattdessen wird er aufgespießt, und das Boot bricht auseinander. Jake taucht nicht wieder auf. In der Schlusseinstellung sieht man, wie der tote Hai langsam auf den Meeresgrund sinkt. Dem Testpublikum missfiel dieses Ende, sodass für den Kinostart noch einmal nachgedreht werden musste. In mehreren Fernsehfassungen blieb das alte, deutlich plausiblere Ende jedoch erhalten.

Zombie – Dawn of the Dead (USA 1978)
Buch und Regie: George A. Romero

- Bekanntes Ende: Am Ende bleiben von den Menschen, die sich in einem Einkaufszentrum vor den anrückenden Zombiemassen verschanzt haben, nur noch zwei übrig: Peter (Ken Foree) und Francine (Gaylen Ross). Francine flieht Richtung Dach, während Peter einen Moment zögert und überlegt, sich zu erschießen. Schließlich aber folgt er Francine, und beide fliehen in einem Helikopter vor den geifernden Untoten.
- Alternatives Ende: In seinem Drehbuch hatte Romero zunächst einen deutlich drastischeren Showdown geplant. Während Francine den Helikopter startet, wird Peter plötzlich von einer Horde Zombies umringt. Um nicht lebend in die Fänge der Untoten zu geraten, erschießt er sich. Völlig verzweifelt bereitet jetzt auch Francine ihrem Leben ein Ende, indem sie sich von den Rotorblättern des Hubschraubers enthaupten lässt. Während der Abspann läuft, drehen sich die Rotorblätter immer langsamer, bis sie schließlich ganz zum Stillstand kommen und der Motor des Helikopters ausgeht. Der Treibstoff hätte für eine erfolgreiche Flucht ohnehin nicht gereicht. Im Laufe der Dreharbeiten verabschiedete sich Romero von diesem illusionslosen Schluss. Szenenfotos belegen jedoch, dass zumindest Testaufnahmen davon gemacht wurden.

Liste der Listen – Alle Listen, Tabellen, Essays im Überblick

Abbildungsverzeichnis

Die Abbildungen wurden von folgenden Filmen inspiriert: S. 11: Spiel mir das Lied vom Tod (Paramount), Vertigo – Aus dem Reich der Toten (Universal Pictures); S. 19: Was Sie schon immer über Sex wissen wollten* (*aber bisher nicht zu fragen wagten) (MGM), Manhattan (MGM), Was gibt's Neues, Pussy? (MGM), Woody Allen – A Documentary (EuroVideo); S. 31: Lolita (Warner Bros.); S. 39: Mission: Impossible – Phantom Protokoll (Paramount), James Bond – Moonraker – Streng geheim (MGM / 20th Century Fox / Universal Pictures); S. 45: M – Eine Stadt sucht einen Mörder (Universum Film), Nosferatu (Transit Film), Citizen Kane (Warner Bros.), Der Pate (Paramount), Pulp Fiction (StudioCanal/Arthaus), 2001 – Odyssee im Weltraum (Warner Bros.); S. 53: Das Piano (StudioCanal/Arthaus), Jeanne Dielman (Paradise Films), Porträt einer jungen Frau in Flammen (Alamode Film / AL!VE); S. 71: Flipper (Warner Bros.), Black Beauty (Warner Bros.), Tarzans Rache (Warner Bros.), Piranha 3D (Kinowelt); S. 91: Alfred Hitchcock Presents (Universal Pictures), Die Ritter der Kokosnuss (Sony Pictures), Hulk (Universal Pictures), Angriff der Killertomaten (Universum Film); S. 107: Das Gewand (20th Century Fox), Micky Maus (Walt Disney); S. 127: Spiderman (Sony Pictures); S. 145: Für eine Handvoll Dollar (Tobis / Universum Film); S. 149: James Bond (MGM / 20th Century Fox / Universal Pictures); S. 161: E.T. – Der Ausserirdische (Universal Pictures); S. 173: Jurassic Park (Universal Pictures), Der Herr der Ringe (Warner Bros.), Titanic (20th Century Fox); S. 185: Green Lantern (Warner Bros.), Heaven's Gate – Das Tor zum Himmel (MGM / 20th Century Fox / capelight pictures / AL!VE), Pluto Nash – Im Kampf gegen die Mondmafia (Warner Bros.), Die Piratenbraut (StudioCanal), Speed Racer (Warner Bros.); S. 219: Zurück in die Zukunft II (Universal Pictures), 2001 – Odyssee im Weltraum (Warner Bros.), Frankensteins Todesrennen (Universal Pictures / KSM ... Jahr 2022 ... Die überleben wollen (Warner Bros.); S. 227: Taxi Driver (Sony Pictures); Psycho (Universal Pictures); Manche mögen's heiss (MGM / 20th Century Fox); S. 239: Die Vögel (Universal Pictures); S. 289: Pulp Fiction (StudioCanal/Arthaus); S. 297: Gladiator (Universal Pictures); S. 311: Titanic (20th Century Fox), Cleopatra (20th Century Fox), Fluch der Karibik (Disney / Buena Vista); S. 270: Rambo (StudioCanal)

Eigene Listen